Sylva Harasim

PÄSSE TOUREN MIT DEM MOTORRAD

40 Touren über 150 Pässe und Panoramastraßen

TVV Touristik Verlag

Vorwort

Sylva Harasim

Motorradfahren ist reine Gefühlssache. Im Motorradsattel möchte man sich spüren, Wind und Wetter trotzen, Erlebnisse und Eindrücke sammeln, Neues entdecken, den Alltag abstreifen – glücklich sein. Für das alles sind unsere fünf Sinne zuständig: Sehen, Riechen, Schmecken, Hören, Fühlen.

Mit diesem Buch lade ich euch ein, mir auf Pässe und Panoramastraßen zu folgen, um genau das zu erLEBEN und zu erFAHREN.

Augen auf. Saftig grüne Almen in der Schweiz, schneebedeckte Gipfel im Frühjahr, bunte Ortschaften entlang der Strecke brennen sich auf unsere Netzhaut, füllen die Augen mit Bildern. Wer nur auf seinen Tacho oder den Asphalt starrt, verpasst alles. Öfter anhalten und schauen, statt Kilometer machen, heißt die Devise. Den Fotoapparat aus dem Tankrucksack rausholen oder das Handy aus der Kombi pulen und die grandiose Landschaft mit nach Hause nehmen.

Nicht ein Luxusparfüm der Welt kann gegen frisches Heu an einem Berghang in der Sonne konkurrieren, wenn wir die Nase in den Wind halten. Wer in Tirol sein Visier einen Spalt öffnet, kommt gratis in diesen Genuss. Oder wie wäre es mit einem Stopp an einer der Käsereien? Ein Bergkäse aus

Rohmilch frisch vom Bauernhof ist ein herrliches Geruchserlebnis. Auf einem knusprigen Brötchen unschlagbar als Snack für zwischendurch.

Damit sind wir schon beim nächsten Sinn. Schmecken. Keine Tour in Italien ohne Holzofenpizza, auf der der geschmolzene Mozzarella beim Schneiden Fäden zieht. Keine Tour durch Spanien ohne die vielen Tapas. In Frankreich nascht man warme buttrige Croissants zu seinem Café au lait, in Deutschland genießt man einen Wurstsalat mit oder ohne Käse, dazu Laugengebäck, in der Schweiz sind Rösti mit Spiegelei eine gute Wahl, und in Österreich wählt man Salzburger Nockerln zum Nachtisch.

Da Pässe die Verbindungsstraßen zwischen Ortschaften, Tälern und Ländern sind, bekommt man unterwegs verschiedenen Sprachen und Dialekte zu hören. Wird man morgens in Deutschland mit einem „Guten Morgen" begrüßt, empfängt uns Österreich mit einem „Servus" und Frankreich mit einem „Bonjour".

Nehmen wir unterwegs den Helm ab, dröhnen uns manchmal die Ohren wegen des Verkehrslärms. Doch oben auf den einsamen Gipfeln kann man der Stille der Natur lauschen und wenn man Glück hat, Erdmännchen oder Greifvögel hören. Rauschende Gebirgsbäche begleiten ab und zu die Route und wirken beruhigend aufs Gemüt.

Fühlen ist der letzte Sinn. Wir fühlen uns entweder unwohl oder wohl. Auf allen diesen 40 Touren ist der Wohlfühlfaktor hoch. Jeder Pass, jede Panoramastraße, jedes Tal und jede Ortschaft hat etwas Besonderes und geht unter die Haut.

Ein sinnliches Erlebnis wünscht
Sylva Harasim

40 Pässetouren

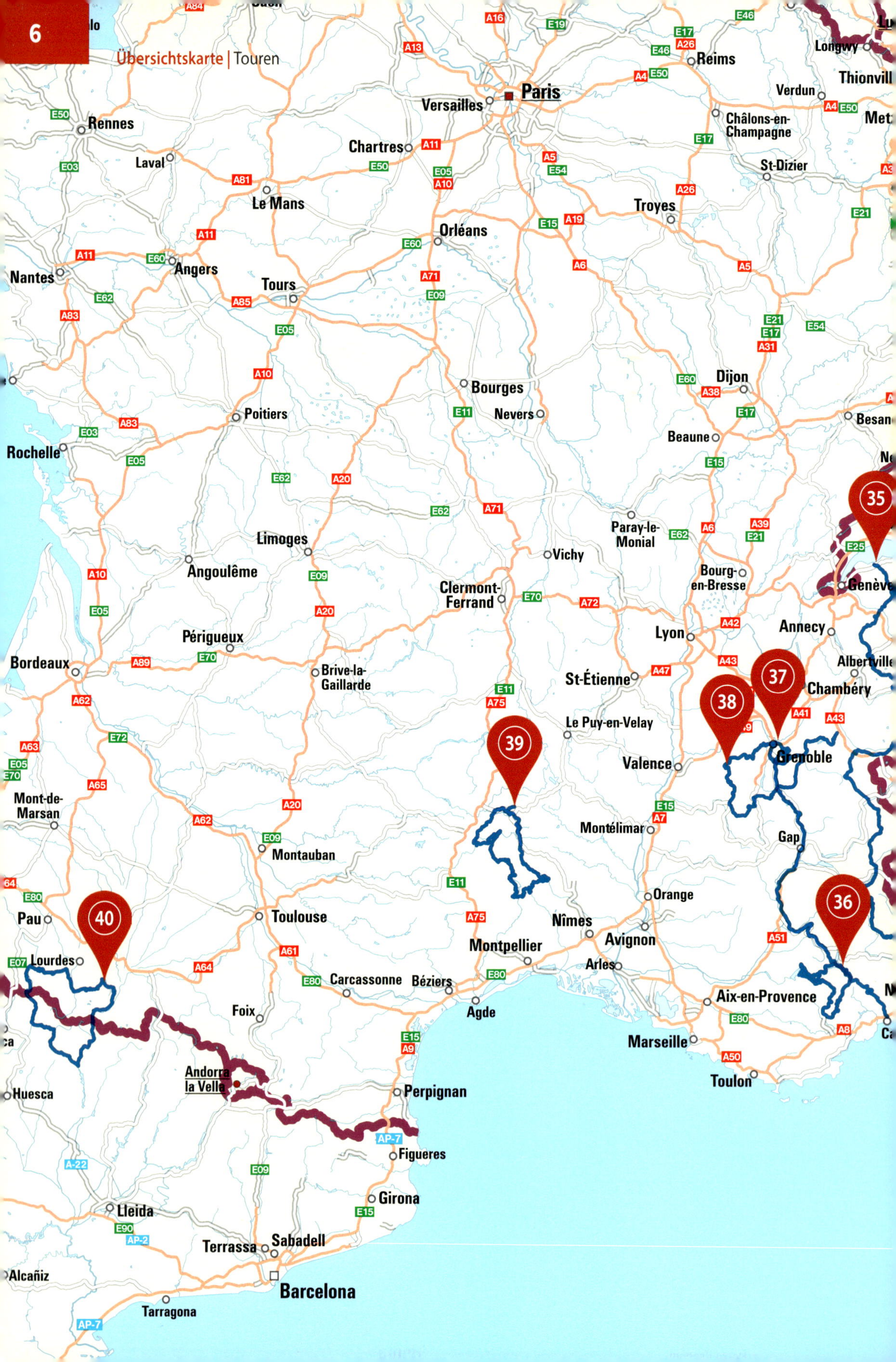
Paris
Versailles
Reims
Longwy
Thionville
Verdun
Châlons-en-Champagne
Rennes
Laval
Chartres
Le Mans
St-Dizier
Troyes
Orléans
Nantes
Angers
Tours
Dijon
Bourges
Nevers
Poitiers
Beaune
Rochelle
Paray-le-Monial
Limoges
Vichy
Angoulême
Clermont-Ferrand
Bourg-en-Bresse
Genève
Annecy
Lyon
Périgueux
Bordeaux
Brive-la-Gaillarde
St-Étienne
Albertville
Chambéry
Le Puy-en-Velay
Valence
Grenoble
Mont-de-Marsan
Montélimar
Gap
Montauban
Orange
Toulouse
Nîmes
Avignon
Pau
Montpellier
Arles
Lourdes
Carcassonne
Béziers
Agde
Aix-en-Provence
Foix
Marseille
Andorra la Vella
Toulon
Huesca
Perpignan
Figueres
Girona
Lleida
Terrassa
Sabadell
Alcañiz
Barcelona
Tarragona
35
36
37
38
39
40

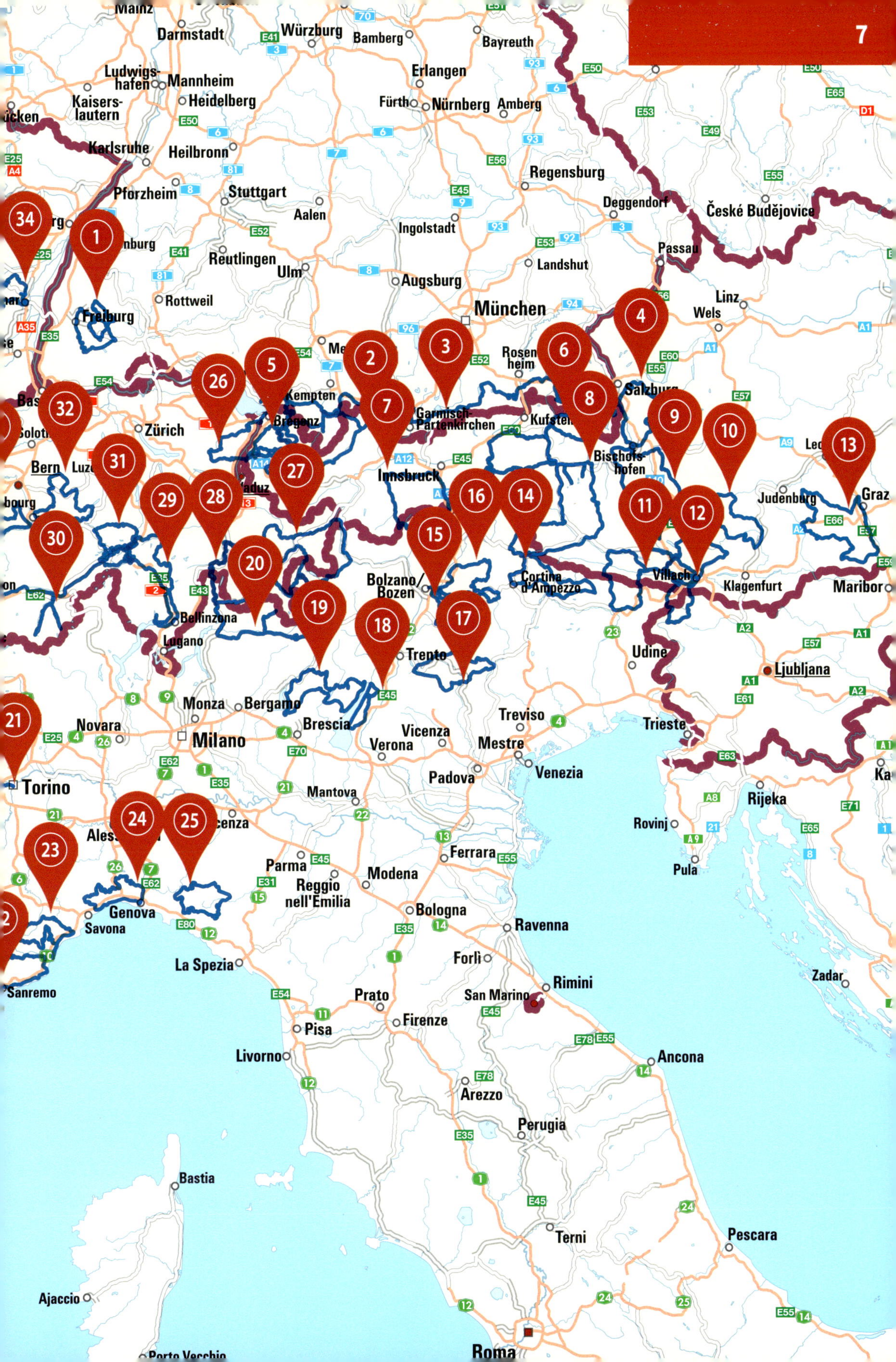
Darmstadt
Würzburg
Bamberg
Bayreuth
Ludwigs-
hafen
Mannheim
Erlangen
Heidelberg
Kaisers-
lautern
Fürth
Nürnberg
Amberg
Karlsruhe
Heilbronn
Regensburg
Pforzheim
Stuttgart
Aalen
Deggendorf
České Budějovice
Ingolstadt
Reutlingen
Ulm
Passau
Landshut
Augsburg
Rottweil
Freiburg
München
Linz
Wels
Rosen
heim
Kempten
Salzburg
Zürich
Bregenz
Garmisch-
Partenkirchen
Kufstein
Bern
Bischofs-
hofen
Innsbruck
Judenburg
Graz
Cortina
d'Ampezzo
Villach
Klagenfurt
Maribor
Bolzano/
Bozen
Bellinzona
Lugano
Trento
Udine
Ljubljana
Monza
Bergamo
Brescia
Treviso
Novara
Milano
Vicenza
Verona
Mestre
Trieste
Venezia
Torino
Padova
Mantova
Rijeka
Rovinj
Parma
Ferrara
Genova
Modena
Pula
Reggio
nell'Emilia
Savona
Bologna
Ravenna
La Spezia
Forlì
Rimini
Zadar
Sanremo
San Marino
Prato
Pisa
Firenze
Livorno
Ancona
Arezzo
Perugia
Bastia
Terni
Pescara
Ajaccio
Roma

Tour 1 Hochschwarzwald

Parade der Gipfel

Feldberg, Schauinsland, Kandel. Diese drei Berge gehören zu den höchsten Schwarzwaldgipfeln und warten mit höchst motorradtauglichen Bergstraßen auf.

Freiburg im Tal der Dreisam eignet sich sehr gut als Startort zu dieser Gipfeltour. Grün geprägt, versprüht Freiburg eine heitere, lockere Atmosphäre, wie sie selten in einer deutschen Stadt zu finden ist.

Zur Weiterfahrt halten wir uns in Richtung Donaueschingen und Colmar. Schon bald ist der 1284 Meter hohe Schauinsland ausgeschildert, und auch der freundliche Hinweis, dass die Strecke an Samstagen und Sonntagen für Motorräder gesperrt ist, lässt nicht lange auf sich warten.

Unzählige Kurven

Allmählich werden die Kurven enger und die Schräglagen schräger. Der Schauinsland-Aufstieg kündigt sich an. Etwa 800 Meter Höhenunterschied auf einer Distanz von zwölf Kilometern – das kann nur eines bedeuten: Fun, Fun, Fun. So ist es. Die Bergstraße windet sich in unzähligen Kurven und Kehren den Berg hinauf und zeigt sich dabei als ordentlich ausgebauter und griffiger Partner der Reifen. So lässt sich ein zügiger und sicherer Strich auf den Asphalt zaubern.

Der Parkplatz auf dem Sattel ist ein beliebter Motorradtreff. Doch nicht nur deswegen lohnt es sich, hier oben einen kurzen Zwischenstopp einzulegen. Die Aussicht hinab ins Rheintal ist einfach fantastisch.

Hinter dem Sattel biegen wir links nach Hofsgrund ab. Auf diese Weise gelangen wir auf eine schmale, steile Abstiegsstraße, die nach vier Kilometern zu der von Kirchzarten kommenden Hauptstraße stößt. Blinker rechts, und die zackigen Kehren hinauf nach Notschrei nehmen uns auf. Die Fahrbahn ist schmal und oft geflickt. Dann biegen wir auf die B 317 ein und halten uns in Richtung Feldberg.

Schon von weitem ist er zu sehen, der kahle, kugelrunde und 1232 Meter hohe Gipfel des höchsten Berges des Schwarzwaldes. Auch im Sommer

BASISORT
Freiburg

TOURLÄNGE
ca. 210 km (1 Tag)

ROADBOOK
Freiburg, Schauinsland, Hofsgrund, Notschrei, Todtnau, Feldberg, Bruderhalde, Titisee, Hinterzarten, Höllental, Kirchzarten, St. Peter, St. Märgen, Hexenloch, Bleibach, Waldkirch, Kandel, Glottertal, Freiburg

Panoramablick vom 1241 Meter hohen Kandel und Abstecher zum Kloster St. Märgen.

HIGHLIGHT

KLEINOD HEXENLOCH-MÜHLE

Im engen und feuchten Tal der Wilden Gutach betreibt die Familie Trenkle schon in vierter Generation eine Wassermühle. Sie stammt aus dem Jahr 1825 und funktioniert immer noch so wie damals. Heute ist die Hexenlochmühle der ultimative Picknickplatz des südlichen Schwarzwaldes. Zum Essen gibt es Schinken und Holzbackofenbrot.

ist die kühle Luft in dieser windumtosten Höhe zu spüren. Unwillkürlich kriecht man tiefer in die Motorradkombi hinein und zieht die Schultern hoch.

Die Fahrt zur 1232 Meter hohen Passhöhe ist eine flüssige Angelegenheit. Breite Fahrbahn, schnelle Streckenführung, viele Überholmöglichkeiten. Ein paar Cafés laden zum Stopp ein, dann geht es weiter in Richtung Titisee. Kurz vor Erreichen des mit 1,3 Quadratkilometer größten Natursees des Schwarzwaldes biegen wir links nach Bruderhalde ab. So umfahren wir den Titisee auf seiner Schokoladenseite – der linken – und gelangen mitten in den Ort hinein. Der hat trotz touristischen Hochbetriebs nach wie vor einen gewissen Charme.

Entspanntes Schwingen

Unter der Bahnlinie hindurch geht es zurück zur Hauptstraße, dort im spitzen Winkel nach rechts in Richtung Neustadt. Kurz vor Neustadt links ab ins Jostal hinein. Entspannt schwingen wir auf einem gepflegten kleinen Sträßchen durch eine hübsche Almenlandschaft und erreichen irgendwann die B 500. Dort geht es nach links, grobe Richtung Freiburg. Die B 500 bis Hinterzarten entpuppt sich als ruhige Etappe zum Träumen. Leichte Schräglagen auf gutem Belag, das Ganze garniert mit dem Duft der Schwarzwälder Nadelbäume.

Kurz vor Hinterzarten folgen wir dem Schild Freiburg und betreten durch einige ganz reizvolle Serpentinen das Höllental. „Val d'enfer“ nannten es die französischen Soldaten 1796 auf ihrem Rückzug. In Kirchzarten verlassen wir das Höllental und biegen nach Stegen / St. Peter ab. St. Peter mit den weithin sichtbaren Zwiebeltürmen seiner Abtei taucht auf. Auf einer wahren Berg- und Talbahn peilen

Von Freiburg (oben) geht es auf den Feldberg (rechts) und zum Titisee (rechte Seite).

wir danach St. Märgen an. Ein paar Kilometer weiter weist ein Schild mit der Aufschrift Hexenlochmühle zu einem der letzten Kleinode der Region.

Die Ausfahrt aus dem Hexenloch ist eine etwas verzwickte Angelegenheit. Schmale Fahrbahn, blinde Kurven, enge Kehren. An der nächsten Gabelung geht es links ab hinauf zur B 500 und dann gleich wieder nach links ins Simonswälder Tal. Dieses lang gezogene Tal gehört landschaftlich zum Schönsten, was der Schwarzwald zu bieten hat. Sehr schön angelegte Serpentinen zirkeln zum Talboden hinab und lassen in puncto Fahrspaß keine Wünsche offen. Unten schlängelt sich die Straße durch hübsche Dörfer. Am Talausgang fahren wir von Bleibach nach Waldkirch, um dort den letzten Höhepunkt des Tages anzugehen: den Aufstieg zum 1241 Meter hohen Kandel (grünes Schild mit gelber Schrift).

Schmal und holperig

Dieser Abschnitt entpuppt sich als herausfordernd. Zwölf Kilometer lang wieselt das schmale und holperige Bergsträßchen dem Himmel entgegen. Die Dutzende von Spitzkehren machen ihrem Namen alle Ehre. Im Fahrwerk rappelt es gewaltig. Immer wieder versucht die Maschine, sich selbstständig zu machen. Früher galt der Kandel als Hexentanzplatz. Und manch einer wird sich im Sattel seines Motorrades wie auf einem wild gewordenen Besen fühlen. Oben auf dem Sattel lädt das Berghotel Kandel zum Stopp mit Aussicht ein, bevor es anschließend durch das Glottertal zurück nach Freiburg geht. ◀

TOUR 1 | Deutschland

HOCHSCHWARZWALD

TOURENLÄNGE | 210 km

PÄSSE DER TOUR

Feldberg
Scheitelhöhe: 1232 m | Länge: 28 km
max. Steigung: 10 % | Wintersperre: keine

Kandel
Scheitelhöhe: 1241 m | Länge: 24 km
max. Steigung: 15 % | Wintersperre: keine

Notschrei
Scheitelhöhe: 1121 m | Länge: 12 km
max. Steigung: 14 % | Wintersperre: keine

Eine schmale und holperige
Straße führt auf den Kandel.

Hochschwarzwald
Broggingen
Herbolzheim
Bleichheim
Ruine Kirnburg
Schweighausen
Kirchhöfe
Hünersedel
744
Dietenbach
Oberprechtal
Lampertsbach
Burg Hornberg
Nieder-
wasser
Hinter-
prechtal
Hohe Eck
Brettental
Hintertal
Dorf
Prechtal
Allmend
Bombach
Eckle
Beim Freihof
Oberspitzenbach
Illenberg
Gschasikopf
1045
Niedertal
Freiamt
KATZENMOOS
ELZACH
Heimbach
Reichenbach
Winden
im Elztal
Dorf
Yach
Keppenbach
Zinken
Nieder-
winden
Oberwinden
Hinterzinken
Schonach
i. Schwarzw.
Mundingen
Wilde Gutach
Rauchen-
grund
Rohrhardsberg
1155
TRIBERG
i. Schwarzw.
Turntal
Nußbach
Triberger
Wasserfall
EMMENDINGEN
WINDENREUTE
Gutach
im Breisgau
Bleibach
Ruine
Hochburg
Kregelbach
Obereck
1177
Weißenbach
KOLLMARS-
REUTE
Kollnau
Untersimonswald
Ettersbach
Martins-
kapelle
Schönwald
i. Schw.
Mühleberg
Wasser
Sexau
Siensbach
Simonswald
Simonswälder Tal
Roßeck
1152
Brend
1149
Bregquelle
(Donau-
Ursprung)
Buchholz
Elz
Vordersexau
WALDKIRCH
Glotter
Freiburg-
Nord
Denzlingen
Ruine
Schwarzenberg
1242
Kandel
1121
Hornkopf
Obersimonswald
FURTWANGEN
i. Schwarzwald
Uhren-
museum
Schönen-
bach
Rohrbach
Vörstetten
Winterbach
Heuweiler
Unterglottertal
Schönhöfe
Gütenbach
HOCHDORF
Gundel-
fingen
Glottertal
Oberglottertal
Mooswald
Sägendobel
Wildgutach
Bregenbach
Schabelshof
VÖHRENBACH
Mäderstal
Oberlinach
ZÄHRINGEN
FREIBURG
im Breisgau
Ränke
Steingrubenhof
Schmittenbach
Neukirch
Kühhof
St. Peter
St. Märgen
Hexenloch
Hexenlochmühle
Streichen-
bach
HERDERN
Eschbach
Kalten-
herberg
Schlbg.
Turm
Schwarzwald-
Stadion
Ehem. Kloster
St. Peter
Kloster
St. Märgen
Glashütte
Urach
Steurental
Dreisam
WALDSEE
Reckenberg
Holzschlag
Hinterstraß
Rengeterhof
Münster Unserer
Lieben Frau
WIEHRE
EBNET
Stegen
Unter-
ibental
Wagensteig
Neuhäusle
Waldau
LITTENWEILER
Unterbirken
Schweighöfe
Mittel-
schollach
Stein-
gremmen
Merzhausen
KAPPEL
Burg
Falkenhof
Thurner
Buchenbach
(i.Pl.)
Langen-
ordnach
Au
Günterstal
Kirchzarten
Höfen
Kirchzarten
Höllentalbahn
Schwärzenbach
Eisenbach
Großes Tal
Falkensteig
Gerolstal
Breitnau
Fahren-
berg
Höfenhof
Horben
Oberried
Hirschsprung
Spitzwald
Sölden
Bergwelt
Schauinsland
Ravenna-
schlucht
Ödenbach
Rudenberg
St. Ulrich
Schauinsland
1284
Steinwasen-Park
Schweizerhof
Oberhöllsteig
TITISEE-
-NEUSTADT
Hochfahrn
1264
Hochfirst
1190
Hofsgrund
Museums-
bergwerk
Stollenbacherhof
Hinterzarten
Obergaß
Hochschwarzwald
Bruderhalde
Titisee
Saig
Oberelend
Vorderes Elend
Wittenbach
Feldberg
1493
Bankenhof
Mühlingen
Kloster
St. Trudpert
Trubelsmattkopf
1281
Hochschwarzwald
Bärental
Feldberg
Mittelfalkau
Lenzkirch
Kappel
Hinteres
Elend
Büreten
Hebelhof
Raitenbuch
Muggenbrunn
Todtnau-
berg
Altglashütten
Schwende
Oberfischbach
Fahl
(Schwarzwald)
Grünwald
Holzschlag
Aftersteg
Todtn.
Wasser-
fälle
Branden-
berg
Herzogenhorn
1415
Oberaha
Unteraha
Unterfischbach
Glashütte
Wieden
Hinterdorf
Belchen
1414
Obermulten
Museums-
bergwerk
Finstergrund
TODTNAU
Äule
Dresselbach
Schlechtnau
Menzenschwand
Schluchsee
Schluchsee
Böllen
Aitern
Utzenfeld
Geschwend
Dorf
Vorderdorf
Eisenbreche
Faulenfürst
Schönenberg
Hasenhorn
Rodelbahn
Bernau
Kaiserhaus
Unterlehen
Muchen-
land
Oberschwarzenbach
Seebrugg
Dürrenbühl
Wiese
Tunau
Alb
Amertsfeld
Rothaus
Museum
SCHÖNAU
Präg
Oberlehen
Straß
Hochstaufen
1101
Bürchau
Vorder-
holz
Herren-
schwand
Hochkopf
SANKT
BLASIEN
Schönenbach
Wembach
Fornberg
Mutters-
Dom Sankt Blasien
Schwarzwald

Tour 2 Allgäuer Alpen

Eine Landschaft wie aus dem Bilderbuch

Zwar können wir mit den 3 000ern der Nachbarländer nicht mithalten. Doch zeigt ein Blick auf die Landkarte, dass in den Allgäuer Alpen durchaus der eine oder andere Alpengipfel wartet.

BASISORT
Füssen

TOURLÄNGE
ca. 260 km (1 Tag)

ROADBOOK
Füssen, Reutte, Stanzach, Steeg, Warth, Hochtannbergpass, Schoppernau, Mellau, Egg, Hittisau, Riedbergpass, Oberstdorf, Sonthofen, Oberjochpass, Tannheim, Gaichtpass, Weissenbach, Reutte, Füssen

Vom Startpunkt Füssen geht es zunächst einmal nach Reutte. Dort folgen wir dem Wegweiser in Richtung Arlberg und Warth und haben schon kurz darauf die ersten Kilometer der Lechtalstraße unter den Rädern. Bestens gepflegt und gut ausgebaut folgt sie dem Lauf des Lechs. Neben der Straße gurgelt der türkisfarbene Fluss, während links und rechts die Gipfel der Lechtaler und Allgäuer Alpen am Himmel kratzen. Hier stehen sie, die Berge, die das Image der bundesdeutschen Alpen-Szene aufpolieren: Hochvogel (2 594 Meter), Großer Krottenkopf (2 657 Meter) und Mädelengabel (2 645 Meter).

Traumhafte Strecke

Je weiter südlich wir kommen, desto näher rücken die Berge zusammen. Man spürt förmlich, wie sich ein Pass nähert. Und tatsächlich: Hinter Steeg zielt ein Traum von einer Kurvenstrecke direkt auf den Sattel des Hochtannbergpasses. Die Fahrbahn ist griffig, alle Kurven sind gut einsehbar. Kurz vor Warth geht es noch durch eine Handvoll enger Kehren, dann heißt es in der Ortsmitte nach rechts in Richtung Bregenz abbiegen.

Die unbeschwerte Kurverei auf gepflegtem Asphalt setzt sich auch nach Passieren des 1675 Meter hohen Hochtannbergpasses fort. In vielen Kehren schraubt sich die Straße hinab ins Tal der Bregenzer Ache. Dort folgt sie in nun weiter werdenden Bögen dem Lauf des Flusses. Dieses Tal besitzt eine lange Tourismus-Tradition. Ortschaften wie Schoppernau, Au, Mellau oder Bezau hatten sich schon Ende des 19. Jahrhunderts auf den Fremdenverkehr eingestellt.

Damit ließ sich der Lebensunterhalt leichter verdienen als mit der schweren Arbeit im Wald oder auf dem Feld.

Kurven satt gibt es am Hochtannberg- sowie am Riedbergpass.

HIGHLIGHT

OBERSTDORF

Der Wintersportort Oberstdorf besitzt mit seiner Heini-Klopfer-Schanze den größten Skisprunghügel der Welt. Aber auch ein Bummel durch die gemütlichen Gassen und einem Happen auf dem hübschen Marktplatz sind einen Stopp in dem romantischen Bergort wert.

Bezau kam einmal sogar zu politischer Bedeutung: Bis ins Jahr 1807 stand hier das Rathaus der Bauernrepublik Bregenzerwald.

Richtung Deutschland

Kurz vor Schwarzenberg weist ein Schild nach rechts in Richtung Deutschland. Über Hittisau und seinen insgesamt 116 Bergbauernhöfen nähern wir uns der Grenze. Diese Hügellandschaft präsentiert sich als traumhaftes Gewirr aus Höhen, Senken und Linksrechts-Kombinationen. Wenig Verkehr, viel Übersicht – was will man mehr?

Vielleicht etwas Aussicht, denn die ist oft Mangelware. Aber auch die gibt es. Gehöfte, Dörfer, Kirchen und Kapellen liegen malerisch verstreut zwischen Bergkuppen und Tälern. Zufrieden dreinblickende Kühe glotzen dem vorbeihuschenden Motorrad nach. Wenn die Welt noch irgendwo in Ordnung ist, dann hier.

Hinter Balderschwang beginnt die Riedberg-Passstraße. Sie windet sich, oder besser gesagt: Sie zackt sich hoch bis auf 1420 Meter Höhe. Sehr schmal, sehr steil und insgesamt in eher rauem Zustand. Geraden sind Mangelware, dafür warten Bodenwellen ohne Ende. Da es vom Sattel aus nicht viel zu sehen gibt, nimmt man sich am besten gleich den Abstieg vor. Und der ist von der gleichen 1a-Qualität wie die Auffahrt. Vielleicht sogar noch eine Spur interessanter.

Vor Obermaiselstein biegen wir nach Tiefenbach ab, um in einem kleinen Bogen Oberstdorf zu erreichen. Das Dorf ist mit seinen 12000 Einwohnern eigentlich schon eine Kleinstadt und liegt zwischen den Gipfeln von Fellhorn, Nebelhorn und Söllereck mitten in einem fantasti-

Obersdorf (oben), Hochtannbergpass (rechts) und Oberjochpass (rechte Seite).

schen Alpenpanorama. Die Qualitäten Oberstdorfs entdeckte natürlich auch der Fremdenverkehr. Dennoch vermisst man in dem Ort jenen Alpen-Kitsch anderer Urlauberzentren. Ob aus Vernunft oder wegen Bauvorschriften – Oberstdorf hat es letztendlich geschafft, seinen ursprünglichen Charakter zu bewahren.

Selten senkrecht

Die Räder rollen nun auf der breiten B 19 nach Sonthofen. Dort rechts ab Richtung Hindelang. Immer noch gemächlich geradeaus. Doch das ändert sich schnell. Denn eine etwa fünf Kilometer lange Achterbahn bringt uns von Hindelang hinauf ins 1 178 Meter hoch gelegene Oberjoch. Das Wort geradeaus existiert nicht mehr, das Motorrad steht nur noch sehr selten in der Senkrechten.

Ein großes Schild mit der Aufschrift „Grüß Gott im Tannheimer Tal" begrüßt uns gleich hinter Oberjoch. Vielen Dank, liebe Tannheimer. Aber auch so wären wir gerne gekommen. Dieses Hochtal ist nämlich ein echtes optisches Highlight. Seine Hänge sind fast bis hinauf zu den Felsspitzen mit Almwiesen bewachsen und verwandeln das Tal in einen grünen Schlauch.

Als Alternative zur Hauptstraße bieten sich die links davon verlaufenden asphaltierten Landwirtschaftswege an. Von Gehöft zu Gehöft lässt es sich auf ihnen genüsslich entlangbummeln. Die letzten Serpentinen dieser Tour finden wir schließlich auf der Abfahrt vom Gaichtpass nach Weißenbach. Toller Belag, schöne Aussicht. Von wegen keine richtigen Berge …!

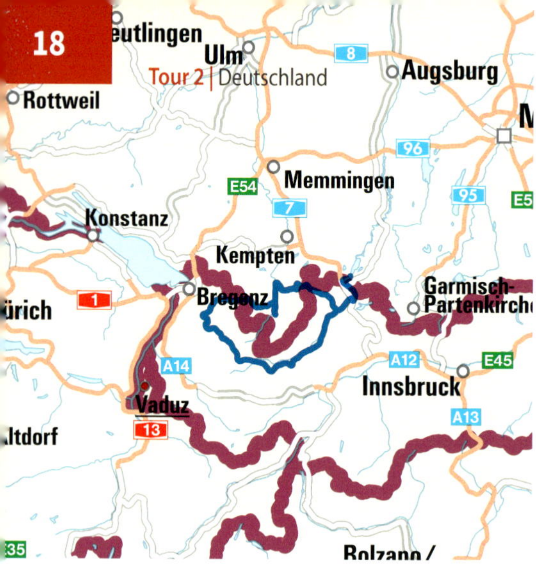

TOUR 2 | Deutschland

ALLGÄUER ALPEN

TOURLÄNGE | 260 km

PÄSSE DER TOUR

Hochtannbergpass
Scheitelhöhe: 1675 m | Länge: 11 km
max. Steigung: 14 % | Wintersperre: keine

Riedbergpass
Scheitelhöhe: 1420 m | Länge: 14 km
max. Steigung: 16 % | Wintersperre: keine

Oberjochpass
Scheitelhöhe: 1178 m | Länge: 17 km
max. Steigung: 9 % | Wintersperre: keine

Gaichtpass
Scheitelhöhe: 1093 m | Länge: 8 km
max. Steigung: 9 % | Wintersperre: keine

Ruhe am Vilsalpsee im Tannheimer Tal.

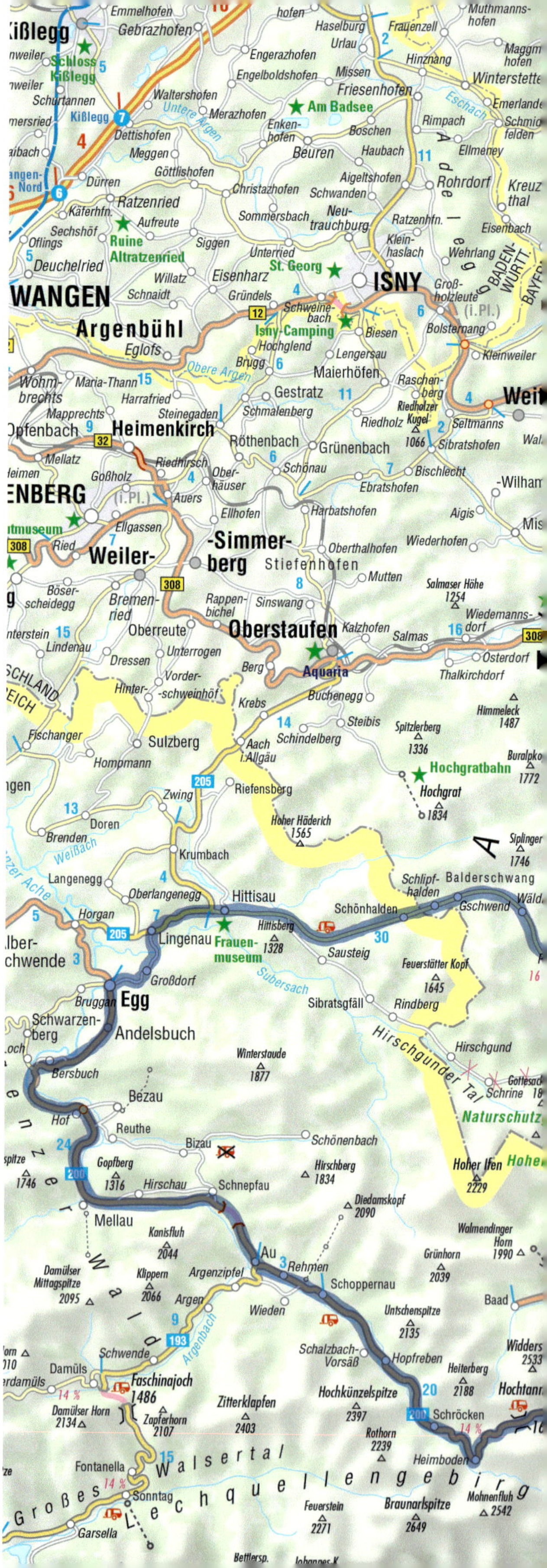

KEMPTEN (Allgäu)
Kemptener Wald
Allgäuer Alpen
Durach
Waltenhofen
Sulzberg
Oy-Mittelberg
Nesselwang
Pfronten
FÜSSEN
Schwangau
Hohenschwangau
Reutte
Tannheimer Berge
Tannheimer Tal
Oberjoch-Pass
Oberjoch 1178
Gaichtpass 1082
Bad Hindelang
SONTHOFEN
Blaichach
Burgberg
Immenstadt i.Allgäu
Rettenberg
Fischen i.Allgäu
Oberstdorf
Allgäuer Hochalpen
Naturschutzgebiet
Sulzschneider Forst
Forggensee
Hopfensee
Weißensee
Grüntensee
Rottachsee
Wertach
Buchenberg
Tannheim
Nesselwängle
Weißenbach
Stanzach
Namloser Tal
Elmen
Häselgehr
Elbigenalp
Bach
Stockach
Steeg
Warth
Lechleiten
Lech
Madau-Tal
Hahntennjoch 1894
Hochvogel 2592
Krottenkopf 2656
IMST
ÖSTERREICH
DEUTSCHLAND
Vils
Musau
Pflach
Breitenwang
Lechaschau
Wängle
Höfen
Ehenbichl
Lähn
Heiterwand 2639
Thaneller 2241
Säuling 2047
Namlos
Forchach
Rinnen
Berwang
Bschlabs
Pfafflar
Gramais
Kaisers
Hägerau
Holzgau
Mils bei Imst

Tour 3 Deutsche Alpenstraße

Auf Promi-Tour durch Deutschland

Ob Gipfelpanoramen, Schlösser oder Passstrecken – die Deutsche Alpenstraße vereinigt alles, was Rang und Namen hat. Die Promi-Strecke ist insgesamt rund 400 Kilometer lang.

START- / ZIELORT
Lindau / Berchtesgaden

TOURLÄNGE
ca. 400 km (2 Tage)

ROADBOOK
Lindau, Immenstadt, Sonthofen, Hindelang, Oberjochpass, Wertach, Nesselwang, Pfronten, Füssen, Reutte, Garmisch-Partenkirchen, Wallgau, Achenpass, Tegernsee, Schliersee, Bayrischzell, Aschau, Bernau, Reit im Winkl, Inzell, Berchtesgaden

Geplant wurde die Deutsche Alpenstraße 1927 und dann in den Folgejahren fertiggestellt, um der noch jungen Automobil-Generation die klassischen Panoramen der deutschen Alpen zu zeigen. Deshalb legte man die Strecke so, dass sie auch tatsächlich die schönsten und typischsten Ecken der teutonischen Berge streift. Der heutige Alpenstraßenfahrer kann sich also sicher sein, dass er keines der Highlights verpasst. Ob Gipfelpanoramen, Schlösser oder Passstrecken – die Deutsche Alpenstraße vereinigt alles, was Rang und Namen hat.

Flott bergauf

Startort ist Lindau, die hübsche Inselstadt am Bodensee. Auf gut ausgebautem Asphalt geht es flott bergauf, bis das 400 Meter hoch gelegene Scheidegg erreicht ist. Das Panorama, das sich auf den nun folgenden Kilometern bietet, gehört zu den beeindruckendsten der gesamten Alpenstraße: im Norden die sanften Hügel der Voralpenregion, im Süden die mächtigen Gipfel des Bregenzer Waldes. Immer noch auf breitem, gepflegtem Asphalt geht es weiter in Richtung Immenstadt.

Die Bögen sind rund und gleichmäßig, die Radien fallen groß aus. Hinter Sonthofen folgen erst noch ein paar behäbige Straßenkilometer bis Hindelang. Dann aber geht es rund: Die Oberjochstraße wartet. Irgendjemand machte sich einmal die Mühe und bekam heraus, dass sich auf einer Strecke von sechs Kilometern über 100 Kehren, Kurven und Serpentinen drängen. Motorradspaß? Welche Frage.

Das Ziel der Kurvenorgie, der Oberjochpass, ist 1178 Meter hoch und bil-

Der Weißensee und Schloss Neuschwanstein sind zwei Highlights der Deutschen Alpenstraße.

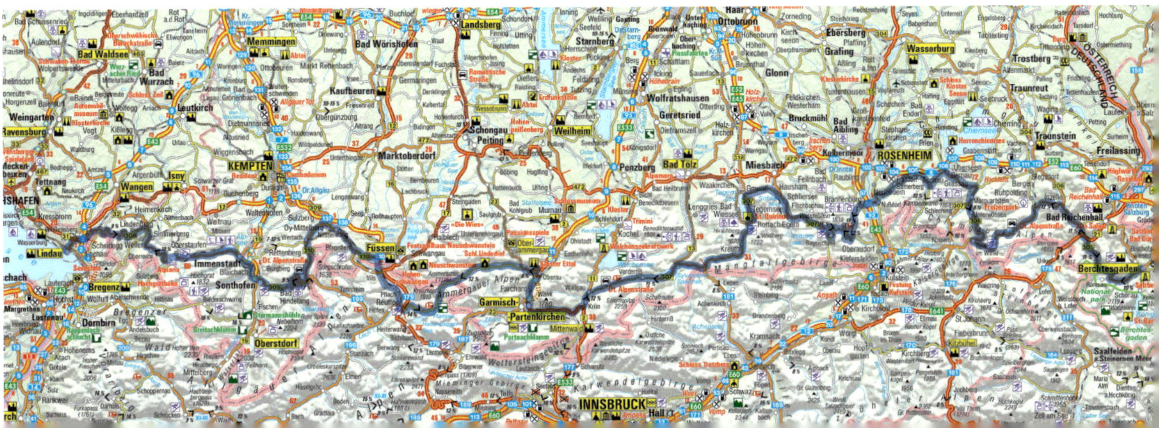

HIGHLIGHT

SCHLOSS NEUSCHWANSTEIN

Das Märchenschloss von König Ludwig II. wurde 1886 erbaut. Es liegt in der Nähe von Füssen und ist das bekannteste aller deutschen Schlösser. Einmal im Leben sollte man es auf alle Fälle gesehen haben. Am besten früh morgens, wenn der Andrang noch nicht so groß ist.

det damit den höchsten Punkt der Deutschen Alpenstraße.

Man fährt nun wieder zurück und zweigt im Ort Oberjoch nach rechts in Richtung Wertach ab. Über Reichenbach erreicht man den hübschen Ort Nesselwang. Der klassische Blick bietet sich oben, kurz vor den in den Ort hinabführenden Serpentinen. Dicht an dicht liegen die roten Ziegeldächer vor uns, während im Hintergrund die Allgäuer Alpen in den Himmel ragen.

Malerisches Füssen

Eine Landstraße mit leicht gekrümmter Streckenführung bringt uns zum Sommer- und Wintersportzentrum Pfronten. Dann geht es weiter nach Füssen, in die Stadt, die so unglaublich malerisch am Fuße der Ammergauer Alpen liegt. Bereits von der Straße aus bietet sich ein herrlicher Blick auf Schloss Neuschwanstein.

Hinter Füssen ist mit der offiziellen Alpenstraße zunächst Schluss, deshalb nimmt man am besten den Umweg nach Reutte, um von dort aus über den Ammersattel in das Tal des Flüss-

chens Lindergries zu gelangen. Im Griestal warten zwei optische Glanzlichter: Schloss Linderhof und Kloster Ettal. Linderhof mit seinem herrlichen Park ist das einzige Schloss von Ludwig II., das jemals fertiggestellt und bewohnt wurde. Ein Stück weiter steht die prachtvolle Anlage des Klosters Ettal. Es wurde 1330 von Kaiser Ludwig dem Bayern nach glücklicher Rückkehr aus Italien gegründet.

Nach einer engen Schlucht öffnet sich die Landschaft, und es geht auf breitem Asphalt nach Garmisch-Partenkirchen hinein. Der 1935 vereinigte Doppelort war ein Jahr später Schauplatz der Olympischen Winterspiele und besitzt seither ein sehenswertes Sportstadion mit Skisprung-

Nesselwang (oben), Kloster Ettal (rechts) und Brücke über den Sylvenstein-Stausee (rechte Seite).

schanzen. Der Eyecatcher ist jedoch ganz klar der Blick auf Deutschlands höchsten Berg: die Zugspitze.

Am Ufer des Tegernsees

Entlang der grün und wild schäumenden Isar geht es am Sylvensteinsee vorbei hinauf zum 941 Meter hohen Achenpass. Der liegt mitten im Wald. Danach setzen wir die Fahrt fort und landen am Ufer des Tegernsees. Die Straße, die ein Stück vor Gmund nach rechts in Richtung Schliersee abbiegt, zeigt so manche wunderschöne Aussicht. Bis Bayrischzell folgen weite Radien auf sehr gutem Asphalt. Dann heißt es: Knie an den Tank, Lenker fest in die Hand. Die Kehren hinauf zum Sudelfeld warten. Das Skigebiet liegt in 1097 Metern Höhe und hält Aussichten auf die Schlierseer Berge und die Alpenstraße bereit.

Über Aschau, Bernau und Grassau geht es auf kurviger Strecke nach Reit im Winkl; bekannt geworden durch seine Mitbürgerin und Olympiasiegerin Rosi Mittermaier. Kurz vor Ruhpolding zweigt die Alpenstraße nach rechts weg, erreicht Inzell und erklimmt in lang gezogenen Kehren den 868 Meter hohen Schwarzbachwacht-Sattel. Ab hier präsentiert sich dem Fahrer ein letzter optischer Leckerbissen: das Berchtesgaden-Panorama. Umgeben von berühmten Gipfeln wie dem Watzmann, dem Jenner und dem Kehlstein, präsentiert sich die alte Salz-Stadt inmitten eines idyllischen Tales von ihrer schönsten Seite. Egal wo man fährt, ständig begleitet einen dieser Blick. Ein wirklich passendes Ende der Alpenstraße. ◀

ÜBERNACHTEN IN DER REGION

HOTEL SEEROSE LINDAU

Das Hotel Seerose befindet sich direkt auf der historischen Stadtmauer der Insel Lindau. Das familiär geführte Hotel bietet euch preiswerte und komfortable Zimmer. Die zentrale Lage und der individuelle Service machen das Hotel zu etwas ganz Besonderem.

Auf der Mauer 3 • 88131 Lindau
+49 (0) 83 82 / 94 60 12 • www.seerose-lindau.de

ATLAS POSTHOTEL

Mitten in Garmisch-Partenkirchen steht das historische ATLAS Posthotel. Das Haus verfügt über 44 komfortable Zimmer und Suiten und bietet allen Komfort, den man sich für einen erholsamen Urlaub wünscht. Genießt nach einer schönen Motorradtour eine kühle Maß im Biergarten.

Marienplatz 12 • 82467 Garmisch-Partenkirchen
+49 (0) 88 21 / 70 90 • www.atlas-posthotel.com

ALPENGASTHOF GÖTSCHENALM

Unser Alpengasthof ist für so manchen Biker ein Begriff. Gemütliche Zimmer, gute Küche und vor allem die ausgezeichnete Lage. Startet von hier aus Touren in alle Himmelsrichtungen. Gerne gibt man euch auch Tourentipps. Fragt nach den speziellen Bikerangeboten.

Kollertradte 21 • 83483 Bischofswiesen
+49 (0) 86 52 / 9 77 96 59 • www.goetschenalm.com

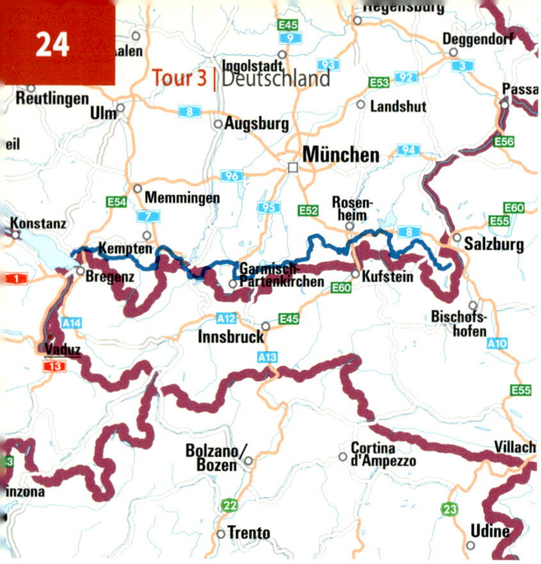

TOUR 3 | Deutschland

DEUTSCHE ALPENSTRASSE

TOURLÄNGE | 400 km
TOURDAUER | 2 Tage

PÄSSE DER TOUR

Oberjochpass
Scheitelhöhe: 1178 m | Länge: 17 km
max. Steigung: 9 % | Wintersperre: keine

Achenpass
Scheitelhöhe: 941 m | Länge: 24 km
max. Steigung: 12 % | Wintersperre: keine

Hübsche Fassaden in Berchtesgaden.

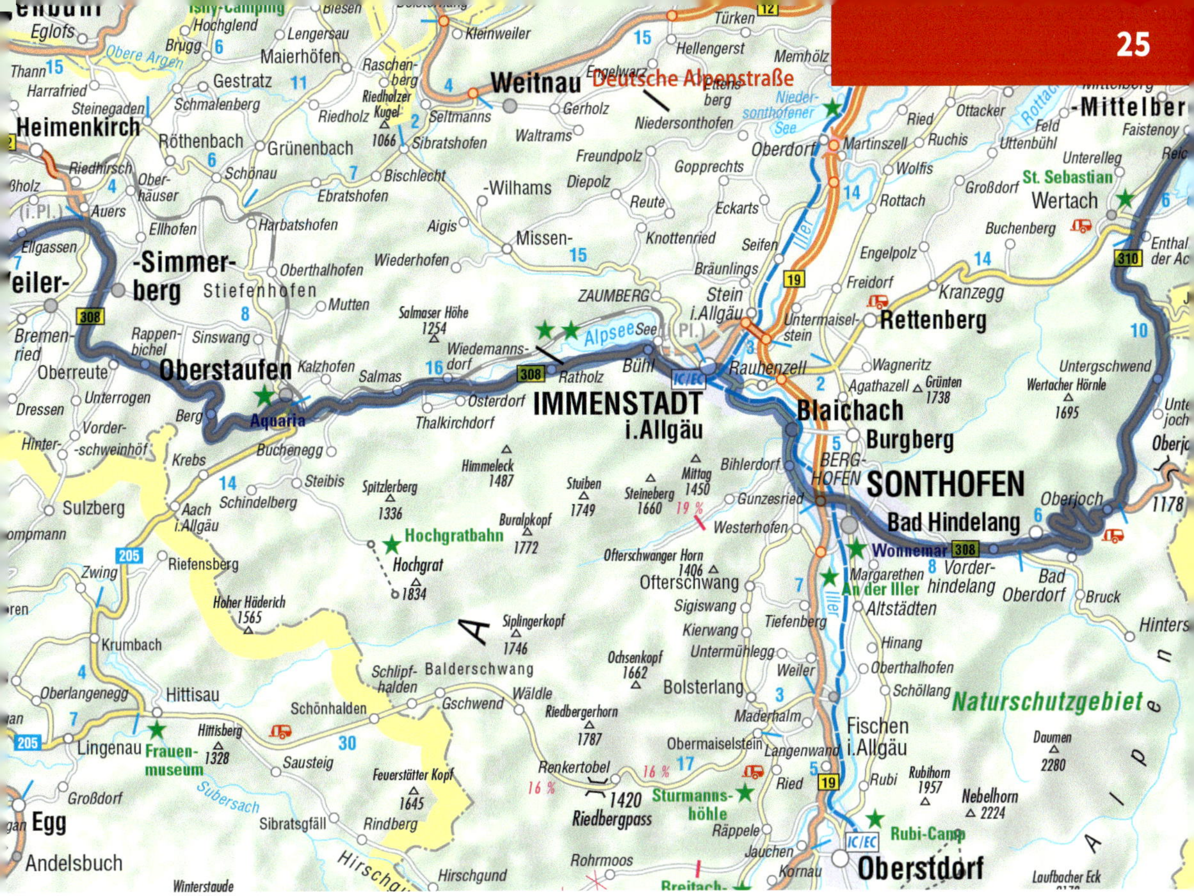
Eglofs
Isny-Camping
Hochglend
Biesen
Lengersau
Kleinweiler
Türken
Hellengerst
Memhölz
Obere Argen
Brugg
Maierhöfen
Raschenberg
Weitnau
Engelwarz
Deutsche Alpenstraße
Niedersonthofener See
Thann
Harrafried
Gestratz
Riedholzer Kugel
1066
Seltmanns
Gerholz
Ettensberg
Niedersonthofen
Mittelberg
Faistenoy
Steingaden
Schmalenberg
Riedholz
Sibratshofen
Waltrams
Oberdorf
Martinszell
Ried
Ottacker
Rottach
Feld
Uttenbühl
Heimenkirch
Röthenbach
Grünenbach
Freundpolz
Gopprechts
Ruchis
Wolfis
Unterelleg
Riedhirsch
Oberhäuser
Schönau
Bischlecht
Wilhams
Diepolz
Großdorf
St. Sebastian
Wertach
Auers
Ebratshofen
Reute
Eckarts
Rottach
Ellhofen
Harbatshofen
Aigis
Knottenried
Seifen
Iller
Buchenberg
Ellgassen
Missen-
Engelpolz
Enthal
Simmerberg
Oberthalhofen
Wiederhofen
Bräunlings
Freidorf
Kranzegg
Weiler-
Stiefenhofen
Mutten
Zaumberg
Stein i.Allgäu
Rettenberg
Bremenried
Rappenbichel
Sinswang
Salmaser Höhe 1254
Alpsee
Untermaiselstein
Wagneritz
Untergschwend
Oberreute
Oberstaufen
Kalzhofen
Salmas
Wiedemannsdorf
Ratholz
Bühl
Rauhenzell
Agathazell
Grünten 1738
Wertacher Hörnle 1695
Dressen
Unterrogen
Aquaria
Osterdorf
Immenstadt i.Allgäu
IC/EC
Blaichach
Burgberg
Unterjoch
Vorder-schweinhöf
Berg
Thalkirchdorf
Hinter-
Buchenegg
Bihlerdorf
Oberjoch
Himmeleck 1487
Mittag 1450
Berghofen
Sonthofen
Krebs
Steibis
Stuiben 1749
Steineberg 1660
Gunzesried
1178
Sulzberg
Schindelberg
Spitzlerberg 1336
19 %
Bad Hindelang
Aach i.Allgäu
Hochgratbahn
Buralpkopf 1772
Westerhofen
Wonnemar
Riefensberg
Hochgrat 1834
Oberschwanger Horn 1406
Margarethen
Vorderhindelang
Zwing
Ofterschwang
An der Iller
Bad Oberdorf
Bruck
Hoher Häderich 1565
Sigiswang
Altstädten
Tiefenberg
Kierwang
Hinters
Splingerkopf 1746
Hinang
Krumbach
Untermühlegg
Oberthalhofen
Ochsenkopf 1662
Weiler
Schlipfhalden
Balderschwang
Schöllang
Oberlangenegg
Hittisau
Bolsterlang
Naturschutzgebiet
Wäldle
Schönhalden
Gschwend
Maderhalm
Riedbergerhorn 1787
Fischen i.Allgäu
Lingenau
Frauenmuseum
Hittisberg 1328
Obermaiselstein
Langenwand
Daumen 2280
Sausteig
Renkertobel
16 %
Rubihorn 1957
Subersach
Feuerstätter Kopf 1645
1420
Riedbergpass
Sturmannshöhle
Ried
Rubi
Nebelhorn 2224
Großdorf
Egg
Sibratsgfäll
Rindberg
Rubi-Camp
Räppele
Andelsbuch
Hirschgund
Rohrmoos
Jauchen
Kornau
Oberstdorf
Laufbacher Eck
Winterstaude
Breitach-

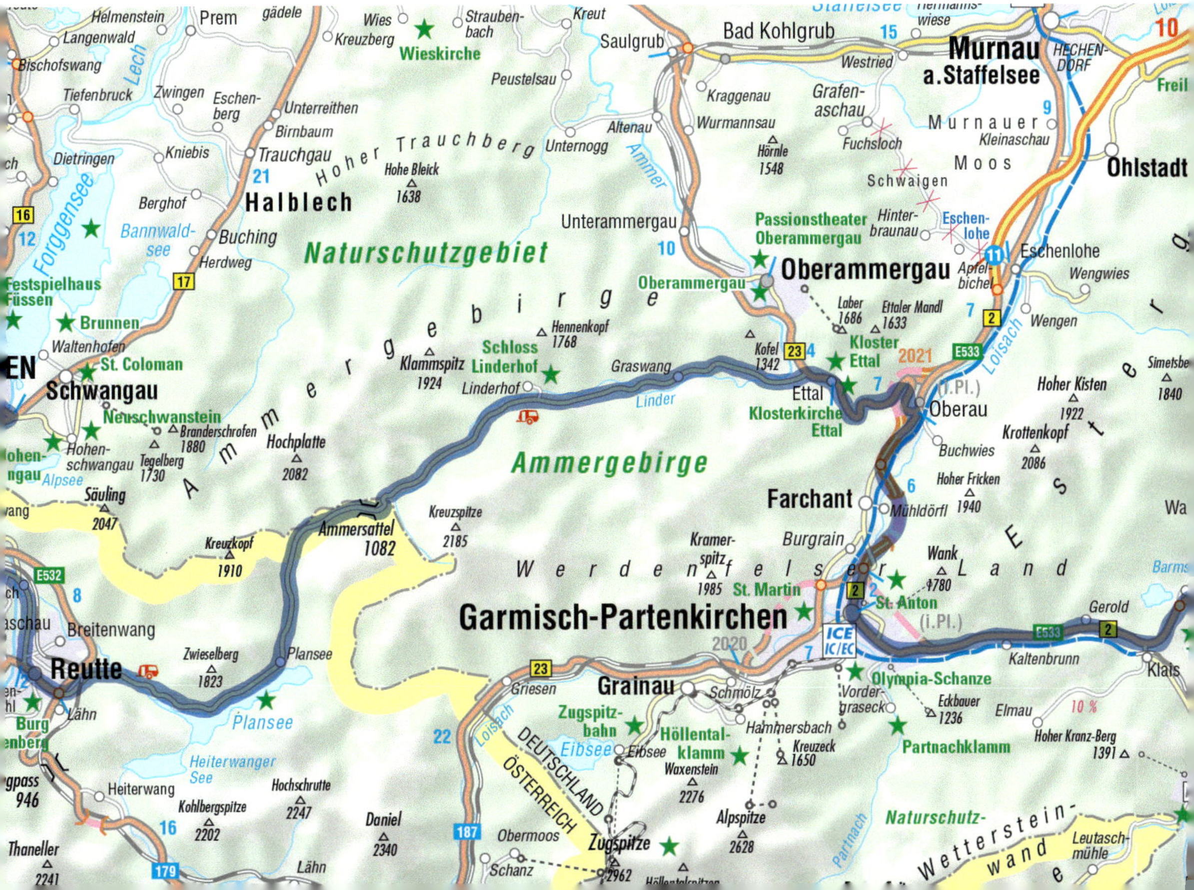
Helmenstein
Prem
Gädele
Wies
Wieskirche
Straubenbach
Kreut
Saulgrub
Bad Kohlgrub
Staffelsee
Murnau a.Staffelsee
Hechendorf
Langenwald
Lech
Kreuzberg
Peustelsau
Westried
Bischofswang
Tiefenbruck
Zwingen
Eschenberg
Unterreithen
Kraggenau
Grafenaschau
Birnbaum
Wurmannsau
Murnauer Moos
Kleinaschau
Dietringen
Kniebis
Trauchgau
Hoher Trauchberg
Altenau
Unternogg
Hörnle 1548
Fuchsloch
Ohlstadt
Forggensee
Hohe Bleick 1638
Ammer
Schwaigen
Halblech
Berghof
Bannwaldsee
Buching
Herdweg
Unterammergau
Passionstheater Oberammergau
Hinterbraunau
Eschenlohe
Naturschutzgebiet
Wengwies
Festspielhaus Füssen
Oberammergau
Apfelbichel
Brunnen
Waltenhofen
Ammergebirge
Hennenkopf 1768
Laber 1686
Ettaler Mandl 1633
Wengen
Schloss Linderhof
Kofel 1342
Kloster Ettal
Loisach
Simetsberg 1840
St. Coloman
Klammspitz 1924
Linderhof
Graswang
Ettal
Oberau
Hoher Kisten 1922
Schwangau
Linder
Klosterkirche Ettal
Neuschwanstein
Branderschrofen 1880
Buchwies
Krottenkopf 2086
Hohenschwangau
Hochplatte 2082
Tegelberg 1730
Alpsee
Farchant
Hoher Fricken 1940
Säuling 2047
Mühldörfl
Ammersattel 1082
Kreuzspitze 2185
Kramerspitz 1985
Burgrain
Estergebirge
Kreuzkopf 1910
Wank 1780
Werdenfelser Land
St. Martin
St. Anton
Gerold
Breitenwang
Garmisch-Partenkirchen
ICE IC/EC
Reutte
Zwieselberg 1823
Plansee
Kaltenbrunn
Klais
Grainau
Schmölz
Olympia-Schanze
Griesen
Vordergraseck
Eckbauer 1236
Elmau
10 %
Lähn
Zugspitzbahn
Hammersbach
Burg Ehrenberg
Heiterwanger See
Eibsee
Höllentalklamm
Kreuzeck 1650
Partnachklamm
Hoher Kranz-Berg 1391
Waxenstein 2276
Deutschland
Österreich
Heiterwang
Hochschrutte 2247
Kohlbergspitze 2202
Daniel 2340
Alpspitze 2628
Naturschutz-
Wettersteinwand
Leutaschmühle
Thaneller 2241
Lähn
Obermoos
Zugspitze 2962
Partnach
Schanz

Penzberg
Bad Heilbrunn
Bad Tölz
Wackersberg
Blombergbahn
Kloster Benediktbeuern
Benediktbeuern
Lenggries
Brauneckbahn
Murnau a.Staffelsee
Staffelsee
Seehausen
Riegsee
Uffing
Eglfing
Ohlstadt
Kochel a.See
Kochelsee
Freilichtmuseum Glentleiten
Walchensee-Kraftwerk
Oberammergau
Eschenlohe
Walchensee
Sylvenstein-stausee
Jachenau
Bayerische Voralpen
Ester Berge
Isarwinkel
Wallgau
Krün
Farchant
Oberau
Kloster Ettal
St. Anton
Olympia-Schanze
Tennsee
Barmsee
Infozentrum Karwendel
DEUTSCHLAND
ÖSTERREICH
Alpenpark Karwendel

Rosenheim
Raubling
Bad Feilnbach
Rohrdorf
Neubeuern
Samerberg
Brannenburg
Flintsbach am Inn
Nußdorf am Inn
Fischbach am Inn
Wendelsteinhöhle
Tatzelwurm
Bayrischzell
Oberaudorf
Klosterkirche Reisach
Kiefersfelden
Bernau a.Chiemsee
Übersee
Grassau
Aschau im Chiemgau
Schloss Hohenaschau
Frasdorf
Märchen-Erlebnispark
Chiemgauer Alpen
Schleching
Unterwössen
Reit im Winkl
Entenlochklamm
Kössen
Walchsee
Freizeitzentrum Zahmer Kaiser
Niederndorf
Ebbs
Zahmer Kaiser
DEUTSCHLAND
ÖSTERREICH

Hausham
Schliersee
Fischbachau
Brannenburg
Deutsche Alpenstraße
Gmund a. Tegernsee
Tegernsee
TEGERNSEE
Bad Wiessee
Rottach-Egern
Kreuth
Flintsbach am Inn
Fischbach am Inn
Oberaudorf
Kiefersfelden
KUFSTEIN
Thiersee
Langkampfen
Kirchbichl
Bad Häring
Söll
WÖRGL
Kundl
Hopfgarten im Brixental
Achenkirch
Achensee
Mangfallgebirge
Schlierseer Berge
Alpen
Brandenberger Alpen
DEUTSCHLAND
ÖSTERREICH
Bayrischzell
Spitzingsattel 1128
Ursprungpass 849
Wendelstein 1838
Breitenbach am Inn
Brandenburg
Wörgl-Ost
Wörgl-West
Wave Wasserwelt
Etruskische Höhle
Tatzelwurm
Klosterkirche Reisach
Festung Kufstein
Wallfahrtsk. Birkenstein
Ruine Hohenwaldeck
Monte Mare Schliersee
Monte Mare Tegernsee
Schl. Tegernsee
M. Wasmeier Bauernhof- & Wintersportmus.
Wendelsteinhöhle
Steinberg am Rofan
Guffertspitze 2196
Hoher Nock 1497
Rotwand 1884

Bergen
Siegsdorf
Ruhpolding
Inzell
Anger
Ainring
Piding
BAD REICHENHALL
SALZBURG
Flughafen Salzburg
Grödig
Großgmain
Bayerisch Gmain
Bischofswiesen
Berchtesgaden
Schönau a. Königssee
Unken
Schneizlreuth
Teisenberg
Untersberg
Lattengebirge
Reiter Alpe
Naturschutzgebiet Chiemgauer Alpen
Freizeitpark Ruhpolding
Mammutheum
Gletschergarten
Münster St. Zeno
Kuranlage
Alte Saline
Biosphären-reservat Berchtesgaden
Schellenberger Eishöhle
Almbachklamm
SalzZeitReise
Schrecksattel Eishöhle
Steinpass 558
Marktschellenberg
Red Bull Arena
Hellbrunn
Anif
Walserberg

Tour 4 Tennengau

Wenn der Dachstein ruft

Nur wenige Kilometer vor den Toren Salzburgs und in Nachbarschaft von Berchtesgaden bietet das wunderschöne Tennengau eine herrliche Genuss- und Erlebnisvielfalt auf engstem Raum.

BASISORT
Berchtesgaden

TOURLÄNGE
ca. 250 km (1 Tag)

ROADBOOK
Berchtesgaden, Roßfeld, Panoramastraße, Hallein, Fuschl, St. Gilgen, Bad Ischl, Bad Goisern, Pötschenpass, Altaussee, Bad Aussee, Koppenpass, Pass Gschütt, Annaberg-Lungötz,Sankt Martin, Werfen, Pass Lueg, Golling, Kuchl, Hallein, Berchtesgaden

Da die Ungeduld eine der menschlichsten Eigenschaften ist, sollte man sich ruhig gleich nach dem Start in Berchtesgaden die 17 Kilometer lange Roßfeld Panoramastraße gönnen. Mit einer Scheitelhöhe von 1560 Metern ist sie Deutschlands höchste Passstraße und mit ihrer extremen Kurvendichte die beste Bikerstrecke der gesamten deutschen Alpen.

Schon die Anfahrt zur eigentlichen Höhenstraße erweist sich als Knaller: Vier Kilometer lang, eine Serpentine nach der anderen, wie mit dem Zirkel gezogen. Griffiger Asphalt, 24 Prozent Steigung. Enge Bögen, weite Bögen, Haarnadelkurven – das ganze Spektrum an Schräglagen wirft uns die Roßfeld Panoramastraße vors Vorderrad. Die Fahrbahn ist mittelbreit, alle Kehren sind schon von weitem einsehbar. Bombenfest krallen sich die Reifen in den griffigen Belag. Die Abfahrt bringt noch einmal dasselbe Herzklopfen wie der Aufstieg.

Ruhige Landpartie

Wir verlassen Deutschland in Richtung Hallein und tauchen ein in die Bilderbuchlandschaft des Tennengaus im Salzburger Land. Nach der aufregenden Roßfeld Panoramastraße tut diese Landpartie richtig gut. Der Pulsschlag beruhigt sich, der Lenker liegt wieder locker in der Hand. Es geht den Almbach entlang, am Wiestalstausee und Schloss Fuschl vorbei mitten hinein nach St. Gilgen am Wolfgangsee, dem zweiten Highlight des Tages. Bei einem Bummel durch den hübschen Ort genießt man dörfliche Idylle und mondänes Flair gleichzeitig. Überhaupt ist der Wolfgangsee eine Augenweide: das tiefblaue Wasser, gepunktet von unzähligen weißen Segelbooten, eingerahmt von hohen Bergen.

Am rechten Ufer entlang touren wir dem nächsten Highlight ent-

Blick auf das Berchtesgadener Land und St. Gilgen am Wolfgangsee.

HIGHLIGHT

SALZBURGER NOCKERLN

Salzburger Nockerln sind eine typische Süßspeise der Region. Sie werden warm als Nachtisch serviert. Die Rezeptur ist von Gaststätte zu Gaststätte verschieden. Die Grundzutaten wie Ei, Zucker und Mehl sind jedoch immer gleich. In machen Cafés werden sie mit Himbeersauce serviert. Also unbedingt kosten.

gegen. Bad Ischl ist untrennbar mit der Erinnerung an Kaiser Franz Joseph und Kaiserin Elisabeth verbunden. Die Kaiserin war damals wie heute eine faszinierende Persönlichkeit. An Weihnachten bringt uns Romy Schneider in der Rolle der Sissi zum Weinen und Michael Herbigs Animationsparodie auf die von Ernst Marischka gedrehten Filme zum Lachen. Ein Spaziergang durch den Kaiserpark lässt die Magie längst vergangener Zeiten aufleben.

Geografischer Mittelpunkt

Genug der Nostalgie. Die Gegenwart wartet. Und zwar mit dem 993 Meter hohen Pötschenpass, der uns von Bad Goisern nach Bad Aussee bringt, dem geografischen Mittelpunkt Österreichs. Oben auf der Passhöhe gibt es einen Gedenkstein fürs Foto und ein Gasthaus fürs leibliche Wohl. Doch bevor die Räder durch Bad Aussee rollen heißt es: Blinker links und nach Altaussee abbiegen.

Spannung ist garantiert, denn in dieser Gegend spielten sich drama-

tische Szenen in dem James-Bond-Streifen „Spectre“ ab. 007 traf hier bei klirrender Kälte auf Bösewicht Mr. White. Die Begegnung fand im Jagdhaus Seewiese am Altausseer See statt. Daniel Craig und Regisseur Sam Mendes wohnten während der Dreharbeiten im Romantik Hotel Seevilla.

Dramatisch geht es weiter, denn die Route führt über den 690 Meter hohen Koppenpass und den 969 Meter hohen Pass Gschütt am Fuße des Dachsteingebirges entlang. Breite, übersichtliche Trasse, gepflegter Asphalt, viel Grün entlang der Straße. Der Hallstätter See und der Rußbach begleiten uns jeweils ein Stück des Weges. Hier kann man es gemütlich angehen lassen, oder wer will, der

Berchtesgaden (oben), Roßfeld Panoramastraße (rechts) und Pass Lueg (rechte Seite).

Maschinen die Sporen geben. Ganz nach Geschmack.

Die Route folgt der B 166 ins Lammertal, einem Naturjuwel. Das Sahnehäubchen verläuft zwischen Annaberg-Lungötz und Sankt Martin. Unverfälschte Natur abseits der Hauptverkehrswege, traditionelle Bauernkultur, schroffe Felsen, verträumte Almen, seltene Blumen. Das Lammertal ist eingebettet zwischen dem Tennengebirge und dem Dachsteinmassiv mit seinen mächtigen Gipfeln Große Bischofsmütze (2 458 Meter) und Kleine Bischofsmütze (2 430 Meter).

Gut sichtbare Festung

Wir verlassen das Lammertal und nehmen Kurs auf den Pass Lueg. Grobe Richtung Bischofshofen. Es geht an der Tauernautobahn entlang, nach Werfen hinein. Dort statten wir der Festung Hohenwerfen einen Besuch ab. Die Anlage thront gut sichtbar auf einem sich hoch über der Salzach erhebenden Felskegel und gilt als eine der schönsten Burgen Österreichs.

Die Befestigungsanlagen auf dem 553 Meter hohen Pass Lueg waren ursprünglich Verteidigungsanlagen gegen die Franzosen im Befreiungskrieg 1809 und wurden an der engsten Stelle des Salzachtales errichtet. Wir zischen friedlich daran vorbei und erreichen Golling. Auch Golling hat eine Burg zu besichtigen, eine schmucke Innenstadt mit bunten Häusern, reichlich Restaurants und Cafés.

Über Kuchl und Hallein erreichen wir Berchtesgaden, Start und Ziel dieser wunderbaren Runde voller Highlights. ◀

TOUR 4 | Deutschland

TENNENGAU

TOURLÄNGE | 250 km

PÄSSE DER TOUR

Roßfeld Panoramastraße
Scheitelhöhe: 1560 m | Länge: 17 km
max. Steigung: 13 % | Wintersperre: keine

Pötschenpass
Scheitelhöhe: 993 m | Länge: 18 km
max. Steigung: 9 % | Wintersperre: bei Bedarf

Koppenpass
Scheitelhöhe: 690 m | Länge: 13 km
max. Steigung: 23 % | Wintersperre: bei Bedarf

Pass Gschütt
Scheitelhöhe: 964 m | Länge: 25 km
max. Steigung: 17 % | Wintersperre: bei Bedarf

Pass Lueg
Scheitelhöhe: 553 m | Länge: 13 km
max. Steigung: 21 % | Wintersperre: keine

Pause am Grundelsee.

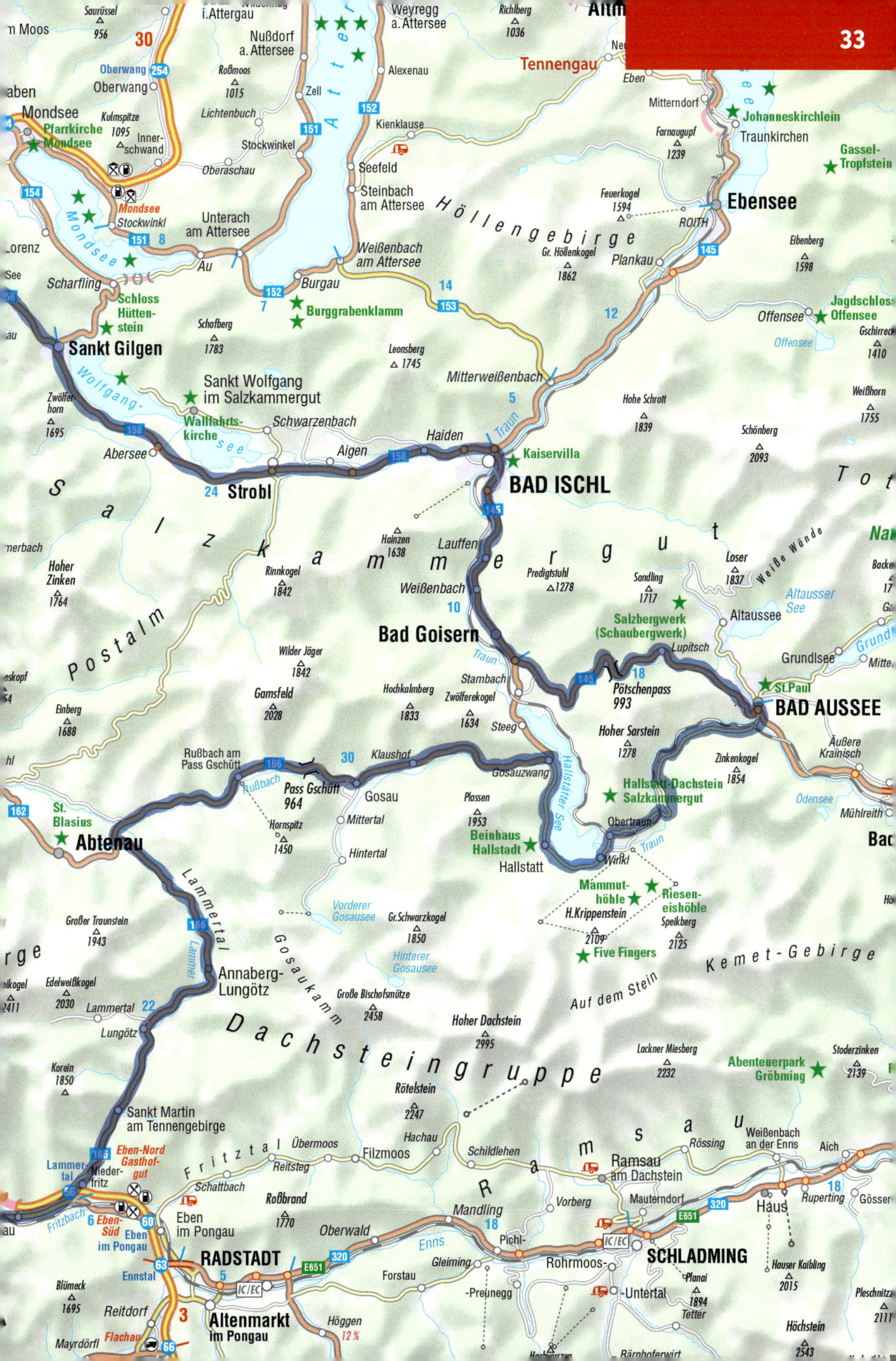
Mondsee
Pfarrkirche Mondsee
Oberwang
Kulmspitze 1095
Innerschwand
Saurüssel 956
Nußdorf a. Attersee
Roßmoos 1015
Zell
Lichtenbuch
Stockwinkel
Oberaschau
Attersee
Weyregg a. Attersee
Alexenau
Richlberg 1036
Tennengau
Eben
Mitterndorf
Johanneskirchlein
Traunkirchen
Gassel-Tropfstein
Farnaugupf 1239
Kienklause
Seefeld
Steinbach am Attersee
Höllengebirge
Feuerkogel 1594
Ebensee
ROITH
Mondsee Stockwinkl
Unterach am Attersee
Au
Weißenbach am Attersee
Gr. Höllenkogel 1862
Plankau
Eibenberg 1598
Scharfling
Schloss Hütten-stein
Burgau
Burggrabenklamm
Schafberg 1783
Sankt Gilgen
Wolfgangsee
Leonsberg 1745
Mitterweißenbach
Offensee
Jagdschloss Offensee
Gschirreck 1410
Sankt Wolfgang im Salzkammergut
Wallfahrtskirche
Schwarzenbach
Zwölferhorn 1695
Hohe Schrott 1839
Weißhorn 1755
Schönberg 2093
Abersee
Aigen
Haiden
Traun
Kaiservilla
Strobl
BAD ISCHL
Salzkammergut
Toten
Hoher Zinken 1764
Rinnkogel 1842
Hainzen 1638
Lauffen
Predigtstuhl 1278
Loser 1837
Weiße Wände
Sandling 1717
Weißenbach
Altausser See
Altaussee
Salzbergwerk (Schaubergwerk)
Bad Goisern
Postalm
Wilder Jäger 1842
Gamsfeld 2028
Hochkalmberg 1833
Zwölferekogel 1634
Stambach
Lupitsch
Pötschenpass 993
Grundlsee
St. Paul
BAD AUSSEE
Einberg 1688
Steeg
Hoher Sarstein 1278
Äußere Kainisch
Rußbach am Pass Gschütt
Klaushof
Gosauzwang
Zinkenkogel 1854
Pass Gschütt 964
Gosau
Hallstätter See
Hallstatt-Dachstein Salzkammergut
Ödensee
Mühlreith
St. Blasius
Abtenau
Hornspitz 1450
Mittertal
Plassen 1953
Obertraun
Hintertal
Beinhaus Hallstadt
Hallstatt
Winkl
Lammertal
Mammuthöhle
H.Krippenstein
Rieseneishöhle
Speikberg 2125
Vorderer Gosausee
Gr.Schwarzkogel 1850
Großer Traunstein 1943
Five Fingers
Hinterer Gosausee
Kemet-Gebirge
Annaberg-Lungötz
Gosaukamm
Edelweißkogel 2030
Große Bischofsmütze 2458
Auf dem Stein
Lammertal
Lungötz
Dachsteingruppe
Hoher Dachstein 2995
Lackner Miesberg 2232
Abenteuerpark Gröbming
Stoderzinken 2139
Korein 1850
Rötelstein 2247
Sankt Martin am Tennengebirge
Hachau
Ramsau
Rössing
Weißenbach an der Enns
Aich
Eben-Nord Gasthof-gut
Fritztal
Übermoos
Filzmoos
Schildlehen
Ramsau am Dachstein
Niederfritz
Reitsteg
Schattbach
Roßbrand 1770
Vorberg
Mauterndorf
Haus
Ruperting
Gössenberg
Eben-Süd
Eben im Pongau
Fritzbach
Oberwald
Mandling
Pichl-
Enns
SCHLADMING
RADSTADT
Gleiming
Rohrmoos-
Forstau
Planai
Hauser Kaibling 2015
Ennstal
Blümeck 1695
Preunegg
Untertal
Tetter 1894
Reitdorf
Altenmarkt im Pongau
Höggen
Flachau
Mayrdörfl
Höchstein 2543
Pleschnitzzinken 2111
Bärnhoferwirt

Tour 5 Vorarlberg

Unbekannte Vielfalt im Ländle

Ländle nennen die Vorarlberger ihr Bundesland. Klein, aber fein, überrascht es mit seiner landschaftlichen Vielfalt. Hochalpine Gipfel gibt es ebenso wie Obstwiesen, Hügel und Täler.

Los geht es am Arlbergpass. Auf dessen 1793 Meter hohem Sattel beginnt die Abfahrt hinab ins Klostertal. Eine Abfahrt, die es in sich hat. Fahrerisch und landschaftlich. Das Auge saugt sich an dem Anblick der hochalpinen Vegetation mit ihren grünen Matten und grauen Felsen fest. Unter uns kringelt sich die Passstraße als schwarze Schnur talwärts.

Kribbelnde Gashand

Schon von oben ist zu erahnen, wie viel Fahrspaß diese runden und perfekt ausgebauten Kehren bringen. Die Gashand kribbelt bereits, und die linke Fußspitze schaltet sich per Trockenübung schon einmal warm. Dann folgt der Sprung in die Traum-Abfahrt. Von einer Schräglage zur anderen. Gasgeben, schalten, bremsen. Tanz mit dem Mittelstrich. Irgendwann verschwindet die letzte Kurve im Rückspiegel, und aus dem Schräglagensammeln wird ein beschauliches Dahingleiten. Klösterle, der Namenspatron des Tales, taucht auf. Bei Braz folgt ein kurzer Zwangsumstieg auf die Vierspurige, dann rollen wir nach Bludenz hinein.

An der folgenden Gabelung geht es rechts ab in Richtung Nüziders, danach folgen wir der Landstraße 193 nach Thüringen. Nun beginnt das Große Walsertal. Ein Tal, in dem man den sanften Tourismus gar nicht erst erfinden musste. Schon immer gingen die Uhren hier anders als in den klassischen Urlaubsregionen Österreichs. Dieses Tal ist die Heimat der einsamen Bergbauernhöfe, der kleinen Pensionen und der idyllischen Ortschaften.

Mit einer griffigen Asphaltdecke versehen, erklimmt die Straße die Flanken des Tales. Kurve an Kurve. Tolle Ausblicke, wenig Verkehr. Letzteres reizt zum Gasgeben. Ein paar

BASISORT
Arlbergpass

TOURLÄNGE
ca. 200 km (1 Tag)

ROADBOOK
Arlbergpass, Klösterle, Bludenz, Nüziders, Thüringen, Fontanella, Faschinajoch, Damüls, Furkajoch, Rankweil, Feldkirch, Röthis, Götzis, Dornbirn, Bödele, Schwarzenberg, Bezau, Mellau, Schoppernau, Hochtannbergpass, Warth, Lech, Flexenpass, Arlbergpass

Auf den Höhen von Flexenpass. und Furkajoch (linke Seite von oben nach unten).

HIGHLIGHT

INDUSTRIE MIT FLAIR

Dornbirn entwickelte sich im Laufe des 18. Jahrhunderts zu einem bedeutenden Zentrum der Textilindustrie. Auch heute noch beherrschen Industriebauten das Stadtbild. Deswegen ist Dornbirn noch lange nicht hässlich. Im Gegenteil. Die altmodischen Unternehmervillen, Arbeitersiedlungen und Fabriken aus der Gründerzeit geben Dornbirn ein ganz besonderes Flair.

Serpentinen, ein Blick auf die Rote Wand – den Hausberg des Großen Walsertals – dann zieht das Ortsschild von Fontanella vorüber. Steil klebt der „kleine Brunnen“ am Fels, sein Wahrzeichen, die grüne Kirchturmspitze, hat er dabei kühn in die Luft gereckt.

Ein halbes Dutzend Serpentinen folgen. Dann ein paar Kilometer gut asphaltiertes Geschlängel. Schließlich stehen wir auf dem 1486 Meter hohen Sattel des Faschinajochs. Einige Kehren führen hinab nach Damüls. Hier warten mehrere schöne Wirtshäuser auf Gäste mit Vorliebe für Aussichtsterrassen.

Radien jeder Größe

Am Schild Furkajoch biegen wir nach links ab und klinken uns in eine astreine Kurvenstrecke der Marke schmal, griffig und übersichtlich ein. Zuerst folgt sie eine Weile den Konturen des Bergs, um dann im Schlussspurt das 1760 Meter hohe Furkajoch zu besteigen. Genauso fantastisch geht es auf der anderen Seite ins Laternser Tal hinab. Ein Kurventraum. Radien jeglicher Größe. Und kein Ende. Die Fahrbahn ist mal schmal, mal sehr schmal, mal eben, mal holperig. Aber immer gewährt sie den Reifen perfekten Grip. Wie im Rausch schwingen wir durch dieses Hochtal, das uns wie eines der letzten Paradiese erscheint. Hier fühlt man sich mit der Natur im Einklang, hier dürfen sich Geist und Seele so richtig erholen.

Die alte Festungsstadt Feldkirch mit ihren Mauern und Türmen wacht seit 850 Jahren über diesen Verkehrsknotenpunkt am Zusammenfluss von Ill und Rhein. Ein Dutzend runder und schön ausgebauter Kurven führen nach Götzis. Dort geht es am Kreisverkehr weiter in Richtung Dornbirn. Am Stadtausgang folgen wir dem Schild Bregenzer Wald / Bödele und

Faschinajoch (oben), Arlbergpass (rechts) und Flexenpass (rechte Seite).

gelangen auf eine Panoramastrecke der Kategorie Extraklasse.

Steil und kurvig erklimmt sie die ersten Höhenzüge des Bregenzer Waldes und verwöhnt mit einmaligen Blicken runter nach Dornbirn und hinüber zur silbernen Scheibe des Bodensees. Erst im hoch gelegenen Ort Bödele ist das kombinierte Fahr- und Schauvergnügen zu Ende. Danach folgt die Route wie ein Stück gekringelte Schnur den Konturen des Berges. Sie umkurvt pralle grüne Almwiesen und klinkt sich schließlich hinter Schwarzenberg in die zum Hochtannbergpass führende Hauptstrecke ein.

Dem Himmel entgegen

Die Auffahrt zum 1675 Meter hohen Hochtannbergpass ist ein Leckerbissen. Die ersten Kilometer nach Schoppernau laufen noch zügig durch. Breite Fahrbahn, flotte Wechselkurven. Dann aber geht es zur Sache. Eine Serpentine jagt die nächste. Kehre an Kehre schwänzelt die nun immer schmaler werdende Passstraße dem Himmel entgegen. Das letzte Stück wird beinahe zum Kurvengewitter, dann rollt die Maschine über den Sattel des Passes. Eine kurze Bergabstrecke mit zwei Galerien folgt, dann sehen wir unten im Tal den Wintersportort Warth liegen.

Rechts ab in Richtung Lech. Kurvenspaß ohne Ende. Danach folgt eine Passage wie eine Geisterbahn. Durch die zum Teil stockdunklen Lawinen-Galerien der Flexenstraße mit seinem 1773 Meter hohen Flexenpass geht es kurvenreich hinab zum Ausgangspunkt der Tour. ◀

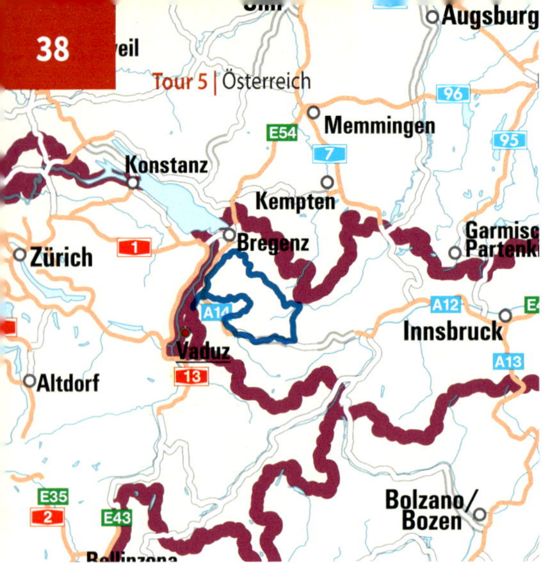

TOUR 5 | Österreich

VORARLBERG

TOURLÄNGE | 200 km

PÄSSE DER TOUR

Arlbergpass
Scheitelhöhe: 1793 m | Länge: 14 km
max. Steigung: 13 % | Wintersperre: keine

Faschinajoch
Scheitelhöhe: 1486 m | Länge: 6 km
max. Steigung: 14 % | Wintersperre: keine

Furkajoch
Scheitelhöhe: 1760 m | Länge: 23 km
max. Steigung: 14 % | Wintersperre: 11-5

Hochtannbergpass
Scheitelhöhe: 1675 m | Länge: 11 km
max. Steigung: 14 % | Wintersperre: keine

Flexenpass
Scheitelhöhe: 1773 m | Länge 8 km
max. Steigung: 10 % | Wintersperre: keine

Ausblick vom Faschinajoch.

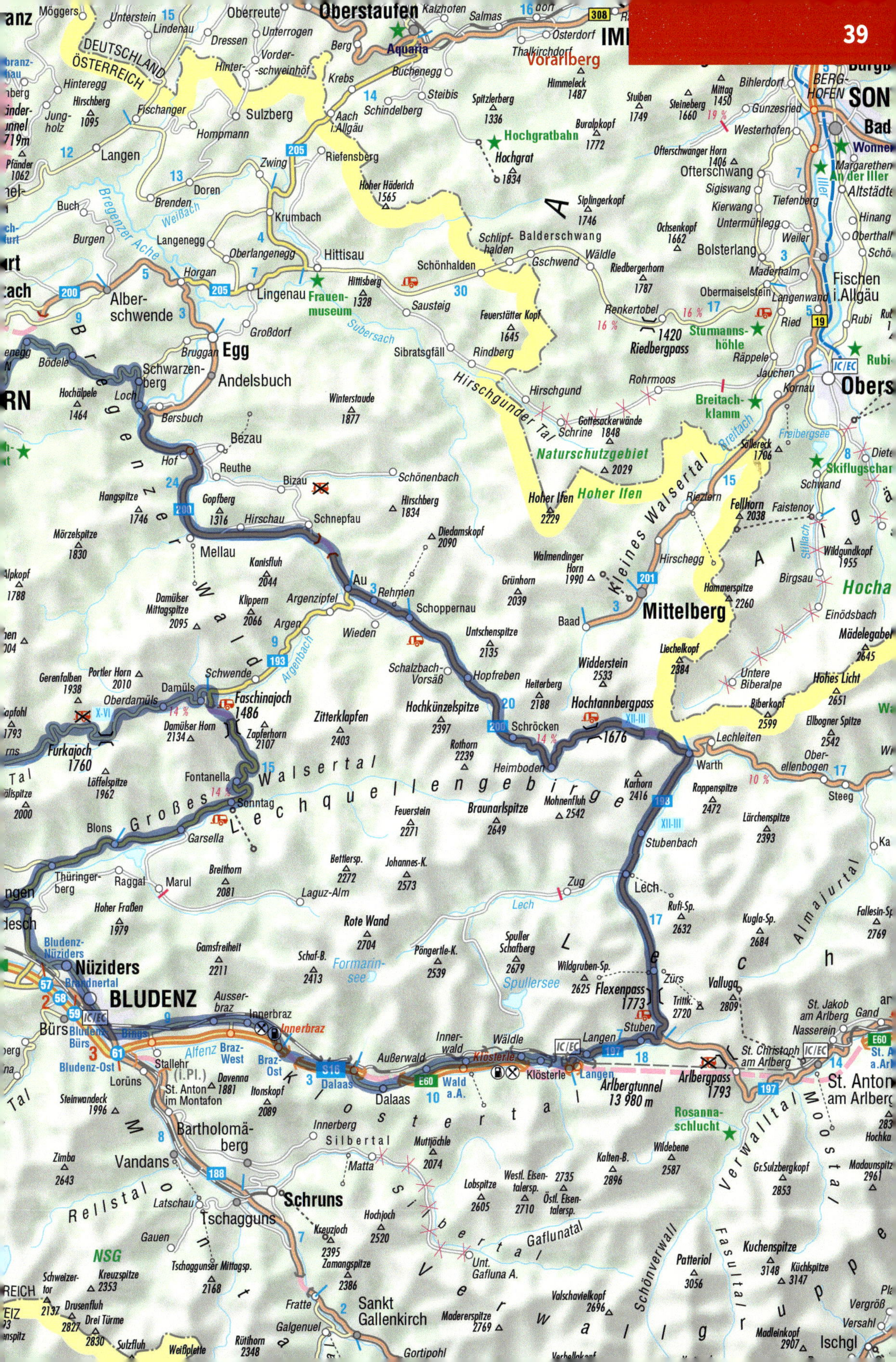

Oberstaufen
Vorarlberg
DEUTSCHLAND
ÖSTERREICH
Sulzberg
Langen
Hittisau
Lingenau
Frauen-museum
Alberschwende
Egg
Andelsbuch
Bezau
Mellau
Au
Schoppernau
Hochtannbergpass
Warth
Mittelberg
Kleines Walsertal
Riezlern
Hirschegg
Fischen i.Allgäu
Oberstdorf
Riedbergpass
Breitachklamm
Sturmannshöhle
Hoher Ifen
Naturschutzgebiet
Hochgratbahn
Hochgrat 1834
Balderschwang
Damüls
Faschinajoch 1486
Furkajoch 1760
Fontanella
Sonntag
Großes Walsertal
Lechquellengebirge
Lech
Zürs
Flexenpass 1773
Stuben
Langen
Klösterle
Dalaas
Braz
Innerbraz
Nüziders
BLUDENZ
Bürs
Lorüns
Vandans
Schruns
Tschagguns
Bartholomäberg
Sankt Gallenkirch
Arlbergpass 1793
Arlbergtunnel 13 980 m
St. Christoph am Arlberg
St. Anton am Arlberg
Rosannaschlucht
Klostertal
Silbertal
Montafon
Rellstal
Verwall
Valluga 2809
Widderstein 2533
Braunarlspitze 2649
Formarinsee
Spullersee
Bregenzerwald

Tour 6 Kitzbüheler Alpen

Bilderbuchtour hoch zum Gerlos

Auf dieser Tour rund um die Kitzbüheler Alpen stattet man der traumhaften Gerlos Alpenstraße, den Krimmler Wasserfällen und der WasserWunderWelt einen Besuch ab.

BASISORT
Mittersill

TOURLÄNGE
ca. 420 km (1 – 2 Tage)

ROADBOOK
Mittersill, Pass Thurn, Kitzbühel, St. Johann, Fieberbrunn, Saalfelden, St. Martin, St. Johann, Grießenpass, Pass Luftenstein, Pass Straub, St. Johann, Kirchberg, Hopfgarten, Niederau, Wörgl, Kramsach, Rattenberg, Strass, Zillertal , Ried, Zillertaler Höhenstraße, Zell, Gerlos Straße, Gerlospass, Mittersill

Wir starten im Tal der Salzach im hübschen Ort Mittersill. Und sofort wartet das erste Schmankerl: der Pass Thurn. Aufgepasst: Dessen 1274 Höhenmeter klingen zwar alles andere als spektakulär, haben es jedoch faustdick hinter den Ohren. Einer Gruppe von Serpentinen hinter Mittersill folgen mehrere zügige Kilometer, auf denen man flott Gas geben kann. Wieder eine Handvoll Kehren, dann taucht die Passhöhe auf.

Die Abfahrt nach Kitzbühel hält zwei Zuckerstückchen bereit – ihre zügig zu durchfahrenden Kehren sowie die Aussicht auf den Ort und das Kitzbüheler Horn mit seiner charakteristischen Funkantenne. Oberhalb von Kitzbühel, an einem sonnigen Hang der Bichlalm, steht übrigens die Sonnberg Stubn. Wirtin Rosie Schipflinger singt nicht nur gut, sondern zaubert auch feine Tiroler Köstlichkeiten auf den Tisch.

Prächtiger Hauptplatz

Wir fahren weiter in das barocke Städtchen St. Johann. Glanzpunkt ist sein prächtiger Hauptplatz. Hier unbedingt einen Pausenstopp einlegen. Von dort aus schlagen wir einen großen Kreis über Fieberbrunn, Saalfelden und St. Martin. Dabei nehmen wir den Grießenpass (975 Meter), Pass Luftenstein (648 Meter) und Pass Strub (704 Meter) unter die Räder und fühlen uns in dem nicht enden wollenden Kurvengeschlängel pudelwohl.

Zurück in St. Johann steuern wir ab Kirchberg den Abzweig nach Wörgl an. Die Hahnenkamm-Bergbahn bleibt links liegen, dann nimmt uns das Brixener Tal auf. Die folgenden 30 Kilometer sind die pure Augenweide: Die Straße durchkurvt in gleichmä-

Pause am See, bevor es weiter nach Kitzbühel geht.

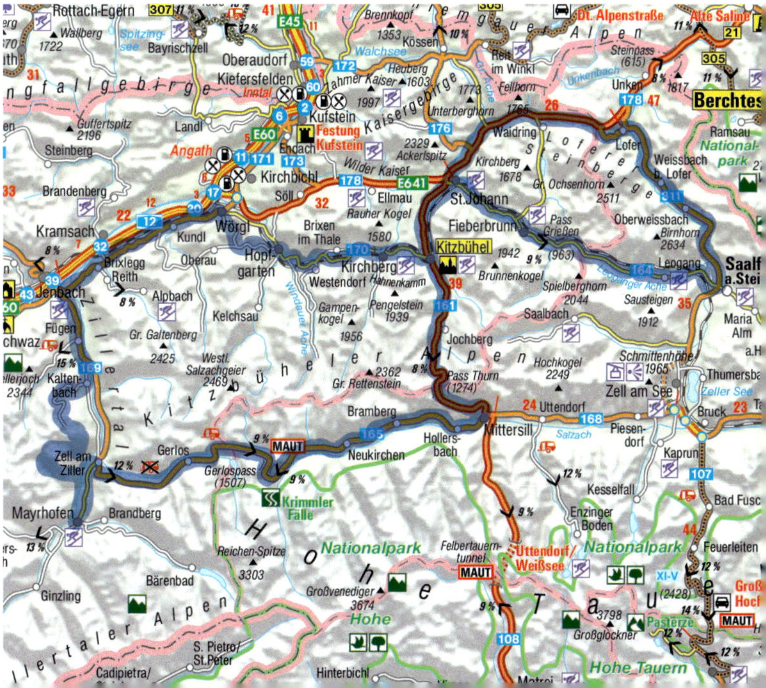

HIGHLIGHT

KITZBÜHEL

Das 800 Meter hohe und von Berggipfeln umgebene Kitzbühel hat sich vom einstigen Kuhdorf zu einem der prominentesten Ferienorte Tirols entwickelt. Seinen Charme hat der reizende Ort trotzdem nicht verloren und ist immer einen Bummel zu Fuß wert.

ßigen Bögen den Talboden und erlaubt ausgedehnte Blicke auf grüne Berghänge, heimelige Dörfer und glückliche, braune Kühe.

Geschenk fürs Auge

Ein schmaler Schleichweg bringt uns von Hopfgarten links am Hang entlang über Niederau hinüber nach Wörgl. Die folgende Etappe durch das Inntal ist ein Geschenk fürs Auge. Die B 171 gibt sich in Sachen Kurven eher zurückhaltend, umso mehr fallen die Panoramen auf, die sich auf die Kitzbüheler Alpen nach links und das Rofangebirge nach rechts öffnen.

Kurz vor Brixlegg gibt es die Möglichkeit, über den Inn hinüber nach Kramsach zu fahren. Das dortige Museum Tiroler Bauernhöfe ist nicht nur für den Liebhaber alter Brauchtümer ein Erlebnis. Keineswegs versäumen sollte man einen Besuch in Rattenberg, Österreichs kleinster Stadt. Am Eingang zur Fußgängerzone warten genügend Parkplätze, und man kann einen bequemen Rundgang durch dieses bezaubernde mittelalterliche Städtchen unternehmen.

In Strass verlassen wir den Inn und biegen ins Zillertal ein. Mit rund

30 Kilometern ist es zwar nicht das längste, dafür aber das bekannteste Seitental des Inns. Seit über 150 Jahren dient hier der Tourismus als Haupteinnahmequelle. Doch verstand man es, auf angenehme Weise den Fremdenverkehr in den Zillertaler Alltag zu integrieren. Wir rollen über perfekt in Schuss gehaltenen Asphalt und widmen uns ganz der Schönheit dieses Tales: Die gleißenden Gletscher der Kitzbüheler Alpen dominieren den Talgrund. Über und über sind die Hänge mit klitzekleinen Siedlungen, malerischen Bergbauernhöfen und winzigen Kapellen übersät.

In Ried wartet ein echtes Tiroler Schmankerl: die 21 Kilometer lange Zillertaler Höhenstraße. Ihre Anstiege sind steil, ihre Serpentinen eng, und mit der Übersicht ist es meist nicht

Krimmler Wasserfälle (oben) und Gerlos Pass (rechts).

weit her. Die Trasse führt vielfach am ungesicherten Abgrund entlang und verlangt eine gute Fahrzeugbeherrschung. Achtung: Die Ausschilderung ist spärlich, daher muss man den Weg oft mit der Karte in der Hand suchen.

Zillertals Epizentrum

Weiter nach Mayrhofen. Das touristische Epizentrum des Zillertals hat einen Stopp verdient. Denn trotz Ausrichtung auf den Fremdenverkehr hat sich der reizende Ort seine Ursprünglichkeit bewahrt. Ein Bummel zu Fuß durch die bunten, von Fachwerk geschmückten Straßen macht Laune. Hinter Zell freuen wir uns schließlich auf den Höhepunkt dieser Tour – auf die romantische Gerlos Straße.

Zunächst geht es in vielen kleinen Windungen an der Bergflanke entlang, vorbei am Stausee Durlaßboden und am Gerlos-Passschild. Dann folgen mit der Gerlos Straße die schönsten zwölf Kilometer dieser 1949 vom Glocknerstraßen-Erbauer Franz Wallack entworfenen Alpenstrecke. Wir bestaunen die Krimmler Wasserfälle, besuchen den Themenpark WassenWunderWelt und folgen der Fahrbahn, die sich wie ein abgespulter Bindfaden über die Gerlosplatte schlängelt.

Die Schlussetappe dieses Tages bringt uns entlang der Salzach zurück zum Startort Mittersill. Den wildromantischen Kitzbüheler Alpen müssen wir jetzt leider den Rücken kehren. Allerdings versüßen uns die prachtvollen Ausblicke auf die rechter Hand stehenden Hohen Tauern den Trennungsschmerz. ◀

TOUR 6 | Österreich

KITZBÜHELER ALPEN

TOURLÄNGE | 420 km

PÄSSE DER TOUR

Pass Thurn
Scheitelhöhe: 1 274 m | Länge: 28 km
max. Steigung: 8 % | Wintersperre: keine

Pass Strub
Scheitelhöhe: 704 m | Länge: 10 km
max. Steigung: 18 % | Wintersperre: keine

Zillertaler Höhenstraße
Scheitelhöhe: 2 020 m | Länge: 21 km
max. Steigung: 14 % | Wintersperre: 11-5

Gerlospass
Scheitelhöhe: 1531 m | Länge: 25 km
max. Steigung: 9 % | Wintersperre: keine

Grüne Oase Zillertal.

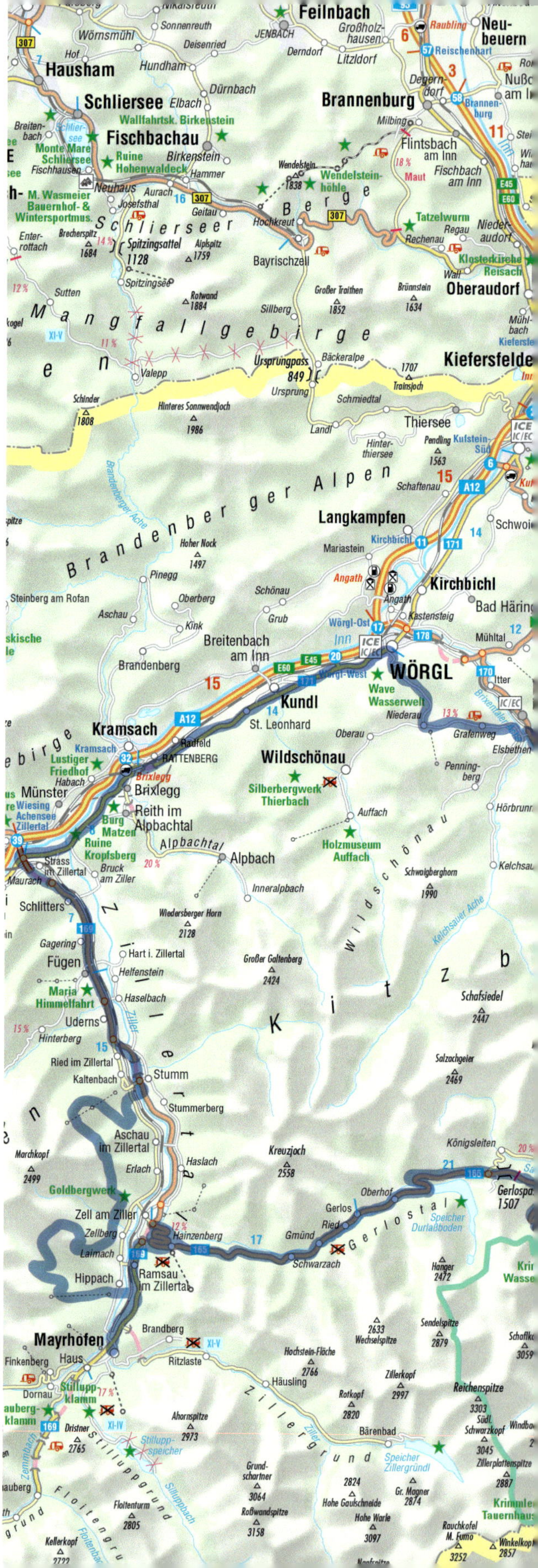

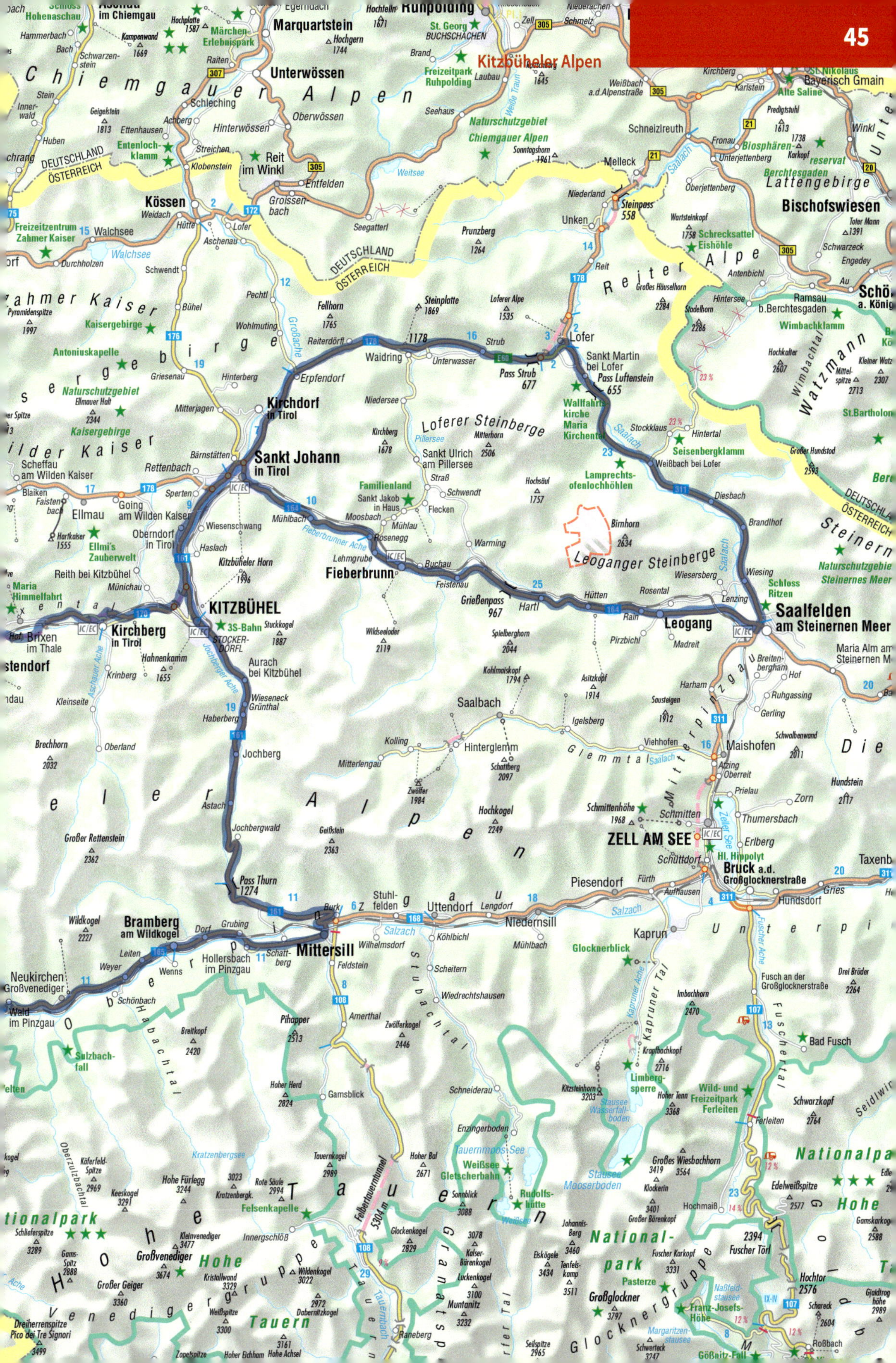
Chiemgauer Alpen
Kitzbüheler Alpen
Marquartstein
Unterwössen
Ruhpolding
Reit im Winkl
Kössen
Walchsee
Lofer
Unken
Melleck
Steinpass
Bischofswiesen
Lattengebirge
Reiter Alpe
Kaisergebirge
Wilder Kaiser
Kirchdorf in Tirol
Sankt Johann in Tirol
Waidring
Loferer Steinberge
Pass Strub
Sankt Martin bei Lofer
Pass Luftenstein
Weißbach bei Lofer
Leoganger Steinberge
Fieberbrunn
Hochfilzen
Leogang
Saalfelden am Steinernen Meer
Kitzbühel
Kirchberg in Tirol
Brixen im Thale
Aurach bei Kitzbühel
Jochberg
Pass Thurn
Mittersill
Bramberg am Wildkogel
Neukirchen a. Großvenediger
Wald im Pinzgau
Saalbach
Hinterglemm
Maishofen
Zell am See
Schüttdorf
Bruck a.d. Großglocknerstraße
Piesendorf
Uttendorf
Niedernsill
Kaprun
Fusch an der Großglocknerstraße
Bad Fusch
Felbertauerntunnel
Hohe Tauern
Venedigergruppe
Glocknergruppe
Großvenediger
Großglockner
Nationalpark Hohe Tauern
DEUTSCHLAND
ÖSTERREICH

Tour 7 Stubaier Alpen

Auf zu den Wolkenkratzern

In den Stubaier Alpen stehen die höchsten Gipfel Österreichs, sie strotzen geradezu vor Dreitausendern und sind ein Bilderbuchgebirge. Diese hochalpine Tour führt zu Timmelsjoch & Co.

BASISORT
Ötz

TOURLÄNGE
ca. 230 km (1 Tag)

ROADBOOK
Ötz, Kühtai, Axams, Mutters, Natters, Brenner, Matrei, Sterzing, Jaufenpass, St. Leonhard, Timmelsjoch, Sölden, Ötz

Der Einstieg in die Tour beginnt im Ort Oetz. Er ist von Osten und Westen über das Inntal schnell und bequem zu erreichen. In der Ortsmitte weist ein Schild nach links in Richtung Kühtai, und sofort werfen sich die ersten Serpentinen vors Vorderrad. Eng und kurvig erklimmt die Straße die Ostflanke des Ötztales, dann rollt das Bike durch das Hochtal des Kühtai. Die Ruhe hier oben ist grandios und wird nur durch das ferne Gebimmel von Kuhglocken unterbrochen.

Bereits vom Sattel aus bietet sich nach Osten ein tiefer Blick ins nächste Tal. Die Straße schlängelt sich weithin sichtbar am Faltenwurf der Bergflanke entlang. Als Mixtur aus geraden und gekrümmten Etappen geht sie dem Sellraintal allmählich auf den Grund.

Schräg am Hang entlang

Kurz vor dem Ort Kematen folgen wir nach rechts dem Schild Axams. Eine Vorzeigeserpentine, ein paar Kurven, und dann rollen wir durch das hübsche Dorf Axams. Dort geht es weiter in Richtung Götzens und Natters. Die Straße verläuft schräg am Hang entlang und gibt einen schönen Blick auf das Inntal frei. In Mutters weist ein Schild nach Natters. Dort zweigt ein Fahrweg zum Wandergebiet Natterer Boden ab.

Der nun folgende Abschnitt auf der alten Brennerstraße erweckt Nostalgie. Schwingt sich doch diese vor über 2000 Jahren von den Römern angelegte Route eher gemächlich zum Brennerpass hinauf. Dabei streift sie alte Straßendörfer, denen man den Reichtum vergangener Epochen immer noch ansieht. Seine Position als meistbefahrener und wichtigster Alpenübergang hat der Brenner

Kurvenvergnügen am Jaufenpass und Timmelsjoch (linke Seite von oben nach unten).

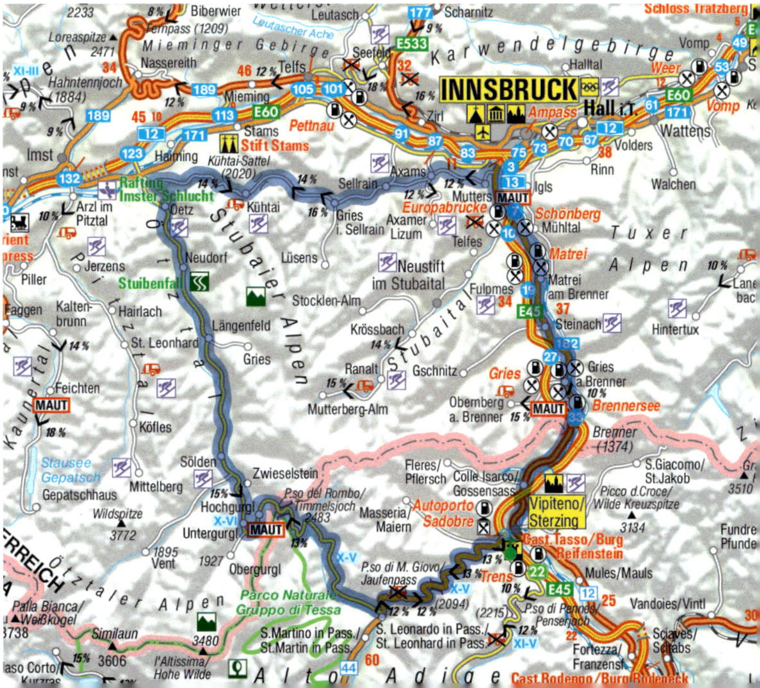

HIGHLIGHT

TIMMELSJOCH

Das 2509 Meter hohe Timmelsjoch. Dieser Pass zählt zu den ganz großen Klassikern in den Alpen. In seiner Kargheit ist er ein ganz besonderes Naturerlebnis. 49 perfekt ausgebaute Kilometer auf der mautpflichtigen österreichischen Seite und eine anspruchsvolle Abfahrt nach Italien.

seiner geringen Höhe zu verdanken. Mit 1370 Metern unterbietet er alle anderen über den Alpenhauptkamm führenden Pässe.

16 Kilometer lang führt der Abstieg durch das Eisacktal nach Sterzing. Immer noch eine ruhige Angelegenheit, ab und zu jedoch durch ein paar Kehren und Serpentinen gewürzt. Nach so vielen Kilometern genüsslichen Dahinrollens wird es nun Zeit für das eine oder andere Kurvenabenteuer.

An die Pause denken

Die Auf- und Abfahrt zum 2094 Meter hohen Jaufenpass ist ein Cocktail aus Kurven jeglichen Kalibers sowie steiler, schmaler Fahrbahn. Diesem Pass ist am meisten Spaß abzugewinnen, wenn man einen sauberen, gleichmäßigen Strich durch sein Kurvengewimmel zieht, wenn man sich zwischendurch die karge Hochgebirgslandschaft ansieht und zumindest auf der Passhöhe einmal anhält.

Kommt 1400 Meter tiefer das hübsche St. Leonhard in Sicht, sind die Arme in der Regel lang gezogen. So kommen die vielen Straßencafés in der Heimatstadt des Tiroler Freiheits-

helden Andreas Hofer der Sehnsucht nach einer Pause mehr als entgegen. Wer draußen sitzt und sich die Sonnenstrahlen auf die Nase fallen lässt, wird sich über das relativ milde Klima von St. Leonhard wundern. Die Gründe sind seine ringsum von Bergen geschützte Lage sowie die warme, aus dem Etschtal heraufströmende Luft.

Sämtliche Muskeln gelockert? Prima. Denn was nun kommt, verlangt hohe Konzentration. 27 Kilometer lang wieselt die Südrampe des Timmelsjochs von St. Leonhard aus den Berg hinauf. Rund 1800 Meter Höhenunterschied. Das sind 27 Kilometer voller kleiner und kleinster Kurven. Anstrengend, aber so was von schön.

Der Belag der italienischen Timmelsjoch-Etappe war früher

Pferde oberhalb des Kühtaisattels (oben), Blick auf das Kühtai (rechts) und Sellraintal (rechte Seite).

berüchtigt. Das hat sich geändert. Zwar jagen einem die unbeleuchteten Tunnel auch heute noch ab und zu einen leichten Schrecken ein. Doch im Großen und Ganzen sorgten die Italiener in den vergangenen Jahren für eine vernünftige Fahrbahndecke. Wobei sie nicht wie die Österreicher auf eine Maut zurückgreifen können, sondern alle Bauarbeiten aus dem Steuersäckel finanzieren müssen.

Mekka Timmelsjoch

Das 2509 Meter hohe Timmelsjoch ist mittlerweile zum Mekka der Alpenfahrer geworden. Wer noch nie auf seinem Sattel stand, dem fortwährend blasenden Wind trotzte und den Blick über die karge Hochgebirgslandschaft schweifen ließ, der war einfach noch nie richtig in den Alpen.

Nach dem obligatorischen Passfoto warten die gut ausgebauten und breiten Kehren der österreichischen Nordrampe. Ihr Belag ist perfekt, ihre Bögen sind rund. Wie erwähnt: Die Maut macht's. In sauberen Schwüngen kurven wir hinab ins Timmelstal, ein raues und einsames Hochtal. Danach folgt ein kurzes Bergaufstück, und schließlich werfen wir uns in die restlichen Spitzkehren, an deren Ende das erste Ortsschild des Drei-Gemeinden-Dorfes Gurgl auftaucht.

Die nächsten 50 Kilometer rollen wir durchs Ötztal. Es ist nur spärlich besiedelt und vermittelt dem Reisenden hervorragend die typische Atmosphäre dieser der Welt entrückten Hochgebirgslandschaften. In Sölden klappen wir das Wolkenkratzer-Bilderbuch wieder zu. Schön war's! ◀

TOUR 7 | Österreich

STUBAIER ALPEN

TOURLÄNGE | 230 km

PÄSSE DER TOUR

Kühtaisattel
Scheitelhöhe: 2 020 m | Länge: 42 km
max. Steigung: 16 % | Wintersperre: keine

Brennerpass
Scheitelhöhe: 1370 m | Länge: 29 km
max. Steigung: 10 % | Wintersperre: keine

Jaufenpass
Scheitelhöhe: 2 094 m | Länge: 41 km
max. Steigung: 12 % | Wintersperre: keine

Timmelsjoch
Scheitelhöhe: 2 509 m | Länge: 68 km
max. Steigung: 12 % | Wintersperre: 11-5

Blick vom Timmelsjoch.

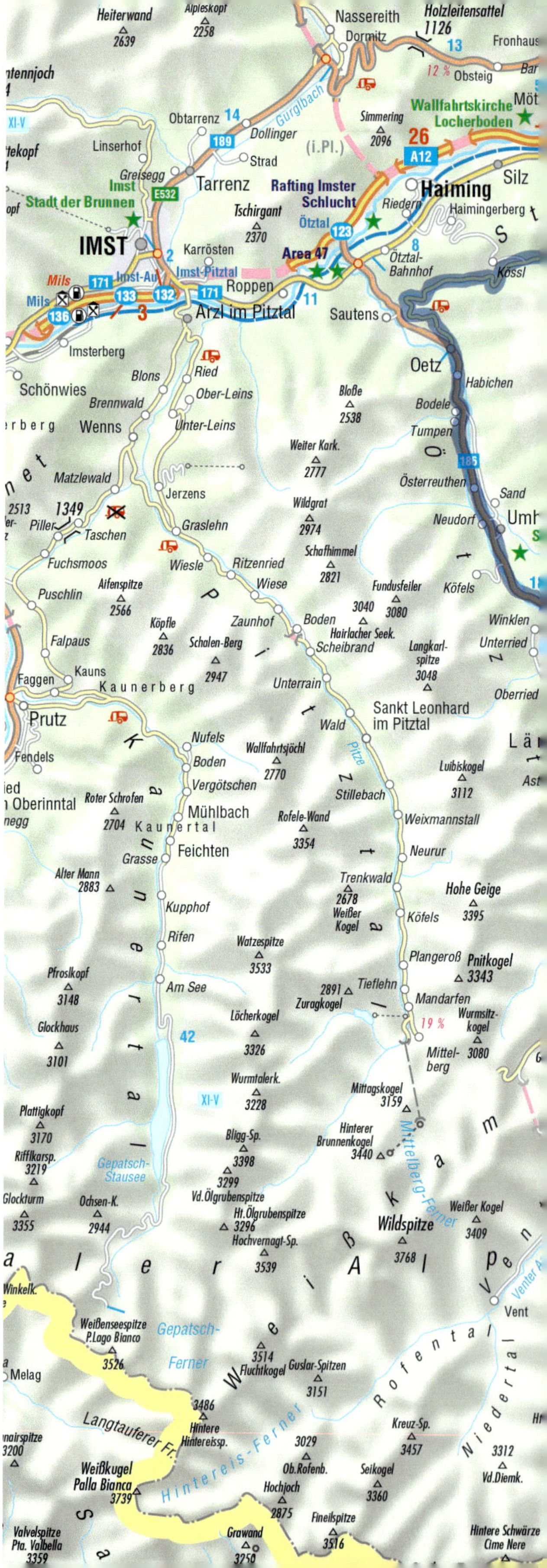

INNSBRUCK
Stubaier Alpen
Telfs-West
Mösern
Pettnau
Reith
Leibfling
Oberhofen
Pfaffenhofen
Flaurling
Rietz
Polling
Hatting
Inzing
Hochzirl
Kaiser-Maximilians-Grotte
Leithen
Zirl
Zirl-West
Zirl-Ost
Stift Stams
Ranggen
Kematen in Tirol
St. Viktor
Völs
Flughafen Innsbruck
Innsbruck-West
Goldenes Dachl
Innsbr.-Ost
Ampass
Hall-West
Hall-Mitte
Tivoli
Innsbruck-Mitte
Aldrans
Rinn
Kn. Innsbruck-Bergisel
Innsbruck-Süd
Schloss Mentlberg
Sistrans
Igls
Oberperfuss
Birgitz
Götzens
Natters
Mutters
Axams
Zenzenhof
Patscherkofel
2246
Patsch-Igls
Patsch
Glungezer
2677
Kühtai-Sattel
2017
Gaiskogel
2820
St. Sigmund im Sellrain
Muhrenhole
Gries im Sellrain
Rietzer Grieskogel
2884
Flaurlinger Joch
2211
Seejoch
2808
Roßkogel
2646
Europabrücke
Schönberg
Mühltal
Axamer Lizum
Stubaital
Schönberg i.Stubaital
Ellbögen
Finstertal Stausee
Sulzkogl
3016
Juifenau
Windegg
2577
Hoadl
2340
Ampferstn
2556
Mieders
Telfes
Fulpmes
Rauher Kamm
2654
Gedeier
Pfons
Matrei
Matrei am Brenner
Zwieselbacher Roßkogel
3081
Praxmar
Lüsenstal
Kalkkögel
Schlicker Seesp.
2808
Hoher Burgstall
2611
Rastbichl
Mühlbachl
Schöfens
Außerweg
Unterweg
St. Kathrein
Larstiger Knotensp.
3096
Zischgeles
3004
Lüsens
Hohe Röte
2855
Edenhaus
St. Georg
Kartnal
Kampl
Neder
2718
Serles
Matrei/Steinach
Bendelstein
2436
Steinach am Brenner
Hohe Viller-Sp.
3092
Bichl
Milders
Neustift im Stubaital
Blaser
2241
Wipptalerhof
Kesselspitze
2728
Breiter Grieskogel
3287
Lüsener Fernerkogel
3299
Stöcklen-Alm
Oberbergtal
Egg
Schaller
Elferspitze
2499
Hohe Burg
2198
Leiten
Trins
Krößbach
Gasteig
Volderau
2549
Zwölferspitze
Kirchdach-Spitze
2840
Nößlach
Nößlachjoch
2231
St. Jodok am Brenner
Gries
Sulztal
Ht. Brunnenkogel
3325
Östl. Knoten-Sp.
3100
3213
Gaislehnkogel
Habicht
3277
Kalkwand
2564
Gschnitz
Stauden
Gschnitztal
Leitnerberg
2309
Gries am Brenner
Gamskogel
2815
Lochkogel
3043
Schrankogel
3496
Ruderhof-Sp.
3473
Falbeson
Gurns
Rölensp.
2481
Schmiedhof
Obertal
Obernberg am Brenner
Vinaders
Ranalt
Rötenspitze
2926
Kreuzjöchl
2651
Brennersee
Winkle
Murkar-Sp.
3148
Kuhscheibe
3187
Armelen
Äuß. Wetterspitze
3070
Brenner Brénnero
Brenner Passo
1375
Aschbach
Mutterberg-Alm
Ruetzbach
Mairspitze
2781
Ht. Daunkogel
3225
Pflerscher Tribulaun
Tribulaun
3098
Schwarze Wanspitze
2917
Wolfendorn Spina
Hochwald
Sulztaler Ferner
Windacher Daunkogel
3351
Brennerbad Terme di Brénnero
Hoher Lorenzenberg
2313
Brenner-ort
Östl. Feuerstein Montarso
3268
Weißwandsp. Parete Bianca
3018
ÖSTERREICH
ITALIA
Pflersch Flères
H. Söldenkopf
2975
Kaisers
Schaufelspitze
3333
Sölden
Windau
Zuckerhütl
3507
Amthor-Spitze Cma. Gallina
2749
Pitze
3471
Hocheck Mt. Alto
2865
Pflerschtal Val di Flères
Pontigl Ponticolo
Zwieselstein
Brunnenkogel
2780
Sonklarspitze Cma di Malavelle
Landesbergbaumuseum
Maiern Masseria
Wetterspitze Cima di Tempo
2709
Telfer Weißen Cime Bianche di Telves
2566
Gossensaß Colle Isarco
Afens Avénes
Scheiblehnkogl
3060
Botzer Il Capro
3260
Val Ridanna
Ridnaunbach
Roßkopf Monte Cavallo
2176
Wiesen Prati
Freistabl
Jochköpfl
3141
Passo del Rombo Timmelsjoch
2474
Ridnaun Ridanna
Autoporto Ovest
Pfitscher-B.
Hochgurgl
Mareit Mareta
Ridnauntal
STERZING VIPITENO
Flains
Deutschordens-kommende
Freienfeld Campo di Trens
Angern (Untergurgl)
Hohe Ferse M. Tallone Grande
2669
Schl. Wolfsthurn
Ratschings Racines
Stange Stanga
Sterzing Vipiteno
Elzenbaum Pruno
Stilfes
Trens
Gurgltal
Poschbach
Wurmkogl
3028
Wiese
Larch
Kalch Càlice
Jaufental
Egg Dosso
Obergurgl
V. Passíria
Passeiertal
Hohe Kreuzspitze M. Altacroce
2744
Jaufenpass Pso. di M. Giovo
2094
Valgiovo
Zinseler Cma. di Stilves
2422
V. Isarco
Hohe Mut
2669
Granatenkogel M.dei Granati
3304
Moos i.Passeier Moso i.P.
Gleiten
Walten Vàltina
2480
Jaufenspitze P.di M.Giovo
Penser Joch Passo di Pennes
2214
2526
Hochebenkamm
3166
St. Johann
Weißhorn Corno Bianco
2705
Tatschspitze Montàccio di Pennes
Ht. Seelenkogel Limad. Anime
3470
ÖSTERREICH
ITALIA
Wies
Magdfeld
A. Hofer Kapelle
St. Leonhard i.P. S. Leonardo i.P.
Waltenb.
Tagewaldhorn Corno di Tramin
2708
Außerhütt
Flon
Val di Plan
Pfelderer Tal
Pfelders Plan
St. Martin i.P. S. Martino i.P.
2746
Hohe Warte Guardialta
Pens Pénnes
Penser Tal
Kolben-Sp. la Clava
Alplerspitz Pta. d. Alpetta
Weißenbach Riobianco
Jakobsspitze Cima San Giàcomo
2741
Karnspitz Cima di Quaira
Hohe Wilde l'Altissima

Tour 8 Nationalpark Hohe Tauern

Eine Reise in die Eiszeit

Können sich 1,6 Millionen Besucher pro Jahr irren? Wohl kaum. Also muss an der Faszination des Nationalparks Hohe Tauern etwas dran sein.

BASISORT
Heiligenblut

TOURLÄNGE
ca. 420 km (1 – 2 Tage)

ROADBOOK
Heiligenblut, Winklern, Lienz, Innichen, Toblach, Antholzer Tal, Staller Sattel, Defereggental, Huben, Matrei, Felbertauernstraße, Mittersill, Stubachtal, Kapruner Tal, Fusch, Großglockner Hochalpenstraße, Heiligenblut

Startort unserer „Tour de Natur" ist Heiligenblut. In der dortigen St.-Vinzenz-Kirche wird ein Fläschchen mit einer geheimnisvollen Flüssigkeit aufbewahrt: Der Legende nach soll es sich dabei um das heilige Blut Christi handeln. Die B 107 bringt uns flott und kurvenreich nach Winklern. Der 1325 errichtete Mautturm ist heute das Wahrzeichen dieser geschichtsträchtigen Stadt. Anschließend zirkeln wir über den 1209 Meter hohen Iselsberg hinüber ins Tal der Drau, wo der Abstecher nach Lienz, in die Hauptstadt Osttirols, ein absolutes Muss ist.

Steil in den Himmel

Dass in Osttirol die Uhren anders gehen, wie es die Osttiroler behaupten, erkennt der Besucher nicht nur im romantischen Lienz und seinem entspannten mediterranen Charakter, sondern auch beim Durchqueren des Pustertals. Links und rechts zielen die Spitzen der Karnischen Alpen und des Defereggenebirges steil in den Himmel, während drunten im Tal ein stilles Dorf auf das nächste folgt.

Innichen und Toblach fordern den Pausenstopp mit anschließendem Bummel durch die historischen Ortskerne ein, danach zweigt die Route hinter Welsberg rechts ins Anzholzer Tal ab. Dort setzt sich die Abgeschiedenheit nahtlos fort. Wie schon im Pustertal scheint auch hier die Zeit stehen geblieben zu sein. Stille Dörfer, einsame Bauernhöfe, grüne Almen, glückliche Kühe.

Begrenzt wird das Antholzer Tal vom Staller Sattel. Der Knackpunkt dieses 2502 Meter hohen Passes zwischen Österreich und Italien ist das einspurige Stück auf Südtiroler Seite. Schmal, kurvig, in oberen Bereich holperig. Da muss man seine Maschine schon sicher im Griff haben.

Vorbei am Großglockner und Heiligenblut.

HIGHLIGHT

LIENZ

Ein Bummel durch Lienz: Das Herz der Stadt, der von historischen Gebäuden gesäumte Hauptplatz, könnte ebenso gut irgendwo in Italien stehen. Auch das Klima trägt seinen Teil zum leichten Lienzer Leben bei – Lienz gehört zu den österreichischen Orten mit den meisten Sonnenstunden.

Hingegen machen die acht sauber angelegten Kehren im Osttiroler Bereich uneingeschränkt Spaß und zaubern uns das bekannte breite Grinsen unter den Helm. Die Ampelanlage wurde schon vor Jahrzehnten installiert, weil der Verkehr über den Staller Sattel zu viel wurde und geregelt werden musste. Jetzt geht es bei Grünlicht alle viertel Stunde hinab ins Defereggental.

Wasser als Begleiter

In Huben klinkt sich die Route in die Felbertauernstraße ein. Die verbindet auf einer Länge von 71 Kilometern seit 1967 das Salzach- mit dem Drautal. In Matrei besuchen wir zuerst das Nationalparkhaus, wo das Wasser den Besucher durch die gesamte Ausstellung begleitet, dann setzen wir uns im Hintermarkt, dem historischen Ortskern Matreis, in einen Caféhaus-Stuhl und lassen den bezaubernden Rundblick auf uns wirken.

Aus der Kernzone des Nationalparks führt die Felbertauernstraße hinaus in die sogenannte Außenzone. Dort ist die traditionelle Bewirtschaftung der Natur durch Bergbauern erlaubt, alle großen technischen Projekte sind jedoch untersagt. Mittersill, der Sitz des Nationalparkzentrums taucht auf. Wunderschön an der Nordflanke der Hohen Tauern gelegen, war das Städtchen schon immer ein wichtiger Verkehrsknotenpunkt zweier bis heute bedeutender Routen – die Ost-West-Richtung durch das Salzachtal und die Nord-Süd-Verbindung über die beiden Pässe Thurn und Felber Tauern.

In sanften Bögen führt die B 168 anschließend im Tal der Salzach entlang nach Osten. Zwei landschaftlich und fahrerisch absolut empfehlenswerte Abstecher führen hinein

Staller Sattel (oben), Pustertal (rechts) und Großglockner Hochalpenstraße (r. Seite).

ins Stubachtal und Kapruner Tal. Auf schmaler, zigfach gekringelter Fahrbahn wedeln diese beiden Sackgassen tief und steil in die Hohen Tauern hinein. Ein Tanz der Schräglagen und der heißen Reifen. Zur Belohnung gibt es am Ende beider Täler bezaubernde Blicke auf Stauseen und Bergspitzen. Für den Fall, dass man im Winter die Motorradstiefel mit Skistiefeln tauschen möchte: Das Skigebiet von Kaprun zählt zu den schönsten und anspruchsvollsten Österreichs.

40 Kilometer Spaß

Ein Superlativ ist auch die Schlussetappe unserer heutigen Tour: die Besteigung des Großglockners im Motorradsattel. Kaum eine andere Passstraße in den gesamten Alpen lässt sich so harmonisch unter die Räder nehmen wie diese Route. Kehre anbremsen, runterschalten, Maschine umlegen, eine saubere Linie durch die Kurve ziehen, Maschine aufrichten, Gas aufmachen, hochschalten, beschleunigen, nächste Kehre. So geht das die ganze Zeit. Ein 45 Kilometer langer Riesenspaß für Könner und Einsteiger. Einziges Manko ist das fast durchgängige Überholverbot.

Man sollte deshalb genau darauf achten, wer vor einem fährt. Ein Wohnmobil mit norddeutschem Flachlandkennzeichen kann sich schnell zum Albtraum entwickeln. Hat man jedoch freie Fahrt, sind die 25,50 Euro Maut bestens angelegt. Bleiben dann noch ein paar Euro für den Sundowner in einem Café unten in Heiligenblut, geht ein fantastischer Motorradtag stimmungsvoll zu Ende. ◀

TOUR 8 | Österreich

NATIONALPARK HOHE TAUERN

TOURLÄNGE | 420 km

PÄSSE DER TOUR

Staller Sattel
Scheitelhöhe: 2 052 m | Länge: 20 km
max. Steigung: 10 % | Wintersperre: 11-5

Felbertauern
Scheitelhöhe: 1650 m | Länge: 71 km
max. Steigung: 10 % | Wintersperre: keine

Großglockner Hochalpenstraße
Scheitelhöhe: 2 506 m | Länge: 45 km
max. Steigung: 12 % | Wintersperre: 11-4

Die legendäre Großglockner Hochalpenstraße.

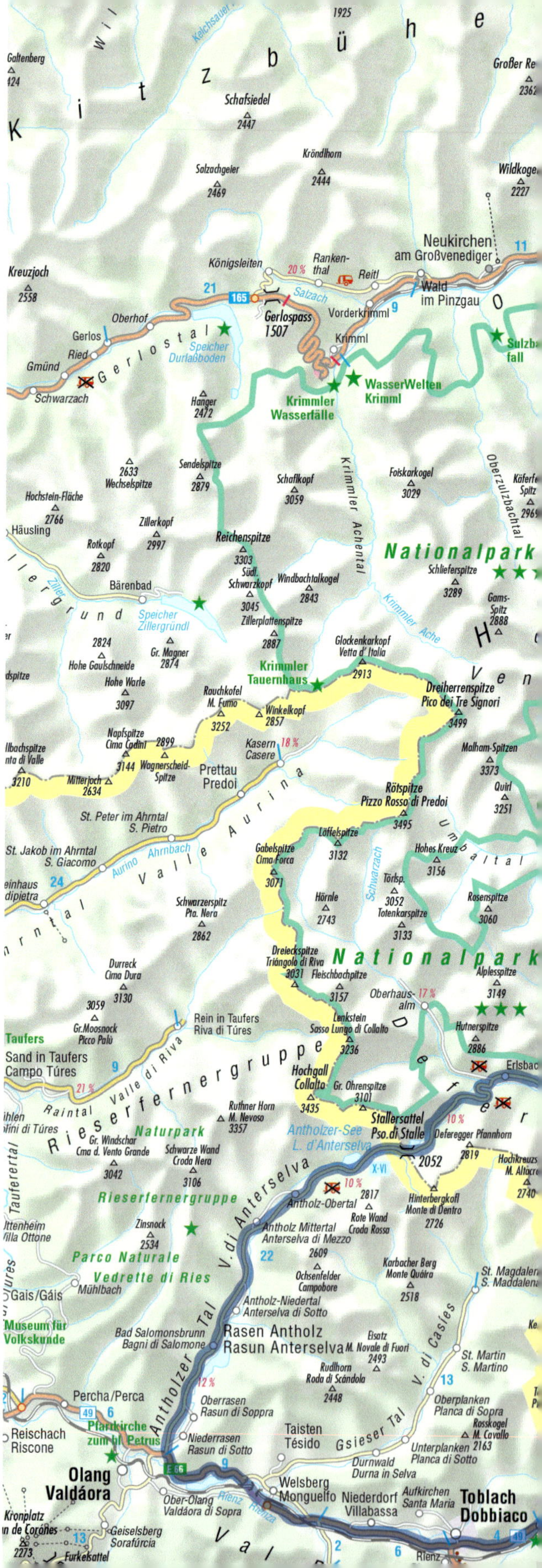

ZELL AM SEE
Nationalpark Hohe Tauern
Schmittenhöhe 1968
Schmitten
Zeller See
Schüttdorf
Hl. Hippolyt
Bruck a.d. Großglocknerstraße
Taxenbach
Kitzloch
Hundsdorf
Gries
Hof
Piesendorf
Fürth
Aufhausen
Salzach
Kaprun
Glocknerblick
Niedernsill
Mühlbach
Uttendorf
Lengdorf
Stuhlfelden
Köhlbichl
Scheitern
Wiedrechtshausen
Stubachtal
Mittersill
Wilhelmsdorf
Feldstein
Amerthal
Hollersbach im Pinzgau
Schattberg
Dorf
Grubing
Burk
Pass Thurn 1274
Jochbergwald
Astach
Geißstein 2363
Hochkogel 2249
Pihapper 2513
Breitkopf 2420
Zwölferkogel 2446
Hoher Herd 2824
Gamsblick
Schneiderau
Enzingerboden
Tauernmoos-See
Weißsee Gletscherbahn
Rudolfshütte
Weißsee
Kitzsteinhorn 3203
Stausee Wasserfallboden
Stausee Mooserboden
Limbergsperre
Kapruner Tal
Kapruner Ache
Imbachhorn 2470
Kaprfbachkopf 2716
Hoher Tenn 3368
Großes Wiesbachhorn 3564
Klockerin 3401
Großer Bärenkopf
Hochmaiß
Wild- und Freizeitpark Ferleiten
Ferleiten
Fusch an der Großglocknerstraße
Fuscher Ache
Fuschertal
Bad Fusch
Drei Brüder 2264
Schwarzkopf 2764
Seidlwinkeltal
Leiterkopf 2325
Nationalpark Hohe Tauern
Edelweißspitze 2577
Edlenkopf 2924
Lechnerhäusl
Gamskarkogel 2588
Ritterkopf 3006
2394 Fuscher Törl
Hochtor 2576
Hocharn 3254
Gjaidtroghöhe 2989
Schareck 2604
Hoher Sonnblick 3105
Sandkopf 3090
Raurisertal
Felbertauerntunnel 5304 m
Hoher Bal 2671
Tauernkogel 2989
Kratzenbergsee
Fürlegg
Rote Säule 2994
Kratzenbergk.
Felsenkapelle
Innergschlöß
Sonnblick 3088
Glockenkogel 2829
Granatspitzgruppe
Kaiser-Bärenkogel 3078
Luckenkogel 3100
Muntanitz 3232
Johannisberg 3460
Eiskögele 3434
Tenfelskamp 3511
National-park
Pasterze
Fuscher Karkopf 3331
Großglockner 3797
Glocknergruppe
Naßfeld-stausee
Franz-Josefs-Höhe
Margaritzenstausee
Schwerteck 3247
Gößnitz-Fall
Heiligenblut
Roßbach
St. Vinzenz
Venedigergruppe
Hohe Tauern
Wildenkogel 3022
Dabernitzkogel 2972
Kristallwand 3329
Weißspitze 3300
Hoher Eichham 3371
Hohe Achsel 3161
Säulspitze 3209
Kristallkopf 3008
Tauerntal
Tauernbach
Raneberg
Gruben
Proseggklamm
Kendlspitze 3088
Seilspitze 2965
Dorfer Tal
Mairalm
Fiegerhorn 2744
Zinkelzkamp 2876
Jöchelk. 2341
Kreuzkopf 2497
Pockhorn
Ober-Schachnern
Aichhorn
Apriach
Prägraten
Rabenstein
Virgen
Matrei in Osttirol
Glanz
Glocknerblick
Kals am Großglockner
Neues Lucknerhaus
Pradel
Lesach
Bichl
Schweinach
Virgental
Bergerkogel 2656
Lasörling 3098
Lasörlinggruppe
Donnerstein 2723
Stanzling 2744
Rotenkogel 2762
Kalsertal
Schönleitenspitze 2610
Böses Weibl 3121
Roter Knopf 3281
Karlkamp 3114
Kögele 3030
Großer Horn-Kopf 3251
Glödis-Spitze 3206
Kreuzecke 2819
Hochschober 3240
Schobergruppe
Petzeck 3283
Graskopf 2640
Fleckenkopf 2483
Putschall
Prahödl
Mitten
Großkirchheim
Heimatmuseum (Schloss Kirchheim)
Sagritz
Möll
Hilmersberg 2657
Mohar 2604
Stellenkopf 2590
Ochsenk. 2610
Prikachberg
Törlkopf 2527
Stranach
Mörtschach
St. Maria i. d. Au
Zellinkopf 2595
Rettenbach
Stadl
Wangenitz-See
Alkuser Rotspitze 3053
Rotkofel 2727
Schleinitz 2905
Winklern
Rangersdorf
Witschdorf
Auer
Huben
Peischlach
Döllach
Lerch
Mellitz
Sankt Veit in Defereggen
Gritzen
Hopfgarten in Defereggen
Plon
Bruggen
Schwarzach
St. Leonhard
Defereggental
Sankt Johann im Walde
Hochwand 2730
Bloshütte
Schneidegg 2755
Meßnerdorf
Alkus
Schlaiten
Ainet
Isel
Weißspitze 2963
Degenhorn 2946
Volkzeiner Alm
Regenstein 2891
Bockstein 2805
Rotsteinberg 2695
Hochgrabe 2951
Rotes Ginggele 2763
Ob. Zerspitze 2778
Defereggerr Alpen
Mühlbach
Oberdrum
Thurn
Gaimberg
Nußdorf-Debant
Freilichtmuseum Oberlienz
Schloss Bruck
Oberlienz
Böses Weibele 2521
LIENZ
Peggetz
Iselsberg-Stronach
Dölsach
Aguntum
Tristach
Gödnach
Lainachdiesseits
Brennt
Wilfernertal
Hochstein 2057
Leisach
Amlach
Bad Jungbrunn
Tristacher See
Lavant
Lengberg
Nikolsdorf
Nörsach
Ziethenkopf 2484
Gölbner 2943
Thulnkogel 2553
Kristeinertal
Gabesitten 2665
Lahnberg
Innervillgraten
Unterfeld
Finsterkofel 2634
Vergein
Linde
Bannberg
Penzendorf
Thal
Drau
Laserzwand 2614
Spitzkofel 2718
Große Sandspitze 2772
Hochstadel 2680
Anettwände 1687
Oberdrauburg
Villgratental
Winkeltal
Außervillgraten
Spielbichl 2074
Anras
Ried
Mittewald a.d.Drau
Hochrast 2436
Thurntaler 2407
Bichl 2056
Abfaltern
Abfaltersbach
Strassen
Sillian
Heinfels
Arnbach
Winnebach / Prato alla Drava
Vierschach / Versciaco
St.Oswald
Kartitsch
1525
Leiten
Obertilliach
Breitenstein 2304
Tamerlanhöhe 2377
Eggenkofel 2590
Lienzer Dolomiten
Kreuzkofel 2694
Seekofel 2744
Böses Weibele 2599
Riebenkofel 2383
Lumkofel 2286
Schätzbichl 2090
Untereggen

Tour 9 Nockberge

Die perfekte Anti-Stress-Therapie

Eine Fahrt durch die einsame Welt der Nockberge ist das beste Mittel gegen Alltagsstress – garantiert ohne Risiken und Nebenwirkungen, kein Arzt erforderlich, rezeptfrei für Biker.

BASISORT
Obervellach

TOURLÄNGE
ca. 360 km (1 Tag)

ROADBOOK
Obervellach, Schloss Drauhofen, Spittal, Seeboden, Treffling, Gmünd, Kremsbrücke, Nockalmstraße, Ebene Reichenau, Turracher Höhe, Predlitz, Tamsweg, Neuseß, Twenger Talpass, Tauernpass, Altenmarkt, St. Johann, Bischofshofen, Dientner Sattel, Lend, Bad Hofgastein, Bad Gastein, Böckstein, Mallnitz, Burg Groppenstein, Obervellach

Startort Obervellach. Bunte Häuser, üppiger Blumenschmuck, gemütlicher Hauptplatz. Hautnah folgt die Strecke dem Lauf der Möll. Spielt das Wetter mit, ist der Ausblick grandios – links die 3000er der Hohen Tauern, rechts die kaum niedrigeren Spitzen der Kreuzeckgruppe. Wir werfen einen Blick auf das aus dem 16. und 17. Jahrhundert stammende Schloss Drauhofen mit den beiden siebenseitigen Türmen und rollen anschließend durch das reizende, im Tal der Drau gelegene Spittal. Dessen Wahrzeichen ist Schloss Porcia, ein Renaissance-Bau im Stil eines italienischen Palazzos mit einem Hauch Venedig.

Rehabilitation für Sinne

Ein Nebensträßchen bringt uns kurvenreich über Seeboden und Treffling nach Gmünd, wo sich die Route für ein paar Kilometer auf die B99 einklinkt. In Kremsbrücke setzen wir den Blinker rechts und biegen auf das „Kurgebiet“ dieser Runde ein, auf die einzigartige Nockalmstraße. Einzigartig? Wieso? Die Antwort: Man stelle sich eine Strecke von 35 Kilometern ohne eine menschliche Siedlung vor, ohne eine Spur von Zivilisation außer der einen oder anderen Einkehrmöglichkeit. Das ist in den Alpen in der Tat einzigartig. Hier gibt es sie noch, die unberührte Natur. Rehabilitation für Sinne und Nerven.

1971 geplant, 1981 eingeweiht, zirkelt die Nockalmstraße heute in 52 erholsamen Kurven zwischen den Mautstellen Innerkrems und Ebene Reichenau durch die runden Erhebungen, die wie Tafelberge aus dem Boden ragen. Vorbei am Nationalparkzentrum Nockalmhof kurven wir zum höchsten Punkt der Straße

Erholung auf der Nockalmstraße und in Bad Gastein.

HIGHLIGHT

KATSCHBERG-STRASSE

Die Katschberg Straße: Die B99 verläuft von Spittal nach Bischofshofen. Sie ist etwa 114 Kilometer lang und erklimmt mit dem Radstädter Tauernpass (1739 Meter) ihren höchsten Punkt. Die Katschberg Straße ist mit einer Steigung von 15 Prozent und sehr engen Kehren und Kurven durchaus eine Herausforderung.

hinauf, der 2042 Meter hohen Eisentalhöhe. Danach überqueren wir die 2024 Meter hohe Schiestlscharte und erreichen in Ebene Reichenau dann wieder die Zivilisation.

Ein paar Kehren

Tiefenentspannt wie wir jetzt sind, passt die Überquerung der 1795 Meter hohen Turracher Höhe perfekt ins Konzept. Ein paar Kehren bergauf, ein paar bergab, der Rest sind runde, gleichmäßige Bögen. Der aussichtsreiche Parkplatz am Turracher See eignet sich gut für eine Pause. Anschließend folgen wir dem Murtal über Tamsweg bis Neuseß, wo wir nach Norden auf die B 99 einbiegen.

Die B 99 ist eine österreichische Landesstraße, ebenfalls unter dem Namen Katschberg Straße bekannt. Sie verläuft parallel zur Tauern Autobahn. Die gut ausgebaute Fahrbahn überquert den Twenger Talpass (1381 Meter) und den Radstädter Tauernpass (1739 Meter) und fällt in den Pongau ein, einen der fünf Bezirke des Bundeslandes Salzburg.

Über den für seine alpinen Skirennen bekannten Ort Altenmarkt und das Städtchen St. Johann gelangen wir nach Bischofshofen. Dort lauert das nächste fahrerische Schmankerl – die Überquerung des 1357 Meter hohen Dientner Sattels. Die Ost-West-Richtung passt perfekt, da die Ostseite mehr Kurven und eine höhere Steigung aufweist. Die gesamte Strecke ist mit einem hohen Genussfaktor ausgestattet. Im unteren Abschnitt geht es auf griffigem Asphalt durch schnelle Wechselkurven, dann folgen die ersten Serpentinengruppen

Radstädter Tauern (oben), Dientner Sattel (rechts) und Katschbergbahn (rechte Seite).

hinauf zum Sattel. Grauer Granit, marmoriert mit Schneeresten, ragt oberhalb der Baumgrenze in den blauen Himmel. Davor typische Alpenhäuser mit Holzfassade. Wir überholen eine Gruppe drahtiger Rennradler.

Die Seele baumelt

In Lend erreichen wir das Tal der Salzach und zielen geradewegs ins Gasteiner Tal hinein. Bis ins 20. Jahrhundert war dieses abgeschiedene Tal nur über Bergpfade und eine schmale Straße erreichbar, erst in den 1950er-Jahren setzte der klassische Urlaubstourismus ein. Und das sieht und fühlt man heute noch, man fährt durch die hübschen Kurstädte Bad Hofgastein und Bad Gastein, widmet seine Aufmerksamkeit ganz dem Bergpanorama und lässt die Seele baumeln.

Gerne als „Monte Carlo der Alpen" bezeichnet, liegt Bad Gastein nebelfrei auf 1000 Meter Höhe mitten in den Hohen Tauern. Seine charmanten Häuser aus der Belle Epoque ziehen sich charakteristisch den steilen Hang hinauf. Wie wäre es mit einem kühlenden Sprung in den Badesee von Bad Gastein? Die Muskeln lockern sich beim Schwimmen, der Kopf wird frei, die Seele tankt auf.

Dann wird es logistisch interessant: Die Tauernschleuse wartet. So wird die Auto- und Motorradverladung genannt, die zwischen Böckstein und Mallnitz per Eisenbahn direkt unter der 2832 Meter hohen Gamskarlspitze hindurchführt. Die Züge verkehren jede halbe Stunde, die Fahrtzeit beträgt wenige Minuten. Zeit zum Reflektieren. ◂

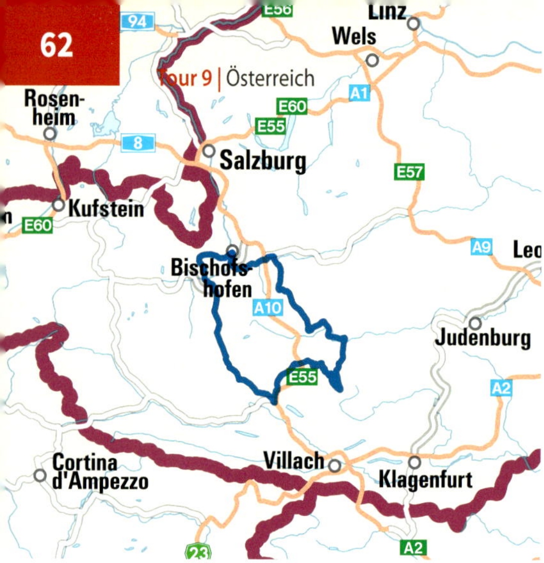

TOUR 9 | Österreich

NOCKBERGE

TOURLÄNGE | 360 km

PÄSSE DER TOUR

Nockalmstraße
Scheitelhöhe: 2 042 m | Länge: 34 km
max. Steigung: 10 % | Wintersperre: 11-5

Turracher Höhe
Scheitelhöhe: 1795 m | Länge: 30 km
max. Steigung: 23 % | Wintersperre: keine

Twenger Talpass
Scheitelhöhe: 1381 m | Länge: 12 km
max. Steigung: 14 % | Wintersperre: 11-5

Radstädter Tauern
Scheitelhöhe: 1739 m | Länge: 42 km
max. Steigung: 15 % | Wintersperre: keine

Dientner Sattel
Scheitelhöhe: 1357 | Länge: 11 km
max. Steigung: 15 % | Wintersperre: keine

Schiestelscharte auf der
Nockalmstraße.

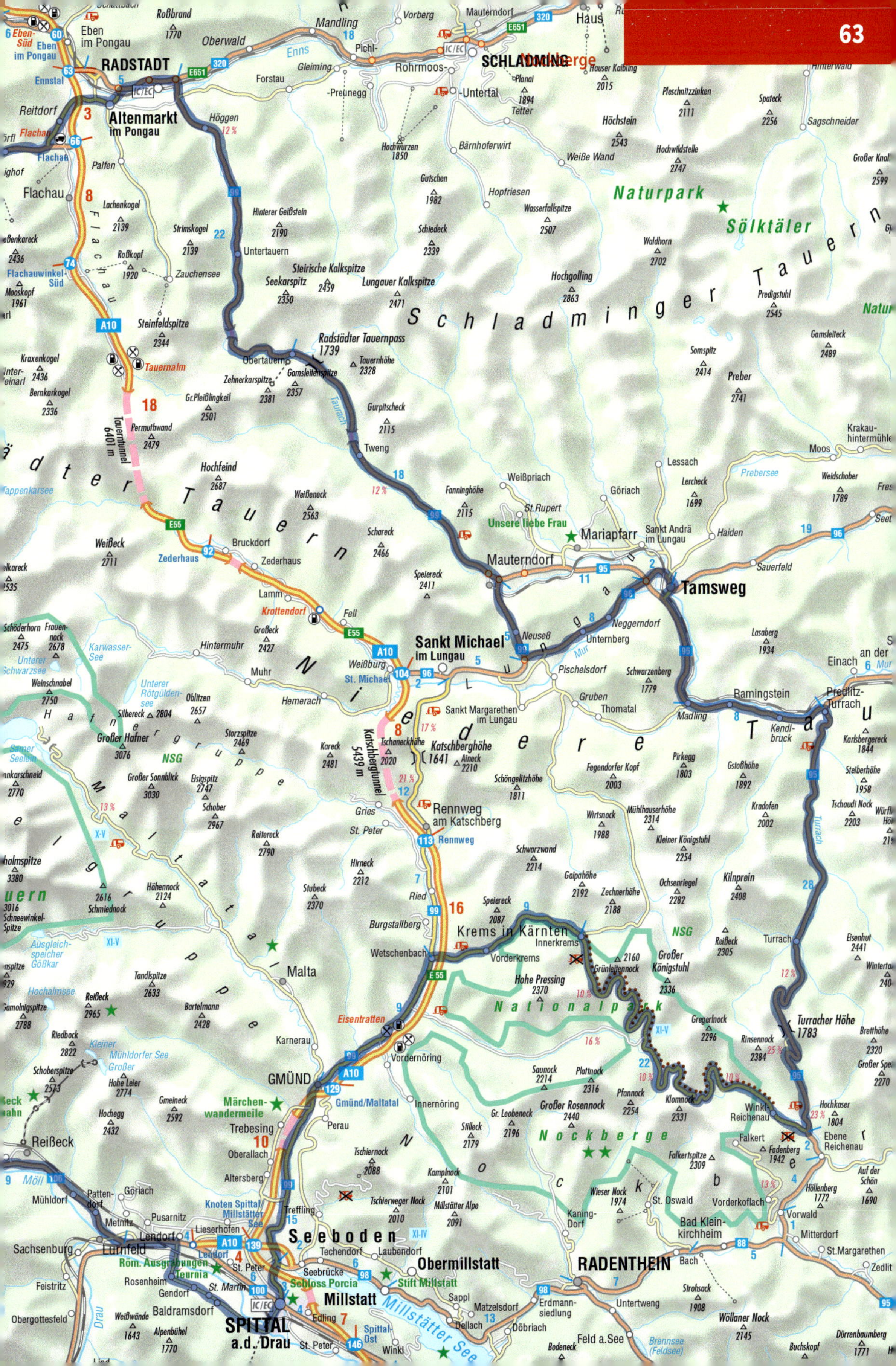

RADSTADT
Altenmarkt im Pongau
Eben im Pongau
Flachau
Schladming
Schladminger Tauern
Naturpark Sölktäler
Radstädter Tauernpass 1739
Obertauern
Untertauern
Tauerntunnel 6401 m
Zederhaus
Mauterndorf
Mariapfarr
Tamsweg
Sankt Michael im Lungau
St. Michael
Katschbergtunnel 5439 m
Katschberghöhe 1641
Rennweg am Katschberg
Krems in Kärnten
Innerkrems
Nationalpark
Nockberge
Turracher Höhe 1783
Predlitz-Turrach
Ramingstein
Malta
GMÜND
Märchen-wandermeile
Trebesing
Seeboden
Obermillstatt
Millstatt
Millstätter See
RADENTHEIN
SPITTAL a.d. Drau
Lurnfeld
Bad Kleinkirchheim
Hafnergruppe
Maltatalgruppe
Niedere Tauern

Tour 10 Gurktaler Alpen

Mitten in der Natur

Zwischen den beiden Flüssen Mur im Norden und der Gurk im Süden liegt die Gebirgsgruppe der Gurktaler Alpen. Geboten wird eine Kulisse wie aus einem Heimatfilm.

BASISORT
Turracher Höhe

TOURLÄNGE
ca. 350 km (1 Tag)

ROADBOOK
Turracher Höhe, Ebene Reichenau, Nockalmstraße, Innerkrems, Kremsbrücke, Katschberg, St. Michael im Lungau, Tamsweg, Murau, Metnitz, Friesach, Sankt Veit, Überfeld, Kraig, Föbing, Gurk, Kleinglödnitz, Flattnitz, Stadl an der Mur, Predlitz, Turracher Höhe

Los geht es heute auf 1795 Metern über dem Meeresspiegel – mitten in der Natur. Der aussichtsreiche Parkplatz an der Turracher Höhe ist der perfekte Ort für die Konzentrationsminute vor dem Start zur Tour, und um in den frühen Morgenstunden eine Prise klarer Bergluft einzuatmen.

Eine Handvoll runder, sauberer Kehren bergab, und kurz vor Ebene Reichenau Blinker rechts. Und dann sind wir auch schon mitten drin in einer der faszinierendsten Motorradstrecken Österreichs. Faszinierend, weil die Nockalmstraße auf ihrer Länge von 34 Kilometern keine einzige Ortschaft streift. Und das im zugesiedelten und verbauten Mitteleuropa. Lässig cruisen wir das graue Asphaltband entlang, haben Zeit zum Schauen, Entspannung strömt durchs Visier. Kärntner Küche darf man in Berggasthöfen oder Almhütten entlang der Route schlemmen.

52 Kehren und Kurven

Die Nockalmstraße wurde zwischen 1971 und 1981 gebaut. Für uns Motorradfahrer besonders interessant sind ihre 52 Kehren und unzählige Kurven zwischen den Mautstellen Ebene Reichenau und Innerkrems. Wer es genau wissen will: „Nock'n" heißen die runden Hügel, die ähnlich wie Tafelberge aus der Erde ragen. Zunächst überqueren wir die 2024 Meter hohe Schiestlscharte und kurven anschließend zum höchsten Punkt der Straße hinauf, zur 2042 Meter hohen Eisentalhöhe.

Der Abschwung bringt uns zum Nationalparkzentrum Nockalmhof, welches gleichzeitig Gasthof und Museum ist. Der Gasthof fällt durch seinen spielerischen Retro-Mix und das leckere Essen auf, das Museum gibt spannende Einblicke in das Biosphärenreservat der Nockberge. Sonnenklar, dass wir am Nockalmhof eine Atempause einlegen.

Von der Turracher Höhe geht es nach Murau im Murtal.

HIGHLIGHT

NOCKALMSTRASSE

52 sanfte Kehren in saftigem Grün – eine geniale Kombination. Gesprenkelt mit blauen Bergseen, weißen Felsen und Blumen in allen Regenbogenfarben. Für Naturliebhaber ein ganz besonderes Erlebnis.

Nächstes Highlight ist der Katschberg. Die klassische Verbindung zwischen Kärnten und Salzburg sowie den Hohen Tauern und den Gurktaler Alpen galt noch in den 1930er Jahren wegen ihrer 30 Prozent steilen Trasse als der Schrecken aller Autofahrer. Das ist Geschichte. Heute läuft die Straße hinauf zum 1641 Meter hohen Sattel locker von der Hand. Keine verwegenen Schräglagen, dafür kaum Verkehr, da der sich hauptsächlich auf der Autobahn abspielt. Die Gastronomie am Katschberg bietet sich für einen weiteren Zwischenstopp an, bevor drunten in St. Michael im Lungau das Tal der Mur wartet.

Beliebter Wallfahrtsort

Bei Bummeldrehzahl rollen wir den Fluss entlang, heben den Kopf zu den Spitzen der Gurktaler Alpen rechts und der Hohen Tauern links von uns. Die entspannte Stimmung in diesem Tal, die positive Energie ist deutlich zu spüren, fast kann man sie greifen. Alle Ortschaften im Murtal schweben auf diesem besonderen Energiefeld. Dass gerade in Tamsweg mit St. Leonhard eine berühmte Wallfahrtskirche

steht, ist kein Zufall. Jedes Jahr am 6. November pilgern Tausende von Gläubigen zu der im 15. Jahrhundert erbauten Kirche mit ihrem spitzen, schlanken Turm.

Wegen eines ganz anderen Events hingegen strömen die Leute nach Murau: Es sind die seit 2002 stattfindenden Shakespeare-Festspiele, die den charmanten Ort über die Region hinaus bekannt gemacht haben. Außer seiner Theaterbühne präsentiert Murau auch ein hübsches Panorama, bestehend aus Stadtpfarrkirche und Schloss.

Ein schräglagenverdächtiger Schlenker hinein in die Metnitzer Berge führt die Route weiter Richtung

Auf dem Weg nach St. Veit (oben), Marktgemeinde Tamsweg (rechts) und Eisentalhöhe (rechte Seite).

Osten bis zum Tal der Metnitz und nach Friesach. Dort sieht und spürt man das Mittelalter auf Schritt und Tritt – die älteste Stadt Kärntens besitzt jede Menge uralte Bausubstanz wie die Stadtmauer oder den nach wie vor Wasser führende Stadtgraben. Wegen der vielen Türme und Zinnen, die von den umliegenden Bergen grüßen, wird Friesach gerne „Stadt der Burgen" genannt.

Klimabewusste Stadt

Deutlich moderner geht es in Sankt Veit zu, das wir nach einer zügigen Landpartie am Ufer der Glan erreichen. Die „Sonnenstadt" hat sich das ehrgeizige Ziel gesetzt, ihren gesamten Strom bis 2020 aus erneuerbaren Energien zu ziehen. Das unterstützen wir und machen auf dem Hauptplatz eine große Pause, während der wir über den Tischrand das bezaubernde barocke Rathaus bewundern. Cappuccino plus Apfelstrudel mit Vanillesoße kommen genau zur rechten Zeit, denn hinter Sankt Veit verlangt die Etappe durch die Gurktaler Alpen einen ausgeglichenen Blutzuckerspiegel. In Höhen zwischen 1500 und 1700 Meter wirbelt die Bergstraße dem Skigebiet Flattnitz entgegen, um sich von dort ins Tal der Mur hinabzuwerfen.

Eines ist sicher – „herumgegurkt" wird in den Gurktaler Alpen nicht. Wer's genau wissen will: Namensgeber ist der Fluss Gurk, slowenisch Krka, die Gurgelnde. Jetzt noch ein entspanntes Stück Bundesstraße, ein paar Bögen hinauf zur Turracher Höhe, und die Tagesrunde ist beendet. Jetzt kräftig ausatmen. ◀

TOUR 10 | Österreich

GURKTALER ALPEN

TOURLÄNGE | 350 km

PÄSSE DER TOUR

Turracher Höhe
Scheitelhöhe: 1795 m | Länge: 30 km
max. Steigung: 23 % | Wintersperre: keine

Nockalmstraße
Scheitelhöhe: 2 042 m | Länge: 34 km
max. Steigung: 10 % | Wintersperre: 11-5

Katschbergpass
Scheitelhöhe: 1641 m | Länge: 12 km
max. Steigung: 12 % | Wintersperre: keine

Die Nockalmstraße streift auf ihrer Länge von 35 Kilometern keine einzige Ortschaft.

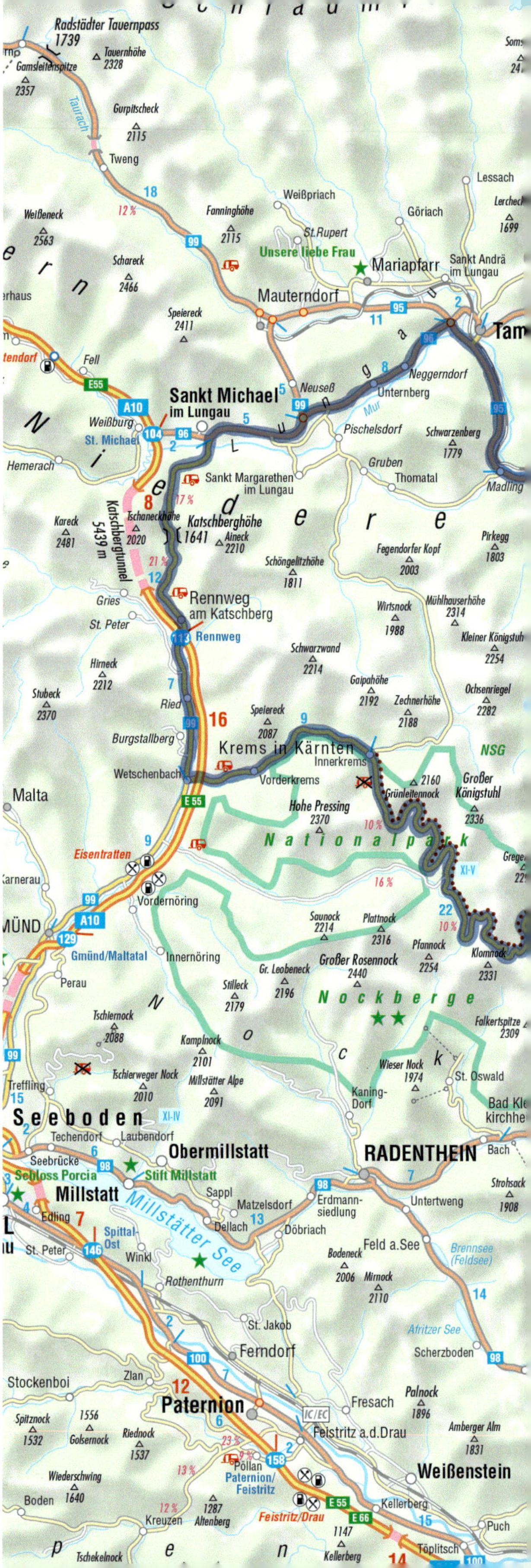

Gurktaler Alpen
Oberwölz-Umgebung
OBERWÖLZ STADT
Burg Rothenfels
Pfarrkirche St. Peter
St. Peter am Kammersberg
Schöder
Seebach
Murau
St. Georgen ob Murau
Steirische Holzstrasse
Stolzalpe
Frojach
Katsch a.d.Mur
Teufenbach
Scheifling
St. Lorenzen bei Scheifling
Unzmarkt
Neumarkter Sattel 894
Perchauer Sattel 995
Neumarkt in Steiermark
Mariahof
Naturpark
Stift St. Lambrecht
Sankt Lambrecht
Schloss Forchtenstein
Sankt Marein b.Neumarkt
Furtnerteich Grebenzen
Grebenzen 1870
Laßnitz bei Murau
Stadl an der Mur
Einach
Predlitz-Turrach
Steindorf
St. Lorenzen ob Murau
Frauenalpe 1997
Ackerlhöhe 2044
Kreischberg
Metnitz
St. Leonhard
St. Wolfgang
Grades
Sankt Salvator
Zeltschach
Engelsdorf
Burg Friesach
FRIESACH
Micheldorf
Pöckstein
Schloss Pöckstein
Zwischenwässern
Treibach
Strassburg
Dom zu Gurk
Gurk
Zweinitz
Weitensfeld im Gurktal
Glödnitz
Weißberg
Flattnitz
Turracher Höhe 1783
Deutsch-Griffen
Frauenstein
Kraiger Schlösser
Schloss Frauenstein
St. Veit-Nord
Ehem. Stift St. Georgen
SANKT VEIT a.d.Glan
St. Veit-Mitte
St. Veit-Süd
Sankt Donat
Burg Hochosterwitz
Liebenfels
Sankt Urban
Poitschach
Himmelberg
FELDKIRCHEN in Kärnten
Steindorf am Ossiacher See
Ossiacher See
Glanegg
Klein Sankt Veit
Sankt Michael am Zollfeld
Magdalensberg
Freilichtmuseum Maria Saal
Wallfahrtskirche Maria Saal
Maria Saal
Schloss Krastowitz
Moosburg
Pörtschach am Wörthersee
Techelsberg am Wörthersee
KLAGENFURT
Flughafen Klagenfurt
Dom zu Klagenfurt
Klagenfurt-Ost
Poggersdorf
Sankt Veit in der Gegend
Dürnstein in der Steiermark
Pfarrkirche Zeltschach
Bodensdorf
Ostriach
Annenheim
St. Andrä

Tour 11 Karnische Alpen

Immer der Nase nach

Diese Tour führt über steile Alpenpässe Richtung Süden in das malerische Kärntener Seengebiet, wo Österreich seine Grenzen mit Italien und Slowenien teilt.

BASISORT
Oberdrauburg

TOURLÄNGE
ca. 410 km (1 – 2 Tage)

ROADBOOK
Oberdrauburg, Gailbergpass, Kötschach-Mauthen, Plöckenpass, Paluzza, Arta, Tolmezzo, Moggio Udinese, Sella di Cereschiatis, Nassfeldpass, Tröpolach, Villach, Feistritz, Windische Höhe, St. Stefan, Hermagor, Kreuzbergsattel, Greifenburg, Oberdrauburg

Startort Oberdrauburg. Idealer Ausgangspunkt, denn gleich dahinter wartet bereits das erste von vielen Kurvenabenteuern dieses Tages auf uns – die Überquerung des Doppelpasses Gailberg (982 Meter) und Plöcken (1357 Meter). Einsteiger und Könner dürfen sich gleichermaßen freuen, denn die gesamte Route zwischen Kötschach-Mauthen und Paluzza ist äußerst harmonisch angelegt. Breite Fahrbahn, ordentlich asphaltiert, moderate Steigungen und Gefälle, gute Übersicht, relativ wenig Verkehr.

Freilichtmuseum am Pass

Entspanntes Kurvenschwingen ist die Folge. Der Kopf hat viel Freiraum, um die tollen Blicke auf die Karnischen Alpen zu würdigen. Und die Nase darf schon mal Bergkräuter und Heu schnuppern. Übrigens: Wer sich für Geschichte interessiert – das Freilichtmuseum 1915 – 1918 am Plöckenpass ist das weltweit größte seiner Art. Es ist von Frühjahr bis Herbst geöffnet und zeigt Stellungen, Baracken, Stollen und Postenstände aus dem Gebirgskrieg jener Zeit. Eintritt frei.

Hinter dem Plöckensattel überqueren wir die Landesgrenze zu Italien und kurven hinab nach Paluzza, in dieses typisch italienische Städtchen. Es duftet nach Pizza und Oregano. Sein Wahrzeichen ist der Moscarda-Turm, der Rest einer im 13. Jahrhundert erbauten Verteidigungsanlage. Die weit geschwungene Straße über Arta und Tolmezzo läuft zügig unter den Rädern durch, bevor hinter Moggio Udinese gleich der nächste alpine Doppelschlag folgt – Sella di Cereschiatis und Nassfeldpass.

Ist die Fahrt über die 1066 Meter hohe Sella di Cereschiatis noch eine runde, harmonische Angelegenheit, so entpuppt sich die Überquerung des 1530 Meter hohen Nassfeldpasses als Herausforderung: enge Serpentinen, knackige Steigungen, Kurven wie am Fließband, eine 180-Grad-Kehre im

Serpentinen am Plöckenpass und ein Teil der Villacher Alpenstrasse zwischen Dobratsch und Rosstratte.

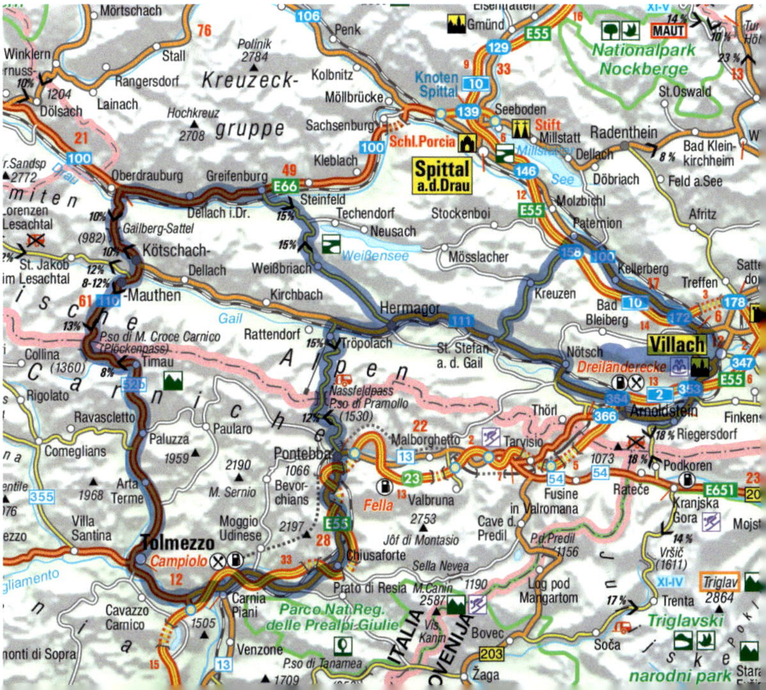

HIGHLIGHT

VILLACHER ALPENSTRASSE

Die Villacher Alpenstraße hoch auf den Dobratsch. Auf dem Parkplatz Rosstratte (1732 Meter) erwartet uns das spektakulärste Panorama Österreichs. Ausblicke auf das Karstgebirge und auf die Berggipfel der Nachbarländer Slowenien und Italien.

Tunnel. Nur an den Schildern erkennt man noch den Grenzübergang. Auf der österreichischen Seite ist die Fahrbahn bestens ausgebaut und top in Schuss.

Villachs Hausberg

In Tröpolach setzten wir den Blinker rechts und klinken uns auf die B 111 ein, die uns ostwärts Richtung Villach bringt. Endlich kommen die oberen Getriebegänge zum Einsatz, und schon bald können wir linker Hand den 2162 Meter hohen Dobratsch erkennen: Villachs Hausberg. Der ist unser nächstes Ziel. Wir durchqueren Villach, folgen dem Schild „Villacher Alpenstraße" und sind gleich mitten drin in dieser 16 Kilometer langen Route und ihren insgesamt sieben Kehren.

Imposante Blicke hinab auf Villach und die umliegenden Seen wechseln sich ab mit mächtig Kurvenspaß. Oben auf der Villacher Alpe angekommen, bieten sich traumhafte Weitsichten zu den Julischen Alpen und den Karawanken.Zurück in Villach empfiehlt sich ein Stadtbummel. Traumhaftschön am Ufer der Drau gelegen, glänzt die stark im Umweltschutz engagierte Stadt mit ihrem vom großzügigen Hauptplatz beherrschten historischen Kern. Es duftet aus den Restaurants. Wer Hunger hat, bestellt Kasnudeln, das Kärntner Nationalgericht oder eine Villacher Kirchtagssuppe.

Nach der Pause folgt unsere Route ein Stück dem Drautal, zweigt in Feistritz links ab und nimmt sich anschließend die 1110 Meter hohe Windische Höhe vor. Die Bergstraße zieht sich in schwungvollen Kurven bergan und ist zwischendurch etwas holperig und so eng, dass zwei Autos gerade so aneinander vorbeikommen. Klein, aber oho könnte man zu diesem eher wenig bekannten Pass sagen.

Südrampe des Plöckenpasses (oben), Gailtal (rechts) und Windische Höhe (rechte Seite).

Sein Name hat übrigens nichts mit irgendwelchen Winden zu tun, sondern bezieht sich auf die früher hier verlaufende deutsch-slowenische Sprachgrenze – die Slowenen wurden auch die „Windischen" genannt.

Nächster Kurvenrausch

In St. Stefan erreichen wir das pittoreske Gailtal, folgen dem Fluss ein Stück nach Westen und zweigen in Hermagor rechts Richtung Greifenburg ab. Und sofort dürfen wir uns auf den nächsten Kurvenrausch freuen, denn der 1074 Meter hohe Kreuzbergsattel ist nicht weit. Zuerst einige harmlose Kilometer im Gitschtal, dann windet sich die gepflegte Fahrbahn in großen und kleinen Bögen an der Talflanke entlang in die Höhe.

Die relativ kurze Scheitelstrecke ist schnell überquert, und kurz darauf rollen wir durch das hübsche Greifenburg mit seinem markanten Schloss. Es thront über dem malerischen Ort und kann für Hochzeiten gebucht werden. Wer sich nicht trauen lässt, kann sich etwas anderes trauen: einen Tandemflug mit dem Gleitschirm von der Emberger Alm aus.

Die durch das Drautal führende Bundesstraße 100 mit ihren sanften Bögen kommt uns nach diesem so kurven-intensiven Mittelteil der Tour gerade recht. Die Gipfel der Gailtaler und der Karnischen Alpen begleiten uns und sorgen für die perfekte Stimmung zum Ausklang dieser Runde. Visier hoch, Nase in den würzigen Wind. Das Leben kann wirklich herrlich sein. ◀

ÜBERNACHTEN IN DER REGION

GASTHOF – PENSION – HASSLER***

„Schrauber Ecke" für kleine Reparaturen am Motorrad • Motorradwerkstatt in der Nähe • Trockenraum • Tourenkarten für die besten Touren liegen im Haus auf • Chef Hannes, selbst begeisterter Biker, steht mit den besten Tipps für eure Touren mit Rat und Tat zur Seite.

Berg 131 • A-9771 Berg im Drautal
+43 (0) 47 12 / 2 08 • www.cafe-hassler.at

BLEIBERGERHOF WOHLFÜHLHOTEL & SPA

Das Bleibergerhof Wohlfühlhotel & SPA bietet dafür das beste Rezept: Die besondere Lage inmitten unberührter Natur, belebendes Thermalwasser und viel frische Bergluft. Innen- und Außenpool, Saunen, Dampfbad, private Spas und der einzigartige Naturbadeteich.

Drei Lärchen 150 • A-9530 Bad Bleiberg / Villach
+43 (0) 42 44 / 22 05 • www.bleibergerhof.at

FERIENHOTEL GLOCKNERHOF

Der Glocknerhof bietet viele Gründe zum Einkehren und Übernachten: Gute Küche, Sonnenterrasse, Wellnessbereich mit Hallenbad, Sauna, Dampfbad und Whirlpool. Biker profitieren von der idealen Lage zu Alpenpässen in Österreich, Südtirol und Slowenien.

Berg 43 • A-9771 Berg im Drautal
+43 (0) 47 12 / 72 10 • www.glocknerhof.at

TOUR 11 | Österreich

KARNISCHE ALPEN

TOURLÄNGE | Ca. 410 km

PÄSSE DER TOUR

Gailbergsattel
Scheitelhöhe: 982 m | Länge: 15 km
max. Steigung: 10 % | Wintersperre: 11-4

Plöckenpass
Scheitelhöhe: 1357 m | Länge: 37 km
max. Steigung: 13 % | Wintersperre: keine

Nassfeldpass
Scheitelhöhe: 1530 m | Länge: 31 km
max. Steigung: 16 % | Wintersperre: keine

Windische Höhe
Scheitelhöhe: 1110 m | Länge: 19 km
max. Steigung: 6 % | Wintersperre: ?

Kreuzbergsattel
Scheitelhöhe: 1074 m | Länge: 28 km
max. Steigung: 15 % | Wintersperre: keine

Orientierungspause vor einer Bilderbuchkulisse.

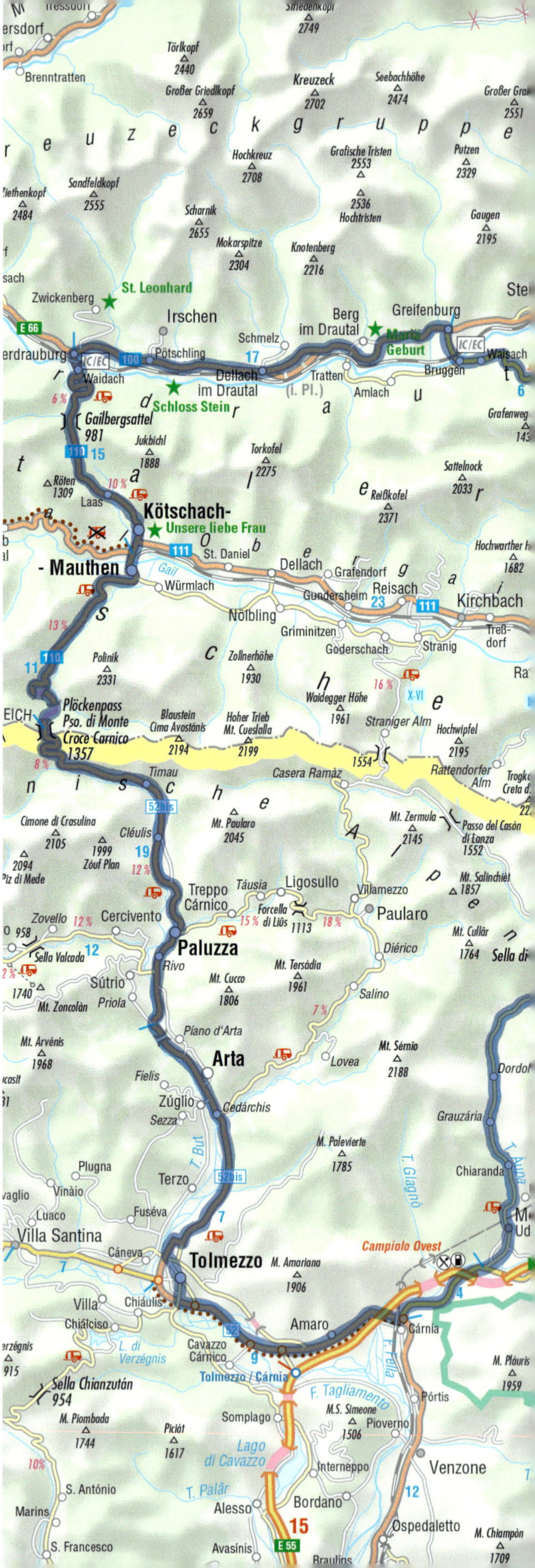

Seeboden
Kärnische Alpen
Obermillstatt
RADENTHEIN
Millstatt
Schloss Porcia
Stift Millstatt
Millstätter See
SPITTAL a.d. Drau
Lendorf
Lurnfeld
Sachsenburg
Möllbrücke
Röm. Ausgrabungen Teurnia
Baldramsdorf
Feld a.See
Brennsee (Feldsee)
Afritzer See
Afritz
Ferndorf
Paternion
Stockenboi
Weißensee
Feistritz a.d.Drau
Weißenstein
Treffen
Kellerberg
Puch
Töplitsch
Villach-West
VILLACH
Bad Bleiberg
Besucherbergwerk Terra Mystica
Therme Warmbad
Windische Höhe
HERMAGOR
Kärntner Erlebnispark
Görtschach
St. Stefan im Gailtal
Schloss Wasserleonburg
Nötsch im Gailtal
Dobratsch 2166
Villacher Alpe
Dreiländereck
Arnoldstein
Pressegger See
St. Michael
Kirchbach
Tröpolach
Möderndorf
Vorderberg
Feistritz an der Gail
Hohenthurn
Achomitz
Poludnig M. Poludnig 1999
Oisternig Monte Osternig 2052
Gartnerkofel 2195
Zielkofel 1824
Kronalpe Mt. Corona
Riserva Naturale Foresta
ÖSTERREICH
ITALIA
Coccau
Tarvísio
Malborghetto
Malborghetto-Valbruna
Ugovizza
Camporosso in Valcanale
Pontebba
Dogna
Chiusaforte
Raccolana
Canale di Raccolana
Parco Regionale di Fusine
Laghi di Fusine
Fusine in Valromana
Rateče
Planica
Podkoren
Kranjska Gora
Gozd Martuljek
Wurzenpass 1073
Mt. Mángart 2677
Cave del Predil
L. d. Predil
Passo del Predil 1156
Strmec na Predelu
Log pod Mangartom
Julijske Alpe
Arboretum Juliana
Vršič 1611
Na Logu Trenta
Spodnja Trenta
Sella Nevea 1190
Prevala 2067
SLOVENIJA
Bovec Plezzo
Kal Koritnica Coritenza
Soča Sónzia
Lepena
Čezsoška
Log Čezsoški
Polovnik
Slap Savica
Prealpi Giulie
Sella Carnizza 1092
Passo di Tanamea 851
Uccea
Resia
Stolvizza
Oseacco
Prato di Résia
Gran Monte
M. Canin 2587
Jôf di Montásio 2753
Jôf Fuárt 2666
Mt. Santo di Lussari 1766
Riofreddo

Tour 12 Villacher Dreiländereck

Alle guten Dinge sind drei

Diese Tagestour führt gleich durch drei Länder. Das ist genial, denn so kann man sich in jedem Land das Beste herauspicken. Vön Österreich geht es über Italien nach Slowenien.

BASISORT
Villach

TOURLÄNGE
ca. 290 km (1 Tag)

ROADBOOK
Villach, Ossiacher See, Feldkirchen, Mitterdorf, Döbriach, Paternion, Zlan, Goldeck Panoramastraße, Zlan, Windische Höhe, Nötsch, Maglern, Tarvisio, Predilpass, Mangartstraße, Kal-Koritnica, Vršič-Pass, Kranjska Gora, Wurzenpass, Villach

Die Stadt, in der wir heute in die Startlöcher gehen, ist ein echtes Juwel. Villach, wunderschön im Dreiländereck Österreich, Italien, Slowenien gelegen, gilt mit seiner alten Bausubstanz, seinem milden Klima und seinen sonnigen Cafés als eine der attraktivsten Städte Österreichs. Deshalb raten wir dringend, vor dem Sprung in den Motorradsattel eine Runde zu Fuß durch das historische Zentrum zu drehen. Oder wie wäre es mit einem Besuch im Villacher Automuseum, das auf 4000 Quadratmetern über 250 alt gewordene und jung gebliebene Autos zeigt?

Postkartenreife Aussicht

So, jetzt aber endlich den Zündschlüssel umdrehen, den ersten Gang einlegen, und ab geht die Post. Zunächst im braven Trab am Ossiacher See entlang. Burg Landskron grüßt von rechts. Hoch oben thront sie über dem Wasser und bietet neben einem Burgcafé eine postkartenreife Aussicht auf den Ossiacher See. Kärntens drittgrößter See steht zum Teil unter Naturschutz, zeigt neben Flora und Fauna aber auch sehenswerte Kultur wie zum Beispiel den Stift Ossiach im gleichnamigen Ort.

In Feldkirchen setzen wir den Blinker links und biegen auf die B95 ein. Das hübsche Feldkirchen ist immer einen Stopp oder zumindest eine Runde im Motorradsattel wert. Die „Kirche im Felde" entstand zwischen dem achten und neunten Jahrhundert und verfügt über ein reiches Arsenal an historischen Bauwerken wie Kirchen, Bürgerhäuser und Adelssitzen.

Die B95 Richtung Nordwesten überrascht positiv mit abwechslungsreicher Streckenführung, griffigem Belag und durchaus akzeptabler Kurvendichte. Bei Döbriach verlässt die

Der kopfsteingepflasterte Vršič-Pass und die Goldeck Panoramastraße.

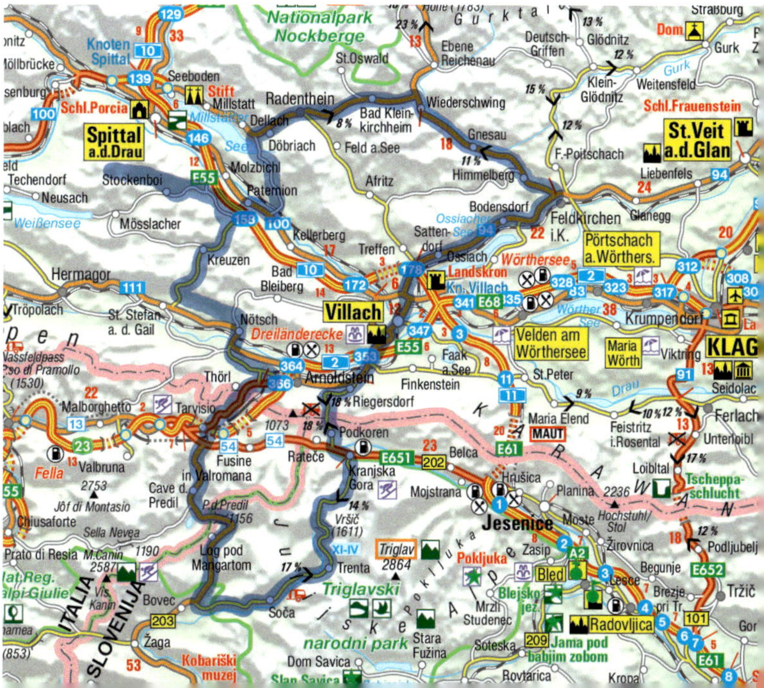

HIGHLIGHT

GOLDECK PANORAMASTRASSE

Die 15 Kilometer lange Route startet nordwestlich von Feistritz in Zlan und verwöhnt mit ihren zehn Kehren auch den erfahrensten Alpenspezialisten. Vom Parkplatz erreicht man zu Fuß in 45 Minuten den 2142 Meter hohen Goldeckgipfel.

Route den bundeseigenen Asphalt, streift den Millstätter See und macht sich ins Drautal davon.

Verwegene Trasse

Dann baut sich das erste fahrerische Highlight des Tages vor dem Lenker auf: die Goldeck Panoramastraße. Deren Errichtung hängt eng mit der Entwicklung des Skigebiets am Goldeck südlich von Spittal zusammen. Wer heute die 14,5 Kilometer lange Strecke von Zlan auf 1883 Meter Höhe hinauf kurvt, kann sich kaum vorstellen, mit welch primitiven Mitteln damals die Arbeiter diese verwegene Trasse in den Fels schlugen. Lohn dieser Mühe sind zehn perfekt ausgebaute Kehren, 13 Prozent Steigung und grandiose Aussichten. Führt die Straße zu Beginn noch durch dichten Bergwald, gibt sie weiter oben schöne Blicke auf die Millstätter Alpe, den Millstätter See, die Gailtaler Alm, die Karawanken und das Drautal frei.

Zurück in Zlan, wedeln wir auf kleinen Nebensträßchen ins Drautal hinüber. Dabei kommt die Windische Höhe ins Spiel. Eng und etwas holperig, geht es auf 1110 Meter Höhe hin-

auf, wo es nicht zwingend windig sein muss. Denn früher verlief hier oben die deutsch-slowenische Sprachgrenze, und die Slowenen wurden die „Windischen" genannt. Wie auch immer – Spaß macht dieser Übergang auf jeden Fall.

In Nötsch überqueren wir das Tal der Gail, hinter Maglern die Grenze nach Italien und nähern uns über Tarvisio, in dem mit Italienisch, Deutsch, Friaulisch und Slowenisch gleich vier Sprachen gesprochen werden, flott den Julischen Alpen. Alpen? Klingt nach Kurvenspaß. Und genau den schenkt uns die Etappe hinüber nach Slowenien reichlich.

Am Lago del Predil biegt sie zum gleichnamigen, auf slowenischem Gebiet liegenden und 1156 Meter hohen Predilpass ab, und liefert sofort eine

Burg Landskron oberhalb des Ossiacher Sees (oben), Brücke am Predil (rechts) und Pause am Mangart (r. Seite).

Handvoll zackiger Kurven. Oben angelangt, wartet mit der Mangartstraße (slowenisch: Mangartska Cesta) ein zwölf Kilometer langes Schmankerl, das abenteuerlich schmal auf 2046 Meter Höhe hinauf wieselt. Die Mangartstraße ist die höchste Straße Sloweniens und wurde vom Militär zwischen den Weltkriegen ausgebaut. 17 Kehren und fünf dunkle Tunnel erwarten uns.

Trotz Kopfstein ein Muss

Wie bisher kurvenreich geht es anschließend durch den wunderschönen Triglav-Nationalpark zum 1611 Meter hohen Vršič-Pass und seinen berüchtigten gepflasterten Kehren. Ja, richtig, keine Behörde verdirbt uns bis jetzt dieses Erlebnis. Dass es so etwas heutzutage noch gibt, grenzt fast an ein Wunder. Einsteiger brauchen übrigens keine Manschetten zu haben, fahren sich doch die 24 Vršič-Kurven trotz Pflaster rund und sicher. Als Belohnung winken auf dem Sattel im Gasthaus die besten Palatschinken der Region.

Dass das kleine Kranjska Gora ein großer Wintersportort ist, lässt sich nicht übersehen: Von mächtigen Zweieinhalbtausendern mit weißen Spitzen umringt, scheinen seine Häuser an der Wurzener Save (Sava Dolinka) entlangzufließen. Was für ein Panorama. Gerade macht der Ort Sommerferien, und die schmucken Gassen gehören uns so gut wie alleine. Weiter zum Wurzenpass. Dessen 1073 Meter hoher Sattel ist auf perfekt ausgebauter Fahrbahn flott erreicht. Runter ins Gailtal, rüber zurück nach Villach. ◀

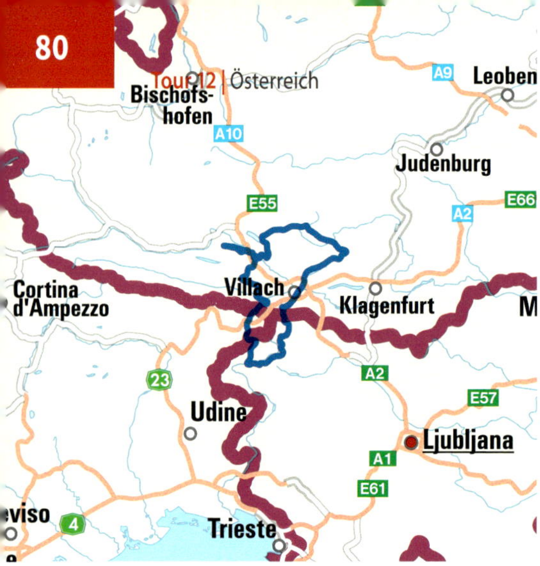

TOUR 12 | Österreich

VILLACHER DREILÄNDERECK

TOURLÄNGE | 290 km

PÄSSE DER TOUR

Goldeck Panoramastraße
Scheitelhöhe: 1883 m | Länge: 15 km
max. Steigung: 13 % | Wintersperre: 11-4

Windische Höhe
Scheitelhöhe: 1110 m | Länge: 19 km
max. Steigung: 6 % | Wintersperre: ?

Predil Pass
Scheitelhöhe: 1156 m | Länge: 25 km
max. Steigung: 11 % | Wintersperre: keine

Mangartstraße
Scheitelhöhe: 2046 m | Länge: 10 km
max. Steigung: 14 % | Wintersperre: bei Bedarf

Vršic Sattel
Scheitelhöhe: 1611 m | Länge: 27 km
max. Steigung: 15 % | Wintersperre: 11-4

Wurzenpass
Scheitelhöhe: 1073 m | Länge: 15 km
max. Steigung: 18 % | Wintersperre: keine

Kurventraum am Mangart.

Tour 13 Lavanttaler Alpen

Vom Motorradsattel in den Pferdesattel

Südwestlich von Graz liegen die Lavanttaler Alpen, deren Gipfel die 2 000-Meter-Marke übersteigen. Wenig befahrene Straßen machen aus der Region ein Motorradparadies.

BASISORT
Graz

TOURLÄNGE
ca. 350 km (1 Tag)

ROADBOOK
Graz, Seiersberg, Lieboch, Köflach, Gaberlpass, Hirschegger Sattel, Packsattel, Sankt Gertraud, Weinebene, Deutschlandsberg, Frauental, Groß St. Florian, St. Martin, Steyeregg, Eibiswald, Leutschach, Schlossberg, Leibnitz, Graz

Wer an Österreich und Motorrad fahren denkt, der denkt an Tirol, an die großen Pässe Richtung Italien und an den Großglockner. An die Steiermark garantiert nicht. Was schade ist, denn in diesem südöstlichen Bundesland Österreichs gibt es sehr wohl Mittelgebirge und alpine Regionen, die zum Motorradfahren herausfordern.

Start in Graz

Unsere Rundtour durch die Lavanttaler Alpen starten wir in Graz, in der Landeshauptstadt. Mit 290 000 Einwohnern nach Wien die zweitgrößte Stadt Österreichs, blickt Graz auf eine lange Geschichte zurück. Schon die Römer siedelten im Grazer Feld, später die Slowenen, deren Wort „Gradec“ für „kleine Burg“ der Stadt ihren Namen gab. Die Grazer Altstadt gehört zum UNESCO-Weltkulturerbe, ebenso Schloss Eggenberg.

Klarer Fall also: Vor der Tour bummeln wir ausgiebig durch das Grazer Zentrum und trinken vielleicht einen Mokka, wie der Espresso in Österreich heißt, oder eine Melange (halb Kaffee, halb Milch) oder einen kleinen Braunen, der aus einem Mokka mit Milch oder Schlagobers (Sahne) besteht. Über Seiersberg verlassen wir Graz in südliche Richtung nach Lieboch, um dort die B 70 Richtung Westen nach Köflach zu nehmen. Gepflegter Asphalt mit weiten Bögen empfängt uns hier. Genau das Richtige, um in aller Ruhe die Sahne vom Kaffee heute Morgen zu verdauen.

Köflach taucht auf. Im Ortsteil Piber werden die berühmten Lipizzanerpferde gezüchtet. Sie gelten als die älteste Kulturpferderasse der Welt. Früher im slowenischen Lipica gezüchtet, kommen die Fohlen mitt-

Herrliche Bergwelt und die UNESCO-prämierte Stadt Graz.

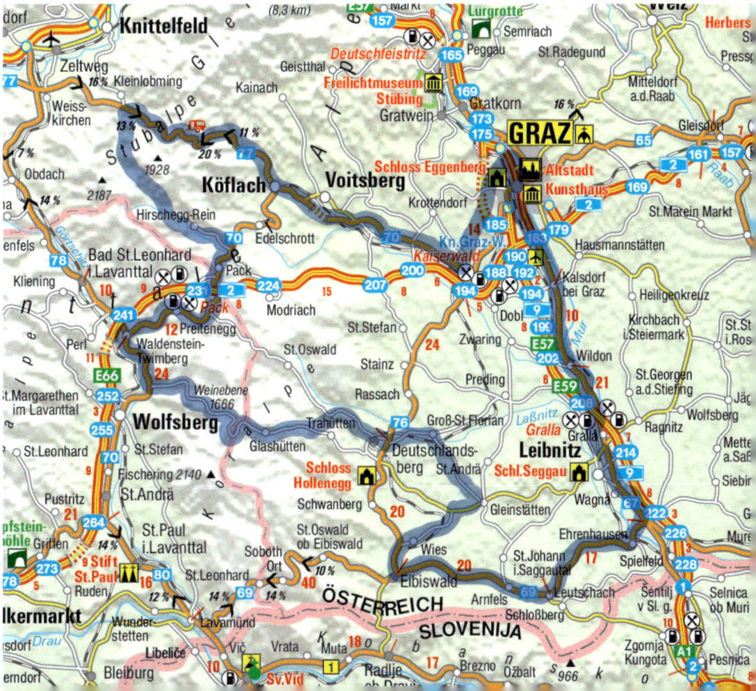

HIGHLIGHT

LIPIZZANERGESTÜT PIBER

Der Besuch beim Lipizzanergestüt Piber in Köflach. Täglich finden mehrere Führungen statt. Auf spannende Weise erfährt man hier alles über Zucht, Haltung und Geschichte dieser eleganten weißen Pferde. Sogar beim Training in der Reithalle darf zugeschaut werden.

lerweile im steirischen Köflach zur Welt. 95 Prozent der Lipizzaner sind Schimmel, werden jedoch dunkel geboren und erst zwischen sechs und zehn Jahren weiß. Die meisten Pferde gehen an die Spanische Hofreitschule in Wien, wo sie nach der klassischen Reitkunst ausgebildet werden.

Feine Strecke

Hinter Köflach ändert die Straße nicht nur ihre Nummer von 70 in 77, sondern wechselt auch ihren Charakter. Die Bögen werden enger, immer mehr Kurven werfen sich vors Vorderrad, bis der steile Schlussspurt auf den Gaberl uns alle Register ziehen lässt. Eine Motorradstrecke vom Feinsten. Der Gaberlpass liegt auf 1551 Meter Höhe und diente schon den Römern zur Überquerung dieses Teils der Stubalpe.

Auch die Abfahrt lässt uns die Schräglagen in vollen Zügen genießen, und so bedauern wir es fast, dass die Route ein Stück vor Kleinlobming links abzweigt. Aber keine Angst: Der Kurventanz geht weiter. Ein schmales, im oberen Teil recht holperiges Sträßchen zirkelt zum 1543 Meter hohen Hirschegger Sattel hinauf. Die Abfahrt verläuft etwas ruhiger, streift den Ort Hirschegg, klinkt sich dann in die B 70 ein, um anschließend den Packsattel zu stürmen. Nur 1169 Meter ist er hoch, dieser Alpenübergang, beschenkt uns aber reich mit Fahrspaß. Kaum im Tal angelangt, wartet mit der Passstraße über die 1668 Meter hohe Weinebene das nächste Schmankerl. Die Kurven fallen diesmal etwas weiter aus, machen aber dennoch viel Freude. Schmale Fahrbahn, oft geflickt – hier ist Konzentration gefragt.

Deutschlandsberg mit seiner mächtigen Burganlage kommt in Sicht. Hinter der Stadt, die man übrigens mit Betonung auf der zweiten Silbe ausspricht, fahren wir über Frauental nach

Südsteierische Weinstraße (oben), Burg Deutschlandsberg (rechts) und Marktplatz von Graz (rechte Seite).

Groß St. Florian, um ab dort über St. Martin und Steyeregg nach Eibiswald zu kurven. Die hübsche Gemeinde verfügt trotz ihrer nur 1400 Einwohner über ein eigenes Kino, das vom Fleischermeister betrieben wird.

Die lang gezogenen Kurven der B 69 bringen uns zügig nach Leutschach und Schlossberg, in dessen Nähe mitten in einem Park das romantische Schloss Trautenburg steht. Fast parallel zur Grenze nach Slowenien kurven wir nun auf der Südsteirischen Weinstraße zwischen Rebhängen hindurch nach Osten und biegen dann nach Norden Richtung Wagna und Leibnitz ab. Leibnitz, die Wein- und Kulturstadt, besitzt ein gemütliches Zentrum mit Hauptplatz, Rathaus, Mariensäule und Schloss.

Entlang der Mur

Die Schlussetappe dieser Tour führt uns mehr oder weniger eng am Ufer der Mur entlang. Die in den Niederen Tauern entspringende Mur ist der wichtigste Fluss der Steiermark. Auf ihrer Länge von 450 Kilometern fließt sie noch durch Slowenien und Kroatien und mündet schließlich an der kroatisch-ungarischen Grenze in die Drau. Uns hingegen bringt sie direkt nach Graz zurück.

Einer der bekanntesten Söhne von Graz ist übrigens ein gewisser Arnold Alois Schwarzenegger, der 1947 hier geboren wurde. Obwohl er heute in den USA lebt, ist der „Gouvernator" in seinem Herzen noch immer Österreicher oder besser gesagt Grazer, wie er gerne sagt. Und darauf sind die Grazer ziemlich stolz.

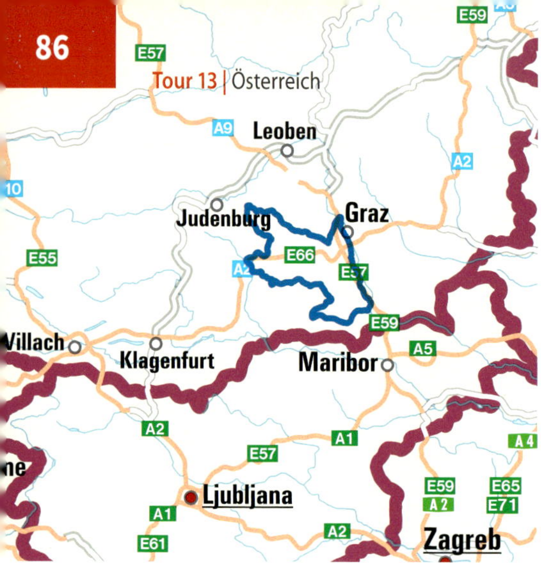

TOUR 13 | Österreich

LAVANTTALER ALPEN

TOURLÄNGE | 350 km

PÄSSE DER TOUR

Gaberlpass
Scheitelhöhe: 1551 m | Länge: 52 km
max. Steigung: 6 % | Wintersperre: keine

Hirschegger Sattel
Scheitelhöhe: 1543 m | Länge: 27 km
max. Steigung: 16 % | Wintersperre: ?

Packsattel
Scheitelhöhe: 1169 m | Länge: 21 km
max. Steigung: 10 % | Wintersperre: keine

Weinebene
Scheitelhöhe: 1668 m | Länge: 43 km
max. Steigung: 16 % | Wintersperre: keine

Grünes Farbenspiel.

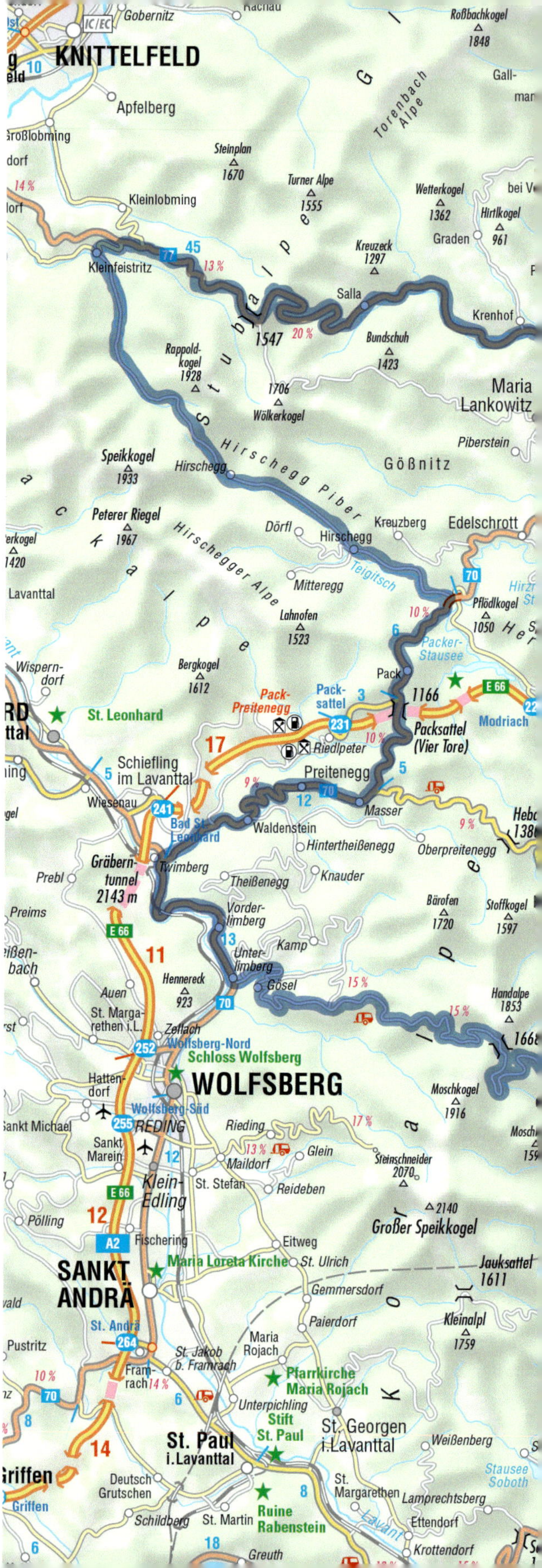

GRAZ
Gratkorn
Gratwein
Judendorf-Straßengel
Stattegg
Weinitzen
Kainbach
Laßnitzhöhe
Nestelbach bei Graz
Hart bei Graz
Raaba
Grambach
Vasoldsberg
Hausmannstätten
Feldkirchen bei Graz
Seiersberg
Pirka
Lieboch
Flughafen Graz
Unterpremstätten
Zettling
Kalsdorf bei Graz
Fernitz
Gössendorf
Wundschuh
Werndorf
Zwaring
Dobl
Lannach
Weitendorf
Wildon
Stocking
Lebring-St. Margarethen
Schönberg
Hengsberg
Preding
Lang
Tillmitsch
Kaindorf
LEIBNITZ
Wagna
Gamlitz
Seggauberg
Heimschuh
Kitzeck im Sausal
St. Nikolai im Sausal
Gleinstätten
Sankt Martin im Sulmtal
St. Peter i.Sulmtal
Pölfing-Brunn
Wies
Eibiswald
Arnfels
Oberhaag
Sankt Johann im Saggautal
Leutschach Schloßberg
Groß St. Florian
Frauental a.d.Laßnitz
DEUTSCHLANDSBERG
Schwanberg
Hollenegg
Stainz
St. Stefan ob Stainz
Bad Gams
Rassach
Ligist
Krottendorf-Gaisfeld
St. Johann-Köppling
Söding
Mooskirchen
Hitzendorf
Stallhofen
VOITSBERG
BÄRNBACH
St. Bartholomä
Sankt Josef (Weststeiermark)
Pöls a.d. Wieserbahn
Stainztal
Georgsberg
Wettmannstätten
Gussendorf
Unterbergla
St. Andrä i.Sausal
Pistorf
Sulmeck-Greith
Lavanttaler Alpen
Freilichtmuseum Stübing
Schloss Eggenberg
Grazer Altstadt
Grazer Dom
Schloss Klingenstein
Maria Trost
Schloss Waasen
Schloss Weißenegg
Schloss Stainz
Burg Lonsperch
Schloss Frauenthal
Golfclub Schl. Frauenthal
Schl. Hollenegg
Schloss Limberg
Schloss Seggau
Schloss Retzhof
Schloss Trautenburg
Plabutschtunnel 9664 m
Kaiserwald
Sausaler Gebirge
Weststeirisches Hügelland
Oststeirisches Hügelland
ÖSTERREICH
SLOVENIJA
Radlpass
Remschnigg
Zg. Kapla
A2
A9
E57
E59
E66

Tour 14 Drei Zinnen

Auf dem Dach der Dolomiten

Die Drei Zinnen sind das Glanzlicht der Dolomiten. Kombiniert man sie mit kurvigen, abwechslungsreichen Bergsträßchen, kommt dabei das ultimative Motorraderlebnis heraus.

BASISORT
Cortina d'Ampezzo

TOURLÄNGE
ca. 190 km (1 Tag)

ROADBOOK
Cortina d'Ampezzo, Passo Tre Croci, Misurina, Drei Zinnen, Auronzo, Lozzo di Cadore, Vigo, Laggio, Sella Ciampigotto, Sella di Razzo, Comeglians, Rigolato, Forni Avoltri, Cima Sappada, Santo Stefano, Candide, Kreuzbergpass, Sexten, Innichen, Toblach, Carbonin, Chiave, Cortina d'Ampezzo

Ausgangspunkt ist Cortina d'Ampezzo. Mehrere runde und perfekt in Schuss gehaltene Kehren führen aus der Olympiastadt heraus in Richtung Passo Tre Croci. Entspanntes Kurvenschwingen am Morgen. Hinein in den Wald, ein Stück geradeaus, dann ist der Passo Tre Croci in Sicht. Von seinem 1809 Meter hohen Sattel bietet sich ein schöner Blick auf einige Hauptfiguren der Sextener Dolomiten: Monte Cristallo (links), Drei Zinnen (geradeaus) und Marmarole-Gruppe (rechts).

Kurz darauf links ab Richtung Misurina. Ein Kilometer steil den Berg hinauf folgen, dann kommt das berühmte Misurina-Panorama in Sicht: Der smaragdgrüne See liegt malerisch vor Monte Cristallo, Monte Cadini und den Drei Zinnen.

Steile Felswand

Sofort hinter Misurina geht nach rechts die neun Kilometer lange Panoramastraße zu den Drei Zinnen ab. Sie beginnt harmlos. Ein paar Kurven, ein winziger Bergsee. Doch dann ragt vor uns eine steile Felswand auf, mit den Drei Zinnen im Hintergrund. Und durch diese Wand arbeitet sich die Panoramastraße nach oben. Kehre um Kehre. Breit und mit gutem Asphalt versehen. Aber steil. Zum Teil bis 20 Prozent Steigung. Voll beladen kommt hier so manche Maschine ins Stöhnen.

Von den Pferdestärken sind in 2 320 Meter Höhe nicht mehr alle übrig. Die letzte Serpentine bringt uns zum Parkplatz unterhalb der Auronzo-Hütte. Weiter geht es motorisiert nicht. Man hat das Gefühl, auf dem Dach der Dolomiten zu stehen. Nur die Drei Zinnen im Rücken sind höher. Weit drunten im Tal liegt das Städtchen Auronzo, ringsum kratzen die Spitzen

Auronzo Hütte am Fuße der Drei Zinnen und der Ausblick auf ebendiese.

HIGHLIGHT

JAMES BOND IN CORTINA

Im Ortskern des winterlichen Cortina liefert sich Roger Moore einen packenden Kampf mit zwei Motorradfahrern, die die schöne Carole Bouquet umbringen wollen. Danach folgen artistische Szenen auf der Skisprungschanze, den Skipisten und im Eiskanal, den Bond auf Skiern hinab donnert, verfolgt von einem Killer auf einer Yamaha XT 500. Zu sehen in dem Film „In tödlicher Mission" aus dem Jahr 1981.

der Sextener Dolomiten am blauen Himmel.

Über Misurina fahren wir zurück zur Kreuzung Tre Croci / Auronzo und nehmen Kurs auf das im Valle d'Ansiei liegende Städtchen Auronzo. Eine gut asphaltierte Straße zirkelt in lang gezogenen Bögen hinab zum Flüsschen Ansiei und folgt diesem hautnah. Acht Kilometer lang geht es durch die elf Ortsteile von Auronzo. Der kleine Stausee bleibt rechts liegen, dann fahren wir in Lozzo di Cadore nach links in Richtung Vigo. Eine kleine Panoramastrecke umgeht den Ort und zeigt schöne Blicke hinab ins Tal.

Holperige Herausforderung

Weiter nach Osten in die Karnischen Dolomiten hinein. Entspanntes Dahingleiten? Von wegen. Denn was da plötzlich auf die Sella Ciampigotto hinaufführt, erweist sich als Herausforderung. Schmal, holperig, kurvenreich. Die meisten Serpentinen sind höllisch eng und erfordern eine gute Balance.

In 1790 Meter Höhe wartet eine karge, unwirtliche Hochfläche. Wer Einsamkeit liebt – hier findet er sie.

Schräg zum Hang zieht sich die Straße zur 1760 Meter hohen Sella di Razzo. Dem Abstieg haben die italienischen Straßenbauer mittels neuer Trasse die Zähne gezogen. Ruhig zieht das Motorrad durch die runden und übersichtlichen Bögen.

Dann tauchen wir ein in das Kurvenlabyrinth des Val Pesarina. Labyrinth, weil man auf der rund 20 Kilometer langen Strecke jegliches Gefühl für Zeit und Raum verliert. Es gibt nur noch Kurven. Die meisten eng, der Rest sehr eng. Maximal dritter Gang. Die wenigen Geraden verdienen kaum ihren Namen.

Strada delle Dolomiti Carniche – Karnische Dolomitenstraße – heißt die Etappe, die nun in einem großen Bogen zuerst nach Norden und anschließend nach Westen in Richtung Sextental führt. Breit, eben und leicht

Mächtige Dolomitenlandschaft (oben), Cortina d'Aampezzo (rechts) und der Misurinasee (rechte Seite).

geschwungen zielt der Asphalt in Richtung Forni Avoltri. Lediglich eine alte Brücke und ein dunkler Tunnel verlangen einen kurzen Griff zur Kupplung. Doch dann erfordert die Auffahrt zur 1292 Meter hohen Cima Sappada wieder volle Aufmerksamkeit. Klein, klein, enge Fahrbahn, viele Kehren. Klasse zu fahren. Anschließend geht es hinein in das malerische Hochtal Fiume Piave.

Einem Adlerhorst gleich

In Santo Stefano biegen wir nicht links nach Cortina ab, sondern rechts in Richtung Österreich/Kreuzbergpass. Kaum haben wir den Ort verlassen, taucht auch schon auf einem Felsen das Bergnest Candide auf. Wie ein Adlerhorst thront es hoch über dem Tal. Führt die Route dort hinauf? Sie führt. Und zwar hinter San Nicolo in drei steilen kurzen Serpentinen. Die Aussicht: genial!

Einige Kilometer zügige Kurvenfahrt durch ein Hochtal folgen. Und plötzlich fliegt unvermutet das Schild des Kreuzbergpasses vorüber. Gerade einmal 1636 Meter hoch. Der Kreuzbergpass ist nicht gerade spektakulär, aber dennoch mit viel Spaß zu fahren. Sexten, Innichen, Toblach folgen. Weite, übersichtliche Kehren, großer Gang. Dann geht es links hinein ins Höhlensteintal (Ausschilderung Cortina). Das quetscht sich genau zwischen den Massiven des Dürrensteins und des Birkenkofels hindurch und lässt gerade noch einer nicht allzu breiten Straße Platz. Über Carbonin und Chiave geht es schließlich nach Cortina zurück. ◀

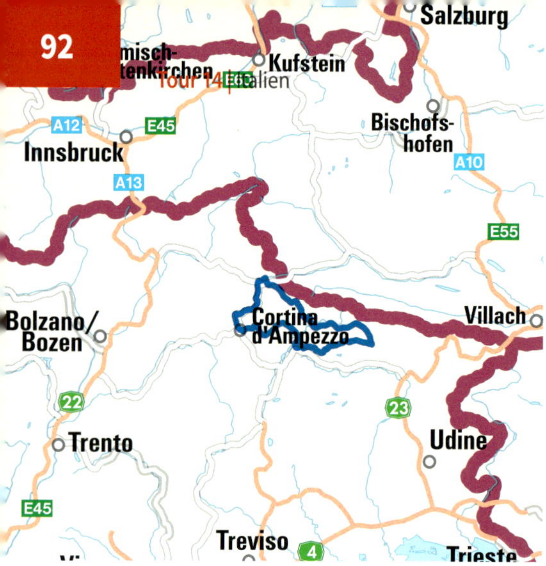

TOUR 14 | Italien

DREI ZINNEN

TOURLÄNGE | 190 km

PÄSSE DER TOUR

Passo Tre Croci
Scheitelhöhe: 1809 m | Länge: 14 km
max. Steigung: 13 % | Wintersperre: keine

Drei Zinnen Straße
Scheitelhöhe: 2320 m | Länge: 13 km
max. Steigung: 13 % | Wintersperre: bei Bedarf

Kreuzbergpass
Scheitelhöhe: 1636 m | Länge: 17 km
max. Steigung: 12 % | Wintersperre: keine

Unterwegs auf dem Kreuzbergpass.

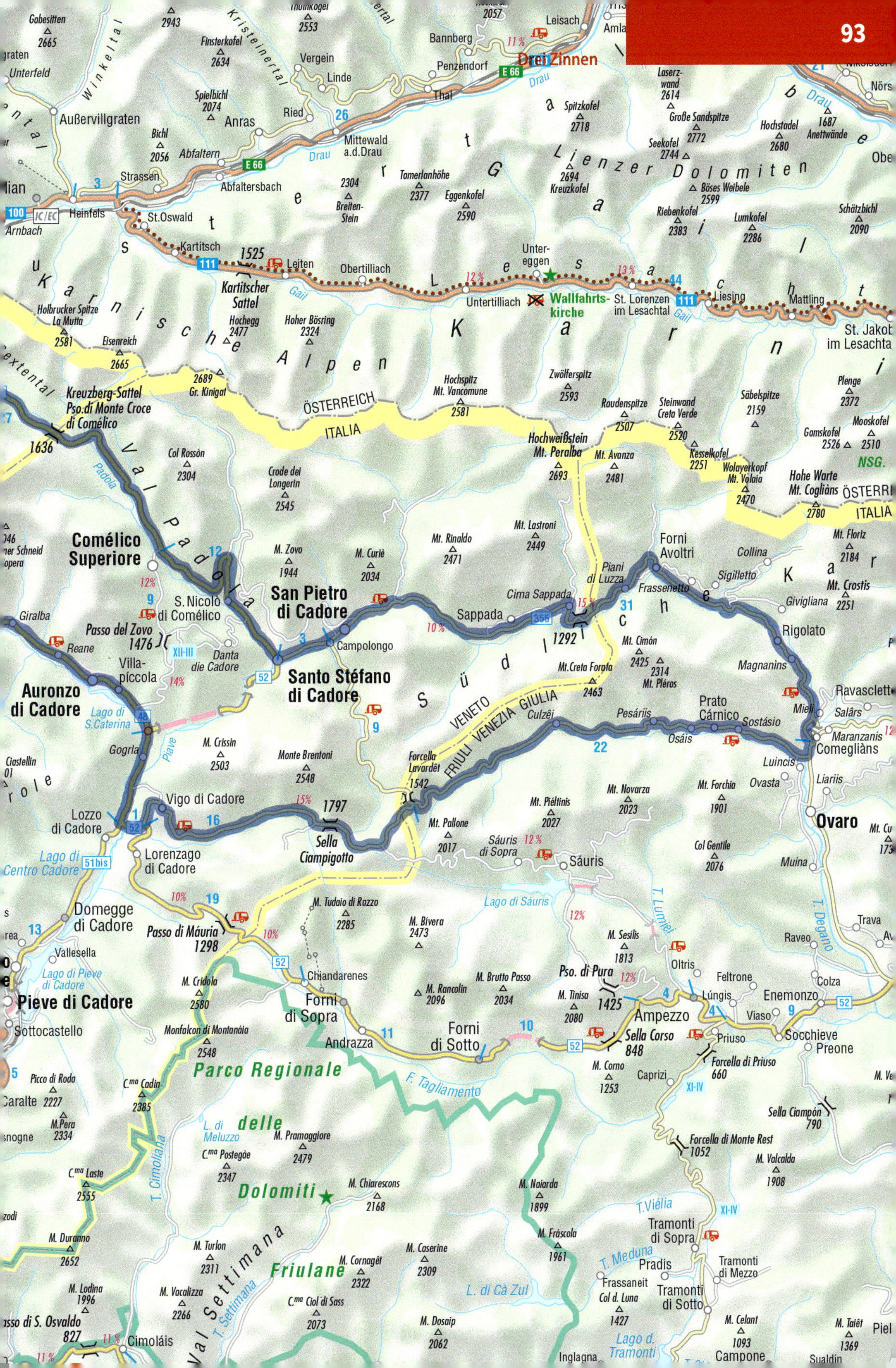

Tour 15 Latemar

Täler-Express

Val di Fiemme, Val di San Pellegrino, Tierser Tal und Eggental sind vier der hübschesten Täler rund um die Berggipfel des Latemar. Verbinden lassen sie sich durch eine Tagestour.

BASISORT
Cavalese

TOURLÄNGE
ca. 180 km (1 Tag)

ROADBOOK
Cavalese, Tesero, Ziano di Fiemme, Predazzo, Passo Rolle, Passo della Costazza, Passo di Valles, Passo di San Pellegrino, Moena, Vigo di Fassa, Karerpass, Nigerpass, Tiers, Blumau, Deutschnofen, Lavazejoch, Cavalese

Cavalese ist nicht nur Hauptort und Verwaltungssitz der Gemeinde Val di Fiemme, sondern auch ein bekannter Wintersportort und eine beliebte Sommerfrische. Im 16. und 17. Jahrhundert bauten die Reichen aus dem Trentino in Cavalese ihre Sommerresidenzen, was dem Städtchen noch heute seinen besonderen Charme gibt. Wohin das Auge auch sieht, überall sprießen die schönsten Palazzi aus dem Boden. Klarer Fall: Den Starter-Kaffee vor der Tour gibt es auf dem zentralen Hauptplatz von Cavalese mit dem weithin sichtbaren Torre Civica di San Sebastiano.

Flüssige Streckenführung

Hat der „caffè", der kurze Schwarze, die Lebensgeister geweckt, geht es erst einmal gemütlich nach Osten das Val di Fiemme entlang. Linker Hand grüßen die Spitzen der Latemargruppe. Die Ortsschilder von Tesero, Ziano di Fiemme und Predazzo fliegen vorbei, ebenso das Ufer des Lago di Forte Buso. Danach ist Schluss mit lustig, denn der Aufstieg zum 1984 Meter hohen Passo Rolle lauert. Dessen Name ist Programm, der Express „rollt". Zügig durcheilen wir die Kurven und Serpentinen der Nordrampe. Gute Übersicht, topp Fahrbahn, flüssige Streckenführung.

Das traumhaft gelegene Albergo Vezzana bietet sich oben zur ersten Pause mit Blick auf die Cima di Vezzana an. Der Kaffee schmeckt super, der Kuchen ebenfalls. Danach setzen wir den Blinker links und steuern den Passo della Costazza auf 2 174 Metern an. Mittels schnellem Bergaufschwung ist der Costazza flott erreicht, und wir dürfen uns auf das Pässedoppel Passo di Valles (2 032 Meter) und Passo di San Pellegrino (1918 Meter) freuen.

Besonders Naturliebhaber werden auf der folgenden Etappe ihre helle Freude haben. Denn die Strecke führt weitab touristischer Hauptrouten durch grüne Wälder und einsame

Vom Rollepass zum Nigerpass (linke Seite von oben nach unten).

HIGHLIGHT

GARTEN IN FLAMMEN

Nördlich des Nigerpasses ragen die Spitzen des Rosengartens in den Himmel. Bekannt sind sie wegen ihrer rötlichen Färbung während des Sonnenuntergangs. Der Sage nach soll hier Zwergenkönig Laurin einst seinen Rosengarten in Felsen verwandelt haben.

Hochalmen. Gleichzeitig sorgen Kurven aller Art dafür, dass das Fahrvergnügen nicht zu kurz kommt. Weite und enge Bögen, Serpentinen, Spitzkehren – das ganze Spektrum an motorradfahrerischen Feinheiten breitet sich vor uns aus.

Nach so vielen Schräglagen kommt die harmonische Fahrt durch das romantische Val di San Pellegrino genau richtig. In Moena biegen wir rechts ab. Der 2000-Seelen-Ort liegt wunderschön in einem grünen Talkessel. Während der Ortsdurchfahrt drehen wir sehr behutsam am Gasgriff, denn Moena ist Mitglied der „Alpine Pearls", einem Zusammenschluss von Gemeinden, die sich für eine umweltfreundliche Mobilität in den Alpen einsetzen.

Abstecher zum Karersee

Wir folgen ein Stück dem Fassatal und biegen in Vigo di Fassa links zum Karerpass (1752 Meter) ab. Die Route, die diesen Übergang mit dem Nigerpass (1690 Meter) verbindet, gehört nicht unbedingt zur spektakulären Sorte, ist aber sauber und flüssig zu fahren. Für Einsteiger die perfekte Etappe. Unser Tipp: Unbedingt sollte man unterwegs den Abstecher zum Karersee machen. Denn zu schön spiegelt sich in dessen Wasser die Latemargruppe und sorgt für ein unvergleichliches Farbenspiel.

Über den Ort Tiers und das Tierser Tal verlässt die Route die Höhen der Dolomiten und wedelt hinab ins Eisacktal. Ein paar Kilometer Entspannung folgen. Rechter Hand steigen die grünen Weinberge des Rittens, dem Hausberg von Bozen, in den blauen Himmel. Blau ist der Himmel auch über dem Eggental, das sich nun Richtung Osten öffnet. Kilometer um Kilometer schiebt sich die Straße in dieses Tal

Rollepass (oben), Morena im Fassatal (rechts) und der Karerpass (rechte Seite).

hinein, bis aus dem Tal eine Schlucht wird. Und jetzt sehen wir rot – wegen der in der Nachmittagssonne leuchtenden Felsen, die wie die Mauern einer Festung links und rechts der Fahrbahn senkrecht in die Höhe steigen. Wer diese Straße in das Gestein sprengte, verstand etwas von seinem Handwerk.

Für Mystiker

In Deutschnofen Blinker rechts. Die Schlussetappe der Tour beginnt. Zunächst auf einem gut ausgebauten Sträßchen mit griffigem Belag und viel Übersicht. Der Wald wird dichter, die Kurven werden enger, die Radien kleiner. Wer auf dieser Etappe schnell unterwegs sein will, muss ein gutes Gespür für Ideallinien haben und sich in Sachen Blickführung auskennen. Auf 1808 Meter Höhe erlaubt der Sattel des Lavazejochs eine kurze Verschnaufpause. Die Aussicht gibt wegen des dichten Walds nicht viel her, der Ort ist eher etwas für Mystiker.

Zurück Richtung Cavalese bieten sich zwei Abstecher an: einmal nach rechts zum Passo di Oclini / Jochgrimm (1989 Meter) sowie ein Stück weiter nach links zum Passo di Pramadiccio (1431 Meter). Kurze, aber lohnenswerte Etappen, die auf kurviger Fahrbahn wenig Verkehr und eine Menge Spaß versprechen.

Schließlich taucht über dem Lenker Cavaleses Wahrzeichen auf, der Torre Civica di San Sebastiano. Wir steuern das Zentrum des Städtchens an, parken das Bike am Rand des Hauptplatzes und trinken in malerischer Umgebung den Sundowner dieses ereignisreichen Tages. ◂

TOUR 15 | Italien

LATEMAR

TOURLÄNGE | 180 km

PÄSSE DER TOUR

Passo di Rolle
Scheitelhöhe: 1989 m | Länge: 31 km
max. Steigung: 11 % | Wintersperre: keine

Passo della Costazza
Scheitelhöhe: 2 174 m | Länge: 10 km
max. Steigung: 14 % | Wintersperre: keine

Passo di Valles
Scheitelhöhe: 2 032 m | Länge: 23 km
max. Steigung: 13 % | Wintersperre: keine

Passo di San Pellegrino
Scheitelhöhe: 1918 m | Länge: 21 km
max. Steigung: 18 % | Wintersperre: keine

Karerpass
Scheitelhöhe: 1752 m | Länge: 17 km
max. Steigung: 16 % | Wintersperre: keine

Nigerpass
Scheitelhöhe: 1690 m | Länge: 15 km
max. Steigung: 24 % | Wintersperre: keine

Lavazéjoch
Scheitelhöhe: 1808 m | Länge: 24 km
max. Steigung: 15 % | Wintersperre: keine

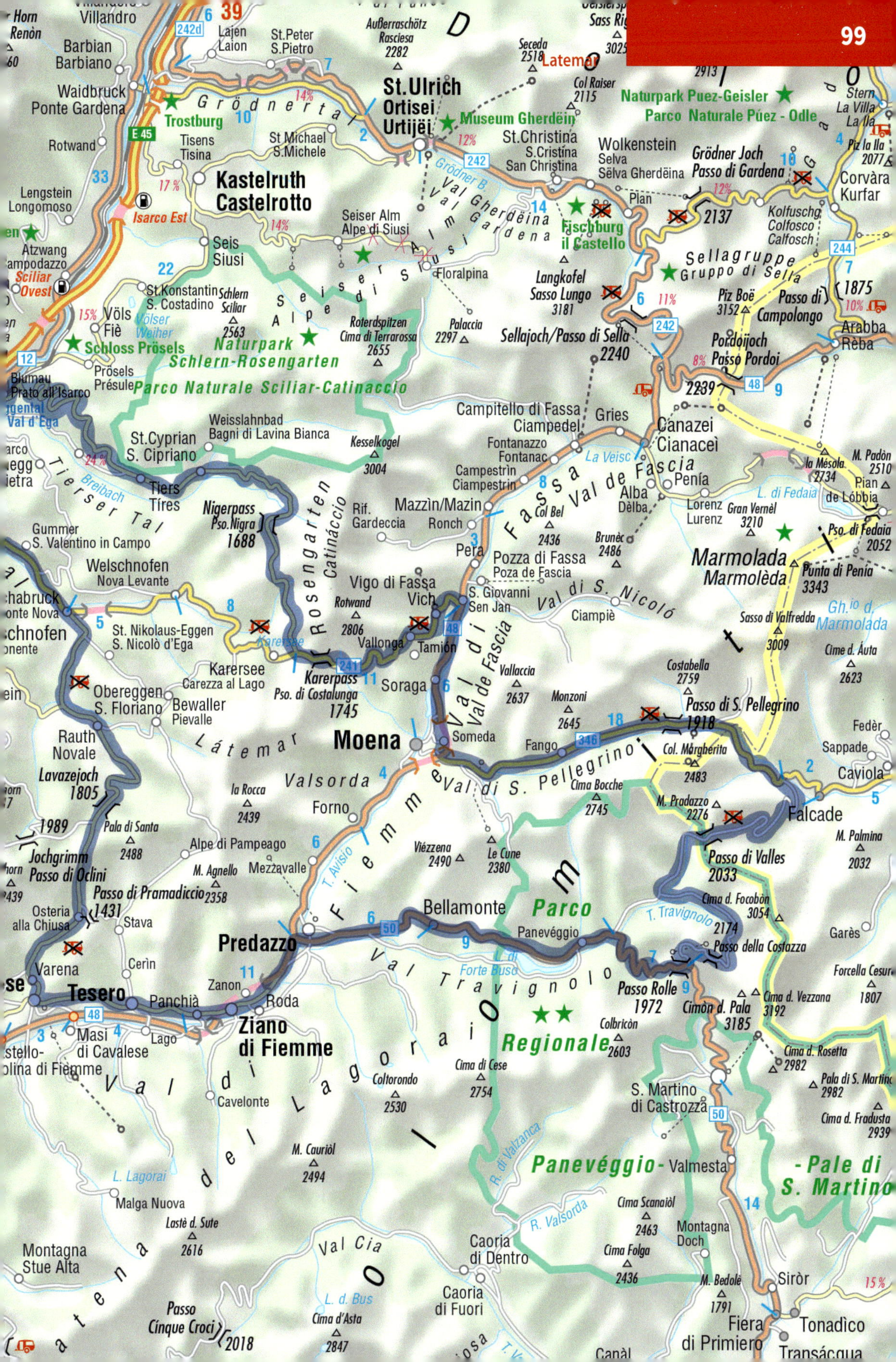
St.Ulrich
Ortisei
Urtijëi
Kastelruth
Castelrotto
Seis
Siusi
Grödnertal
Seiser Alm
Alpe di Siusi
Naturpark Schlern-Rosengarten
Parco Naturale Sciliar-Catinaccio
Naturpark Puez-Geisler
Parco Naturale Puez - Odle
Museum Gherdëina
Trostburg
Fischburg
il Castello
Schloss Prösels
Wolkenstein
Selva
Sëlva Gherdëina
St.Christina
S.Cristina
San Cristina
Grödner Joch
Passo di Gardena
2137
Corvàra
Kurfar
Kolfuschg
Colfosco
Calfosch
Sellagruppe
Gruppo di Sella
Langkofel
Sasso Lungo
3181
Sellajoch/Passo di Sella
2240
Pordoijoch
Passo Pordoi
2239
Piz Boè
3152
Passo di Campolongo
1875
Arabba
Rèba
Canazei
Cianacei
Campitello di Fassa
Ciampedel
Val di Fassa
Val de Fascia
Pozza di Fassa
Poza de Fascia
Vigo di Fassa
Vich
Karerpass
Pso. di Costalunga
1745
Nigerpass
Pso.Nigra
1688
Rosengarten
Catinàccio
Tiers
Tires
Welschnofen
Nova Levante
Karersee
Carezza al Lago
Obereggen
S. Floriano
Moena
Soraga
Látemar
Lavazejoch
1805
Jochgrimm
Passo di Oclini
Passo di Pramadiccio
1431
Predazzo
Tesero
Ziano di Fiemme
Val di Fiemme
Passo di S. Pellegrino
1918
Val di S. Pellegrino
Marmolada
Marmolèda
Punta di Penia
3343
Pso. di Fedaia
2052
Falcade
Passo di Valles
2033
Passo Rolle
1972
Passo della Costazza
Cimon d. Pala
3185
Parco Regionale
Panevéggio - Pale di S. Martino
Bellamonte
Panevéggio
Val Travignolo
S. Martino di Castrozza
Catena del Lagorai
Passo Cinque Croci
2018
Fiera di Primiero
Tonadico
Transácqua
Caoria di Dentro
Caoria di Fuori
Val Cia

Tour 16 Westliche Dolomiten

Wie Nadeln in den Himmel

Die Dolomiten – eine Welt der Zinnen und Zacken. Die höchste Pässedichte der Alpen, sämtliche Übergänge auch im Winter offen. Optisch ein Hochgenuss, fahrerisch eine Herausforderung.

BASISORT
Canazei

TOURLÄNGE
ca. 300 km (1 Tag)

ROADBOOK
Canazei, Karerpass, Welschnofen, Bozen, Schlern, Seiser Alm, Kastelruth, Laion, Villnößtal, Klausen, Würzjoch, Corvara, Grödner Joch, Sellajoch, Pordoijoch, Arabba, Rocca Pietore, Malga Ciapela, Fedaiapass, Canazei

Canazei: Hier beginnt nicht nur unsere 300 Kilometer lange Dolomitenrunde, sondern auch das Fassatal. Um 1900 noch eines der ärmsten Dörfer der Region, hat sich der Ort in den vergangenen 30 Jahren zum schmucken Zentrum des Tales entwickelt. Nicht umsonst geraten die ersten Kilometer durch das Fassatal zur Panoramaschau, versammeln sich doch links und rechts einige der eindrucksvollsten Dolomitengipfel wie Sella, Rosenstein, Langkofel, Marmolada und Latemar.

Buntes Farbenspiel

In ruhigen Bögen überquert die SS 241 den Karerpass (1752 Meter) und streift den gleichnamigen See, auf dessen Wasser die dahinter emporragende Latemargruppe für ein buntes Farbenspiel sorgt. Hinter Welschnofen geht es Richtung Bozen weiter. Meter um Meter schiebt sich die Straße ins Eggental hinein, bis aus dem Tal eine Schlucht wird. Und was für eine.

Dunkelrot leuchten die Felsen in der Morgensonne, wie die Mauern einer Festung ragen sie entlang der Fahrbahn in den blauen Himmel. In Bozen steuern wir den Motorradparkplatz am Waltherplatz an, stellen dort das Bike ab und setzen uns entweder auf einen Caféstuhl in die Sonne oder spazieren die Laubengasse entlang, Bozens 900 Jahre alte Einkaufsstraße. Unter den schattigen Arkaden fühlt man sich um Jahrhunderte zurückversetzt.

Der Ausschilderung Seiser Alm folgend, fahren wir von Bozen zurück auf die rechte Seite der Eisack und landen auf einem attraktiven Bergsträßchen, das mit griffigem Belag, übersichtlicher Streckenführung und guter Übersicht das Wandergebiet

Vom Grödner Joch geht es weiter zum Sellajoch (linke Seite von oben nach unten).

HIGHLIGHT

BUCHTIPP

Unser Buchtipp zur Tour: „Der Motorradbulle auf Hetzjagd am Sellajoch“ – ein Motorrad-Krimi. Taschenbuch, 216 Seiten, 11,90 Euro, ISBN 978-3-933385-83-3.
Auch als E-Book erhältlich, ISBN 978-3-945784-10-5.

von Schlern und Seiser Alm anvisiert. Wenn in Völs der höchste Punkt des Aufstiegs erreicht ist, hat man das ganze Panorama vor Augen: den Gebirgsstock des Schlern und die Wiesen der Seiser Alm. Blickfang des Ortes Seis ist die Kapelle St. Valentin ein Stück weiter oben im Hang. Und auch der nächste Ort wird von dem Zwiebelturm einer Kirche überragt: Kastelruth, die Heimat der gleichnamigen Spatzen und das Ziel vieler Reisebusse. Wer an einem ruhigen Tag unter der Woche kommt, wird jedoch von dem hübschen Ort angenehm überrascht sein.

Einsame Plateus

Die Route seilt sich nun ins Grödnertal ab, peilt Laion an und erreicht kurz darauf das Villnößtal, eines der schönsten Dolomitenpanoramen überhaupt. Tief drunten schlängelt sich ein Sträßchen zwischen winzigen Dörfern hindurch, einsame Kirchen stehen auf noch einsameren Plateaus. Halt: Vor der Weiterfahrt zum Würzjoch statten wir der reizenden alten Bergwerkstadt Klausen einen Besuch ab. Dicht gedrängt stehen ihre schmucken Häuser entlang der Hauptstraße, auf der früher der Brennerverkehr rollte.

So, jetzt aber auf zum legendären Würzjoch. 1 987 Meter hoch und abseits der Hauptrouten gelegen, wird es von den vierrädrigen Kollegen selten besucht. So ist das schmale, oft holperige Bergsträßchen im Sommerhalbjahr fest in Bikerhand. Eine Pausen-Schorle im Würzjochhaus oben auf dem Sattel, danach folgt die lange, schnelle und deshalb anstrengende Abfahrt ins Gadertal. Wegen der unzähligen Kurven ein irrer Fahrspaß, einzig gebremst durch ein paar blinde Ecken.

Entspannt gleitet dann die Route das Gadertal hinauf nach Corvara. Dort

Grödnerjoch (oben), St. Valentin auf der Seiser Alm (rechts) und Würzjoch (rechte Seite).

heißt es: Nimm den Lenker fest in die Hand und mach was draus! Denn jetzt folgen mit Grödnerjoch (2 137 Meter), Sellajoch (2 240 Meter) und Pordoijoch (2 239 Meter) Schlag auf Schlag drei Pässe der berühmten Sella-Ronda. 45 Kilometer später, wenn das Ortsschild von Arabba auftaucht, glühen die Bremsen, kocht das Getriebeöl und schmerzen die Handgelenke. Aber was zählt das schon gegen das glückliche Lächeln hinter dem Visier?

Noch eine Ehrenrunde

Wer nicht genug kriegen kann und die Sella-Ronda ganz fahren will, verlässt Arabba in Richtung Cortina d'Ampezzo, biegt links ab, nimmt den Campolongopass (1875 m) unter die Räder und dreht noch eine Ehrenrunde. Dicht am Hang entlang wieselt die Straße hinüber nach Rocca Pietore und Malga Ciapela, wo die Talstation der Kabinenbahn hinauf zum Marmoladagletscher steht.

Auf dem folgenden, mit 16 Prozent Steigung steilen Stück ist bereits die Ostrampe des Fedaiapasses (2 057 Meter) zu sehen. Wie eine große Murmelbahn zieht die Fahrbahn durch die fast senkrechte Felswand. Kurz und heftig ist die Auffahrt, eine Vielzahl von Kehren konzentrieren sich auf wenige Kilometer. Oben angelangt, geht es zur Mauer des Stausees und dann eine Weile mit toller Aussicht auf die Marmolada am Wasser entlang.

Die Abfahrt hinab nach Canazei ins Fassatal erweist sich als gemütliche Angelegenheit – saubere, runde Kehren und genügend Zeit, der Marmolada ein paar letzte Blicke zuzuwerfen. ◀

TOUR 16 | Italien

WESTLICHE DOLOMITEN

TOURLÄNGE | 300 km

PÄSSE DER TOUR

Karerpass
Scheitelhöhe: 1752 m | Länge: 17 km
max. Steigung: 16 % | Wintersperre: keine

Würzjoch
Scheitelhöhe: 1987 m | Länge: 49 km
max. Steigung: 16 % | Wintersperre: 11-5

Grödnerjoch
Scheitelhöhe: 2137 m | Länge: 13 km
max. Steigung: 13 % | Wintersperre: keine

Sellajoch
Scheitelhöhe: 2240 m | Länge: 21 km
max. Steigung: 11 % | Wintersperre: keine

Pordoijoch
Scheitelhöhe: 2239 m | Länge: 23 km
max. Steigung: 8 % | Wintersperre: keine

Passo di Fedaia
Scheitelhöhe: 2057 m | Länge: 30 km
max. Steigung: 15 % | Wintersperre: bei Bedarf

Fedaia-Stausee.

Meransen
Maranza
Vintl
Vandoies
Erdpyramiden
St. Sigmund
S. Sigismondo
Issing
Issengo
Pfalzen
Falzes
Sack
Sacco
Mittewald
Mezzaselva
Mühlbach
Rio di Pusteria
Rienz
Pustertal
Val Pusteria
Westliche Dolomiten
Kiens
Chienes
BRUNECK
BRUNICO
Percha/Perca
Pfarrkirche zum hl. Petrus
Anthol
Eisacktal
Aicha
Aica
Franzensfeste
Fortezza
Rodeneck
Rodengo
Schloss Rodeneck
Schloss Ehrenburg
Lüsener Alpe
Alpe di Lusòn
Astjoch
Giogo d'Asla
2196
Montal
Montana
Mantëna
Pflaurenz
Floronzo
Reischach
Riscone
St.Lorenzen
S.Lorenzo
Olang
Valdáora
Ober-Olang
Valdáora
Karspitze
Pta. di Quáira
2517
Brixen-Pustertal
Bressanone-Val Pusteria
Schabs
Sciáves
Lüsen
Lusòn
Vahrn
Varna
Kloster Neustift
Natz
Naz
Elvas
V. di Luson
Lüsener Tal
T.Gadera
Kronplatz
Plan de Corones
2273
Geiselsberg
Sorafúrcia
Furkelsattel
1759
Plose
BRIXEN
BRESSANONE
Dom Mariä Himmelfahrt
Hofburg Brixen
Diözesan-museum
Plose Bühel
Cima di Plose
2504
Zwischenwasser
Longega
St. Vigil
S.Vigilio di Marebbe
Al Plan Marëo
Piz da Peres
2507
Maurerkopf
Monte Muro
2567
Naturpark
Fanes-Sennes-Prags
Millan
Millano
Kreuztal
Valcroce
Untermoi
Antermóia
Antermëia
Würzjoch
Pso.delle Erbe
Börz
2006
Pikolein
Piccolino
Picolin
V. di Marebbe
Enneberg
Marebbe
Marëo
Brixen-Industriezone
Bressanone-Zona industriale
Ruggen
Latzfons
Lazfons
Feldthurns
Velturno
Schloss Feldthurns
Palmschoß
Plancios
St. Martin in Thurn
San Martino in Badia
San Martin de Tor
M. Sella di Sénnes
2787
St. Jakob
Munt
Monte di Fúnes
2874
Peitlerkofel
Sass de Pútia
Coristeles
Wengen
La Valle
La Val
Tamers
Tamóres
V. di Tamóres
Rautal
Kloster Säben
Teis
Tiso
Villnöß
Fúnes
St.Magdalena
2653
Tullen
M.Tullo
Zanser Alm
Rifugio Zannes
Campill
Longiarü
Lungiarü
Zehnerspitze
Cima Dieci
3023
Parco Naturale
Klausen
Chiusa
Klausen-Grödnertal
Chiusa-Val Gardena
Villnößtal
Val di Fúnes
St. Johann
Gader-B.
St. Leonhard
S. Leonardo
San Linert
Pareispitze
Monte Parei
2783
Lajen
Laion
St.Peter
S.Pietro
Außerraschötz
Rasciesa
2282
Geislerspitzen
Sass Rigáis
3025
Puezspitzen
Pte.d. Püez
2913
Abtei / Badia
St. Leonhard
Seceda
2518
Col Raiser
2115
Naturpark Puez-Geisler
Parco Naturale Púez - Odle
Stern
La Villa
La Ila
la Varella
3055
Fanes-Sénnes-Bráies
Grödnertal
Trostburg
St.Ulrich
Ortisei
Urtijëi
Museum Gherdëina
St. Kassian
S. Cassiano
San Ciascàn
M. Cavallo
2912
Tisens
Tisina
St.Michael
S.Michele
St.Christina
S.Cristina
San Christina
Wolkenstein
Selva
Sëlva Gherdëina
Grödner Joch
Passo di Gardena
Piz la Ila
2077
Corvàra
Kurfar
St. Kassian-Tal
Valle di S. Cassiano
Tofana
Tofa
Kastelruth
Castelrotto
Isarco Est
Grödner B.
Val Gherdëina
Val Gardena
Plan
2137
Kolfuschg
Colfosco
Colfosch
Seiser Alm
Alpe di Siusi
Fischburg
il Castello
Sellagruppe
Gruppo di Sella
Passo di Valparola
2197
Passo di Falzárego
Seis
Siusi
Floralpina
Langkofel
Sasso Lungo
3181
Piz Boè
3152
Passo di Campolongo
1875
Buchenstein
Livinallongo
2105
St.Konstantin
S. Costadino
Schlern
Sciliar
2563
Völser Weiher
Seiser Alm
Alpe di Siusi
Rosszähne
Roterdspitzen
Cima di Terrarossa
2655
Palacia
2297
Sellajoch/Passo di Sella
2240
Pordoijoch
Passo Pordoi
2239
Arabba
Rëba
Col di Lana
2462
M. Averau
2648
Passo di Giau
2233
Prösels
Naturpark
Schlern-Rosengarten
Parco Naturale Sciliar-Catinaccio
Campitello di Fassa
Ciampedel
Gries
Canazei
Cianacëi
Pieve di Livinallongo
Buchenstein
M. Pore
2405
St.Cyprian
S. Cipriano
Weisslahnbad
Bagni di Lavina Bianca
Kesselkogel
3004
Fontanazzo
Fontanac
Campestrin
Campestrin
La Veisc
Val de Fascia
Penía
La Mésola
2734
M. Padòn
2510
Larzonei
Moè
Tiers
Tires
Nigerpass
Pso.Nigra
1688
Rosengarten
Catinàccio
Rif. Gardeccia
Mazzìn/Mazin
Ronch
Alba
Dèlba
Col Bel
2436
Lorenz
Lurenz
Gran Vernel
3210
L. di Fedaia
Pian de Lòbbia
Laste
Pso. di Fedaia
2052
Sass di Roi
2369
Rocca
Piétore
Palue
Caprile
Colle
S. Lucia
Pera
Brunèc
2486
Pozza di Fassa
Poza de Fascia
Marmolada
Marmolèda
Punta di Penia
3343
Sottoguda
T. Pettorina
le Grázie
M. Fernazza
2100
Rudatòs
Nikolaus-Eggen
Nicolò d'Ega
Vigo di Fassa
Vich
Rotwand
2806
Vallonga
S. Giovanni
Sen Jan
Val di S. Nicolò
Ciampiè
Sasso di Valfredda
3009
Gh.io d. Marmolada
Sasso Bianco
2407
Saviner
L. d'Alleghe
Allegh
Karersee
Carezza al Lago
Karerpass
Pso. di Costalunga
1745
Tamion
Soraga
Val di Fassa
Val de Fascia
Vallaccia
2637
Costabella
2759
Cime d. Auta
2623
M. Pezza
2408
Vallada Ágordo
Costóia
Sala
Bewaller
Pievalle
Monzoni
2645
Passo di S. Pellegrino
1918
Cogul
S. Tomaso Agordino
Avoscàn
Látemar
Moena
Someda
Fango
Col. Margherita
2483
Fedèr
Sappade
Sacchet
S. Simon
Valsorda
Val di S. Pellegrino
Cima Bocche
2745
Caviola
Celàt
Cencenighe Agordino
Ghirlo
Canale d'Ágordo
la Rocca
2439
Forno
M. Pradazzo
2276
Falcade
Fiemme
T. Avisio
Viézzena
2490
Le Cune
2380
Passo di Valles
2033
M. Palmina
2032
Cima di Pape
2503
T. Cordévole
Alpe di Pampeago
M. Agnello
Mezzavalle
di Pramadiccio
2358
Bellamonte
Parco
T. Travignolo
Cima d. Focobòn
3054
2174
Pale di S. Lucano
M. S. Lucano
2409
Listolade
Predazzo
Panevéggio
Passo della Costazza
Garès
Forno di Val
Talbòn
Val Travignolo
Forte Buso
Forcella Cesurette
1807
S. Lucano
Zanon
Passo Rolle
Val di S. Lucano
Tóccol
T. Tegnàs
Cima d. Vezzana
Cerin
Stava
Roda

Tour 17 Valsugana

Gutes für Körper, Geist und Gashand

Die berühmt-berüchtigte Kaiserjägerstraße ist das fahrerische Highlight dieser anspruchsvollen Tagestour rund um die Heilquellen des Valsugana.

Das Bike steht in der Hotelgarage, die Anfahrt war lang und anspruchsvoll. Der Hintern schmerzt, der Rücken tut weh, der Kopf brummt, die Schultern sind verspannt. Was würden wir jetzt für ein ausgedehntes Bad in einem warmen Heilwasserbecken geben? Anschließend vielleicht eine Massage? Nun, im Trentiner Kurort Levico Terme geht dieser Wunsch in Erfüllung.

Angesagter Kurort

Rund 20 Kilometer östlich von Trient gelegen, hat sich der gemütliche Kurort auf ruhige und familienfreundliche Ferien spezialisiert. Sein Heilwasser entspringt aus zwei Quellen auf dem Monte Fronte und ist reich an Mangan, Nickel, Kobalt und Zink. 1860 baute die „Società Balneare" die ersten Kuranlagen, und ab 1897 entwickelte sich Levico Terme zum angesagten Kurort der k.u.k.-Monarchie.

Der Erste Weltkrieg unterbrach diesen Höhenflug abrupt. Glücklicherweise übernahmen die Italiener die Kurtradition von Levico Terme und kamen in Scharen. Daran hat sich bis heute nichts geändert – wer sich von Rheuma, Arthrose oder Hautkrankheiten kurieren will, geht nach Levico Terme.

Nach dem vorabendlichen Mineralbad komplett tiefenentspannt, nehmen wir zu Beginn der Tour die ersten Kilometer des Valsugana unter die Räder. Linker Hand stechen die Spitzen der Lagorai-Kette in den Himmel, während auf der rechten Seite die Cima XII-Ortigara nach oben steigt.

So friedlich das Tal heute daliegt, so brutal und kriegerisch ist seine Geschichte: Zuerst wurde es von den Langobarden dominiert, dann von den Tiroler Fürsten, die von den

BASISORT
Levico Terme

TOURLÄNGE
ca. 200 km (1 Tag)

ROADBOOK
Levico Terme, Roncegno Terme, Strigno, Castello, Lamon, Feltre, Arsie, Enego, Rendale, Asiago, Passo di Vezzena, Kaiserjägerstraße, Caldonazzo, Levico Terme

Auf kurvigem Apshalt geht es zum Passo di Vezzena und ins hübsche Feltre.

HIGHLIGHT

ALLTAG IM KRIEG

Das Werk Gschwent, eine von insgesamt sieben Festungen der österreichischen Armee auf dem Plateau von Asiago, dient heute als Museum. Mit Hilfe von interaktiven und multimedialen Einrichtungen wird versucht, dem Besucher den Alltag der Soldaten im Ersten Weltkrieg näher zu bringen. Das Werk befindet sich im Originalzustand.

Venezianern hinausgeworfen wurden. Dann kamen die Österreicher, nach dem Ende des Ersten Weltkrieges die Italiener. Stets waren die Herrschaftswechsel mit Blutvergießen verbunden.

Durch die Hintertür

Oberhalb des Tales schlängelt sich die Route am Nordhang des Lagorai entlang Richtung Osten. Schmale Fahrbahn, schöne Aussichten, kleine verträumte Ortschaften. Quasi durch die Hintertür fallen wir, vorbei an dem Städtchen Lamon, nach Feltre ein. Ziel ist die historische Oberstadt, wo wir das Motorrad parken und uns zu Fuß auf die Erkundung Feltres machen.

Unter dem Namen „Feltria" war Feltre schon zu Römerzeiten bekannt und lag an der Via Claudia Augusta, einer wichtigen von Augsburg kommenden Römerstraße. Glücklicherweise konnten die kriegerischen Auseinandersetzungen der folgenden beiden Jahrtausenden Feltre nicht viel anhaben, sodass sich das Städtchen heute dem Besucher in original historischem Gewand präsentiert.

Zum Beispiel an der Piazza Maggiore, dem Hauptplatz. Eingerahmt von der Kirche dei Santi Rocco e Sebastiano, dem Lombardischen Brunnen und dem Castello di Alboino ist die Piazza die gute Stube Feltres. Rundherum geht die Zahl der Kirchen und Palazzi ins Unermessliche, man bekommt vor Staunen fast den Mund nicht mehr zu.

Ein Stück Nationalstraße folgt. Wir passieren die Autobahn und nehmen uns das nächste Schmankerl vor: die Auffahrt zur Skistation Enego 2000. Kehre an Kehre schraubt sich das Bergsträßchen in die Höhe und serviert uns ein Motorraderlebnis vom Feinsten. Die Reifen krallen sich fest in den gut in Schuss gehaltenen Belag und lassen knackige Schräglagen zu.

Oben angelangt, queren wir das Hochplateau von Asiago, auch Sieben-Gemeinden-Plateau genannt. Während des Ersten Weltkrieges lag das

Herrlichste Landschaften bietet das Valsugana-Tal speziell für Motorradfahrer.

Plateau jahrelang genau auf der Frontlinie zwischen italienischen und österreichischen Truppen. Mit dem Ergebnis, dass die meisten Ortschaften zerstört wurden. Zahlreiche Festungen, verteilt über das gesamte Plateau, erinnern an diese schreckliche Zeit.

Friedliche Nutzung

Über Asiago, den Hauptort der sieben Gemeinden, erreichen wir auf kurvigem Asphalt den Passo di Vezzena. 1402 Meter hoch gelegen, war dieser Übergang ins Valsugana im Ersten Weltkrieg hart umkämpft. Heute ist seine Nutzung weitaus friedlicher – er ist Zentrum einer nordischen und alpinen Skistation.

Ein Stück hinter dem Vezzena folgt schließlich das fahrerische und optische Highlight des Tages: die Kaiserjägerstraße. Auch sie besitzt eine militärische Vergangenheit. 1911 von den österreichischen Kaiserjägern gebaut, um Material an die Italienfront zu transportieren, war sie bis in die 1960er Jahre hinein nur sehr schwierig zu befahren. Heute ist sie durchgängig asphaltiert und mit Randsicherungen versehen. Trotzdem: Motorradanfänger und Nichtschwindelfreie verlieren in den vielen steilen Engstellen schnell mal die Nerven. Die Abgründe sind tief, die Seitensicherungen niedrig. Wer das Abenteuer dennoch wagt, wird mit zehn Kilometern großartigen Fahr- und Landschaftsvergnügens belohnt.

Ein kurzer Abstecher führt noch ins hübsche Städtchen Caldonazzo, dann wartet in Levico Terme schon das Entspannungsbad im warmen Mineralwasser. ◀

TOUR 17 | Italie

VALSUGANA

TOURLÄNGE | 200 km

PÄSSE DER TOUR

Passo di Vezzena
Scheitelhöhe: 1402 m | Länge: 24 km
max. Steigung: 16 % | Wintersperre: 11-5

Kaiserjägerstraße
Scheitelhöhe: 1255 m | Länge: 12 km
max. Steigung: 12 % | Wintersperre: keine

Lago Caldonazzo.

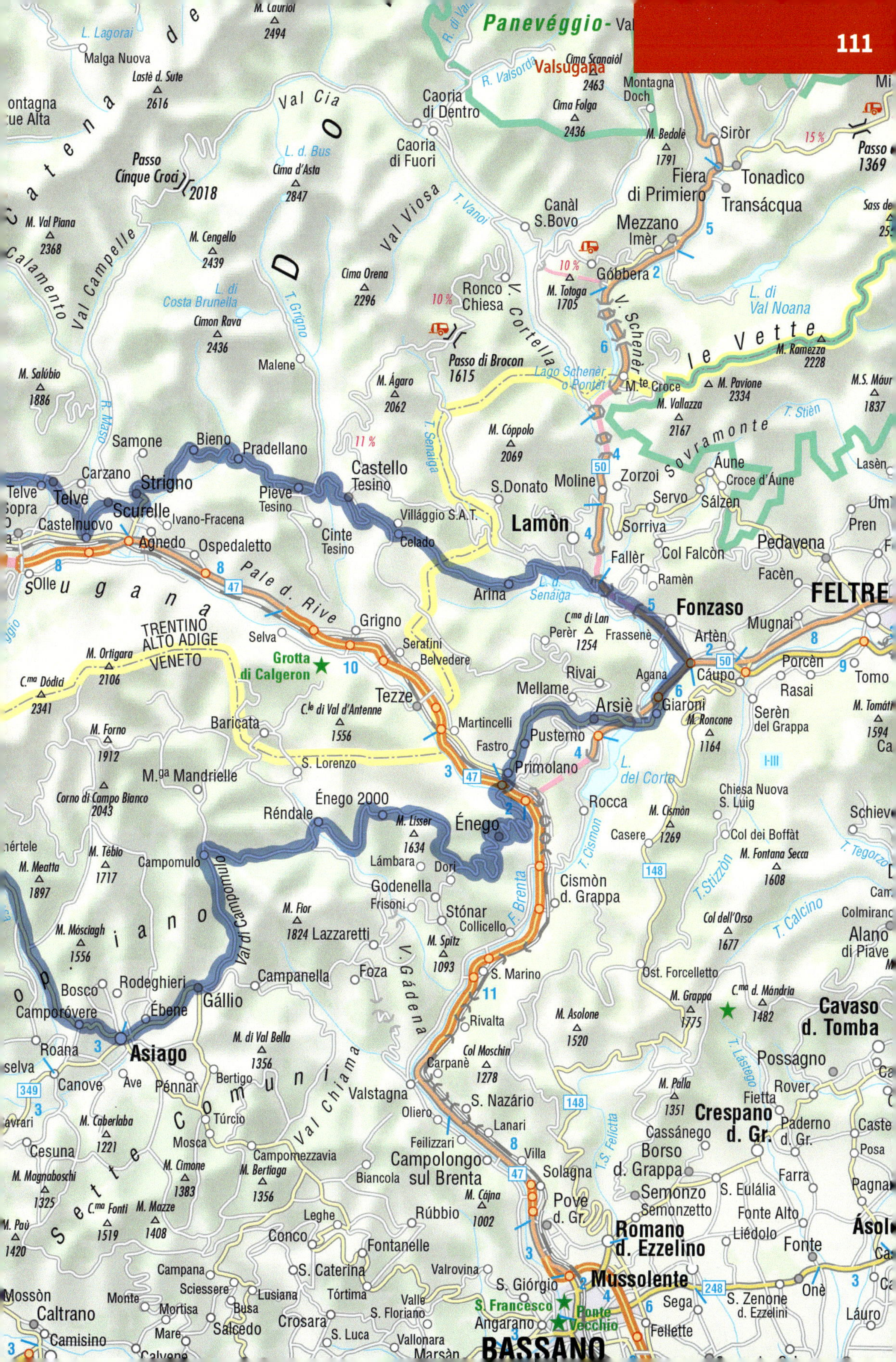

Panevéggio
Valsugana
Caoria di Dentro
Caoria di Fuori
Fiera di Primiero
Tonadico
Transácqua
Mezzano
Imèr
Canàl S.Bovo
Passo di Brocon 1615
Ronco Chiesa
Passo Cinque Croci 2018
Strigno
Telve
Scurelle
Castelnuovo
Agnedo
Ospedaletto
Bieno
Samone
Carzano
Pradellano
Pieve Tesino
Castello Tesino
Cinte Tesino
Celado
Villággio S.A.T.
Lamòn
S.Donato
Arina
Grigno
Selva
Grotta di Calgeron
Tezze
Martincelli
Primolano
Arsiè
Fonzaso
FELTRE
Pedavena
Fastro
Cismòn d. Grappa
Énego
Énego 2000
Réndale
Campomulo
Val di Campomulo
Gállio
Asiago
Roana
Canove
Camporóvere
Foza
Valstagna
Campolongo sul Brenta
S. Nazário
Solagna
Pove d. Gr.
Romano d. Ezzelino
Mussolente
BASSANO
Crespano d. Gr.
Possagno
Cavaso d. Tomba
Borso d. Grappa
S. Zenone d. Ezzelini
Caltrano
Conco
Rúbbio
Lusiana
Fonte
TRENTINO ALTO ADIGE
VENETO

Tour 18 Monte Baldo

Der Leckerbissen am Gardasee

Sie ist rund 60 Kilometer lang, überquert das Monte Baldo-Massiv von Nord nach Süd und gehört zu den Klassikern in den Alpen: die Monte-Baldo-Höhenstraße.

BASISORT
Mori

TOURLÄNGE
ca. 130 km (1 Tag)

ROADBOOK
Mori, Brentonico, San Giacomo, San Valentino, Bocca di Navene, Kapelle Madonna della Nieve, Cavallo di Novezza, Ferrara, Spiazzi, Caprino, Pesina, Costermano, Garda, Torri, Malcesine, Nago-Torbole, Mori

Unser Abenteuer startet in Mori. Das Schild mitten im Ort ist nicht zu übersehen, und schon wenige Minuten später liegt die Maschine in den ersten Kehren hinauf nach Brentonico. Der Belag ist tadellos und erlaubt einen zügigen Strich. In den wie vom Zirkel gezogenen Radien findet man schnell seinen Rhythmus. Das hübsche Brentonico kauert auf einer windigen Hügelkuppe, seine hauteng aneinander stehenden Häuser scheinen sich vor den Fallwinden des Monte Baldo regelrecht wegducken zu wollen.

Enge und niedrige Tunnel

Die Fahrbahn verengt sich zusehends. Wir passieren San Giacomo. Eine Handvoll Kehren weiter, und die Kreuzung bei San Valentino ist erreicht. Wir fahren geradeaus und folgen den braunen Schildern Lago di Garda und Monte Altissimo. Zwei Tunnel folgen. Höllisch eng und niedrig. Es geht unter weit überhängenden Felsen hindurch, nur ein mickriges Mäuerchen trennt Reifen und Abgrund voneinander. Nervenkitzel garantiert.

Nun schlägt die Höhenstraße einen weiten Linksbogen und erreicht schließlich den 1425 Meter hoch gelegenen Aussichtspunkt Bocca di Navene. An dem genial gelegenen Berggasthof steigen wir ab. Der Blick von der Terrasse hinab auf den Gardasee und den Küstenort Navene macht den Halt an dieser Stelle zum absoluten Muss. Nirgends sonst entlang der Strecke gibt es ein beeindruckenderes Panorama.

Während der Zucker im Cappuccino versinkt, bleibt etwas Zeit, sich Gedanken über den Monte Baldo zu machen. Das Bergmassiv ist 2200 Meter hoch und entstand während der Eis-

Die Fahrt hinauf zum Monte Baldo macht bei jedem Wetter Laune.

HIGHLIGHT

ROMANTIK PUR

Kurz vor dem Sonnenuntergang sollte man sich von Garda aus auf den Rückweg machen. Denn an der ein Stück nordwestlich liegenden Punta San Vigilio soll es die schönsten Sonnenuntergänge am See geben.

zeit vor 500 000 Jahren. Unten am See besteht seine Vegetation aus Olivenbäumen, Zypressen und Steineichen. Die gehen allmählich in Tannen- und Buchenwälder über. Ganz oben blüht auf den Bergwiesen die für den Monte Baldo typische Vielzahl äußerst seltener Blumen und Pflanzen. Den „Garten Europas" nennen deshalb Botaniker den Monte Baldo.

Seilbahn von Malcesine

Im Schatten einiger Zweitausender kringelt sich das Sträßchen nun an der Bergflanke entlang. Pause vorbei. Cima delle Pozzette, Cima Valdritta und Tratto Spin heißen diese Gipfel. Gerade Letzterer ist wegen seiner phantastischen Aussicht berühmt und viel besucht. Der ganze Gardasee liegt vor einem, dahinter reichen die weiß bedeckten Gipfel der Brenta-Dolomiten bis an den Horizont. Um diesen Blick genießen zu können, ist allerdings eine Fahrt mit der Seilbahn von Malcesine aus notwendig. Sie verkehrt täglich zwischen 8.00 und 19.00 Uhr. Bis zur Mittelstation kann man mit dem Motorrad fahren, dann heißt es umsteigen.

Unterwegs zweigt nach links das Sträßchen zur Kapelle Madonna della

Nieve ab. Wer ihr folgt, kommt in den Genuss von sieben Kilometern voller Kurven und Kehren. Die letzten 200 Meter von der Kapelle aus zum Rifugio Monte Baldo sind geschottert.

Hinter dem 1433 Meter hohen Cavallo di Novezza beginnt der Abstieg. Rechts oben ist die Bergspitze Punta Telegrafo zu sehen. Sie bekam ihren Namen durch die Kundschafter Napoleons, die dem in der Po-Ebene wartenden Heer von hier oben aus Lichtsignale gaben. Über Ferrara geht es nach Spiazzi zum nächsten Stopp. Wegen der Wallfahrtskirche Madonna della Corona. Die wurde im 16. Jahrhundert unter unvorstellbaren Anstrengungen in den fast senkrechten Fels hineingebaut. Der Blick auf die Kirche und das rund 700 Meter tiefer liegende Etschtal ist beeindruckend. Vom Parkplatz aus sind es noch etwa 15 Minuten zu Fuß zur Kirche.

Kurvenspaß rund um den Monte Baldo (oben und rechts) und die Wallfahrtskirche Madonna della Corona (r. Seite).

Auf dem Weg nach Caprino überwindet die Route in schönen Kehren noch den einen oder anderen Höhenzug. Hinter Caprino erreicht man über Pesina und Costermano bei Garda den See.

Gardas Grundstein

Gerade im warmen Abendlicht bekommt der Ort einen ganz besonderen Charme. Außerdem zaubert die Natur an dieser Stelle des Sees die allerschönsten Sonnenuntergänge aufs Wasser. Dem Reiz dieser Bucht erlagen die Menschen schon im frühen Mittelalter. Als Erste errichteten im 5. Jahrhundert die Goten auf dem Rocca di Garda, dem Berg südlich des Ortes, eine Burg. Danach kamen die Langobarden, die Franken, die Skaliger und schließlich die Venezianer. Sie bauten am Ufer zahlreiche Villen und Paläste und legten damit den Grundstein für das heutige Garda.

Altstadt und Promenade lassen sich am besten zu Fuß erkunden. Viele Gassen des historischen Kerns sind überbaut und überdacht. Schnell fühlt man sich hier wie im Mittelalter. Entlang der Uferpromenade steht ein Café am anderen. Zeit für einen kühlen Aperol Spritz.

Der abendliche Rückweg am Ostufer entlang ist dann schließlich etwas fürs Gemüt. Würzige, milde Luft füllt Nase und Lungen. Lange Reihen von Zypressen zerteilen das golden glitzernde Wasser, Dunst hebt die Konturen zwischen Ufer und Gebirge auf. Das ist der Gardasee wie aus dem Bilderbuch. ◀

ÜBERNACHTEN IN DER REGION

HOTEL ROMANTIC
Die optimale Lage des Hotels bietet euch die Möglichkeit, viele schöne Motorradtouren zu unternehmen. Entspannt euch nach der Tour im großen, renovierten Schwimmbadbereich, wo Ihr in aller Ruhe erfrischende Getränke und die wärmende Sonne genießen könnt.

Via Berengario 22 • I-37010 Cavaion VR
+39 045/6260500 • www.hotel-romantic.com

HOTEL CONTINENTAL
Das familiär geführte Hotel befindet sich im nördlichen Gardaseegebiet in einer der schönsten Landschaften für einen Motorrad-Urlaub, nur zwei Kilometer vom See entfernt. Es ist der ideale Ausgangsort für verschiedene Motorradtouren.

Via della Stazione 21 • I-38069 Nago-Torbole (TN)
+39 046/4540033 • www.tonellihotels.com

ALBERGO CARLO
Das Garni Carlo ist 30 Meter vom Gardasee entfernt. Der erholsame Betrieb liegt in einem wunderschönen Olivenhain, wo man auch einen gemütlichen Spaziergang machen kann. Das Haus ist der ideale Ausgangspunkt für eure Motorradtouren rund um den Gardasee, Monte Baldo, Dolomiten.

Via Gardesana 26 • I-37010 Brenzone-Assenza
+39 045/7420377 • www.albergocarlo.it

TOUR 18 | Italien

MONTE BALDO

TOURLÄNGE | 130 km

PÄSSE DER TOUR
Monte Baldo Höhenstraße
Scheitelhöhe: 1617 m | Länge: 56 km
max. Steigung: 14 % | Wintersperre: kein

Fahrt entlang des Gardasees.

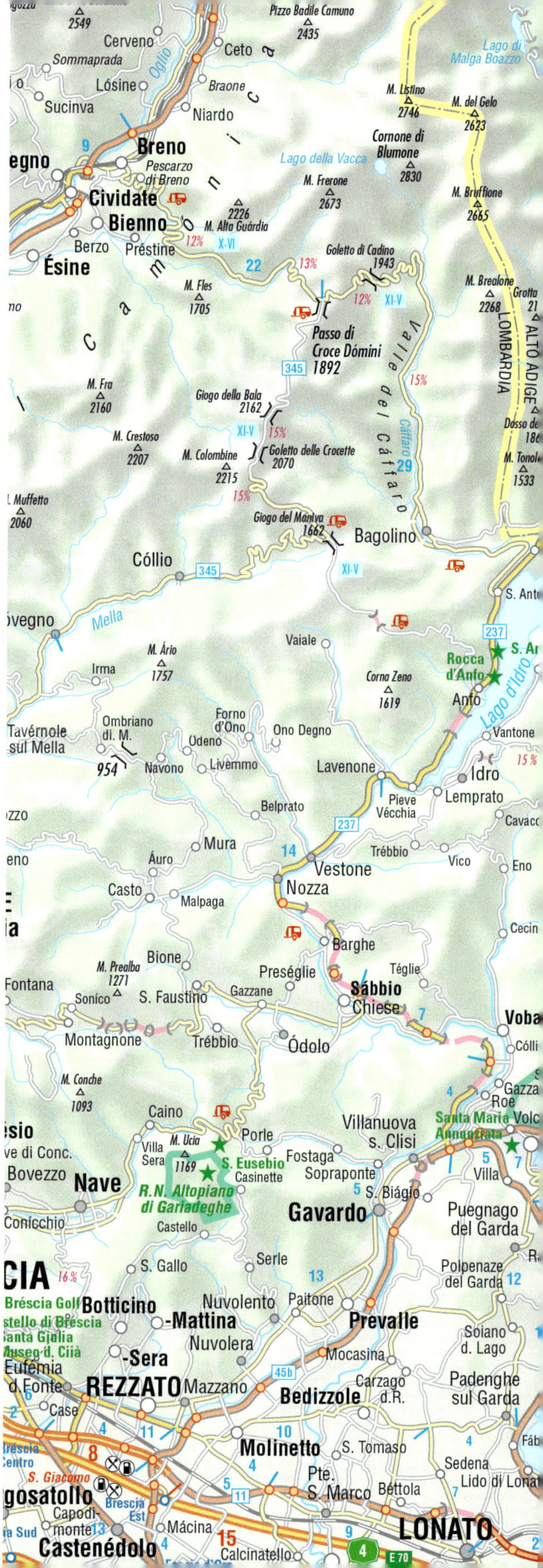

Breguzzo
Superiore
Fiavè
Bondo
Roncone
Lardaro
Praso
Daone
Bersone
Pieve di Bono
Prezzo
Cimego
Condino
Storo
Tiarno di Sotto
Tiarno di Sopra
Bezzecca
Pieve di Ledro
Lago di Ledro
Molina di Ledro
Biacesa di Ledro
Riva del Garda
Arco
Dro
Drena
Vigo
Monte Baldo
Canale
Tenno
Lago di Tenno
Cascata del Varone
Varone
Vigne
Nago-Torbole
Lago di Loppio
Lóppio
Mori
Tierno
Besagno
Brentonico
Crosano
Chizzola
Prada
Saccone
S. Valentino
Polsa
Boca di Navene 1425
Navene
M. Altíssimo di Nago 2079
Limone sul Garda
Monte Tremalzo 1974
Passo di Tremalzo 1665
Vésio
Magasa
Persone
Moerna
Parco Regionale dell' Alto Garda Bresciano
Sermerio
Pieve
Arias
Campione d. Garda
Madona di M. Castello
Tignale
Gardola
Pióvere
Malcésine
Castello Scaligero
Cassone
Assenza
Cavallo di Novezza 1433
Brenzone
Castelletto di Brenzone
Rif. Novezzina
Ferrara di M. Baldo
Fraine di Sopra
Madona d. Corona
Spiazzi
Senaga
Prada
Monte Baldo
Costa
Briano
Muslone
Lago di Valvestino
Formaga
Gargnano
Palazzo Bettoni
Navazzo
Fornico
Bogliaco
Cecina
Gaíno
Toscolano-Maderno
Gardone Riviera
Pai
Villanova
S. Zeno di Montagna
Lumini
Pradónego
Braga
Pazzòn
Caprino Veronese
Castiòn Veronese
Porcino
Pésina
Lubiara
Torri d. Benaco
Costermano
Ceredello
Valdóneghe
Isola di Garda
Villa Guarienti
S. Vigílio
Garda
Eremo
San Giorgio
Bardolino
S. Zeno
Cavaion Veronese
Cisano
Calmasino
Lago di Garda
Manerba d. Garda
Affi
Incaffi
Affi-Lago d. Garda Sud
Rivoli Veron.
Ceraíno
Chiusa di Verona
Mazzurega
Volargne
Dolce
M. Pastello 1122
Cávalo
Fumane
Marano di Valp.
S. Ambrógio di Valpolicella
Ponton
Sega di Cavaion
Domegliara
Lazise
Vallesana
Piovezzano
Ospedaletto
Pastrengo
Parco Natura Viva (Garda Zoological Park)
Sirmione
Castello Scaligero
Grotte di Catullo
Desenzano del Garda
Rivoltella
Colombare
Canevaworld
Colà
Pacengo
Gardaland
Sandrà
Bussolengo
Pescantina
Séttimo
Parona
Verona
Negrar
S. Pietro in Cariano
Pedemonte
S. Vito
Arbizzano
Marzana
Quinto di Valpantena
Grezzana
Quinzano
Ávesa
Poiano
Mizzole
Montó
Ala
Avio
Sdruzzinà
S. Pietro in Bosco
Mad. d. Pieve
M. Cerbiolo 1559
Borghetto
S. Leonardo
Ossenigo
Peri
Passo Fittanze 1399
Parco Regionale della Lessinia
Trentino Alto Adige
Veneto
Lombardia
Erbezzo
Bosco Chiesanuova
Velo Veronese
Rovere
Breónio
Gorgusello
Cerna
Vaggimal
Fane
Lugo
S. Rocco
Coda
Stallavena
Isera
Rovereto
Nogaredo
Castellano
Pomarolo
Nomi
Volano
Lizzanella
Lizzana
Castel Dante (Ossário)
Ronzo-Chienis
Pannone
Varano
Nomasino
Marco
Rovereto Sud Lago di Garda Nord
Serravalle all'Adige
S. Margherita
Pilcante
Passo Buole 1462
Ronchi
Mas
Tramblie
Valle di Squaranto
Valle di Lomasone
Valle dei Concei
Valle d' Ampola
Val di Tenno

Tour 19 Zwischen Gardasee und Iseosee

Sechs Seen – tausend Kurven

Die Sechs-Seen-Tour ist in zweierlei Hinsicht ein Ereignis: Erstens ist sie gespickt mit phantastischen Kurvenetappen und zweitens geradezu überladen mit Ausblicken vom Feinsten.

BASISORT
Riva del Garda

TOURLÄNGE
ca. 250 km (1 Tag)

ROADBOOK
Riva del Garda, Molina di Ledro, Pieve, Bezzecca, Tiarno, Passo di Tremalzo, Storo, Bagolino, Goletto di Cadino, Passo di Croce Domini, Breno, Artogne, Pisogne, Iseo, Passo del Tre Termini, Gardone, Bovegno, Giogo del Maniva, Anfo, Idro, Gargnano, Limone, Riva del Garda

Wir verlassen Riva auf der Hauptstraße in Richtung Arco und biegen dann nach links zum Ledro-See ab. Nach den beiden unumgänglichen Tunneln mit Längen von rund einem und drei Kilometern beginnen die Serpentinen des Aufstiegs hinauf zum Hochtal Val di Ledro. Zuerst ein Stück geradeaus, dann eine Kehrengruppe, dann wieder etwas geradeaus und schließlich das halbe Dutzend Traumkurven hoch zur Ortschaft Molina di Ledro.

In engen Zacken

Die Fahrt entlang des Ledro-Sees hat was. Das wunderschöne Panorama von Wasser und Bergen harmoniert gut mit dem kurvenreichen Ufersträßchen, das sich in engen und blinden Zacken nach Westen schlängelt. Es führt in den westlichen Teil des Ledro-Tales hinein. Val d'Ampola heißt dieser Bereich. Sein Glanzstück ist der kleine direkt an der Straße gelegene See. Hohes Schilf umsäumt ihn, auf seiner Oberfläche schwimmen Seerosen.

Kurz nach dem Ampola-See Blinker links und dem Tremalzo-Passschild folgen. Die etwa zwölf Kilometer lange Strecke mit ihren unzähligen Kurven und Serpentinen macht höllisch Laune. Die Kehren sind gut einzusehen, der Asphalt ist in bestem Zustand. Erst kurz vor dem Sattel macht in rund 1600 Meter Höhe ein Motorrad-Verbotsschild den Schräglagen ein Ende. Hier beginnt der geschotterte Teil der Passstraße. Also auf einen Pausenstopp in den Berggasthof Garda gleich nebenan. Das Bike parkt direkt vor der Terrasse, auf der Mountainbiker, Wanderer und Motorradfahrer unter sich sind.

Wieder zurück auf der Hauptroute, stürzen wir uns in die Schlucht Dosso

Kurvenspektakel am Tremalzo und Seenidylle in Limone sul Garda.

HIGHLIGHT

MUSEO DELLE PALAFITTE

Das Freilichtmuseum in Molina di Ledro (Museo delle Palafitte). Als 1929 der Ledro-See zur Trinkwasserversorgung von Riva angezapft wurde, kamen die Überreste einer rund 4000 Jahre alten Pfahlbausiedlung zum Vorschein. Eine Sensation. Diesen Abstecher sollte man sich deshalb nicht entgehen lassen.

del Vento hinein. Zuerst ist sie eng und steil, dann verbreitert sie sich zu einem Tal, an dessen Ende der Ort Storo liegt. Dazwischen wartet eine geballte Ladung Kurven.

Kurvige Bergstraße

Ab Storo haben Bremsen, Kupplung und Getriebe erst mal wieder Pause. Die Auffahrt zum 1895 hohen Passo di Croce Domini durch das hübsche Valle del Caffaro verläuft zunächst gemächlich. Dann folgt die Rampe zum Höhenrücken des 1943 Meter hohen Goletto di Cadino. Weiter zum Croce Domini. Die mit Kurven gespickte Bergstraße ist zwar recht schmal, aber gut in Schuss. Oben warten ein Rifugio und gute italienische Küche. Die Abfahrt hat es motorradmäßig ebenso in sich, und so rollen wir befriedigt nach Breno hinein, wo wir links Richtung Iseo-See abbiegen.

Dort genießen wir eine bildhübsche Aussicht auf die beiden Inseln Monte Isola und Isola di San Paolo. Im Städtchen Iseo mit seinem Garibaldi-Denkmal zweigen wir links ab, überqueren den 701 hohen Passo del Tre Termini,

werfen einen letzten Blick hinab zum Iseo-See und steuern das Val Trompia an. Dort wurde und wird immer noch scharf geschossen: Schon zu venezianischer Zeit baute man in diesem Tal Waffen, heute sind es Hersteller wie Beretta oder Sabatti, die die Welt mit Waffen versorgen.

Weitaus friedlicher verläuft die Auffahrt zum 1664 Meter hohen Giogo del Maniva. Klasse Kurven, rauer und griffiger Belag, wenig Verkehr. Die Abfahrt ist aus dem gleichen Holz geschnitzt, und viel zu schnell ist über Anfo der Idro-See erreicht. Für ihn gilt dasselbe wie schon für den Ledro-See: Auch während der Hochsaison geht es an seinem Ufer eher bedächtig zu.

Hinter der Ortschaft Idro verlässt die Straße das Ufer und bewegt sich in

Ampola-Pass (oben) und Giogo del Maniva (rechts).

steilen Kehren in Richtung Capovalle. Kurven, Anstiege, Ausblicke – alles was das Herz begehrt. Jetzt beginnt eine geheimnisvolle und beeindruckende Region: das Valvestino. Nicht weit weg vom lebhaften Gardasee und doch in vollkommener Abgeschiedenheit, entwickelte sich das Leben hier von Anfang an ganz anders.

Kilometerlanger Zickzack

Eng an der Bergwand entlang geht es weiter zum Valvestino-Stausee. Ab jetzt heißt es: besonders aufgepasst. Denn in dem folgenden kilometerlangen Zickzack jagt eine blinde Kurve die andere. Keine 50 Meter geht es geradeaus. Erster Gang, zweiter Gang, bremsen, erster Gang, zweiter Gang, bremsen. So geht das ohne Ende. Na ja, fast. Irgendwann lässt sich wieder der dritte Gang einlegen, und bald darauf kommt der Ort Navazzo in Sicht. Schließlich folgt eine Panoramastrecke, die zum Feinsten am See überhaupt gehört. In runden und übersichtlichen Serpentinen zielt der Asphalt am steilen Fels entlang hinab zum Wasser. Lieber die Kehren oder die Aussicht genießen? Schwere Frage.

Zum Entspannen ein kurzer Stopp in einem der Cafés am Hafen von Gargnano. Diese kleine Oase der Ruhe wirkt auch in der Hochsaison nicht überfüllt. Kurze Zeit später hat uns die Gardesana Occidentale wieder – die westliche Uferstraße. Und auf dieser Strecke in Richtung Riva findet man diese typischen Gardasee-Panoramen: helle, graue Felsen, grüne Zypressen, bunter Oleander, Mimosen und Akazien. Postkarte eben.

Goletto di Cadino (oben) und Riva del Garda (unten).

TOUR 19 | Italien

ZWISCHEN GARDASEE UND ISEOSEE

TOURLÄNGE | 250 km

PÄSSE DER TOUR

Passo di Tremalzo
Scheitelhöhe: 1665 m | Länge: 12 km
max. Steigung: 10 % | Wintersperre: keine

Passo di Croce Domini
Scheitelhöhe: 1895 m | Länge: 46 km
max. Steigung: 12 % | Wintersperre: 11-5

Passo del Tre Termini
Scheitelhöhe: 701 m | Länge: 9 km
max. Steigung: 6 % | Wintersperre: keine

Giogo del Maniva
Scheitelhöhe: 1664 m | Länge: 37 km
max. Steigung: 13 % | Wintersperre: keine

Blick auf den Idrosee.

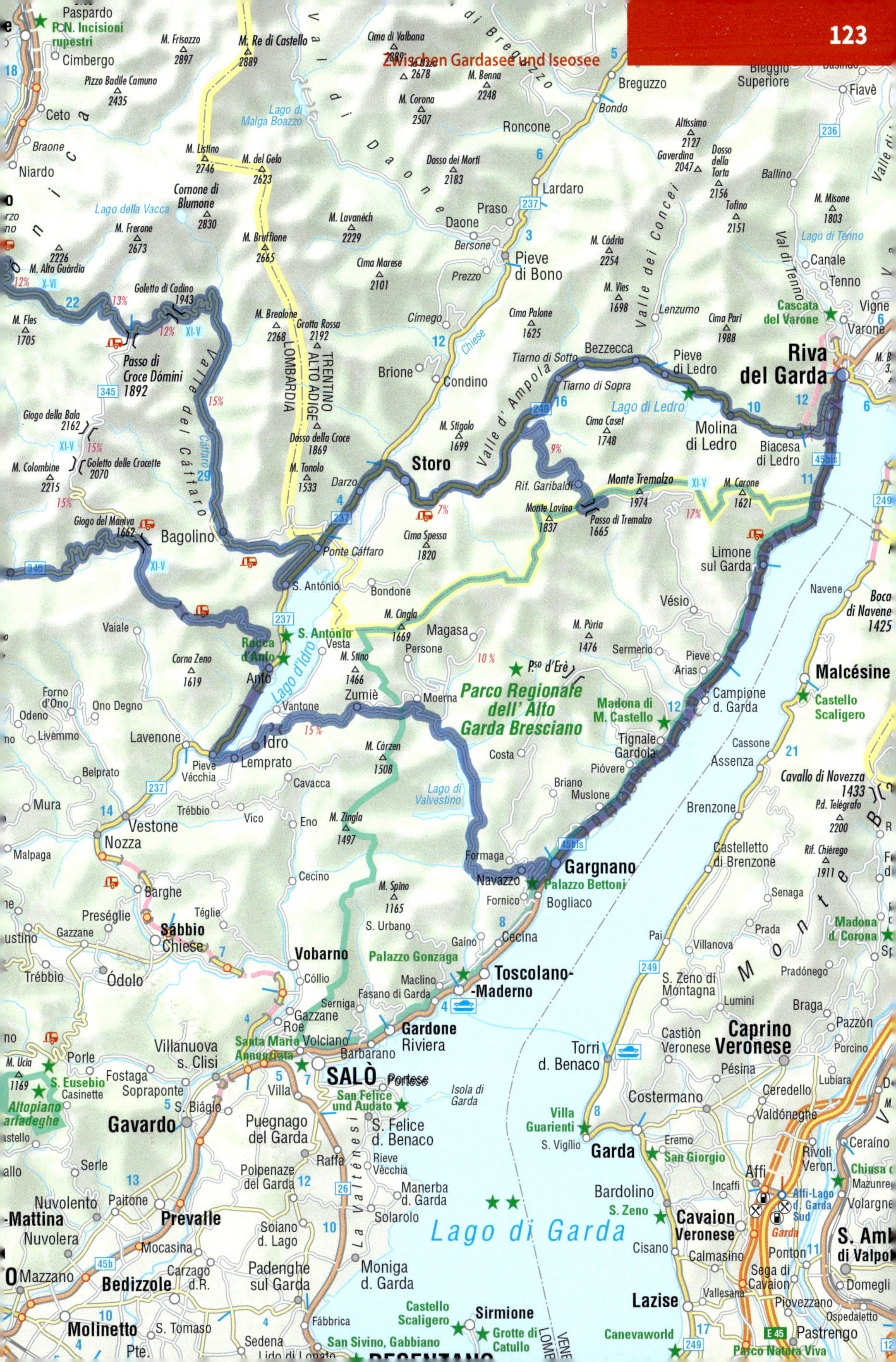
Riva del Garda
Storo
Lago di Ledro
Molina di Ledro
Limone sul Garda
Malcésine
Gargnano
Toscolano-Maderno
Gardone Riviera
SALÒ
Lago di Garda
Torri d. Benaco
Garda
Bardolino
Lazise
Sirmione
Gavardo
Bagolino
Passo di Croce Dómini 1892
Lago d'Idro
Idro
Vobarno
Parco Regionale dell' Alto Garda Bresciano
Pieve di Bono
Caprino Veronese
Cavaion Veronese
Prevalle
Bedizzole

Tour 20 Valtelina

Alle Neune auf einen Wurf

An der Grenze zur Schweiz gelegen, ist das italienische Alpental Valtelina Ausgangspunkt zu dieser abwechslungsreichen und anspruchsvollen Tagestour mit insgesamt neun Pässen.

BASISORT
Sóndrio

TOURLÄNGE
ca. 320 km (1 Tag)

ROADBOOK
Sóndrio, Téglio , Passo di Aprica, Passo della Foppa, Vezza d'Óglio, Ponte di Legno, Gaviapass, Bórmio, Passo di Foscagno, Passo d'Eira,Livigno, Forcola di Livigno, Berninapass, St. Moritz, Julierpass, Tiefencastel, Thusis, Via Mala, Splügenpass, Chiavenna, Delébio, Morbegno, Sóndrio

Ausgangspunkt zu unserer „Alle-Neune-Runde" ist Sóndrio. Der Hauptort des Valtelina liegt nahe mehrerer Alpenpässe und war schon in frühgeschichtlicher Zeit von Bedeutung. Mit seinem historischen Zentrum ist das sympathische Städtchen der ideale Ort, um vor dem Sprung in den Motorradsattel in einer gemütlichen italienischen Bar einen Cappuccino und eine Brioche zu bestellen.

Seinen Namen hat Sóndrio vom lateinischen Wort „Sundrium", was auf ein altes Kulturland hinweist. Eine Tatsache, die schon auf den ersten Kilometern Richtung Osten deutlich wird: An den Talhängen links und rechts streben saftig grüne Weinberge empor. In ihnen gedeiht die klassische italienische Weintraube, die Nebbiolo-Rebe. Fruchtig und trocken, bringt sie gerade im Valtelina ausgezeichnete Rotweine hervor.

Steiler Anstieg

Hinter Téglio Blinker rechts. Ein kurzer, aber intensiver Abstecher hinein in die Bergwelt östlich des Valtelina folgt. Sportlich flott geht es über die beiden Pässe Aprica und Foppa. Auf dem 1176 hohen Passo dell'Aprica steht eine Skistation, der 1852 Meter hohe Passo della Foppa hingegen ist menschenleer. Gemeinsam ist beiden die Beehrung durch den Giro d'Italia. Vor allem die Überquerung des Foppa hat es für die Radler in sich – seine Nordrampe ab Mazzo di Valtelina gilt als einer der härtesten Anstiege Europas.

Dasselbe könnte man in Sachen Motorradfahren auch von der Südrampe des 2 618 hohen Gaviapasses behaupten. Die startet hinter Ponte di Legno, der „Brücke aus Holz". Steile, schmale Fahrbahn, oft in schlechtem

Motorradträume werden südwestlich des Gavia auf dem Passo del Foppa Mortirolo und auch auf dem Julierpass wahr (linke Seite von oben nach unten).

HIGHLIGHT

LAGO DI ALPE GERA

Von Sóndrio aus zirkelt ein etwa 30 Kilometer langes Bergsträßchen kurven- und tunnelreich zum Bergsee Lago di Alpe Gera hinauf. Malerisch liegt das Gewässer vor dem 3 108 Meter hoch aufragenden Massiv des Sasso Moro.

Zustand. Viele Steilabfälle sind nur unzureichend gesichert, spartanisch karg ist die Hochfläche Plaghera. Entspannung ist auf der Abfahrt nach Santa Caterina angesagt; die bestens angelegte Straße lässt perfekte Schräglagen und ein zügiges Tempo zu.

Spaßiger Kurventanz

Pause in Bórmio? Immer. Typischer kann man wohl nirgends italienisch auf der Piazza sitzen und zusehen, wie der aus Vespas, Apes und Pandas bestehende Alltag um einen herumtobt. Weiter über Valdidentro hinüber nach Livigno. Die beiden Pässe Foscagno (2 291 Meter) und Eira (2 210 Meter) sorgen dafür, dass die Fahrt zu einer spaßigen Angelegenheit wird: ein fortwährender Kurventanz auf schmaler Fahrbahn.

Malerisch liegt Livigno in seinem Talkessel. Napoléon richtete hier die Zollfreiheit ein, um den Menschen einen Anreiz zu geben, auch im Winter, komplett abgeschlossen von der Außenwelt, in Livigno zu bleiben. Seit der westliche Zugang zum Tal, die 2 315 Meter hohe Forcola di Livigno,

auch im Winter geräumt wird, hat sich Livigno zu einem kleinen, aber feinen Wintersportgebiet gemausert.

Die „Gabel von Livigno" ist auch der nächste Eckpunkt der Tour. Eine Handvoll lockerer Kehren, Blinker rechts, und schon sind wir mitten drin in der Auffahrt zum 2 323 Meter hohen Berninapass. Kehren ohne Ende, herrlich rund und super ausgebaut, mit gepflegtem Asphalt versehen. Das Highlight des Bernina ist jedoch unterwegs der Blick auf die Gletscher der Bernina-Gruppe. Morteratsch, Piz Palü, Diavolezza – dieses Panorama verschlägt einem die Sprache.

St. Moritz gilt als der berühmteste Kurort der Alpen. Und als Tummelplatz der Schönen und Reichen. Im

Eirapass (oben) und Foscagno (rechts).

Winter mag das zutreffen, im Sommer hat der Reisende den Ort alleine für sich. Also unbedingt eine Runde mit dem Bike drehen und den Blick über den See auf die Häuser genießen. Eine schnelle, kurven- und serpentinenreiche Auffahrt, eine lange entspannte Abfahrt in mehreren Höhenetappen – das ist der 2 284 Meter hohe Julierpass.

Viel Zeit, um die großartige Natur zu inhalieren, die diese Hochalpenregion beherrscht. Tiefencastel, das „Kastell in der Tiefe", liegt reizvoll in einem Talkessel. Weiter entlang der Schienen des Bernina-Expresses nach Thusis, und anschließend hinein in die bizarre, bedrohliche Schlucht der Via Mala. „Schlechter Weg" heißt sie auf Deutsch und war einst sicher eine gefürchtete Passage.

Hinauf und hinab

Im Ort Splügen verlassen wir die Schlucht und dürfen schon mal anfangen, uns zu freuen. Denn was dem Anhänger des sportlichen Motorradfahrens am 2 118 Meter hohen Splügenpass geboten wird, gehört zum Allerfeinsten. 20 Kehren hinauf und etwa nochmals so viele hinab.

Da kommt der Pausenstopp in Chiavenna gerade richtig. Denn die römische Gründung besitzt nicht nur eine äußerst reizvolle historische Altstadt, sondern ist auch Mitglied der so genannten „Cittàslow", einer Bewegung zur Entschleunigung und Verbesserung der städtischen Lebensweise.

Wer zum Schluss der Tour vor Erreichen Sóndrios in aller Ruhe noch etwas Gutes essen und trinken möchte, ist hier goldrichtig.

◂ **Die Südrampe des** Gavia ist steil und anspruchsvoll.

ÜBERNACHTEN IN DER REGION

BELLAVISTA TEGLIO

Das gemütliche Familienhotel Bellavista befindet sich in Teglio, nur wenige Schritte vom Stadtzentrum entfernt. Für euer Motorrad steht hier eine Garage bereit. Der atemberaubende Panoramablick lässt keine Wünsche offen. Die Küche verwöhnt euch mit traditioneller regionaler Küche.

Via Roma 32 • 23036 Teglio
+39 03 42 / 78 01 18 • www.hotelbellavistateglio.it

HOTEL GALLI

Die 20 Zimmer des Hauses sind geräumig, hell und komfortabel und mit allem Komfort ausgestattet. Schon beim Eintritt in das Ristorante Il Cenacolo in Livigno könnt Ihr eine familiäre herzliche Atmosphäre spüren. Diese kleinen Dinge sind typisch für Livigno.

Via Saroch 569 • 23041 Livigno
+39 03 42 / 99 63 76 • www.hotelgallilivigno.com

TOUR 20 | Italien

VALTELINA

TOURLÄNGE | 320 km

PÄSSE DER TOUR

Splügenpass (Passo della Spluga)
Scheitelhöhe: 2 118 m | Länge: 42 km
max. Steigung: 12 % | Wintersperre: bei Bedarf

Passo dell'Aprica
Scheitelhöhe: 1 176 m | Länge: 24 km
max. Steigung: 9 % | Wintersperre: keine

Passo di Guspessa
Scheitelhöhe: 1 824 m | Länge: 40 km
max. Steigung: 20 % | Wintersperre: keine

Passo della Foppa
Scheitelhöhe: 1 852 m | Länge: 28 km
max. Steigung: 18 % | Wintersperre: keine

Gaviapass (Passo di Gavia)
Scheitelhöhe: 2 618m | Länge: 44 km
max. Steigung: 16 % | Wintersperre: 11-5

Passo di Foscagno
Scheitelhöhe: 2 291 m | Länge: 37 km
max. Steigung: 12 % | Wintersperre: keine

Passo d'Eira
Scheitelhöhe: 2 208 m | Länge: 44 km
max. Steigung: 10 % | Wintersperre: keine

Forcola di Livigno
Scheitelhöhe: 2 330 m | Länge: 18 km
max. Steigung: 12 % | Wintersperre: 11-5

Passo del Bernina (Berninapass)
Scheitelhöhe: 2 323 m | Länge: 33 km
max. Steigung: 12 % | Wintersperre: keine

Julierpass (Pass dal Güglia)
Scheitelhöhe: 2 284 m | Länge: 34 km
max. Steigung: 10 % | Wintersperre: keine

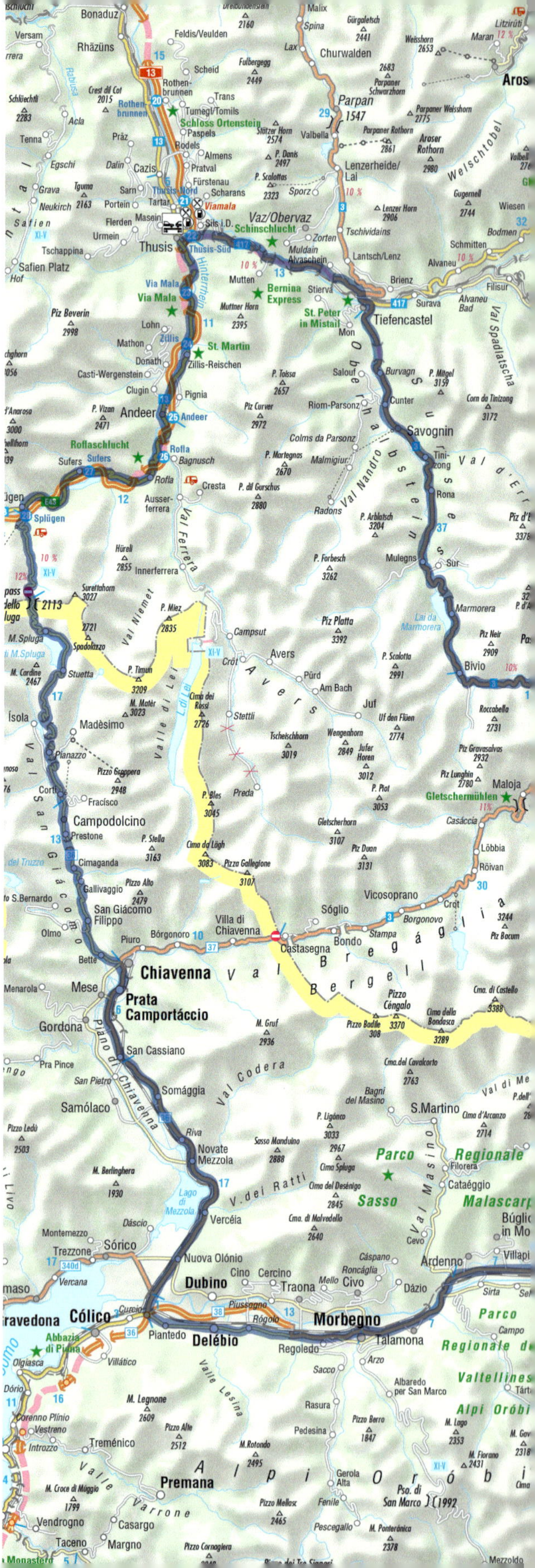

Schuls
Valtelina
Zernez
Ova Spin
Schweizerischer Nationalpark
Punt la Drossa
Munt-la-Schera-Tunnel 3500 m
Ofenpass Pass dal Fuorn 2149
Tschierv
Sta.Maria i.Münstertal
Müstair/Münster
St.Johann
Nationalpark
Glurns/Glorenza
Taufers/Tubre
Umbrailpass Giogo di S.Maria 2503
Pso. di Stélvio Stilfser Joch 2757
Livigno
ZOLLFREIE ZONE
ZONA FRANCA
Passo d'Eira 2210
Passo di Foscagno 2291
Parco Regionale del Livignese
Valdidentro
Bórmio
Valfurva
Bórmio 3000
Valdisotto
Forcola di Livigno 2315
Passo del Bernina 2328
St. Moritz
Pontresina
Silvaplana
Samedan
Zuoz
Madulain
S-chanf
Bever
Bernina Express
Diavolezza
Piz Bernina 4049
Poschiavo
Brúsio
Campocologno
Madonna di Tirano
Sant. d. Beata Vergine
Villa di Tirano
Tirano
Grósio
Sóndalo
Gaviapass Passo di Gavia 2618
Santa Caterina Valfurva
Parco dello Stélvio
Ponte di Legno
Vezza d'Óglio
Monno
Édolo
Passo di Aprica 1176
Aprica
Corteno Golgi
Téglio
Tresenda
Chiesa in Valmalenco
Lanzada
Caspóggio
Montagna in Valtellina
Sóndrio
Ponte in Valtellina
Albosággia
Piateda
Parco Regionale delle Oróbie Valtellinesi
Parco Regionale dell' Adamello
Malonno
Capo di Ponte
Cedegolo
Cemmo
Bergamasker Alpen

Tour 21 Piemont

Hochalpine Herausforderung

Das Salz in der Suppe dieser Tour sind die geschotterte Überquerung des Colle delle Finestre und die auf ihn folgende Assietta-Kammstraße.

START- / ZIELORT
Turin | Cuneo

TOURLÄNGE
ca. 380 km (1 Tag)

ROADBOOK
Turin, Almese, Colle del Lys, Colle del Colombardo, Condove, Menólzio, Colle delle Finestre, Assietta-Kammstraße, Sestriere, Perosa Argentina, Pinerolo, Barge, Paesana, Piano del Re, Paesana, Saluzzo, Frássino, Sampéyre, Colle di Sampéyre, Stroppo, Colle Valcavera, Demonte, Cuneo

Auf Italienisch heißt sie Torino, „kleiner Bulle". Deshalb hat die Stadt Turin in ihrem Wappen auch einen Bullen. Hier in der fruchtbaren Ebene des Pos siedelten schon die Kelten, dann kamen die Römer, deren schachbrettartiger Städtebau sich bis heute erhalten hat. 1861 wurde Turin Hauptstadt des neuen Königreichs Italien, 1899 wurde Fiat gegründet, und nach dem Zweiten Weltkrieg entwickelte sich Turin endgültig zur Weltstadt, die jedoch trotz Industrialisierung ihren Charme bewahrt hat.

Blick in die Tiefe

Über Land geht es Richtung Westen aus Turin hinaus nach Almese. Jetzt heißt es, alle Sinne schärfen, denn ein kurzer, knackiger Ausflug befördert uns aus dem Val di Susa hinaus in alpine Höhen. Zunächst sind es die Kurven und Serpentinen des 1314 Meter hohen Colle del Lys, die einen Felsenhang queren und eine Menge Spaß machen. Die Passhöhe bietet einen weiten Blick in die Tiefebene.

Der nördliche Abstieg findet zwar auf schmaler Trasse statt, ist jedoch gut ausgebaut und serviert mehrere schöne Serpentinen. Unten im Val di Viú angelangt, legen wir die Maschine gleich wieder in eine Linkskurve und nehmen uns den Colle del Colombardo vor. Dessen damals noch recht grobe Naturpiste wurde 2007 saniert und mit feinem Schotter überzogen. So stellt der Colombardo heute auch Fahrer von reinen Straßenmotor-

Colle del Colombardo und Assietta-Kammstraße (linke Seite von oben nach unten).

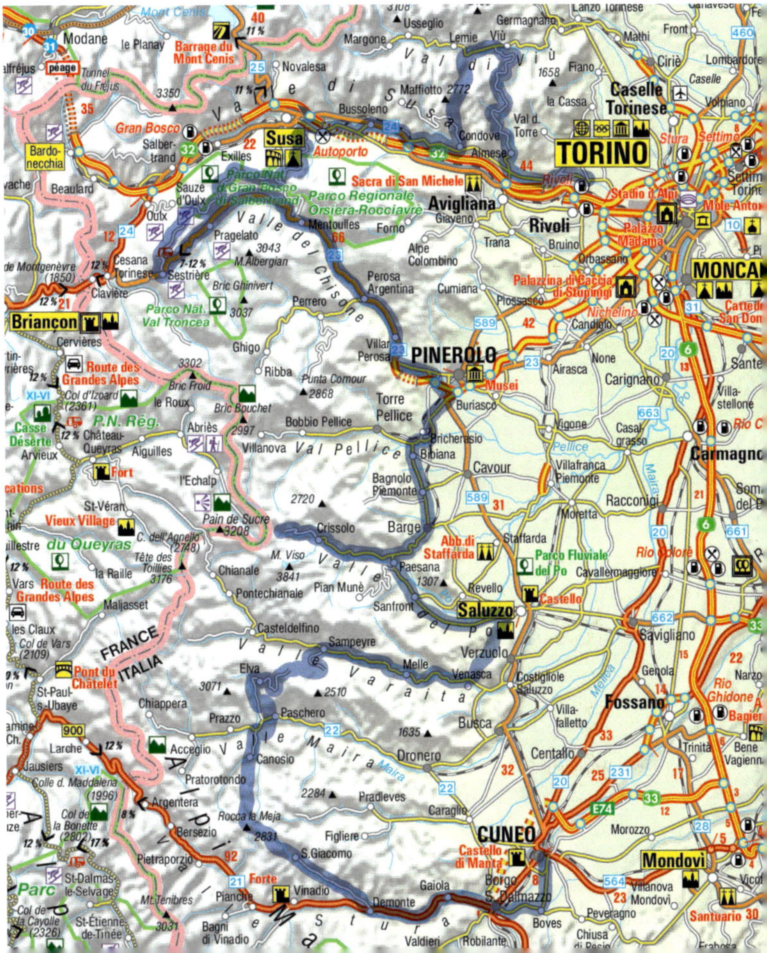

HIGHLIGHT

CUNEO

Klassizistisches Juwel Cuneo. Den vielen Kriegen des Mittelalters ist es zu verdanken, dass die Provinzhauptstadt heute mit geschlossener Bausubstanz aus dem 19. Jahrhundert glänzt. Zum Beispiel auf der großartigen, von Arkaden gesäumten Piazza Galimberti.

rädern vor keine Probleme. Unterhalb des 1898 Meter hohen Sattels steht die hübsche Kapelle Madonna degli Angeli, die noch heute das Ziel jährlicher Pilgerfahrten ist. Sie dient Wanderern und Hirten als Unterkunft und Übernachtungsplatz.

Römischer Augustusbogen

Zurück im Susa-Tal fahren wir ab Condove westwärts Richtung Susa. Am Fluss Doria Riparia gelegen und von den Kelten gegründet, galt Susa immer als wichtiger Handelsort zwischen den transalpinen Routen. Ein keltischer Fürst war es auch, der sich mit den Römern gut verstand und zu Ehren von Kaiser Augustus im Jahr 9 v. Chr. den Augustusbogen errichten ließ, für den Susa heute bekannt ist.

Durch ihn floss damals der Verkehr von Turin nach Gap. Geschottert wie einst ist noch heute die Auffahrt zum 2 176 Meter hohen Colle delle Finestre. Allerdings so fein, dass das Befahren auch mit einer Straßenmaschine eine einfache Angelegenheit darstellt. Selbst die Radprofis des Giro d'Italia

nehmen den Schotter des Finestre regelmäßig unter die schmalen Rennreifen, zuletzt im Jahr 2018.

Der Scheitel des Finestre ist gleichzeitig Einstieg zur Assietta-Kammstraße. Ursprünglich als Militärstraße zur Versorgung der italienischen Truppen im Ersten Weltkrieg erbaut, ist sie heute eine viel besuchte Spielwiese für Offroadfans im Motorrad- und Fahrradsattel. Da der Verkehr in den letzten Jahren so enorm zugenommen hat, wurde die rund 34 Kilometer lange Piste mittlerweile im Juli und August mittwochs und samstags zwischen 9.00 und 17.00 Uhr für jeglichen mo-

Pian del Re (oben) und Colle del Colombardo (rechts).

torisierten Verkehr gesperrt. Der Belag der Kammstraße ist fast durchgehend ordentlich befahrbar.

Eine gewisse Herausforderung stellt allerdings der Anstieg zum 2 533 Meter hohen Monte Genevris dar. Auf eineinhalb Kilometer gilt es, 15 Prozent Steigung zu überwinden. Bei Nässe kann aus der Piste leicht eine heikle Angelegenheit werden. Am 2 424 Colle Basset gabelt sich die Route. Rechts ab geht es ins Susa-Tal, wir biegen links hinunter nach Sestriere ab.

Imposanter Gipfel

Der Wintersportort liegt auf 2 035 Meter Höhe und wurde in den 1930er Jahren von Fiat-Gründer Agnelli für die Skifahrer erschlossen. Gelassen pendeln wir durch die langen Schleifen des Valle del Chisone und gelangen nach Pinerolo. Eine Runde um die Piazza Fontana, den zentralen Platz der alten Festungsstadt, dann weiter Richtung Süden über Barge nach Paesana. Von dort aus zielt ein Abstecher entlang des Po-Tales hinauf zum Piano del Re. Dessen flacher Kessel bildet das Ende des Tales und hält einen traumhaften Blick auf den imposantesten Gipfel der Cottischen Alpen bereit, den 3 841 Meter hohen Monte Viso.

Zurück in Paesana folgen wir weiter dem Po, zweigen kurz vor Saluzzo rechts ab und gelangen ins Valle Varaita. Ein paar Kilometer talaufwärts, dann beginnt im Ort Sampéyre die Anfahrt zum gleichnamigen und 2 284 Meter hohen Pass. Sehr schmal, sehr kurvenreich, sehr verkehrsarm – so lässt sich die durchgehend asphaltierte Passage des Colle di Sampéyre beschreiben.

Starke Nerven sind auf der Assietta-Kammstraße mitunter angebracht.

Die letzte Bergetappe dieses Tages erklimmt kurz hinter Stroppo den Colle Valcavera. Das tut sie auf asphaltierte, teils aber recht holperige Art und Weise. Vorbei am 2 416 Meter hohen Sattel folgt die Route dem Flüsschen Arma und trifft in Demonte auf die Hauptstraße, die uns schließlich nach Cuneo zum Ziel des Tages bringt. ◄

ÜBERNACHTEN IN DER REGION

SCOTTYANDCO

Das Scottyandco Bed & Breakfast befindet sich 2,5 km von Susa entfernt auf der rechten Talseite, in einem Dorf namens Arnodera. Das Gebäude, das Scottyandco beherbergt, ist eine Villa im Stil der Herrenhäuser des oberen Susa-Tals.

Via Belvedere, 16/B • I-10050 Gravere TO
+39 335 / 30 59 32 • www.bedandbreakfastscottyandco.it

ALL'HOTEL LE LANTERNE

Die Familie Serale empfängt euch im kleinen Örtchen Borgo San Dalmazzo mit familiärer Gastlichkeit und gemütlichen Zimmern. Genießt nach der Tour die mediterrane Küche, die hier mit Liebe zubereitet wird.

Frz. Beguda 127 • 12011 Borgo San Dalmazzo (CN)
+39 01 71 / 26 60 73 • www.lelanternehotel.com

TOUR 21 | Italien

PIEMONT

TOURLÄNGE | 380 km

PÄSSE DER TOUR

Colle del Lys
Scheitelhöhe: 1 314 m | Länge: 30 km
max. Steigung: 12 % | Wintersperre: bei Bedarf

Colle del Colombardo
Scheitelhöhe: 1889m | Länge: 33 km
max. Steigung: 20 % | Wintersperre: bei Bedarf

Colle delle Finestre
Scheitelhöhe: 2 176 m | Länge: 41 km
max. Steigung: 15 % | Wintersperre: 11-5

Colle di Valcavera
Scheitelhöhe: 2 416 m | Länge: 44 km
max. Steigung: 13 % | Wintersperre: 10-5

Die Bergstraßen machen
Laune.

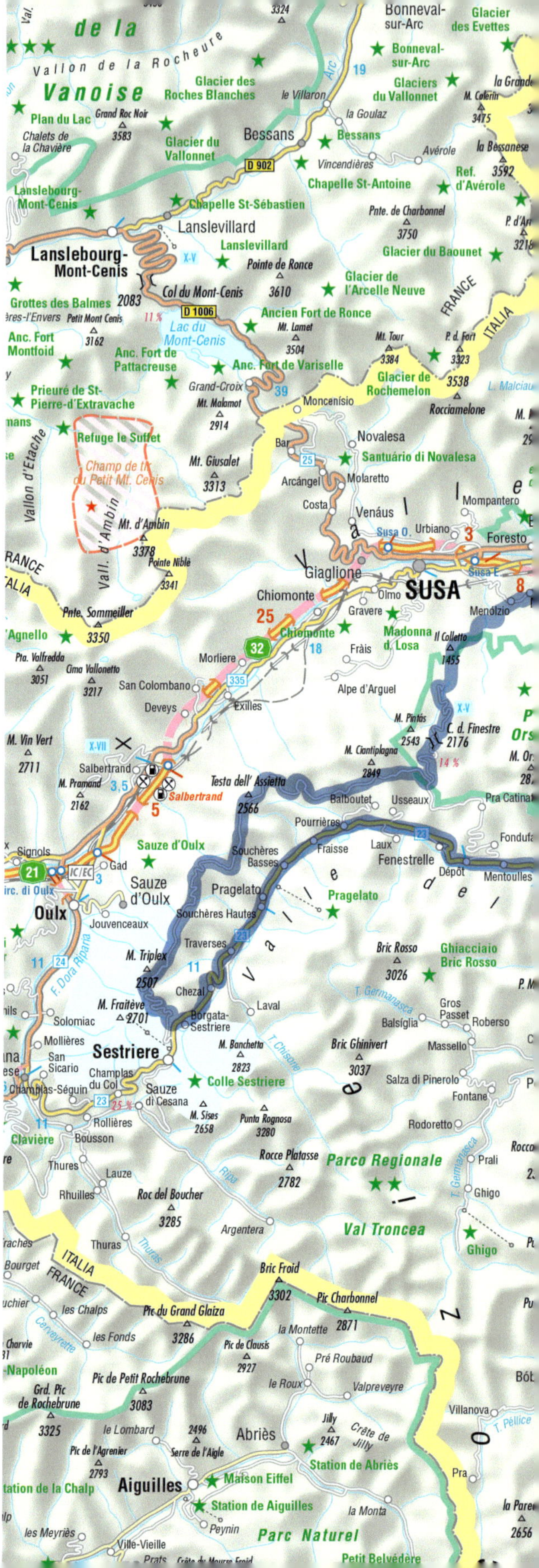

Piemonte
TORINO
Lanzo Torinese
Ciriè
VOLPIANO
Caselle Torinese
Venaria Reale
Collegno
Rivoli
Grugliasco
Moncalieri
Nichelino
Orbassano
PINEROLO
Carmagnola
Condove
Almese
Avigliana
Giaveno
Viù
Céres
Ala di Stura
Balangero
Mathi
Nole
Barbania
Leinì
Settimo Torinese
San Benigno Canavese
Lombardore
Bosconero
Druento
Pianezza
Alpignano
Buttigliera
Trana
Bruino
Piossasco
Volvera
Candiolo
Vinovo
Carignano
La Mándria
Parco Regionale
Riserva Naturale Vauda
Superga
Santa Margherita
Pecetto Torinese
Trofarello
Stupinigi
Villa Reale
Airasca
Scalenghe
Vigone
Cavour
Abbadia di Santa Maria
Torre Pellice
Luserna San Giovanni
Bricherásio
Perosa Argentina
Villàr Perosa
San Secondo di Pinerolo
Macello
Buriasco
Cercenasco
Pancalieri
Polonghera
Casalgrasso
Racconigi
Moretta
Villafranca Piemonte
Murello
Cavallermaggiore
Torre San Giórgio
Villanova Solaro
Barge
Bagnolo Piemonte
Sant'Antonio di Ranverso
S. Ambrógio di Tor.
Sacra di S. Michele
Mus. della Montagna
Castello Moncalieri
Museo dell'Arma di Cavalleria
Museo Storico Valdese
C. del Colombardo
Chiesa Condove
M. Civrari 2320
M. Arpone 1600
M. Colombano 1658
M. Lera 1371
M. Freidour 1445
M. Cavallo 2153
M. Friolànd 2120
Val di Viù
Val di Ala
Val di Susa

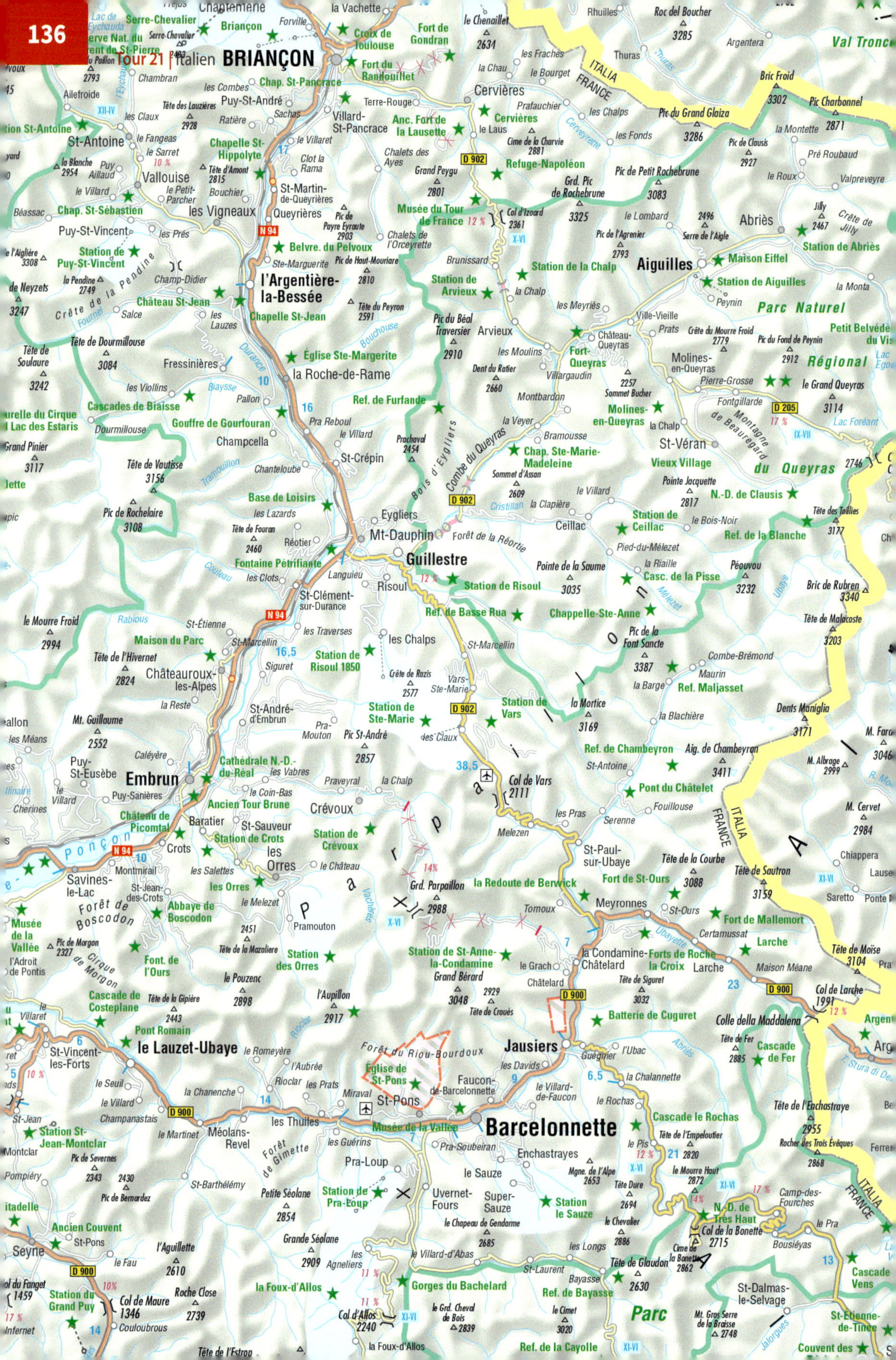
BRIANÇON
Serre-Chevalier
Briançon
Croix de Toulouse
Fort de Gondran
Fort du Randouillet
Chap. St-Pancrace
Puy-St-André
Villard-St-Pancrace
Anc. Fort de la Lausette
Cervières
Terre-Rouge
le Chenaillet
2634
Refuge-Napoléon
D 902
Musée du Tour de France
Col d'Izoard
2361
Grd. Pic de Rochebrune
3325
Pic de Petit Rochebrune
3083
Pic du Grand Glaiza
3286
Bric Froid
3302
Pic Charbonnel
2871
Roc del Boucher
3285
Val Tronc
ITALIA
FRANCE
Abriès
Station de Abriès
Aiguilles
Maison Eiffel
Station de Aiguilles
Parc Naturel
Régional
du Queyras
Ailefroide
St-Antoine
Vallouise
les Vigneaux
Chapelle St-Hippolyte
St-Martin-de-Queyrières
Queyrières
Chap. St-Sébastien
Puy-St-Vincent
Station de Puy-St-Vincent
N 94
Belvre. du Pelvoux
L'Argentière-la-Bessée
Château St-Jean
Chapelle St-Jean
Station de la Chalp
Station de Arvieux
Arvieux
Brunissard
Château-Queyras
Fort-Queyras
Ville-Vieille
Molines-en-Queyras
Tête de Dourmillouse
3084
Fressinières
Église Ste-Margerite
la Roche-de-Rame
Ref. de Furfande
Pic du Béal Traversier
2910
Cascades de Biaisse
Gouffre de Gourfouran
Champcella
St-Crépin
Chap. Ste-Marie-Madeleine
Molines-en-Queyras
St-Véran
Vieux Village
Le Grand Queyras
3114
D 205
N.-D. de Clausis
Base de Loisirs
Eygliers
Mt-Dauphin
Guillestre
D 902
Ceillac
Station de Ceillac
Ref. de la Blanche
Fontaine Pétrifiante
Station de Risoul
Risoul
St-Clément-sur-Durance
Ref. de Basse Rua
Chappelle-Ste-Anne
Casc. de la Pisse
Pic de la Font Sancte
3387
Ref. Maljasset
Maison du Parc
Châteauroux-les-Alpes
Station de Risoul 1850
les Chalps
Station de Ste-Marie
Station de Vars
D 902
Parpaillon
Embrun
Cathédrale N.-D.-du-Réal
Ancien Tour Brune
Château de Picomtal
Crévoux
Station de Crévoux
Station de Crots
Crots
les Orres
Col de Vars
2111
Ref. de Chambeyron
Aig. de Chambeyron
3411
Pont du Châtelet
Savines-le-Lac
Abbaye de Boscodon
les Orres
Grd. Parpaillon
2988
la Redoute de Berwick
Fort de St-Ours
Meyronnes
Fort de Mallemort
Larche
Musée de la Vallée
Station des Orres
Station de St-Anne-la-Condamine
la Condamine-Châtelard
Forts de Roche la Croix
D 900
Col de Larche
1991
Batterie de Cuguret
Colle della Maddalena
Cascade de Fer
le Lauzet-Ubaye
Église de St-Pons
Jausiers
Faucon-de-Barcelonnette
St-Pons
Musée de la Vallée
Barcelonnette
Cascade le Rochas
Station St-Jean-Montclar
Méolans-Revel
Pra-Loup
Station de Pra-Loup
Uvernet-Fours
Super-Sauze
Station le Sauze
Enchastrayes
N.-D. de Très Haut
Col de la Bonette
2715
Ancien Couvent
Seyne
D 900
Station du Grand Puy
Col de Maure
1346
la Foux-d'Allos
Gorges du Bachelard
Ref. de Bayasse
Col d'Allos
2240
Parc
Cascade Vens
St-Etienne-de-Tinée
St-Dalmas-le-Selvage
Ref. de la Cayolle

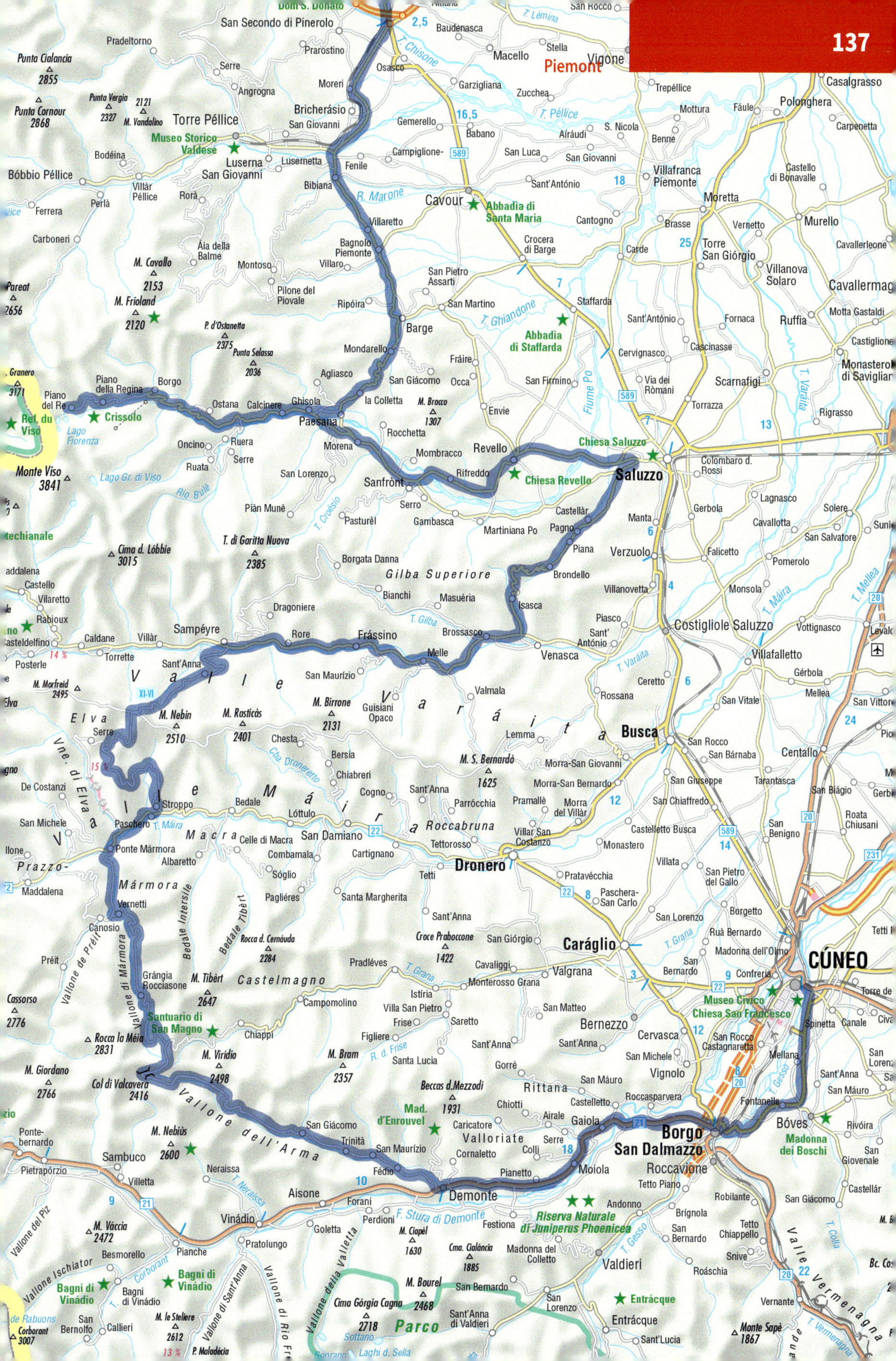

Tour 22 Italienische Blumenriviera

Zwischen Olivenbäumen und Ginsterbüschen

Diese Runde führt durch eine aromatisch duftende Vegetation entlang der Olivenölstraße, vorbei an Bilderbuch-Dörfern, hinauf zu den Pässen des Hinterlandes und bis ans Meer.

BASISORT
Sanremo

TOURLÄNGE
ca. 180 km (1 Tag)

ROADBOOK
Sanremo, San Romolo, Monte Bignone, Baiardo, Apricale, Isolabona, Dolceacqua, Isolabona, Pigna, Colla di Langan, Colla Melosa, Molini di Triora, Passo di Teglia, Colle San Bartolomeo, Passo de Ginestro, Andora, Diano Marina, Imperia, Santo Stefano, Riva Ligure, Sanremo

Sanremo ist als Ausgangpunkt ideal. Schöne Gärten, stattliche Villen und mondäne Hotels sind sein Wahrzeichen. Für den Kaufrausch gibt es eine alte und eine neue Fußgängerzone. Aber das eigentliche Highlight ist Sanremos Samstagsmarkt. Rund um die riesige Markthalle mit Obst, Gemüse und Fisch reihen sich unzählige Stände mit allem, was das Herz begehrt. Unser Tipp: Leinenhemden, Leinenblusen, Leinenhosen, Leinenkleider.

Für Rallye-Fans

Hinter Sanremo klettern wir über San Bartolomeo in herrlichen Serpetinen auf einem engen Sträßchen hinauf nach San Romolo, die Festwiese Sanremos. Für den Rallyefan lohn sich dort oben ein kurzer Stopp – in dem Restaurant am Rande der Wiese haben sich Walter Röhrl & Co. mittels Fotos und Autogrammen verewigt. Als die Rallye Sanremo noch Weltmeisterschaftsstatus besaß, war San Romolo ein wichtiger Servicepunkt auf der Strecke.

Die Straße schlängelt sich serpentinen- und kurvenreich weiter Richtung Monte Bignone. Auf dem Weg dorthin öffnet sich rechter Hand ein Blick wie aus dem Flugzeugfenster. Vor uns liegt das tiefblaue Meer, gepunktet mit weißen Yachten und Segelbooten. Daran schließ sich das Grün von Kastanienwäldern, Olivenhainen und Kermeseichen an. Dazwischen wie mit dem Pinsel hineingetupft das Rot von Ziegeldächern der Ortschaften und Einzelhäusern und das Gelb der Ginsterbüsche.

Am Abzweig zum Monte Bignone ist die Aufmerksamkeit dann wieder auf die Fahrbahn gerichtet, denn die Auffahrt zu diesem 1299 Meter hohen Berg hat es in sich. Zunächst geht es in

Passo di Teglia und Westrampe des Passo Ghimbegna mit Blick auf Apricale (linke Seite von oben nach unten).

HIGHLIGHT

EIS MIT AUSSICHT

In dem kleinen und ruhigen Küstendorf Riva Ligure stellen wir unser Motorrad auf dem großen Parkplatz am Strand ab. Von da aus sind es nur ein paar Meter an der hübschen Uferpromenade entlang bis zur Restaurantzeile. Zwei Eisdielen bieten hausgemachtes Eis an, das wir auf einer Bank sitzend mit Blick aufs Meer genießen.

ziemlich engen, steilen und kurz hintereinander folgenden Serpentinen durch den Wald. Der Asphalt nur noch teilweise vorhanden. An den Antennenmasten geht die Straße in eine zerfurchte Piste über, für die es eine geländegängige Enduro bedarf. Wer mit der Straßenmaschine unterwegs ist, erreicht den Gipfel nach 15 Minuten Fußmarsch. Lohn der Anstrengung ist ein fantastisches Rundumpanorama auf die ligurischen Berge, die Küste und die Seealpen.

Röhrl-Mauer

Zurück auf der Hauptroute, taucht nach ein paar Kilometern mitten im Wald der Passo Ghimbegna auf. Mehr ein Sattel, als ein Pass, trägt er noch heute die Spuren seiner Rallye-Vergangenheit – „Röhrl" steht in fetten Buchstaben aufgesprüht auf einer Mauer.

Bereits der Blick auf den malerisch auf einer Hügelkuppe geklebten Ort Baiardo ist ein Foto wert. Dann rollt man die Dorfstraße hinauf, parkt das Bike am Rande des zentralen Platzes und sucht sich einen der Kaffeestühle im Freien aus. Die Bar hinter dem Brunnen ist gleichzeitig eine Konditorei, deren Auswahl nach einer oder mehreren Sünden verlangt.

Die folgende Etappe hinüber ins Tal der Nervia führt über die Ligurische Olivenölstraße und ist das optische Glanzlicht dieser Tour. Die Route klebt an einem steilen Hang, rechts und links liegen die Olivenhaine in der Sonne. Das Öl der Taggiasca-Olive gilt als besonders säurearm und

Passo Ghimbegna (oben) und das Dorf Dolceacqua (rechts).

ist deshalb sehr gut verträglich. Ohne eine Flasche Öl oder ein Glas dieser kleinen, aber aromatischen Oliven sollte man deshalb Ligurien nicht verlassen. Dieses besondere Öl wird weltweit von Spitzenköchen verwendet.

Vorbei an dem Bergdorf Apricale mit seinen engen Gassen und einer idyllischen Piazza treffen wir in Isolabona auf das Tal der Nervia. Bevor es nun rechts hinauf zum Colla di Langan geht, steht ein kurzer Abstecher nach Dolceacqua an. Die Beschreibung malerisch ist hier sprichwörtlich zu nehmen, denn der Impressionist Claude Monet hat die klassische Ortsansicht mit Brücke und Burg im Jahre 1884 gemalt.

Der Schotter beginnt

Der 1130 Meter hohe Colla di Langan ist Ausgangspunk zu einer lohnenswerten Stipvisite des Colla Melosa. An einem ehemaligen Bunker geht es links ab, danach folgt ein flott und kurvenreich zu fahrendes Bergsträßchen mit überraschend gutem Belag. Auf der Passhöhe in 1545 Meter endet der Asphalt, und der grobe Schotter der Ligurischen Grenzkammstraße beginnt.

Weiter geht es hinunter in das verträumte Molini di Triora und wieder hinauf zum 1387 Meter hohen Passo della Teglia, dessen Trasse spektakulär in die Felswand geschlagen wurde. Passend zur Mittagszeit erreichen wir den 621 Meter hohen Colle San Bartolomeo. Eine Bar und zwei Restaurants mit grandioser Aussicht auf die Seealpen stehen zur Auswahl. In der Bar kann man sich Panini mit Schinken und Käse bestellen, in den Restaurants einen Teller Pasta oder auch ein ganzes Menü.

Der 677 Meter hohe Passo de Ginestro und eine etwa 20 Kilometer lange und aussichtsreiche Höhenstraße bringen uns wieder hinunter zur Küste, die wir bei Andora erreichen. Die Rückfahrt nach Sanremo verläuft bequem am Meer entlang. Wer Zeit und Muße hat, hält auf ein Gelato in einem der romantischen Küstenstädchen. Ein perfekter Abschluss. ◄

Colla Melosa mit Blick auf den Lago di Tenarda (oben) und Passo di Teglia (unten).

TOUR 22 | Italien

ITALIENISCHE BLUMENRIVIERA

TOURLÄNGE | 180 km

PÄSSE DER TOUR

Colla di Langan
Scheitelhöhe: 1 130 m | Länge: 91 km
max. Steigung: 13 % | Wintersperre: keine

Colla Melosa
Scheitelhöhe: 1545 m | Länge: 29 km
max. Steigung: 7 % | Wintersperre: keine

Passo di Teglia
Scheitelhöhe: 1387 m | Länge: 17 km
max. Steigung: 10 % | Wintersperre: keine

Colle San Bartolomeo
Scheitelhöhe: 621 m | Länge: 10 km
max. Steigung: 7 % | Wintersperre: keine-

Passo de Ginestro
Scheitelhöhe: 677 m | Länge: 17 km
max. Steigung: 9 % | Wintersperre: keine

Passo di Teglia.

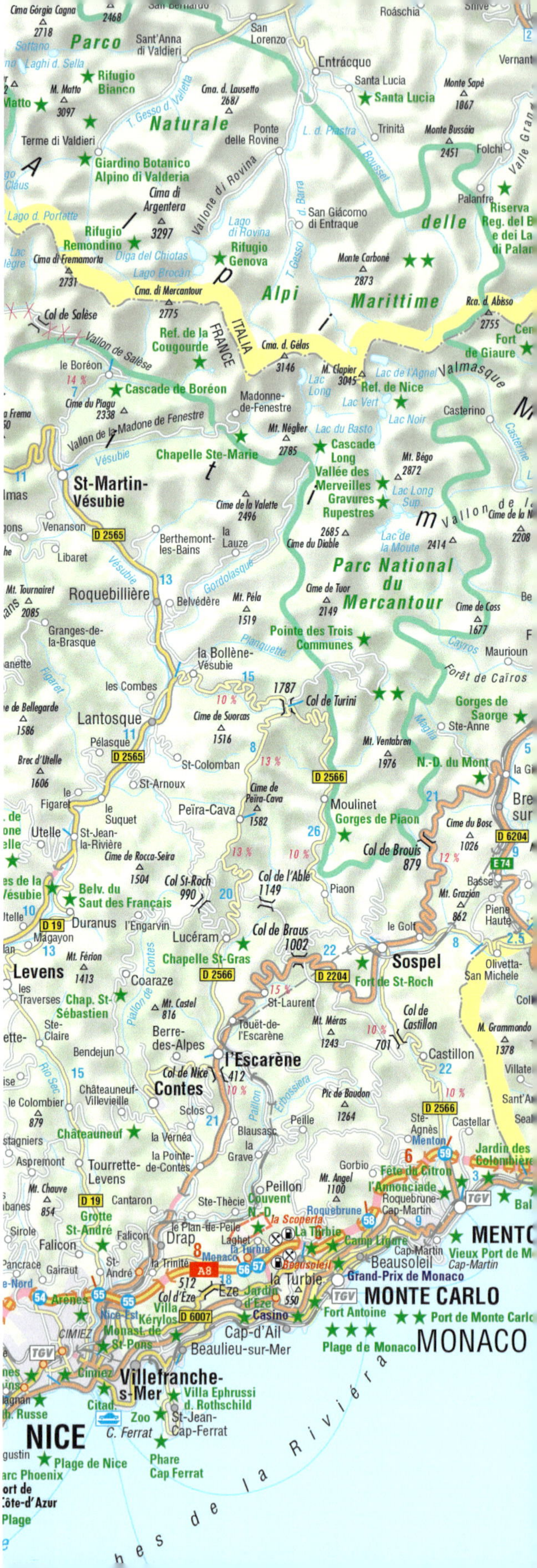

Italienische Blumenriviera
Riviera di Ponente
ITALIA
FRANCE
Parco Regionale Alta Valle Pésio e Tánaro
Certosa di Pesio
Madonna d'Ardua
Rifugio Saraco
Fort Pépin
Fort Tabourde
Reggia di Valcasotto
Grotta di Bossea
Castello di Casotto
Sant. d. Madonna delle Grazie
Calizzano
Garéssio
Colle S. Bernardo 957
Colla di Casotto 1381
Museo etnografico
San Martino
Ormea
Viozene
Úpega
Colle Capraúna 1297
Castell' Ermo
Colle di Nava
Nava
Pornássio
Rifugio S. Remo
Pont du Coq
Notre-Dame-des-Fontaines
la Brigue
Gorges de Paganin
Gorges de Bergue
Madonna d. Fanghi
San Giovanni Battista
Pieve di Teco
Madonna della Ripa
Nostra Signora del Sepolcro
San Martino Vescovo
Grotta di Creppo
San Dalmazzo
Triora
Castello di Triora
San Bernardino
Rocca di Andagna
S. Giovanni dei Prati
Colla di Langan
Chiesa Madonna di Passoscio
Pigna
Madonna d. Carmine
Croce di Praesto
Passo del Maro
Borgomaro
Lucinasco
Chiusavécchia
Téstico
Villaggio Turistico C'era una Volta
Albenga
Garlenda
Torrione Saraceno
San Matteo
Castello di Andora
Andora
Valle Chiappa
Capo Cervo
San Bartolomeo al Mare
Diano Marina
S. Giovanni Battista
Museo dell'Olivo
Capo Berta
Onéglia
De Wijnstok
IMPÉRIA
Porto Maurízio
Basilica di San Maurizio
Santa Maria Maddalena
San Lorenzo al Mare
Santo Stefano
Santo Stéfano al Mare
Riva Lígure
Arma di Tággia
Capo Verde o P. d'Arma
SANREMO
San Siro
Villa Nobel
Bussana Vecchia
Villaggio dei Fiori
Ospedaletti
Tággia
San Giacomo e San Filippo
San Domenico
Palazzo Anfossi
Santuario di Lampedusa
Santi Pietro e Paolo
Ceriana
Santo Spirito
Baiardo
Passo Ghimbegna
San Nicolò
Apricale
Maria Vergine
Castello d. Lucertola
Santuario dell'Addolorata
Dolceácqua
San Giorgio
Bordighera
S. Maria Maddal.
Museo Bibliot.
Montalto Lígure
Dolcedo
Vásia
Pontedássio
Mónesi
Mendática
Cósio di Arróscia
Vessálico
Borghetto
Ranzo
Zuccarello
Castelvécchio di Rocca Barbena
Ortovero
Villanova d'Albenga
Cisano sul Neva

Tour 23 Albenga und Hinterland

Im Gemüsegarten von Ligurien

Man muss nicht unbedingt Vegetarier oder gar Veganer sein, um an dieser Tagestour durch das ligurische Hinterland Geschmack zu finden. Garantiert ist für jeden Gaumen etwas dabei.

BASISORT
Albenga

TOURLÄNGE
ca. 170 km (1 Tag)

ROADBOOK
Albenga, Ceriale, Borghetto, Sella di Alzabecchi, Strada, Bardineto, Colle Scravaion, Castelvecchio di Rocca Barbena, Valle Pennavaria, Colle di Caprauna, Ormea, Garessio, Calizzano, Colle del Melogno, Finale Marina, Albenga

Sie heißen Trombette und stammen ursprünglich aus Albenga. Gemeint sind die mild und leicht nussig schmeckenden Zucchini, die man häufig an der ligurischen Küste zum Kauf angeboten bekommt. Im Unterschied zu den herkömmlichen Zucchini sind die Trombette schmaler, länger und haben eine hellgrüne Farbe. Wer auch immer abends in der Ferienwohnung oder vor dem Zelt ein Essen zubereitet – eine Portion Trombette dürfen als Gemüseanteil nicht fehlen.

Wohntürme der Adeligen

Neben seinen speziellen Zucchini hat Albenga auch noch eine bezaubernde Altstadt zu bieten und empfiehlt sich dadurch als perfekter Ausgangspunkt zu dieser Tour. Das historische Zentrum wird von einer Stadtmauer umschlossen und macht durch seine hohen und schlanken Türme auf sich aufmerksam. Diese ehemaligen Wohntürme der Adligen gibt es sonst so nur noch in San Gimignano. Um in den kriegerischen Zeiten des Mittelalters in Ruhe wohnen und schlafen zu können, zogen sich die Menschen in die oberen Stockwerke dieser Türme zurück.

Entlang flächendeckender Obst- und Gemüsegärten führen die ersten Kilometer der Tour nach Ceriale und Borghetto und weiter hinauf zur 807 Meter hohen Sella di Alzabecchi. Guter Belag, flüssig zu fahren, eine geschmeidige Angelegenheit. Rund um das kleine Dorf Carpe wechseln sich gut angelegte Kehren mit aussichtsreichen Geraden durch den karstigen Berghang ab. Vorbei an dem halb verfallenen Bergrestaurant geht es hinab nach Strada.

Die folgende Auffahrt zum 814 Meter hohen Colle Scravaion schlängelt sich mit wenig Steigung durch den Wald. Ganz anders die Abfahrt: Mit ihren spektakulären in

Colle di Melongo und Colle Scravaion (linke Seite von oben nach unten).

HIGHLIGHT

APEROL SPRITZ

Der Aperitif nach der Tour. Ein Klassiker ist der Aperol Spritz, ein Mixgetränk aus Prosecco und dem Bitter Aperol. Gerne getrunken wird auch Campari in allen Variationen oder ein Glas Prosecco pur. Wer noch fahren muss, greift zum alkoholfreien San Bitter oder Crodino. Dabei handelt es sich jeweils um ein Gemisch aus Wasser, Kräuterextrakten, Aromen und Zucker. Als norditalienische Besonderheit werden zum Aperitif Häppchen gereicht, die schnell mal die Ausmaße eines Imbisses annehmen können. Das sind in der Regel Erdnüsse, Kartoffelchips, belegte Brotscheiben, Käse, Oliven oder Pizzastücke.

den Fels gehauenen Serpentinen ist sie das Beste, was diese Region fahrerisch zu bieten hat. Unterwegs kommt man an zwei Burgruinen vorbei und fährt durch ein mittelalterliches Dorf.

Der Ort heißt Castelvecchio di Rocca Barbena, gilt als eines der hübschesten Bergdörfer der Region und ist Mitglied in der Vereinigung der schönsten Orte Italiens. Wie geschaffen für eine kleine Pause zwischendurch mit Cappuccino und Brioche con Marmellata (Aprikosenmarmelade) oder Crema. (Vanillecreme). In der Regel bedient man sich in italienischen Bars an der Theke selbst und nimmt das Gebäck mit einer Serviette aus der Vitrine.

Eingestreute Kehren

Eine zügige Verbindungsetappe bringt uns hinüber ins Valle Pennavaria. Die Auffahrt zum Colle di Caprauna zieht sich lange hin. Der Belag ist ordentlich, die Strecke flüssig zu fahren. Immer wieder eingestreute Kehren sorgen dafür, dass keine Langeweile aufkommt. Für eine kurze Beschleunigung der Pulsfrequenz sorgt ein zweihundert Meter langer, dunkler Felstunnel.

Nach dem Genuss des Panoramas von der einsamen Passhöhe stürzen wir uns in die wesentliche kürzere Abfahrt hinab ins Tal des Flusses Tanaro. Die Provinzialstraße 428 bringt uns am Wasser entlang nach Ormea. Wir befinden uns nun im Piemont. Ormea liegt auf 740 Meter Höhe und empfängt mit engen Gassen und mittelalterlicher Bausubstanz. Weiter auf der 428 am Tanaro entlang nach Garessio. Der Ort liegt in einem von Kastanienwäl-

Colle Scravaion (oben) und Hauptplatz von Albenga (rechts).

dern bestandenen Hochtal. Danach wird es spannend: Ein schmales, einsames Bergsträßchen zirkelt vom Tal aus ins Gebirge hinein, liefert die eine oder andere Schräglage und trifft schließlich in Calizzano auf die Richtung Colle del Melogno führende SP 490. Die beginnt in Sachen Belag anständig, um weiter oben schlechte Manieren zu zeigen. Besonders die vielen Längsrillen entpuppen sich als heikel.

Wehranlage auf dem Pass

Ruinen von ehemaligen Steinbaracken kündigen das Forte Centrale an. Es steht auf der 1 028 Meter hohen Passhöhe und stammt aus dem Jahr 1883.

Die Straße quetscht sich mitten durch die historischen Gebäude des Forts. Die Anlage wurde von den Liguriern als Verteidigungsposten errichtet, um diesen wichtigen strategischen Posten gegen die Piemonteser zu schützen.

Dahinter nimmt sich die Route in eleganten Kurven die Westrampe des Passes vor. Die gefällt mit astreinem Belag und weiten Ausblicken auf das Meer und die Bergwälder Liguriens. Im Ortsteil Marina von Finale Ligure hat uns die Riviera wieder. Das gemütliche Badestädtchen ist ein echtes

Colle Caprauna (oben) und Finale an Liguriens Küste (links).

Juwel. Ein breiter, feinsandiger Küstenstreifen, eine von Palmen gesäumte Strandpromenade, schöne alte Stadthäuser mit Arkaden schmücken den Ortskern.

Dass wir gerade jetzt in Marina Ligure einlaufen, ist ein Glücksfall, passt doch die Stunde exakt zum Aperitif. Während dieser für jeden Italiener wichtigsten Phase des Tages trifft man sich nach der Arbeit und vor dem Abendessen, um zur Ruhe zu kommen, Appetit aufzubauen und ein wenig zu plaudern. Ein Ende dieser Tagestour ohne Aperitif – völlig unmöglich. ◀

TOUR 23 | Italien

ALBENGA UND HINTERLAND

TOURLÄNGE | 170 km

PÄSSE DER TOUR

Sella di Alzabecchi
Scheitelhöhe: 814 m | Länge: 21 km
max. Steigung: 7 % | Wintersperre: keine

Colle Scravaion
Scheitelhöhe: 814 m | Länge: 17 km
max. Steigung: 7 % | Wintersperre: keine

Colle di Caprauna
Scheitelhöhe: 1379 m | Länge: 16 km
max. Steigung: 9 % | Wintersperre: keine

Colle del Melogno
Scheitelhöhe: 1028 m | Länge: 10 km
max. Steigung: 7 % | Wintersperre: keine

Von Alto geht es auf den Colle Capraúna.

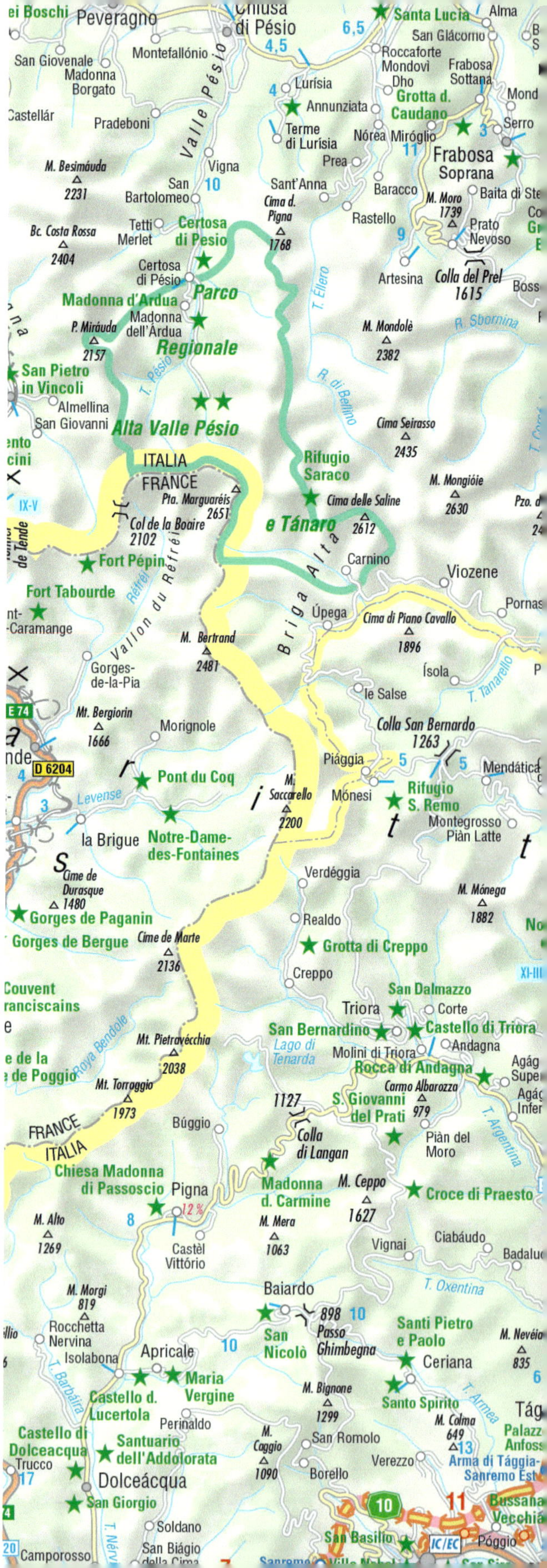

Albenga und Hinterland
Sant. Madonna del Deserto
Calizzano
Garéssio
Ormea
Colle S. Bernardo 957
Colle di Casotto 1381
Col dei Giovetti 912
Colle di S. Giácomo 1066
Croce dei Násio 1027
Colle Caprauna 1297
Colle di Nava
Giogo di Toirano 807
C. di Melogno
Pamparto
Reggia di Valcasotto
Madonna della Neve
Sant. d. Madonna delle Grazie
Santa Maria e San Lorenzo
Palazzo Franchelli
San Martino
Castell' Ermo
Madonna d. Fanghi
San Giovanni Battista
Pieve di Teco
San Martino Vescovo
Colle San Bartolomeo
Passo del Maro
Bórmida
Osíglia
Rialto
Calvi
Feglino
Finale Lígure
Castel San Giovanni
Calvisio
San Biagio
San Nicolò
Pietra Lígure
Castello
Bórgio-
Loano
San Giovanni Battista
Grotta della Básura
Grotte di Toirano
Borghetto Santo Spírito
Via Aurélia
Baciccia
San Matteo
Ceriale
Parco Acquatico le Caravelle
Bella Vista
Delfino
San Michele Arcangelo
Albenga
Palazzo Vecchio del Comune
Museo Diocesano
Villaggio Turistico C'era una Volta
Ísola Gallinara
Riserva Naturale Regionale dell'Isola Gallinara
Capo S. Croce
Alássio
Torrione Saraceno
Chiesa di Sant'Ambrogio
La Madonna della Guardia
Laiguéglia
San Matteo
Nostra Signora delle Penne
Andora
Castello di Andora
Capo Mele
Valle Chiappa
Lino
Capo Cervo
S. Bartolomeo al Mare
San Bartolomeo
Diano Marina
Sant'Antonio
Duomo
Capo Berta
S. Giovanni Battista
Museo dell'Olivo
Oneglia
IMPÉRIA
De Wijnstok
Porto Maurízio
Santa Chiara
Basilica di San Maurizio
Santa Maria Maddalena
San Lorenzo al Mare
Santo Stefano
Santo Stéfano al Mare
Riva Lígure
Mare di Ponente

Tour 24 Genua und Hinterland

Pesto Genovese

Steilküsten, Vegetation, Altstädte, Häfen und eine regionale Köstlichkeit – die Runde durch das Genoveser Hinterland wartet mit fahrerischen, optischen und kulinarischen Leckerbissen auf.

BASISORT
Genua

TOURLÄNGE
ca. 150 km (1 Tag)

ROADBOOK
Genua, Arenzano, Cogoleto, Varazze, Pero, Alpicella, Monte Beigua, Urbe, Passo del Faiallo, Passo del Turchino, Campo Ligure, Campomorone, Genua

Genua? Stadtautobahn, Tunnel, Hafen. Mehr fällt den meisten auf Anhieb nicht ein, wenn die Sprache auf die Hauptstadt Liguriens kommt. Man kennt Genua eigentlich nur von der Durchfahrt Richtung Süden oder als Fährhafen nach Sardinien oder Korsika. Dabei verbirgt sich hinter Wohnblocks und Industrieanlagen ein mittelalterliches Juwel, das zum Großteil unter dem Schutz des UNESCO-Weltkulturerbes steht.

Prachtvolle Palazzi

Die Geschichte dahinter: 1528 schloss der große Admiral Andrea Doria mit Spanien unter dem Habsburger Kaiser Karl V. einen Vertrag ab, der ihn zum Oberhaupt der spanischen Flotte machte. Im Schlepptau der neuen Großmacht Spanien machte er die Genueser Bankiers und Kaufleute zu den aktivsten Geldverleihern und Finanzhändlern Europas. Seinen unglaublichen Reichtum aus den erhobenen Zinsen steckte dieser neue Geldadel in den Bau von prachtvollen Palazzi, die heute das historische Zentrum Genuas prägen.

Also nichts wie auf zu einer Besichtigungstour zu Fuß, bevor wir uns in den Motorradsattel schwingen. An erster Stelle steht die Via Garibaldi. Insgesamt 42 UNESCO-geschützte Palazzi sind dort aufgereiht und können teilweise besichtigt werden. Aber auch nur von außen hinterlassen sie einen unvergesslichen Eindruck. In der Altstadt stehen aber auch die Imbissbuden, in denen man die landestypischen Spezialitäten wie Foccacia und Farinata bekommt. Bei der Focaccia handelt es sich um ein salziges Gebäck aus Weizenteig mit Olivenöl, die Farinata hingegen wird als Fladen aus dem Mehl von Kichererbsen, Wasser und Olivenöl gebacken.

Vorbei am internationalen Flugplatz und am riesigen Industriehafen bringt uns die SS 1 – die Via Aurelia – rasch aus Genua hinaus. Die Via Aurelia war eine Römerstraße, die der Censor

Schwungvoll geht es zum Passo del Faiallo, der traumhafte Ausblicke bietet (linke Seite von oben nach unten).

HIGHLIGHT

PIAZZA DELLE ERBE

Der beliebte Platz in Genua steht voller Tische und Stühle. Hier trifft man sich zum Aperitif oder zum Abendessen. Er liegt in der Altstadt und versprüht puren italienischen Charme. Die Umgebung in Form von alten Bürgerhäusern wirkt wie eine Filmkulisse.

Gaius Aurelius Cotta im Jahr 241 v. Chr. in Auftrag gab. Sie führte einst von Rom über Pisa bis ins französische Arles. Heute verläuft die SS 1 im Wesentlichen auf der Originaltrasse der Via Aurelia und wird deswegen auch so genannt.

Rechts ragen die Spitzen des Küstengebirges steil in die Höhe, auf der linken Seite schimmert das blaue Meer. Tanker und Containerschiffe ziehen gemächlich ihre Muster in die glatte Wasseroberfläche. Arenzano mit seinem lebhaften Kern voller Läden, Cafés und Restaurants lockt zur ersten Kaffeepause. Wer erst später Kaffeedurst bekommt, kann den in Varazze stillen. Das Städtchen besitzt einen reizenden historischen Kern mit vielen alten Kirchen.

Aussicht aufs Meer

Wir verlassen Varazze, zweigen in Pero rechts ab und visieren Alpicella an. Mitten hinein in das Genueser Küstengebirge. Der Monte Beigua ruft. Im unteren Teil führ das schmale Sträßchen durch Wald und kleine Ansiedlungen. Der Mittelteil ist gut ausgebaut und toll zu fahren, erst weiter oben wird es eng und holperig. Oben am 1287 Gipfel machen wir erst einmal Pause. Stellen die Maschine ab, setzen uns auf die Picknickbänke und genießen die traumhafte Aussicht aufs Meer und die mitgebrachte Focaccia bzw. Farinata.

Auf schmalem, oft nur noch teilweise vorhandenem Asphalt geht es nach Urbe und weiter zum Passo del Faiallo. Die Westrampe ist gut ausgebaut und perfekt zu fahren. Kurz hinter der Passhöhe in 1044 Metern beginnt die Panoramastraße Richtung Osten. Genua immer im Blick, schlängelt sie sich die Fahrbahn aussichtsreich den

Monte Beigua (oben) und das reizende Varazze (rechts).

kargen Berghang hinab. Ein Stück Hauptstraße P 456 folgt. Sie überquert den 588 Meter hohen Passo del Turchino und ist jedes Jahr Bestandteil des Radrennens Mailand – San Remo. Auf dem Pass erreichen die Rennfahrer den höchsten Punkt der Strecke.

Kleinblättriges Basilikum

In Campo Ligure mit seinen erdbeerfarbenen Häusern verlassen wir die Hauptstraße, jedoch nicht bevor wir in einem der Restaurants am Flussufer der Stura zu Mittag gegessen haben. Unser Tipp: Pasta mit Pesto Genovese. Das besteht aus Basilikum, Pinienkernen, Knoblauch, Olivenöl, Salz und Käse. Alles wird in einem Mörser zerrieben und über die Pasta oder die Gnocchi gegeben. Die Besonderheit dabei ist das spezielle kleinblättrige Basilikum, das in den Gewächshäusern von Pra bei Genua wächst.

Das Blut befindet sich im Magen, der Körper ist mit Verdauen beschäftig. Da gehen die Kurven und Kehren hinauf zum Monte del Poggio nicht so leicht von der Hand. Also aufgepasst, das schmale Bergsträßchen hat es ganz schön in sich und verzeiht keine Fahrfehler. Gewagt zirkelt es durch das Küstengebirge und trifft schließlich nach einer Handvoll zackiger Kurven bei Campomorone auf die SS 35.

Die verbindet Genua mit der nördlich gelegenen Provinz Alessandria. Und überrascht mit einem unerwartet kurvigen Streckenverlauf. So wird die Rückfahrt zum Ausgangspunkt Genau noch zu einem letzten fahrerischen Genuss. ◄

Pause am Passo del Faiallo (oben) und Abendstimmung in Genua (unten).

TOUR 24 | Italien

GENUA UND HINTERLAND

TOURLÄNGE | 150 km

PÄSSE DER TOUR

Monte Beigua
Scheitelhöhe: 1287 m | Länge: 18 km
max. Steigung: 8 % | Wintersperre: keine

Passo del Faiallo
Scheitelhöhe: 1044 m | Länge: 19 km
max. Steigung: 7 % | Wintersperre: keine

Passo del Turchino
Scheitelhöhe: 588 m | Länge: 13 km
max. Steigung: 7 % | Wintersperre: keine

Fahrt durch das Hinterland von Genua.

Lerma
Casaléggio Bóiro
Mazzarelli
Castello Doria
M. Bruzeta 626
Voltággio
del Cantone
Isola del Cantone
Crevarina
Genua und Hinterland
Ronco Scrívia
Villavécchia
M. Lanzone 804
Parco Regionale d. Capanne di Marcarolo
Li. Lavagnina
T. Piota
Mond'Ovile 705
M. Tóbbio 1092
Bc. Arpescella 875
Vallecalda
Isolabuona
Fraconalto
Tegli
Pieve
Molini
Madonna d. Leco
Fréccia
Borgo Fornari
Busalla
Giovi
Pietrafráccia
Parco
M. Cravi 992
Vóbbia
Casalbusone
Vallenzona
Sant. d. Bastia
Semino
Vallemara
Ronco Scrívia
Camarza
Sarissola
Savignone
Crocefieschi
Strasserra
Alpe
T. Gorzente
M. d. Figne 1172
L. Bruno
T. Verde
Passo d. Giovi 472
Migliarina
Montemággio
Sorrivi
Valbrevenna
T. Brevenna
Frassineto
M. Pracabán 946
Capanne Marcarolo
Menta
Campo Lígure
Capannette
L. Badana
L. Lungo
Cravasco
Pietra-lavezzara
Vittória
Casella
Casà
M. Lipran 1122
Gallaneto
Mignánego
Serra Riccò
Crocetta di Orero
Avosso
Costa
Falla
Brómia
Campora-Est
Casalino
Montóggio
M. Dra 871
M. Tacco 783
T. Ponzema
Isoverde
Fábbriche
Campomorone
Práglia
Pedemonte
Acquafredda-Inferiore
M. Bano 1035
Masone
Passionata
T. Stura
M. Proratado 928
Pontedécimo
Sant' Olcese
Passo d. Turchino 532
P. Martin 1001
Lencisa
San Carlo di Cese
Mad. d. Guardia
Lago di Val Noci
Noci
Faiallo
Fado
Torrazza
Piccarello
Creto
Geo
Pinno Soprano
San Martino
Marsíglia
Fiorino
Acquasanta
Carpenara
T. Varenna
Bolzaneto
Ággio
Molassana
Turchino
T. Cerusa
Biscáccia
M. Riondo 713
Madonna d. Gazzo
Rivarolo Lígure
Begato
Cálvari
Prato
Mele
Bórzoli
Génova Est
Dória
Fontanegli
Rosso
Crévari
GE-Voltri
GE-Pegli
SESTRI PONENTE
GE-Aeroporto
PRÀ
PEGLI
STAGLIENO
Quezzi
Traso
La Lanterna-Est
VOLTRI
Villa Doria
Aeroporto C. Colombo
CORNIGLIANO LIGURE
Festival della Scienza
San Desidério
M. Bastia 848
Viganego
M. Fasce 834
M. Cordona 803
ARENZANO
Villa Negrotto Cambiaso
SAMPIERDARENA
San Lorenzo
Palazzi dei Rolli
GE-Nervi
Sant' Ilário
Teriasca
Palazzo Reale
Torre Gropallo
Torre della Lanterna
Lavatrici
Sant'Ilário Ligure
Strade Nuove del Centro storico
STURLA
Quinto al Mare
Pieve
GÉNOVA
Nervi
Bogliasco
Golfo di Génova
STA MA

Tour 25 Riviera di Levante

Krieg und Frieden

Vom Meer geht es auf einsamen Bergsträßchen hinein in das ligurische Küstengebirge. Fahrvergnügen, Landschaftsgenuss und ein Stück Kultur – diese Runde zeigt sich facettenreich.

BASISORT
Rapallo

TOURLÄNGE
ca. 180 km (1 Tag)

ROADBOOK
Rapallo, Lavagna, Passo del Bocco, Varese Ligure, Passo di Cento Croci, Bedonia, Passo Montevaca, Passo del Tomarlo, Rezzoaglio, Cabanne, Parazzuolo, Passo La Forcella, Borgonovo, Rapallo

Rapallo liegt rund 30 Kilometer östlich von Genua und ist nicht nur der größte Badeort der Riviera Levante, sondern gilt auch als der schönste. Wer in der Morgen- oder Abendsonne an der Hafenpromenade spazieren geht, wird diesem Superlativ zustimmen. Die tief stehende Sonne streicht die alten Bürgerhäuser in den Farben Himbeer, Aprikose, Curry und Zimt, die Cafétische sind besetzt, plaudernde Menschen schlendern am Kai entlang, die Stimmung ist zauberhaft.

Vertrag von Rapallo

Stellt man sich als Urlauber nicht genau so Italien vor? International bekannt wurde Rapallo gleich zweimal: Zuerst 1920, als sich Italien mit Jugoslawien über strittige Grenzfragen einigte und zwischen den beiden Ländern endlich Friede herrschte. Zwei Jahre später schlossen der deutsche und russische Außenminister den legendären Vertrag von Rapallo und beendeten damit endgültig den Ersten Weltkrieg und dessen Nachwirkungen.

Beide Seiten nahmen wieder diplomatische Beziehungen auf und verzichteten auf Reparationszahlungen. Die Westmächte warfen Russland vor, mit dem Kriegsverlierer Deutschland zu paktieren und forderten die Aufhebung des Vertrages. Ohne Erfolg.

Ein großer Erfolg hingegen wird vor dem Start zur Tour das Frühstück auf der Piazza Cavour. Hier am Mittelpunkt der Altstadt ist Rapallo italienischer denn je. Ein Caffè oder einen Capucchino, dazu ein Brioche con crèma oder marmelata, und die Fahrt kann losgehen. Zunächst ein Stück am Meer entlang Richtung Südosten. In Lavagna Blinker links zur P 225, nach ein paar Kilometern rechts ab.

Obwohl noch früher Morgen, sind wir nicht alleine auf der Straße. Mopeds, Roller, dreirädrige Ape und Kleinlaster drängeln sich zweitaktend

Passo della Forcella und Passo del Tomarlo (linke Seite von oben nach unten).

HIGHLIGHT

ALLES KÄSE

San Sté heißt der berühmteste Käse Liguriens. Die gelbe Kruste dieses aus Kuhmilch hergestellten Käses ist dünn und elastisch. Ist er noch jung, schmeckt er milchig, später wird er aromatischer, würziger. Zum San Sté passt sehr gut ein kräftiger Rotwein vom Schlage eines Nebbiolo. Diese klassische italienische Rebsorte wird auch in Ligurien angebaut.

auf der Fahrbahn. Beinahe jeder Italiener besitzt ein Stück Land, eine Campagna, auf dem er Obst, Gemüse oder Oliven anbaut. Meist für den Eigenbedarf. Denn mit der Grundrente von monatlich knapp 500 Euro kommt man auch hier nicht weit. So herrscht im Sommerhalbjahr in den Campagnas rund um die Dörfer reger Betrieb. Reifes Obst oder Gemüse ernten, Unkraut jäten, bewässern, Gras schneiden – immer gibt es etwas zu tun.

Im Sportmodus hinauf

Dann der Abzweig zum Passo del Bocco. Im Sportmodus erklimmen wir die gut ausgebaute und flüssig zu fahrende Westrampe. Gute Übersicht, null Verkehr, ordentlicher Belag – was will man mehr? Oben auf dem Pass in 956 Meter Höhe warten ein kleiner Bergsee mit Picknickplätzen sowie ein Rifugio mit leckerem Cappuccino. Perfekt für die erste Pause.

An der Kreuzung rechts ab nach Varese Ligure. Die Bergstrecke läuft unspektakulär flott unter den Reifen durch, man kommt leicht in den Flow. Das hübsche Varese Ligure liegt in

dem Vara-Tal, das wegen des dort betriebenen engagierten Umweltschutzes und Bio-Anbaus den Namen Bio-Tal tragen darf.

Nicht gerade umweltfreundlich wedeln wir anschließend mit geöffnetem Gasgriff und heißen Bremsscheiben die Serpentinen zum 1055 Meter hohen Passo di Cento Croci hinauf. Kurz, aber knackig zeigt sich die Ostrampe des Passes. Danach geht es zügig durch die weiten Bögen der P 523 nach Bedonia. Der Ort liegt malerisch in einem grünen Hochtal der Region Emilia-

Passo del Bocco (oben) und Colle di Cento Croci (rechts).

Romana. Hausberg ist der 1480 Meter hohe Monte Pelpi. Die kleine, aber feine Altstadt mit ihren hellen Fassaden wird beherrscht von der mächtigen Kirche Madonna di San Marco.

Ligurischer Schafskäse

Gleich hinter Bedonia lauern die Kurven hinauf zum Passo Montevaca. 805 Meter hoch, eine Handvoll lockerer Kurven, schnelle Gangart. Mit der Trattoria Oppici wartet dort nach einer scharfen Linkskurve der Tipp für die Mittagspause. Wer kein warmes Menü essen möchte, dem sei eine Käseplatte oder ein Panino mit ligurischem Schafskäse empfohlen. Je nach Reifegrad ist der entweder hart oder weich und schmeckt würzig bis mild.

Wieder im Sattel, steht der Passo del Tomarlo auf dem Programm. Die Straße, die auf 1482 Meter Höhe hinaufführt, zeigt sich in ordentlichem Zustand. Übersichtliche Kurven, griffiger Belag, wenig Verkehr. Zügiges Tempo, die oberen Gänge dürfen mitspielen. Die Empfehlung kommt von den Profis: Der Pass stand gleich mehrere Male auf dem Programm des Giro d'Italia.

Über Rezzoaglio weiter nach Cabanne und Parazzuolo. Dort beginnt mit dem Anstieg zum Passo La Forcella das letzte Kurvenabenteuer dieses Tages. Ein paar maßvolle Kurven, dann bummelt man gemächlich durch ein romantisches Hochtal. Eine Schlucht spendet Schatten, dann ist der 878 Meter hohe Sattel erreicht.

Danach geht es ans Eingemachte: Keine Spitzkehren, dafür Kurven ohne Ende. Die schmale Fahrbahn verlangt ihren Tribut und lässt keine ganz so flüssige Fahrweise zu wie beispielsweise am Passo del Bocco. Dessen Westrampe treffen wir in Borgonovo, von wo aus die Rückfahrt nach Rapallo beginnt. ◀

Passo del Tomarlo (oben) und Rapallo, der schönste Badeort an der Riviera Levante (unten).

TOUR 25 | Italien

RIVIERA DI LEVANTE

TOURLÄNGE | 180 km

PÄSSE DER TOUR

Passo del Bocco
Scheitelhöhe: 956 m | Länge: 31 km
max. Steigung: 6 % | Wintersperre: keine

Passo di Cento Croci
Scheitelhöhe: 1055 m | Länge: 13 km
max. Steigung: 7 % | Wintersperre: keine

Passo Montevaca
Scheitelhöhe: 805 m | Länge: 6 km
max. Steigung: 5 % | Wintersperre: keine

Passo del Tomarlo
Scheitelhöhe: 1482 m | Länge: 19 km
max. Steigung: 9 % | Wintersperre: keine

Passo La Forcella
Scheitelhöhe: 878 m | Länge: 21 km
max. Steigung: 22 % | Wintersperre: keine

Lago del Bocco.

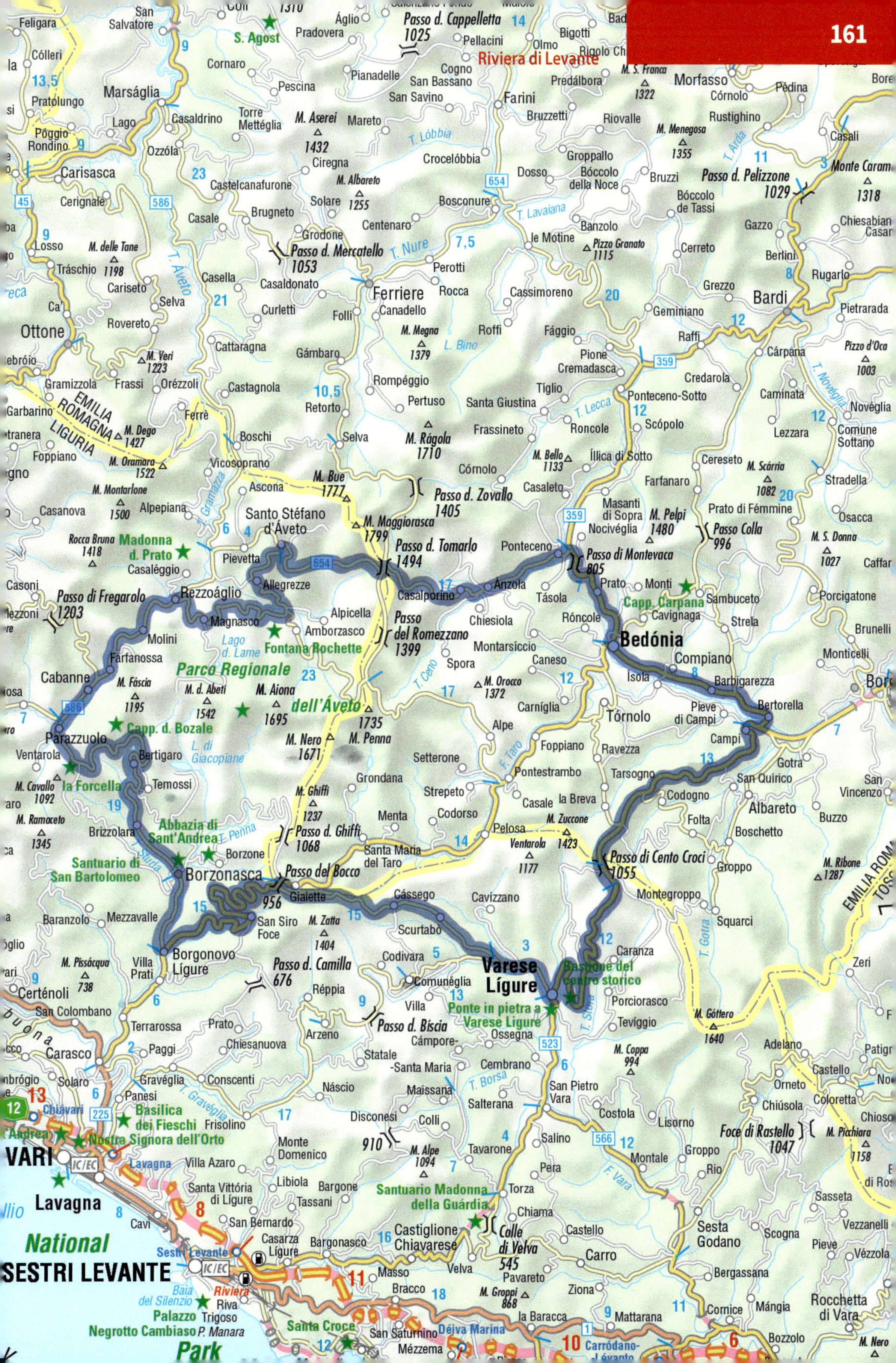
Riviera di Levante
Passo d. Cappelletta 1025
Feligara
San Salvatore
Cólleri
Pratolungo
Marságlia
Póggio Rondino
Carisasca
Cerignale
Lossо
Tráschio
Ottone
Gramizzola
EMILIA ROMAGNA
LIGURIA
Foppiano
Casanova
Cornaro
Pescina
Caseldrino
Torre Mettéglia
M. Aserei 1432
Ciregna
Castelcanafurone
M. Albareto 1255
Solare
Brugneto
Grodone
Passo d. Mercatello 1053
Casaldonato
Curletti
Ferriere
Canadello
Folli
Gámbaro
Cattaragna
Castagnola
Retorto
Selva
Rompéggio
Pertuso
Santa Giustina
M. Mégna 1379
L. Bino
Roffi
Fággio
Farini
Bruzzetti
Crocelóbbia
Dosso
Bóccolo della Noce
Groppallo
Bosconure
T. Lavaiana
le Motine
Banzolo
Pizzo Granato 1115
Cassimoreno
Pione
Cremadasca
Tiglio
Frassineto
M. Rágola 1710
Córnolo
Casaleto
M. Bello 1133
Íllica di Sotto
Roncole
Morfasso
Córnolo
Rustighino
M. Menegosa 1355
Bruzzi
Passo d. Pelizzone 1029
Bóccolo de Tassi
Cerreto
Grezzo
Bardi
Geminiano
Raffi
Credarola
Pontececeno-Sotto
Scópolo
Farfanaro
Cereseto
M. Scárria 1082
Masanti di Sopra
Nocivéglia
M. Pelpi 1480
Passo Colla 996
Prato di Fémmine
M. Bue 1777
M. Maggiorasca 1799
Passo d. Zovallo 1405
Passo d. Tomarlo 1494
Santo Stéfano d'Áveto
Ascona
Vicosoprano
Boschi
Alpepiana
M. Montarlone 1500
M. Oramara 1522
Rocca Bruna 1418
Madonna d. Prato
Caseléggio
Pievetta
Allegrezze
Rezzoáglio
Passo di Fregarolo 1203
Magnasco
Alpicella
Amborzasco
Fontana Rochette
Lago d. Lame
Molini
Farfanossa
Cabanne
Parco Regionale dell'Áveto
M. d. Abeti 1542
M. Aiona 1695
M. Fáscia 1195
Capp. d. Bozale
Parazzuolo
Ventarola
la Forcella
M. Cavallo 1092
Bertigaro
L. di Giacopiane
M. Nero 1671
M. Penna 1735
Temossi
M. Ghiffi 1237
Passo d. Ghiffi 1068
Brizzolara
M. Ramaceto 1345
Abbazia di Sant'Andrea
Borzone
Santuario di San Bartolomeo
Borzonasca
Passo del Bocco 956
Giaiette
San Siro Foce
M. Zatta 1404
Baranzolo
Mezzavalle
Borgonovo Lígure
Villa Prati
M. Pissócqua 738
Passo d. Camilla 676
Certénoli
San Colombano
Casalporino
Anzola
Ponteceno
Passo di Montevaca 805
Passo del Romezzano 1399
Chiesiola
Montarsiccio
Spora
Tásola
Prato
Monti
Capp. Carpana
Sambuceto
Cavignaga
Rόncole
Bedónia
Compiano
Isola
Caneso
M. Orocco 1372
Carníglia
Tórnolo
Barbigarezza
Bertorella
Pieve di Campi
Campi
Alpe
Foppiano
Ravezza
Setterone
Pontestrambo
Tarsogno
Grondana
Strepeto
Casale
la Breva
Codorso
Menta
Pelosa
M. Zuccone 1423
Ventarola 1177
Santa Maria del Taro
Passo di Cento Croci 1055
Cássego
Cavizzano
Scurtabò
Codivara
Comunéglia
Varese Lígure
Bastione del centro storico
Ponte in pietra a Varese Lígure
Caranza
Porciorasco
Teviggio
Villa
Passo d. Biscia
Réppia
Arzeno
Cámpore
Ossegna
Statale
Santa Maria
Cembrano
T. Borsa
Maissana
Salterana
San Pietro Vara
Costola
Náscio
Disconesi
Colli
M. Alpe 1094
Tavarone
Salino
Pera
Montale
Santuario Madonna della Guárdia
Torza
Chiama
Castiglione Chiavarese
Colle di Velva 545
Velva
Castello
Carro
Pavareto
M. Groppi 868
Ziona
la Baracca
Mattarana
Deiva Marina
Carródano
Masso
Bracco
San Saturnino
Mézzema
Santa Croce
Terrarossa
Prato
Chiesanuova
Paggi
Carasco
Solaro
Gravéglia
Conscenti
Panesi
Basilica dei Fieschi
Frisolino
Monte Domenico
Chiavari
Nostra Signora dell'Orto
Lavagna
VARI
Villa Azaro
Santa Vittória di Lígure
Libiola
Bargone
Tassani
San Bernardo
Cavi
Casarza Lígure
Bargonasco
Sestri Levante
SESTRI LEVANTE
National Park
Baia del Silenzio
Riviera
Riva Trigoso
Palazzo Negrotto Cambiaso
P. Manara
Montegroppo
Squarci
Groppo
M. Ribone 1287
EMILIA ROMAGNA
Zeri
M. Góttero 1640
Adelano
Castello
Orneto
Chiúsola
Coloretta
Lisorno
Foce di Rastello 1047
M. Picchiara 1158
Groppo
Rio
Sasseta
Sesta Godano
Scogna
Pieve
Vezzanelli
Vézzola
Bergassana
Cornice
Mángia
Rocchetta di Vara
Bozzolo
M. Nero
Monte Caramo 1318
Chiesabiana
Gazzo
Berlini
Rugarlo
Pietrarada
Pizzo d'Oca 1003
Cárpana
Caminata
Novéglia
Lezzara
Comune Sottano
Stradella
Osacca
M. S. Donna 1027
Caffaraccia
Porcigatone
Strela
Brunelli
Monticelli
Gotra
San Quírico
Codogno
Albareto
San Vincenzo
Folta
Boschetto
Buzzo
Pedina
M. S. Franca 1322
Predálbora
Riovalle
Bigotti
Olmo
Pianadelle
San Bassano
San Savino
Cogno
Mareto
Pradovera
S. Agost
Áglio
Pellacini
Casali

Tour 26 Appenzeller Land

Auf Bildungstour in der Ostschweiz

Jetzt mal ganz ehrlich. Appenzeller. Dieses Wort kennen die meisten doch nur von der Käsetheke. Warum also nicht mal ins gleichnamige Land touren, um seinen Horizont zu erweitern?

BASISORT
Hittisau

TOURLÄNGE
ca. 300 km (1 Tag)

ROADBOOK
Hittisau, Scheidegg, Pfänder, Bregenz, Höchst, Altstätten, Appenzell, Urnäsch, Schwägalppass, Neu St. Johann, Alt St. Johann, Wildhaus, Feldkirch, Rankweil, Furkajoch, Faschinajoch, Au, Mellau, Egg, Hittisau

Wissbegierig und für alles offen klinken wir uns heute Morgen in Hittisau in die Tagestour ein. Die führt zunächst auf kurvenreichen Landsträßchen nach Scheidegg, von wo sich weite Ausblicke hinab zum Bodensee zeigen. Zeit für Mensch und Maschine, miteinander warm zu werden. Zum ersten Mal sportlich wird es dann bei der Überquerung des Bregenzer Hausbergs: des Pfänders. Schräglagenintensiv wedelt die Fahrbahn durch Almen und Wälder am 1064 Meter hohen Pfänder vorbei hinab zum Bodensee.

James Bond und Oper

Dort heißt uns die österreichische Festspielstadt Bregenz willkommen, auf deren Seebühne jedes Jahr während der Spielsaison Opern aufgeführt werden. Einmal durfte sie als Kulisse für einen James-Bond-Film herhalten. In „Ein Quantum Trost“ scheucht Daniel Craig geschickt eine Bande Bösewichte auf, die sich unter den Zuschauern versteckt hält. Gelungen ist diese Episode vor allem durch den raffinierten Zusammenschnitt der Verfolgungsjagd durch die Theaterkulissen mit der echten Handlung der Oper „Tosca“ auf der Bühne.

Hinter der Schweizer Grenze geht es dann auch schon hinein in die Mittelgebirgsregion des Appenzeller Landes, Namensgeber für den würzigen Schnittkäse aus roher Kuhmilch. Die runden Laibe sind 20 bis 30 Zentimeter im Durchmesser und können bis zu acht Kilo wiegen. Eine Besonderheit des Appenzellers ist die Behandlung während der Reifung mit einer speziellen Flüssigkeit. Diese sogenannte „Sulz“ besteht aus Wein, Hefe, Salz und Gewürzen. Wer weiß denn so was?

Übers Faschinajoch und auf dem Weg zum Pfänder (linke Seite von oben nach unten).

HIGHLIGHT

TÖFFTREFF SCHWÄGALP

Dieser Motorradtreff ist einer der beliebtesten und schönsten in der Schweiz. Aufgepasst: Von der Passhöhe führt eine Stichstraße hoch zur traumhaft gelegenen Hochalpe. Motor aus, Helm ab und mit der Gondel rauf auf den Gipfel des 2502 Meter hohen Säntis.

Locker kurven wir zwischen sanften Hügeln und prallen Wiesen hindurch nach Altstätten. Die traditionsreiche Marktstadt besitzt einen der schönsten historischen Kerne der Ostschweiz. Wie gemacht für den ersten Stopp und einen Spaziergang in überdachten Laubengängen.

Appenzeller Likör

Auch das kurz danach folgende Städtchen Appenzell ist es wert, den Motorradsattel zu verlassen. Zu romantisch sind seine Häuser mit ihren bemalten Fassaden, zu gemütlich die Cafés. Außerdem gibt es hier wieder etwas zu lernen. Die Brennerei „Appenzeller Alpenbitter" verrät zwar nicht ihr gut gehütetes Familiengeheimnis, doch bei einer Führung erfährt man viel über diesen Likör, der 42 Kräuter, Blüten, Wurzeln und Gewürze enthält. Im angrenzenden Shop gibt es Flaschen in allen Größen. Ein ideales Mitbringsel.

Wesentlich älter als Appenzell ist Urnäsch, wo wir einige kurvige Bergstraßenkilometer weiter einlaufen. Sein alter Name „Urnasca" wurde bereits im 9. Jahrhundert urkundlich erwähnt. Gleich hinter dem Ortsschild hageln die ersten Schräglagen und Ausblicke auf den mächtigen Block des Säntis, des mit 2 502 Metern höchsten Berg der gesamten Ostschweiz.

Zügig wedeln wir hinauf zum Schwägalppass, auf dessen 1 300 Meter hohen Kuppe sich ein Motorradtreff etabliert hat. Oder „Töfftreff", wie die Schweizer sagen. Pause im Restaurant mit Aussicht? Klarer Fall. Gegenüber grasen auf steilen, grünen Almen die Kühe. Gehütet werden sie hier von den Appenzeller Sennenhunden. Die sind zwar weniger bekannt als ihre Gegenstücke aus Bern, machen ihre Arbeit aber genauso gut. Sie kennen ihre Herde ganz genau und können auch eine große Anzahl verstreuter Tiere zusammentreiben. Weitere Bildungslücke geschlossen.

Flüssig laufen die Kurven hinab nach Neu St.-Johann unter den Rä-

Auffahrt von der Schwägalp zum Säntis (oben), Seebühne Bregenz (rechts) und Südrampe des Faschinajochs (r. Seite).

dern durch. Wie fast überall in der Schweiz auf griffigem, gut gepflegtem Asphalt. Die Schweizer wissen eben, wie man Bergstraßen baut. Danach geht es über das 1090 Meter hoch gelegene Wildhaus runter ins Tal nach Grabs. Feldkirch mit seiner Marktgasse lassen wir links liegen, fahren weiter nach Rankweil, um dort rechts ins Laternser Tal einzubiegen.

Dieses Hochtal erscheint dem Besucher wie eines der letzten Paradiese, Geist und Körper dürfen sich erholen. Wie im Rausch wedeln wir das 1760 Meter hohe Furkajoch hinauf. Radien jeglicher Größe und kein Ende in Sicht. Die Fahrbahn ist mal schmal, mal sehr schmal. Selbst die Durchgangsstraße von Damüls ist mit Kehren gespickt. Da kommen die hübschen Straßencafés des Ortes genau richtig.

Ein Streifen Wiese

Lust auf einen Abstecher? Rechts ab geht es hoch zum 1486 Meter hohen Faschinajoch. Der Name leitet sich von „Fassia“ ab, was so viel wie „ein Streifen Wiese“ bedeutet. Der Name ist Programm. Die Straße schneidet durch grünes Gras, rechts und links der Fahrbahn stehen Heuschober und mit Schindeln verkleidete Häuser, der Wald hält respektvoll Abstand. Ein rasantes Kurvengeschlängel führt hinauf zur Skistation, deren Restaurants auch im Sommer geöffnet haben.

Glücklich und mit Germknödel in Vanillesoße im Bauch nehmen wir uns die letzten Kilometer vor, die locker-lässig über Mellau hinüber nach Hittisau zum Ende dieser Bildungstour führen. ◂

ÜBERNACHTEN IN DER REGION

VIENNA HOUSE MARTINSPARK DORNBIRN

Den perfekten Ausgangspunkt für eure Motorradtouren in der Region bietet das Vienna House Martinspark, welches sich direkt im Zentrum von Dornbirn befindet. Das Hotelrestaurant „Im Ersten“, die hoteleigene Tiefgarage oder die Sauna sind nur einige Annehmlichkeiten des Hauses.

Mozartstr. 2 • A-6850 Dornbirn
+43 (0) 55 72/37 60 • www.martinspark.at

HOTEL-RESTAURANT SCHÖNBLICK

Werdet Gast im **** Hotel-Restaurant Schönblick und lasst euch vom einzigartigen Blick über den Bodensee und die Schweizer Berge verzaubern. Eure Motorräder stellt Ihr kostenlos in der hauseigenen Tiefgarage ab.

Dorf 6 • A-6911 Eichenberg
+43 (0) 55 74/45 96 50 • www.schoenblick.at

ALPENGASTHOF PENSION JÄGERSTÜBLE

Am Fuße des Furkapasses liegt der neue Alpengasthof Jägerstüble. Ideale Tourenvoraussetzungen direkt vor der Tür. Aus tiefster ökologischer Überzeugung verwendet man hier zur Zubereitung der Speisen heimische Produkte wie z.B. Alpbutter, Bergkäse, Beeren, Fleisch und vieles mehr.

Furkastraße 208 • A-6884 Damüls
+43 (0) 55 10/373 • www.jaegerstueble.at

TOUR 26 | Schweiz

APPENZELLER LAND

LÄNGE | 300 km

PÄSSE DER TOUR

Pfänder
Scheitelhöhe: 1064 m | Länge: 9 km
max. Steigung: 13 % | Wintersperre: keine

Schwägalppass
Scheitelhöhe: 1300 m | Länge: 22 km
max. Steigung: 12 % | Wintersperre: keine

Furkajoch
Scheitelhöhe: 1760 m | Länge: 23 km
max. Steigung: 14 % | Wintersperre: 11-5

Faschinajoch
Scheitelhöhe: 1486 m | Länge: 6 km
max. Steigung: 14 % | Wintersperre: keine

Nordostrampe Furkajoch.

Eriskircher Ried
Schloss Montfort
Langenargen
Kressbronn
Nonnenhorn
Wasserburg (Bodensee)
Bodolz
Hege
LINDAU
Weißensberg
Sigmarszell
Appenzeller Land
Scheidegger Wasserfälle
Scheidegg
Hohenweiler
Hörbranz
Weiler
Oberstaufen
Lindenberg
Oberreute
Röthenbach
Möggers
Unterstein
Lindenau
DEUTSCHLAND
ÖSTERREICH
SCHWEIZ
Bodensee
Lochau
Eichenberg
Pfändertunnel 6719m
Pfänder 1062
Hirschberg 1095
Jungholz
Fischanger
Sulzberg
Hommann
Langen
St. Gallus
BREGENZ
Bregenzer Festspiele
Hard
Kennelbach
Flughafen St. Gallen
Rorschach
Horn
NSG Rheineck
Thal
Rheineck
Gaißau
St. Margrethen
Fußach
Lauterach
Höchst
Wolfurt
Schwarzach
Rorschacherberg
Eggersriet
Grub
Heiden
Wolfhalden
St. Margrethen
Lustenau
Au
Oberegg
Berneck
Balgach
Rebstein
Widnau
Dornbirn
Ammenegg
Staufen
Bödele
Alberschwende
Egg
Andelsbuch
Lingenau
Frauenmuseum
Hittisau
Krumbach
Doren
Langenegg
Riefensberg
Brenden
Bregenzer Ache
Weißach
Bregenzerwald
Schwarzenberg
Bersbuch
Bezau
Reuthe
Bizau
Schnepfau
Hirschau
Mellau
Au
Rehmen
Wieden
Argenzipfel
Damüls
Schwende
Faschinajoch 1486
Furkajoch 1760
Laterns
Innerlaterns
Laternser Tal
Altstätten
Marbach
Lüchingen
Diepoldsau
Hohenems
Rappenlochschlucht
Reute
Kriessern
Altach
Mäder
Montlingen
Oberriet
Koblach
Götzis
Klaus
Fraxern
Hohe Kugel 1645
Alpkopf 1788
Hoher Freschen 2004
Rüthi
Meiningen
Weiler
Röthis
Sulz
Viktorsberg
Zwischenwasser
Rankweil
Wallfahrtsk. Rankweil
Übersaxen
Üble Schlucht
Altenstadt
Gisingen
Nofels
Levis
St. Nikolaus
Schattenburg
Feldkirch-Frastanz
Ruggell
FELDKIRCH
Mauren
Schaanwald
Eschen
Nendeln
Frastanz
Satteins
Röns
Schlins
Schnifis
Düns
Dünserberg
Bludesch
Thüringen
Thüringerberg
Ludesch
Nenzing
Gurtis
Beschling
Raggal
Marul
Blons
Großes Walsertal
Sonntag
Fontanella
Garsella
Lechquellen
Walgau
Nüziders
BLUDENZ
Bürs
Bürserberg
Tschapina
Brandnertal
Brand
Gamperdonatal
Vaduz
Schaan
Planken
Triesenberg
Triesen
Kunstmuseum Liechtenstein
Sevelen
Wartau
Balzers
Samina
Saminatal
LIECHTENSTEIN
ÖSTERREICH
Nenzinger Himmel
St. Rochus
Stüber Fall
Bings
Stallehr
Lorüns
St. Anton im Montafon
Bartholomäberg
Vandans
Schruns
Tschagguns
Rellstal
Latschau
Klostertal
Braz
Dalaas
Innerbraz
Silbertal
Matta
Formarinsee
Rote Wand 2704

Tour 27 Graubünden

Auf die sportliche Tour

Mit über 7 000 Quadratkilometern ist Graubünden der größte Kanton der Schweiz. Dank seiner 150 Täler, 615 Seen und knapp 1 000 Gipfel hat er eine enorme Vielfalt zu bieten.

BASISORT
Davos

TOURLÄNGE
ca. 320 km (1 Tag)

ROADBOOK
Davos, Tschuggen, Flüelapass, Guarda, Scuol, Martina, Nauders, Reschenpass, Reschensee, Mals, Glurns, Spondinig, Trafoi, Stilfser Joch, Bormio, Passo di Foscagno, Passo d'Eira, Livigno, Zernez, Zuoz, Albulapass, Bergün, Filisur, Tiefencastel, Davos

Davos geizt nicht mit Superlativen. Unser Startort ist mit 1560 Metern die höchst gelegene Stadt Europas und schreibt jedes Jahr fast unglaubliche zwei Millionen Übernachtungen. Doch nicht nur deshalb lohnt sich vor Fahrtantritt ein kurzer Spaziergang durch Davos – zu romantisch sind seine bunten, durch Lüftlmalerei verzierten Häuser.

Jetzt aber auf zum ersten Pass. Der lässt nicht lange auf sich warten. Kurz hinter Davos Blinker rechts und hinein in die Serpentinen hoch zum Flüela. Sechs Kehren sind es ab Tschuggen, alle mit breiter Fahrbahn und griffigem Belag versehen. Da kommt Freude auf. Der 2 383 Meter hohe Sattel zeigt sich als unwirtlicher Platz mit vielen Felsen, als hätte sie ein Riese dorthin geworfen. Die Abfahrt präsentiert denselben Kehrenspaß, danach beginnt eine ruhige Etappe durch das Unterengadin.

Dornrößchen ist wach

War diese Region jahrhundertelang ein Arme-Leute-Land, wurde sie glücklicherweise nach dem Zweiten Weltkrieg aus ihrem Dornrößchenschlaf erweckt und zeigt sich heute als echtes Kleinod. Orte wie Guarda oder Scuol versetzen den Reisenden mit ihren schmalen Gassen, alten Häusern und bemalten Fassaden in Entzücken. „Sgraffiti" nennt sich diese Art von Malerei.

Die Ortschaften Graubündens liegen relativ hoch, dennoch ist die Bergwelt keinesfalls so rau und ruppig wie beispielsweise die der Zentralschweiz oder des Wallis. Das merkt man beim Motorradfahren – so rund und harmonisch wie hier verlaufen die Schweizer Passstraßen nirgends.

Ein paar Kehren zirkeln hinauf von Martina nach Nauders, dann kommt der einzigartige Reschensee in Sicht. Einzigartig, weil die Spitze des Kirchturms von Graun wie ein erhobener Zeigefinger aus dem See herausragt.

Der Reschenpass verbindet Österreich und Italien, der Albula dagegen befindet sich auf Schweizer Gebiet (linke Seite von oben nach unten).

HIGHLIGHT

LIVIGNO

Einkaufen im zollfreien Shoppingparadies Livigno. Links und rechts der Via Plan reihen sich die Geschäfte aneinander. Parfum oder ein guter Tropfen passen in jeden Tankrucksack. Nach dem Bummel bestellt man sich in der Bar einen erfrischenden Sanbittèr (alkoholfrei) und genießt die prächtige Bilderbuchkulisse.

Der Ort verschwand für immer, als der Reschensee zwischen 1948 und 1950 aufgestaut wurde. Etwas fürs Auge ist auch die Südrampe des Reschenpasses. Wie das Blatt einer Säge schiebt sich die perfekt gebaute Fahrbahn einen grünen Hang hinab. Serpentine an Serpentine, Fahrspaß pur. Vorbei an Mals mit seiner Benediktinerabtei und Glurns mit seinem reizenden Marktplatz geht es nach Spondinig, wo die Route rechts abzweigt.

Und dann ragt sie hinter Trafoi plötzlich vor uns auf, die Rampe des Stilfser Jochs, das Highlight einer jeden Alpenfahrt. Seine 48 scheinbar in den senkrechten Fels gehauenen Spitzkehren gelten als Ritterschlag für jeden Motorradfahrer. Wobei das mit den Spitzkehren wörtlich zu nehmen ist.

Etappe nach Livigno

Die Bögen vom 2757 Meter hohen Sattel hinab nach Bormio gehen auf griffigem Belag rund und sauber von der Hand. Das wunderschön in einem Talkessel, von weißen Riesen umgebene Städtchen ist der ideale Platz für

die Mittagspause. Stilvoller kann man Pizza oder Spaghetti nirgends essen. Die folgende Etappe nach Livigno führt über den 2 291 Meter hohen Passo di Foscagno und den 2 208 Meter hohen Passo d'Eira. Saubere, gut ausbalancierte Kurven, vernünftiger Belag, mal breite, mal schmale Fahrbahn. Insgesamt tadellos und zügig zu fahren. Zum Schluss breitet sich mit einem herrlichen Panorama das Tal von Livigno vor uns aus.

Um den Menschen in diesem einsamen Hochtal ein paar kleine wirt-

Albulapass (oben), Passo di Foscagno (rechts) und das Highlight Stilfser Joch (r. Seite).

schaftliche Vorteile zu verschaffen, wurde Livigno zum zollfreien Gebiet erklärt. Eine ganze Serie knackiger Kurven befördert uns hinüber nach Zernez, wo wir links ab ins Oberengadin abbiegen. Dort sollte man nicht den Abzweig nach Zuoz verpassen.

Auf der alten Trasse geht ins Vorzeigedorf des Oberengadins hinein. Der Dorfplatz, der Bärenbrunnen, die bemalten Fassaden – der Ruf von Zuoz ist gerechtfertigt. Genug Sightseeing? Kein Problem. Denn hinter La Punt geht es auf der Passstraße zum Albula wieder ans Eingemachte. Zuerst eine Handvoll zackiger Serpentinen, dann ein paar Kurven und das Albula-Hospiz auf 2315 Metern Höhe ist erreicht. Der Pausenstopp dort oben ist Pflicht, da man traumhaft draußen in der Sonne sitzen, den vorbeirauschenden Motorrädern zusehen und die Rätischen Alpen betrachten kann.

Kastell in der Tiefe

Nach dem Abschwung vom Albula quetscht sich die Route auf einer einzigen Fahrspur durch die Bergüner Klamm, passiert die hübschen Orte Bergün und Filisur und fällt in Tiefencastel ein. Das „Kastell in der Tiefe" macht seinem Namen alle Ehre und präsentiert sich malerisch in einem von Bergspitzen umrahmten Talkessel. Anschließend durchqueren wir kurven- und aussichtsreich das Hochtal von Davos und erreichen wieder den Startpunkt unserer sportlichen Tour. Eine Herausforderung für jeden Motorradfahrer über die schönsten, aber auch schwierigsten Pässe der Italienisch-Bündner Alpen. ◀

TOUR 27 | Schweiz

GRAUBÜNDEN

TOURLÄNGE | 320 km

PÄSSE DER TOUR

Flüelapass
Scheitelhöhe: 2 383 m | Länge: 30 km
max. Steigung: 10 % | Wintersperre: 12-4

Reschenpass
Scheitelhöhe: 1 455 m | Länge: 37 km
max. Steigung: 9 % | Wintersperre: keine

Stilfser Joch
Scheitelhöhe: 2 757 m | Länge: 45 km
max. Steigung: 12 % | Wintersperre: 11-5

Passo di Foscagno
Scheitelhöhe: 2 291 m | Länge: 37 km
max. Steigung: 12 % | Wintersperre: keine

Passo d'Eira
Scheitelhöhe: 2 208 m | Länge: 4 km
max. Steigung: 10 % | Wintersperre: keine

Albulapass
Scheitelhöhe: 2 315 m | Länge: 33 km
max. Steigung: 12 % | Wintersperre: 11-4

Kurze Orientierungspause.

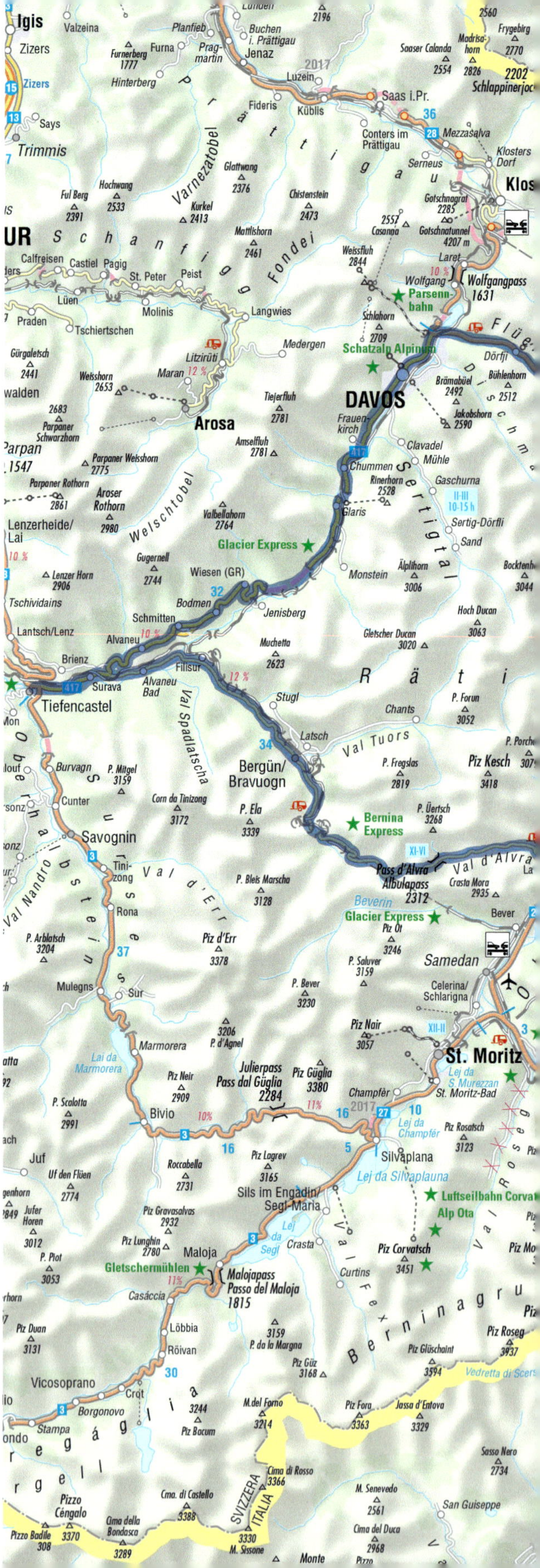

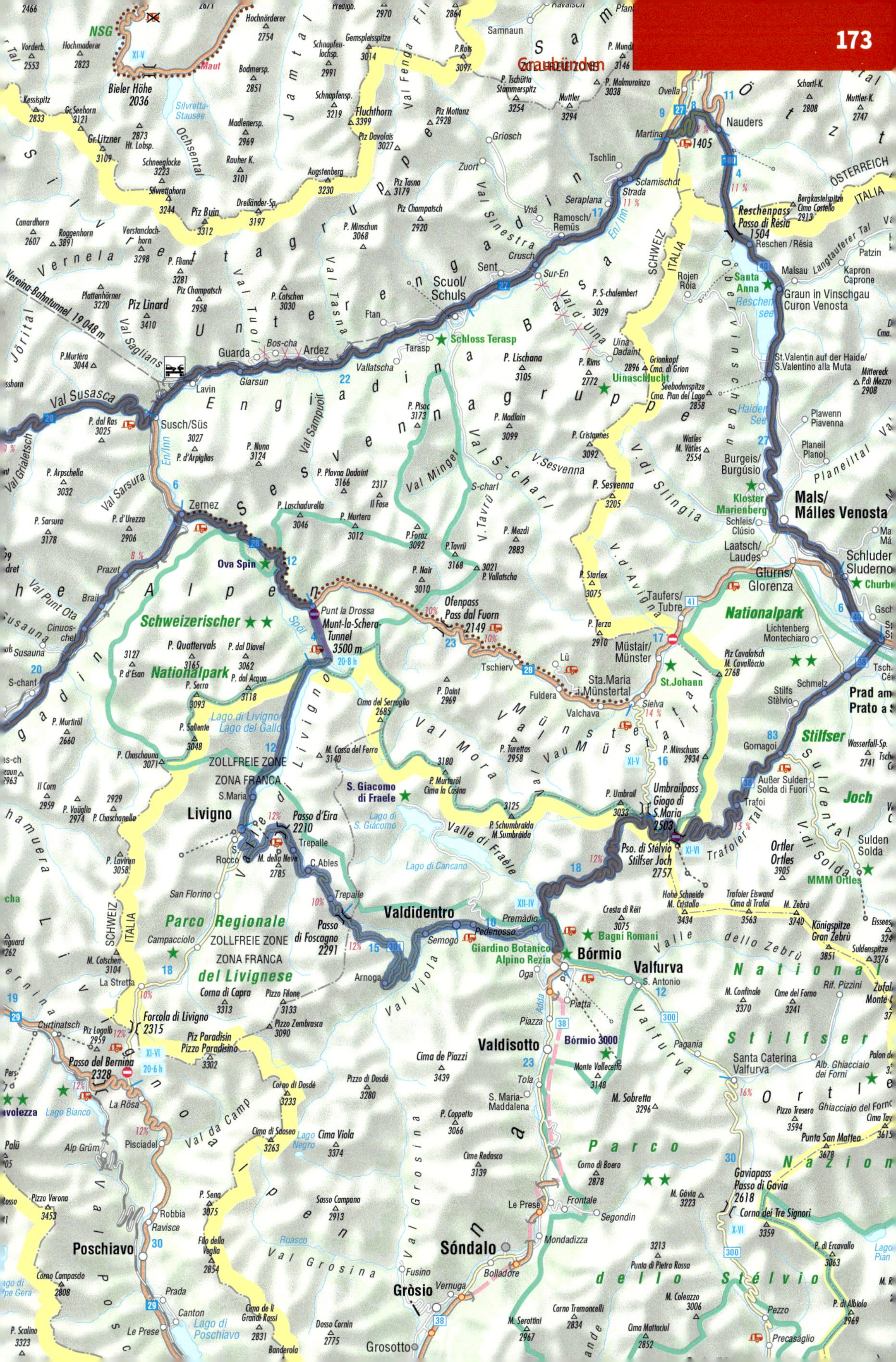
Graubünden
Samnaun
Bieler Höhe
2036
Silvretta-Stausee
Ochsental
Jamtal
Fluchthorn
3399
Val Fenga
Piz Buin
3312
Dreiländer-Sp.
3197
Silvrettahorn
3244
Piz Linard
3410
Vereina-Bahntunnel 19 048 m
Val Susasca
Susch/Süs
Lavin
Guarda
Giarsun
Bos-cha
Ardez
Ftan
Scuol/
Schuls
Sent
Tarasp
Schloss Tarasp
Vallatscha
Crusch
Ramosch/
Remüs
Sur-En
Vnà
Seraplana
Strada
Sclamischot
Tschlin
Martina
1405
Nauders
Ovella
Reschenpass
Passo di Résia
1504
Reschen/Résia
Santa Anna
Reschensee
Graun in Vinschgau
Curon Venosta
St.Valentin auf der Haide/
S.Valentino alla Muta
Haider See
Burgeis/
Burgúsio
Kloster Marienberg
Schleis/
Clúsio
Mals/
Málles Venosta
Laatsch/
Laudes
Glurns/
Glorenza
Schluderns/
Sluderno
Taufers/
Tubre
Nationalpark
Lichtenberg
Montechiaro
Müstair/
Münster
St.Johann
Sta.Maria
i.Münstertal
Valchava
Fuldera
Lü
Tschierv
Ofenpass
Pass dal Fuorn
2149
Punt la Drossa
Munt-la-Schera-
Tunnel
3500 m
Zernez
Ova Spin
Schweizerischer
Nationalpark
Uinaschlucht
Val S-charl
S-charl
Val Mora
Val Müstair
Umbrailpass
Giogo di
S.Maria
2503
Pso. di Stélvio
Stilfser Joch
2757
Trafoier Tal
Trafoi
Stilfs
Stélvio
Gomagoi
Prad am Stilfser Joch
Prato allo Stelvio
Sulden
Solda
Ortler
Ortles
3905
Königspitze
Gran Zebrù
3851
Livigno
Lago di Livigno/
Lago del Gallo
ZOLLFREIE ZONE
ZONA FRANCA
S.Maria
Passo d'Eira
2210
Trepalle
Passo di Foscagno
2291
S. Giacomo di Fraele
Lago di S. Giácomo
Lago di Cancano
Valle di Fraéle
Valdidentro
Premadio
Pedenosso
Semogo
Arnoga
Giardino Botanico
Alpino Rezia
Bórmio
Bagni Romani
Valfurva
S. Antonio
Valdisotto
Bórmio 3000
Santa Caterina
Valfurva
Gaviapass
Passo di Gavia
2618
Parco Regionale
del Livignese
Forcola di Livigno
2315
Passo del Bernina
2328
La Rösa
Alp Grüm
Lago Bianco
Pisciadel
Poschiavo
Robbia
Ravisce
Prada
Lago di Poschiavo
Le Prese
Val Grosina
Grosio
Sóndalo
Grosotto
Le Prese
Frontale
Mondadizza
Bolladore
Parco Nazionale dello Stélvio
Stilfser Joch Nationalpark
SCHWEIZ
ITALIA
ÖSTERREICH

Tour 28 Engadin

Fahrerisches Motorrad-Quartett

Eingeklemmt zwischen den majestätischen weißen Riesen der Berninagruppe im Süden und den ebenso gewaltigen Rätischen Alpen im Norden liegt das Engadin.

BASISORT
St. Moritz

TOURLÄNGE
ca. 260 km (1 Tag)

ROADBOOK
St. Moritz, Julierpass, Tiefencastel, Filisur, Bergün, Albulapass, La Punt, Malojapass, Chiavenna, Splügenpass, Via Mala, Tiefencastel, Julierpass, St. Moritz

Wer heute durch St. Moritz spaziert, kann sich kaum vorstellen, dass der winterliche Treffpunkt der Schönen und Reichen bis 1859 noch ein vergessenes Bauerndorf war. In jenem Jahr hatte der Tourismuspionier Johannes Badrutt die Idee, in St. Moritz ein Hotel zu bauen. Der Plan funktionierte, er errichtete das Kulm-Hotel und schoss den Ort damit senkrecht in den Tourismushimmel. Der Grund liegt auf der Hand bzw. vor Augen: die bezaubernde Lage von St. Moritz in einem Hochtal auf 1 820 Metern Höhe. Der See, dahinter der Ort, dahinter die Berge – dieses Bild prägt sich ein.

Julierpass als Auftakt

Schon ein paar Kilometer hinter St. Moritz zweigt nach rechts die Straße hinauf zum Julierpass ab. Den Auftakt bildet eine Gruppe sauber angelegter Serpentinen, dann geht es ein Stück geradeaus den Berg hoch, bis wir über den 2 284 Meter hohen kargen Juliersattel mit seinen charakteristischen antiken Säulenresten rollen. Diese Funde deuten auf eine sehr frühe Benützung dieses Alpenübergangs hin. Der Julier ist noch heute der Welt so sehr entrückt wie früher das ganze Engadin. Der Abstieg vollzieht sich in mehreren Etappen und erweist sich als harmonischer Wechsel aus Kehren und Geraden.

In Tiefencastel dreht die Route nach rechts und beginnt den langen Anmarsch zum 2 315 Meter hohen Albulapass. Lang, weil sie erst die hübschen Dörfer Filisur und Bergün durchquert und sich dahinter in lang gezogenen Bögen der eigentlichen Rampe nähert. Die hat es gehörig in sich: verschlungene, enge Fahrbahn, holperiger Belag, blinde Kehren, die enge

Über den Julierpass und die Westrampe des Abula (linke Seite von oben nach unten).

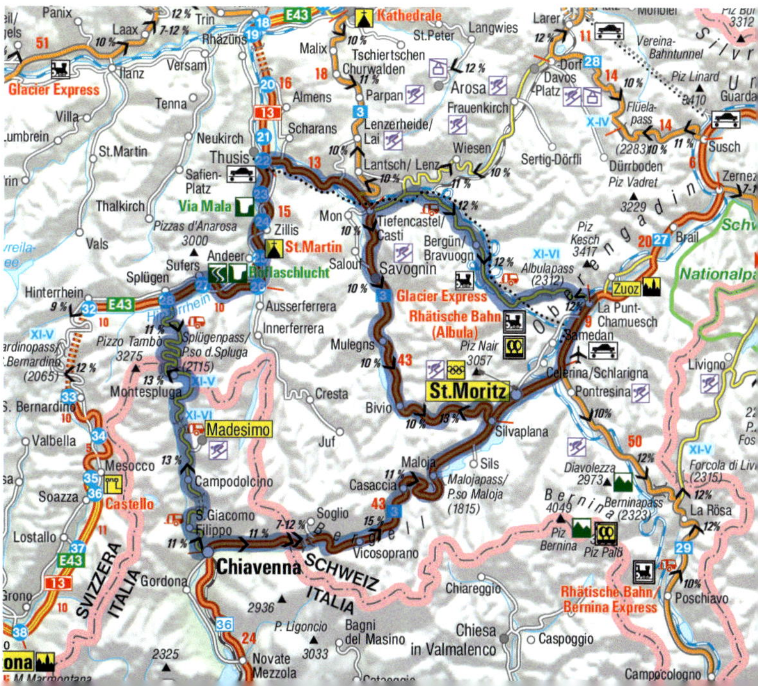

HIGHLIGHT

VIAMALA-SCHLUCHT

Gletschereis und Wasser des Hinterrheins gruben die faszinierende Viamala-Schlucht vor Tausenden von Jahren. 300 Meter hohe Felswände und waghalsige Brückenkonstruktionen sind einen Ausflug wert. 359 Treppen führen zum Schluchtzentrum.

Bergüner Klamm. Beeindruckend ist dabei der Blick auf die riskant in den steilen Fels geschlagene Trasse der Albula-Bahn, die hier in zwei Schleifen einen Höhenunterschied von 100 Metern überwindet. Oben empfängt uns ein stimmungsvoll gelegenes Hospiz und wir genehmigen uns draußen in der Höhensonne einen Kaffee, fotografieren das braune Willkommensschild, genießen die Aussicht.

Vollendetes Alpengemälde

In La Punt hoppeln wir über den Bahnübergang, setzen den rechten Blinker und haben schon bald die Engadiner Seenplatte vor dem Auge. Eine der Postkartenlandschaften der Schweiz. Gäbe es dieses Idyll noch nicht, müsste man es erfinden. Wie blaugrüne Glasperlen reihen sich die Seen hintereinander auf und verschmelzen mit den linker Hand aufragenden Berninagletschern zu einem vollendeten Alpengemälde, auf das der amerikanische Landschaftsmaler Bob Ross stolz gewesen wäre. Am letzten See auf 1815 Metern Höhe stürzt sich die Fahrbahn in die Kehren des Malojapasses. Der ist eigentlich kein richtiger Pass, weil er nur eine Rampe besitzt. Egal – die macht mit ihren perfekt angelegten Serpentinen mächtig Spaß und schiebt sich wie eine Kindermurmelbahn hinab ins Val Bregaglia.

Die folgende Etappe über die Grenze nach Bella Italia ist eine gemütliche Angelegenheit. Chiavenna mit seinen bunten Gassen und exzellenten Restaurants bietet sich für die Mittagspause an. Dabei sollte man den Magen nicht mit allzu viel Pizza und Pasta belasten, da die anstehende Überquerung des 2113 Meter hohen Splügenpasses das Blut im Gehirn und nicht im Magen verlangt. Je rund 20 Kehren auf italienischer und Schweizer Seite,

Die Pässe Albula (oben), Splügen (rechts) und Maloja (rechte Seite).

viele davon hinterlistig, der Rest ziemlich spitz. Dazu gesellen sich Engstellen und Steilabfälle. Wer hier einen sportlichen Reifen fahren will, muss sein Bike im Griff haben. Was übrigens auch für die Strecke durch die Viamala-Schlucht gilt, die sich nun anschließt. Der „schlechte Weg“ zirkelt tief eingegraben am Hinterrhein entlang Richtung Thusis und hält ein wahres Feuerwerk an Kurven jeglicher Art bereit.

Eingestreute Kehren

In Tiefencastel, dem „Kastell in der Tiefe“, biegen wir rechts ab und nehmen zum zweiten Mal am heutigen Tag den Julier unter die Räder. Diesmal allerdings aus der anderen Richtung. Was den Vorteil hat, dass wir den langen Aufstieg in vollen Zügen genießen und die einsame Landschaft rund um den Marmorea-See ausgiebig betrachten können. Die eingestreuten Kehrengruppen sorgen dafür, dass der Geist nicht zu weit abgleitet und nach der Passhöhe im Tal den Abzweig zurück nach St. Moritz nicht verpasst.

Nach dieser kräftezehrenden Tour darf es zum Abendessen kalorienmäßig gerne etwas mehr sein. Wer Käse liebt, bestellt Käsefondue oder Raclette, die Klassiker der Schweizer Küche. Dazu einen gekühlten Weißwein, wie einen Fendant. Oder wie wäre es mit einem Rösti mit Speck und Wurst (Plain in Pigna)? Oder aber einer zünftigen Brotzeit mit Bündnerfleisch? Als Nachtisch ist eine Engadiner Torte ein Muss. Mehrere Schichten Mürbeteig, dazwischen Butter-Vanillecreme – jede Sünde wert.

ÜBERNACHTEN IN DER REGION

HOTEL STEFFANI

Mitten in St. Moritz, im Engadin, und inmitten eines Bikerparadieses liegt das Hotel Steffani. Richtung Süden führen kurvige Passstraßen hinauf über Maloja, Bernina und Ofen bis hinunter nach Italien.

Sonnenplatz • CH-7500 St. Moritz
+41 (0) 81/83 69 6 96 • www.steffani.ch

HOTEL STÜA GRANDA

In den gemütlich eingerichteten Zimmern mit Blick auf die imposanten Granitspitzen der Val Bondasca, könnt Ihr euch nach einer unvergesslichen Motorradtour ausruhen. Frühmorgens hängen oft Wolkenfetzen an den Gipfeln, und im Dorf streicht die kühle Morgenluft um die Häuser.

CH-7610 Soglio
+41 (0) 81/8 34 03 33 • www.stuagranda.ch

HOTEL SURETTA

Das Hotel Suretta liegt an sonniger Lage im Zentrum von Splügen. Das Hotel bietet seinen Gästen 15 schöne, heimelig eingerichtete Zimmer mit 35 Betten. Die gemütliche Stube des Restaurants sowie die Sonnenterrasse mit einer traumhaften Aussicht, laden zum Verweilen und Genießen ein.

Italienische Str. 28 • CH-7435 Splügen
+41 (0) 81/6 50 95 50 • www.suretta.ch

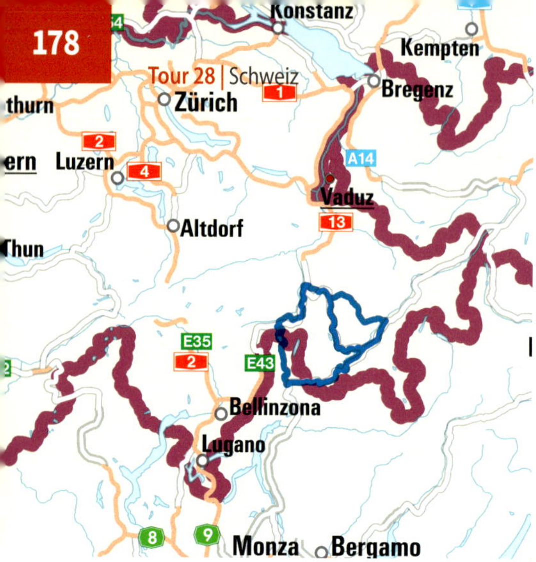

TOUR 28 | Schweiz

ENGADIN

TOURLÄNGE | 260 km

PÄSSE DER TOUR

Julierpass
Scheitelhöhe: 2 284 m | Länge: 34 km
max. Steigung: 10 % | Wintersperre: keine

Albulapass
Scheitelhöhe: 2 315 m | Länge: 33 km
max. Steigung: 12 % | Wintersperre: 11-4

Malojapass
Scheitelhöhe: 1815 m | Länge: 42 km
max. Steigung: 12 % | Wintersperre: keine

Splügenpass
Scheitelhöhe: 2 113 m | Länge: 42 km
max. Steigung: 13 % | Wintersperre: 11-4

Kehrenspaß am Splügen.

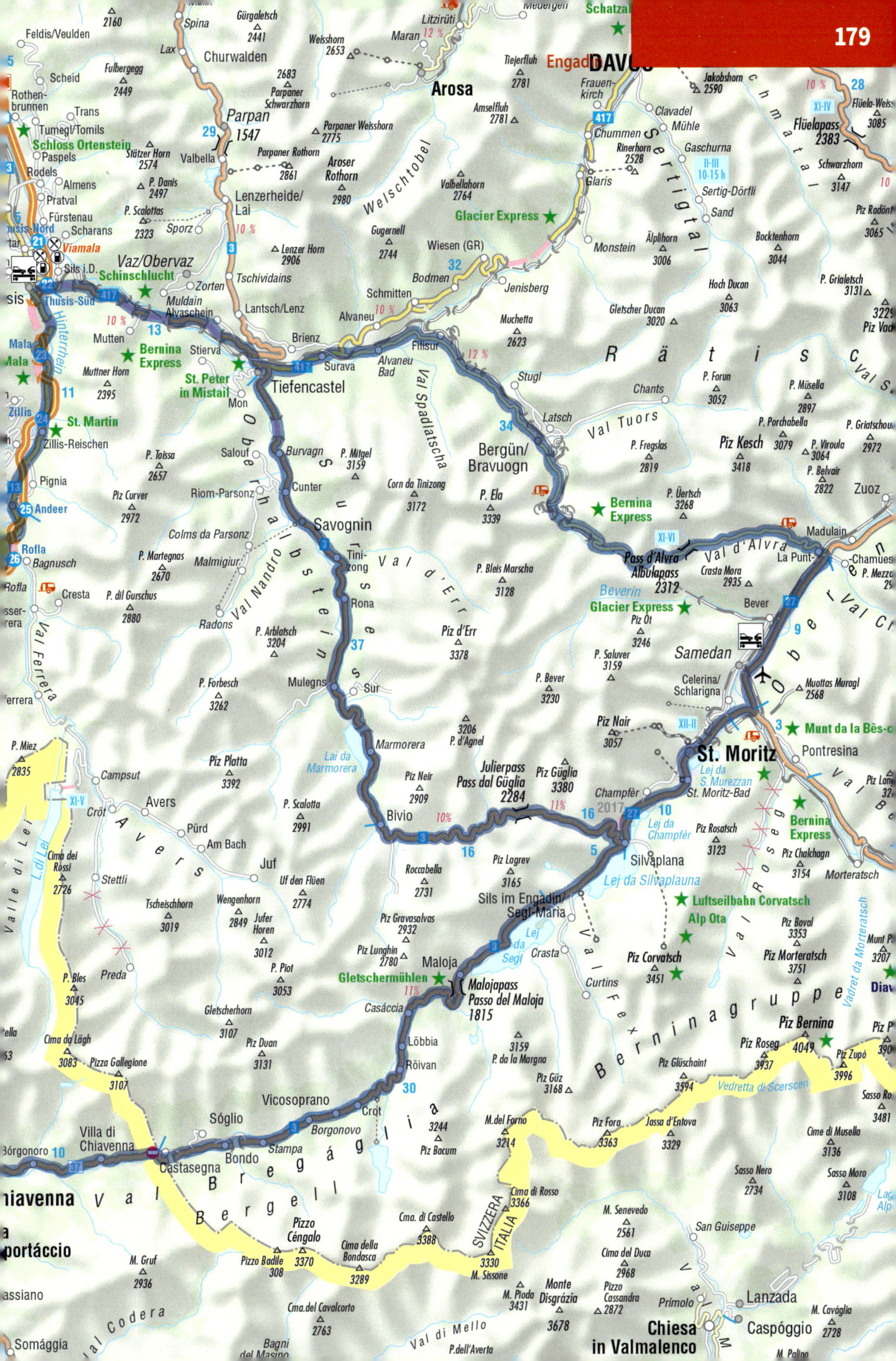
Arosa
DAVOS
Churwalden
Parpan 1547
Lenzerheide/Lai
Vaz/Obervaz
Tiefencastel
Savognin
Bergün/Bravuogn
Pass d'Alvra Albulapass 2312
Samedan
St. Moritz
Pontresina
Silvaplana
Sils im Engadin/Segl-Maria
Maloja
Malojapass Passo del Maloja 1815
Julierpass Pass dal Güglia 2284
Bivio
Mulegns
Marmorera
Lai da Marmorera
Vicosoprano
Sóglio
Castasegna
Villa di Chiavenna
Chiavenna
Chiesa in Valmalenco
Lanzada
Caspóggio
Glacier Express
Bernina Express
Schloss Ortenstein
Schinschlucht
Viamala
St. Peter in Mistail
St. Martin
Gletschermühlen
Luftseilbahn Corvatsch
Alp Ota
Munt da la Bês-ch
Piz Kesch 3418
Piz Bernina 4049
Piz Roseg 3937
Piz Corvatsch 3451
Monte Disgrázia 3678
Pizzo Badile 3308
Pizzo Céngalo 3370
Piz Platta 3392
Piz d'Err 3378
P. Ela 3339
Piz Güglia 3380
Piz Nair 3057
Aroser Rothorn 2980
Lenzer Horn 2906
Thusis-Süd
Zillis
Andeer
Avers
Juf
Bergell
Bregáglia
Berninagruppe
Oberhalbstein
Surses
Val d'Err
Val Tuors
Val d'Alvra
Sertigtal
Val Fex
Val Roseg
Lej da Silvaplauna
Lej da Segl
Lej da S. Murezzan
Lej da Champfèr
SVIZZERA
ITALIA

Tour 29 Tessin

Eine Frage des Charakters

Der Kanton Tessin nennt sich die „mediterrane Seele der Schweiz“. Eine Pässetour durch diesen Landstrich offenbart italienische Lässigkeit und Schweizer Perfektion.

BASISORT
Bellinzona

TOURLÄNGE
ca. 250 km (1 Tag)

ROADBOOK
Bellinzona, Biasca, Lottigna, Olivone, Lukmanierpass, Disentis/Mustér, Sedrun, Tavetsch, Selva, Tschamut, Oberalppass, Andermatt, Sankt Gotthard-Pass, Airolo, Bodio, Biasca, Bellinzona, Val Verzasca, Bellinzona

Als Start- und Zielort dieser Runde haben wir Bellinzona ausgesucht, die wohl italienischste Stadt der Schweiz. Schattige Laubengänge, schmiedeeiserne Balkone, die Piazza Collegiata, eine großartige Mischung aus Schweizer Gründlichkeit und italienischer Lässigkeit.

Aber das ist nicht der einzige Grund: Die Tessiner Hauptstadt liegt für uns Motorradfahrer strategisch günstig nahe der Alpenpässe Sankt Gotthard, San Bernardino und dem Lukmanier. Und genau den nehmen wir ins Visier.

Majestätische Berge

Die Reifen gleiten über rauen Asphalt, folgen den Windungen des Flusses Ticino, der dem Kanton Tessin (italienisch Ticino) seinen Namen gegeben hat. Rechts und links des Taleinschnitts strecken majestätische Berge ihre weißgepuderten Spitzen in den endlosen Himmel. Wir lassen es locker angehen und erreichen bald Biasca.

Die Gemeinde, 19 Kilometer nördlich von Bellinzona, ist mit angenehm mildem Klima gesegnet, von Weinbergen und Edelkastanienwäldern umrahmt. Kleine Stadtrundfahrt im Sattel? Aber klar doch. Wenn man am Bahnhof vorbeikommt, kann man sogar den Wasserfall von Santa Petronilla sehen.

Weiter über Lottigna und Olivone ins Valle Santa Maria. Die Straße beschreibt hinter Olivone einen großen Bogen und gewinnt dann mit einigen Serpentinen an Höhe. Die Landschaft ist von mattenweichen Alpenwiesen geprägt, aus denen massenhaft hohe Tannen wie Stacheln herausragen. Kein Wunder, bedeutet doch lateinisch „lucus magnus“ großer Wald. Für uns bedeutet die Lukmanierstraße auf motorradfahrerisch „großer Spaß“.

Durch die wilde Schöllenenschlucht nähert man sich dem Sankt Gotthard (linke Seite von oben nach unten).

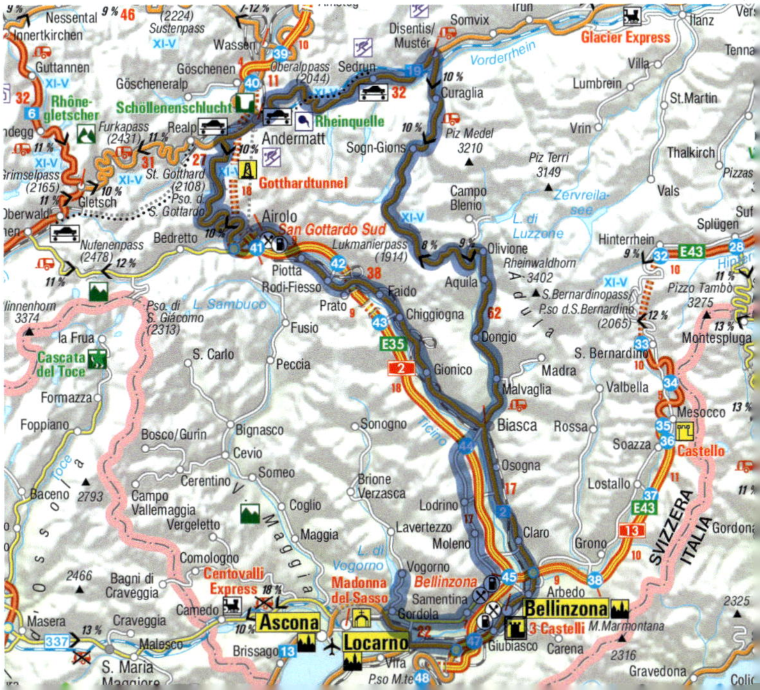

HIGHLIGHT

VAL VERZASCA

Ein Abstecher ins Val Verzasca. Wegen der Verzasca-Staumauer, die mit 220 Metern höchste Staumauer der Welt. Erinnert Ihr euch an die Eingangsszene im James-Bond-Film „Golden Eye", als Bond an einem Gummiseil von der Staumauer springt? Diesen Sprung kann man nachmachen.

www.trekking.ch

Auf der Passhöhe angekommen, empfiehlt sich der Einkehrschwung ins Hospezi Santa Maria. Bei gutem Wetter sitzt man draußen, streckt das Gesicht in die Sonne, schlürft cremigen Cappuccino. Bei schlechtem Wetter genießt man die Behaglichkeit des Panoramarestaurants und macht sich über einen köstlichen Teller Bündnerfleisch her.

Reizender Kurort

Die Abfahrt nach Disentis / Mustér verläuft durch das Val Medel. Auf den untersten drei Kilometern bildet das Tal eine enge Schlucht, nach 15 Kilometern erreichen wir den reizenden Kurort. Abwechslungsreiche Bögen auf griffigem Asphalt bringen uns wieder auf Höhe und die Maschine auf Touren. Sedrun, Tavetsch, Selva und Tschamut tauchen nacheinander auf.

Klasse Kurven auf teilweise schmaler Fahrbahn lassen ein perfektes Motorradfeeling aufkommen. Eine letzte Serpentinengruppe, der Sattel des 2045 Meter hohen Oberalppasses kommt in Sicht. Wir genießen den Rundblick. Atmen die klare Gebirgsluft tief ein und aus und stürzen uns dann in die ebenfalls variantenreiche Abfahrt nach Andermatt.

Das Bilderbuchdorf ist einen ausgiebigen Stopp wert. Es liegt eingebettet im karg felsigen Ursental, einem Hochtal, ist seit Jahrhunderten Kreuzungspunkt der Passrouten von Nord nach Süd, von West nach Ost. Zündschlüssel ab, Maschine auf den Seitenständer, Helm in die Armbeuge. Die Stiefel schlendern über Kopfsteinpflaster durch den historischen Ortskern.

Unsere Augen surfen über verwitterte Holzfassaden, offene Lauben, die schwarz-grün gestreiften Fensterläden des Rathauses Ursenen. Wir zücken den Fotoapparat für die geranienum-

Bilderbuchdorf Andermatt (oben), Lukmanierpass (rechts) und historische Gotthardpostkutsche (rechte Seite).

rankte Säule mit einem Bären drauf (lateinisch Ursus), für kunstvolle Gasthausschilder, eine wehende rote Fahne mit einem weißen Kreuz darauf. Danach empfiehlt sich eine Erfrischung auf einer der vielen Außenterrassen.

Hilfreiche Teufelsbrücke

Durch die wilde Schöllenenschlucht nähern wir uns dem Gotthard. Seit im 13. Jahrhundert die Teufelsbrücke auf gewagte Weise über die Schlucht gebaut wurde, ist Andermatt an die Zivilisation angeschlossen, da somit endlich die Nord-Süd-Überquerung des Sankt Gotthards möglich war. Noch heute bekommt man ein mulmiges Gefühl, wenn in der engen Schlucht unter einem die Wassermassen tosen.

Die Gefühlslage ändert sich schlagartig auf dem 2 106 Meter hohen Gotthard-Plateau. „Mir ist's unter allen Gegenden, die ich kenne, die liebste und interessanteste", beschrieb Dichter Goethe die Umgebung. Kein Wunder, dass der Anblick des hübschen Gotthard-Sees und des Hospizes, umrahmt von einer rauen Felsenwelt, ans Gemüt geht.

Für die Abfahrt gibt es gleich zwei Varianten. Die erste und fahrerisch spannendere ist die alte Gotthardstraße mit ihrem Kopfsteinpflaster und den 24 engen Serpentinen. Die zweite verläuft auf der neuen Passstraße, die mit sauber gezogenen Kurven, teils ausgesetzten Stellen und tollen Blicken hinab nach Airolo verwöhnt. Laune machen sie beide. Geschmeidig folgt die Straße danach dem Valle Leventina und erreicht über Bodio und Biasca wieder Bellinzona. ◀

ÜBERNACHTEN IN DER REGION

CHALET HOTEL KRONE

Liebevoll renovierte Doppelzimmer mit Dusche und WC sowie Ferienappartements erwarten euch in ruhiger und sonniger Lage von Göschenen. Selbstverständlich wird für euer Motorrad eine Garage bereit gehalten. Eine Schrauberecke und Tourentipps gibt es außerdem.

Gotthardstr. 200 • CH-6487 Göschenen
+41 (0) 41 / 8 85 12 80 • www.chalet-hotel-krone.ch

HOTEL CRESTA

Direkt am Fuß des Oberalppasses und in unmittelbarer Nähe der Talstation (100 m) der Skiarena Andermatt-Sedrun, seid Ihr am idealen Ausgangspunkt für Motorradtouren. Eingetroffen im Hotel Cresta dürft Ihr euch zurücklehnen und verwöhnen lassen.

Via Alpsu 253 Sedrun • 7188 Graubünden
+41 (0) 81 / 9 49 12 25 • www.hotelcresta.ch

HOTEL CUNTERA

Das 1994 neu erbaute *** Hotel wurde Anfang 1995 eröffnet und ist sehr ruhig gelegen. Das Haus wird von der Besitzerfamilie persönlich und familiär geführt.

Das gesamte Hotel ist dem Bergdorf angepasst im rustikalen Stil eingerichtet.

Mutschnengia 106 • 7184 Curaglia,
+41 (0) 81 / 9 47 63 43 • www.ostseegutshaus.de

TOUR 29 | Schweiz

TESSIN

TOURLÄNGE | 250 km

PÄSSE DER TOUR

Lukmanier
Scheitelhöhe: 1914 m | Länge: 65 km
max. Steigung: 19 % | Wintersperre: keine

Oberalppass
Scheitelhöhe: 2 045 m | Länge: 23 km
max. Steigung: 8 % | Wintersperre: 12-4

Sankt Gotthard-Pass
Scheitelhöhe: 2 106 m | Länge: 27 km
max. Steigung: 10 % | Wintersperre: 11-5

Schattige Laubengänge in Bellinzona.

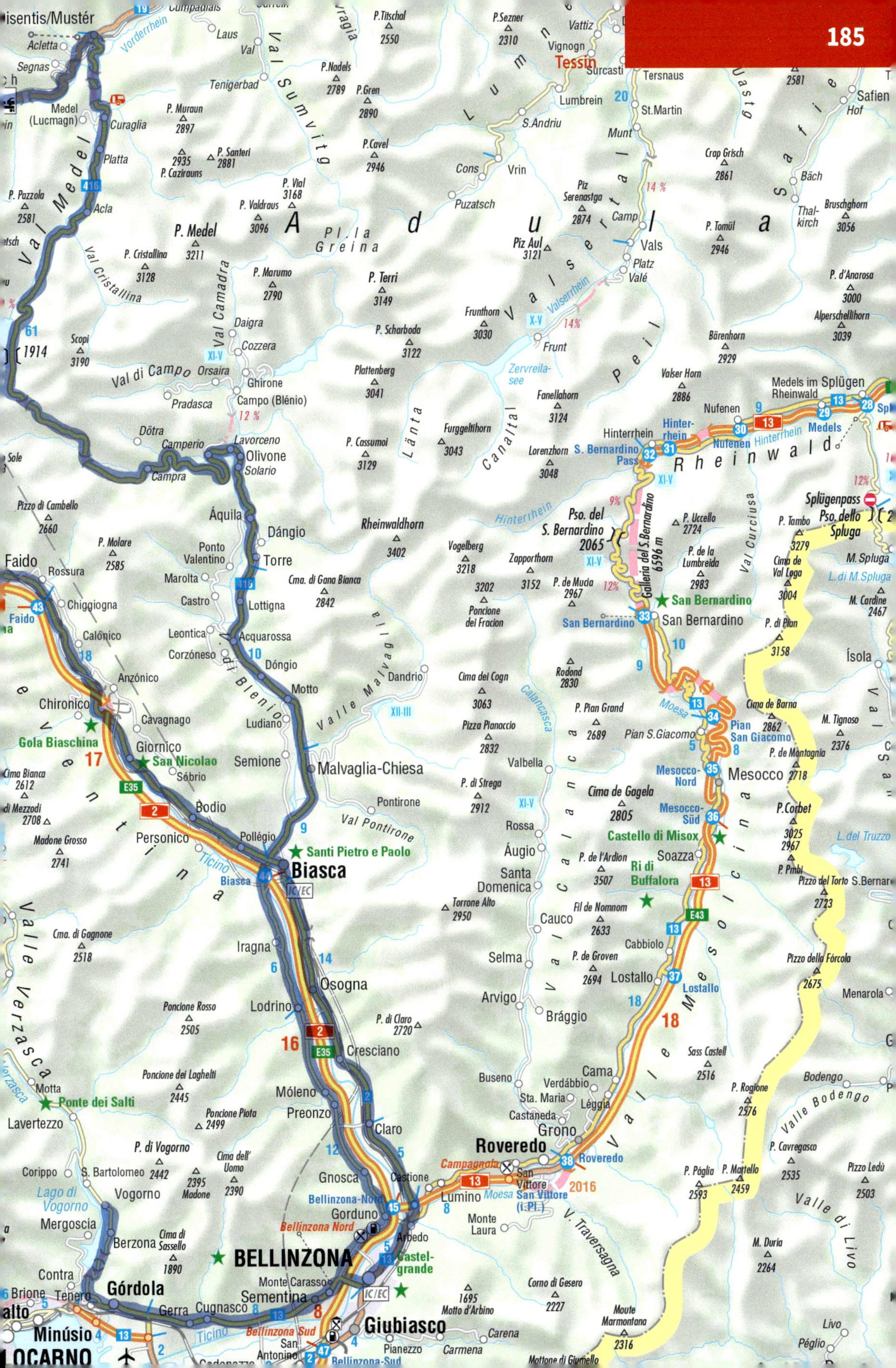
Disentis/Mustér
Vorderrhein
Acletta
Segnas
Medel (Lucmagn)
Curaglia
Platta
Acla
Val Medel
Val Cristallina
P. Medel 3211
P. Cristallina 3128
P. Muraun 2897
P. Santeri 2881
P. Caziraruns
P. Vial 3168
P. Valdraus 3096
P. Marumo 2790
Val Sumvitg
Tenigerbad
Laus
Val
P. Titschal 2550
P. Nadels 2789
P. Gren 2890
P. Cavel 2946
P. Terri 3149
P. Scharboda 3122
Plattenberg 3041
Pl. la Greina
Adula
Lumnezia
Vattiz
Vignogn
Tessin
Surcasti
Lumbrein
S. Andriu
Vrin
Cons
Puzatsch
P. Sezner 2310
Tersnaus
St. Martin
Munt
Camp
Vals
Platz
Valé
Piz Aul 3121
Piz Serenastga 2874
Valserrhein
Valsertal
Frunthorn 3030
Frunt
Zervreilasee
Fanellahorn 3124
Furggeltihorn 3043
Lorenzhorn 3048
Canaltal
Länta
Peil
Safiental
Safien Hof
Bäch
Thalkirch
Bruschghorn 3056
P. Tomül 2946
Crap Grisch 2861
P. d'Anarosa 3000
Alperschellihorn 3039
Bärenhorn 2929
Valser Horn 2886
Medels im Splügen
Rheinwald
Nufenen
Hinterrhein
Medels
Splügenpass
Pso. dello Spluga
S. Bernardino Pass
Pso. del S. Bernardino 2065
Galleria del S. Bernardino 6596 m
San Bernardino
Val Curciusa
P. Uccello 2724
P. de la Lumbreida 2983
P. Tambo 3279
M. Spluga
L. di M. Spluga
Cima de Val Loga 3004
M. Cardine 2467
P. di Pian 3158
Ísola
Zapporthorn 3152
Vogelberg 3218
P. de Mucia 2967
Rheinwaldhorn 3402
Cma. di Gana Bianca 2842
Val di Campo
Orsaira
Ghirone
Campo (Blénio)
Pradasca
Val Camadra
Daigra
Cozzera
Scopi 3190
P. Pazzola 2581
Dötra
Camperio
Lavorceno
Olivone
Solario
Campra
Pizzo di Cambello 2660
P. Molare 2585
Áquila
Dángio
Ponto Valentino
Torre
Marolta
Castro
Lottigna
Leontica
Acquarossa
Corzóneso
Dóngio
V. di Blenio
Motto
Ludiano
Semione
Malvaglia-Chiesa
Valle Malvaglia
Dandrio
Val Pontirone
Pontirone
Faido
Rossura
Chiggiogna
Calònico
Anzónico
Chironico
Cavagnago
Gola Biaschina
Giornico
San Nicolao
Sóbrio
Bodio
Personico
Pollégio
Biasca
Santi Pietro e Paolo
Valle Leventina
Cima Bianca 2612
Madone Grosso 2741
Valle Verzasca
Cma. di Gagnone 2518
Iragna
Osogna
Lodrino
Poncione Rosso 2505
Cresciano
Moleno
Preonzo
Claro
Poncione dei Laghetti 2445
Poncione Piota 2499
Motta
Ponte dei Salti
Lavertezzo
P. di Vogorno
Corippo
S. Bartolomeo
Vogorno
Lago di Vogorno
Mergoscia
Berzona
Contra
Brione
Tenero
Górdola
Gerra
Cugnasco
Minúsio
LOCARNO
Cima di Sassello 1890
Gnosca
Castione
Bellinzona-Nord
Gorduno
Bellinzona Nord
Arbedo
BELLINZONA
Monte Carasso
Sementina
Castelgrande
Giubiasco
Bellinzona Sud
Pianezzo
Carmena
Carena
Lumino
Monte Laura
Roveredo
San Vittore
Campagnola
Moesa
Grono
Castaneda
Sta. Maria
Leggia
Cama
Verdábbio
Buseno
Arvigo
Brággio
Selma
Cauco
Santa Domenica
Áugio
Rossa
Valbella
Val Calanca
Calancasca
Cima dei Cogn 3063
Pizzo Pianaccio 2832
P. di Strega 2912
Torrone Alto 2950
Rodond 2830
P. Pian Grand 2689
Cima de Gagela 2805
P. de l'Ardion 3507
Fil de Nomnom 2633
P. de Groven 2694
Pian San Giacomo
Mesocco
Mesocco-Nord
Mesocco-Süd
Castello di Misox
Soazza
Ri di Buffalora
Cabbiolo
Lostallo
Valle Mesolcina
Sass Castell 2516
P. Rogione 2576
Bodengo
Valle Bodengo
Cima de Barna 2862
M. Tignoso 2376
P. de Montagnia 2718
P. Corbet 3025
Pizzo della Fórcola 2675
Menarola
L. del Truzzo
Pizzo del Torto
P. Cavregasco 2535
Pizzo Ledù 2503
Valle di Livo
P. Páglia 2593
P. Martello 2459
P. Duria 2264
Corno di Gesero 2227
V. Traversagna
Motto d'Arbino 1695
Moute Marmontana 2316
Livo
Péglio
2016

Tour 30 Wallis

Vom Furka zum Großen St. Bernhard

Das sonnenverwöhnte Wallis ist eine Region, die den Inbegriff der Schweiz in allen Facetten ausstrahlt: grüne Landschaft im flachen Rhônetal und die schroffen Felsen der Alpen.

START- / ZIELORT
Andermatt / Aosta

TOURLÄNGE
ca. 220 km (1 Tag)

ROADBOOK
Andermatt, Furkapass, Gletsch, Brig, Visp, Zermatt / Saas Fee, Visp, Sierre, Sion, Martigny, Sembrancher, Großer St. Bernhard, Aosta

Der Anstieg von Andermatt zum Furkapass verläuft zunächst unspektakulär. Dann aber fällt die Route in eine Reihe dicht aufeinanderfolgenden Kehren. Griffiger Belag, viel Übersicht, runde und sauber angelegte Bögen. Zum Schluss führt die Straße ein Stück an den Konturen des Berges entlang, dann rollen wir auf die Passhöhe.

Furka, die Gabel. Italienisch „forcola". So nannten die Menschen früher einen Pass. Wahrscheinlich kamen ihnen die hohen und gefährlichen Alpenübergänge wie die Zinken eine Gabel vor.

Ständig hat man das Eis des über acht Kilometer langen Rhône-Gletschers vor sich. Auf keinem anderen Straßenstück der Alpen ist man so nah dran an der Erdgeschichte. Denn nirgendwo anders bietet sich die Gelegenheit, einfach das Motorrad abzustellen und in das ewige Eis eines Gletschers zu fassen. Diese Stelle befindet sich ein Stück unterhalb des Sattels.

Fotogenes Hotel

Hinein in die Abfahrt. Keine Autobahn, aber eine ordentlich ausgebaute Trasse. Das Hotel Belvedere taucht

Furkapass und Saas Fee (linke Seite von oben nach unten).

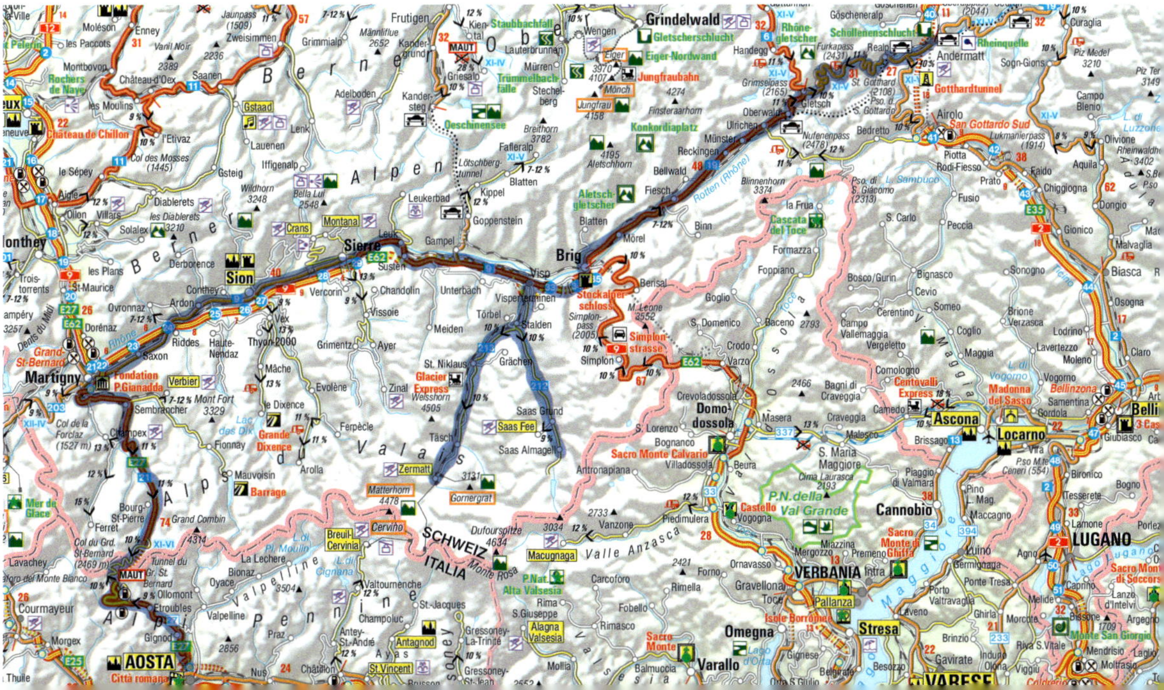

HIGHLIGHT

SAAS FEE

Von Visp erreicht man über Stalden das reizende Saas Fee. Dessen Attraktion ist das Drehrestaurant Allalin, mit 3500 Metern das höchstgelegene seiner Art der Welt. Es dreht sich in einer Stunde einmal um die eigene Achse. Hinauf geht es mit der Metro Alpin, der weltweit höchsten U-Bahn.

auf. Der alte Kasten ist zwar sehr traditionsreich, mittlerweile jedoch ziemlich renovierungsbedürftig. Aber er thront derartig fotogen über einer der Spitzkehren, dass sein Parkplatz immer rappelvoll ist.

Anschließend folgen wir dem Lauf der Rhône auf ihrem Weg Richtung Südwesten. Rechter Hand ragen die Gipfel der Berner Alpen in die Höhe, auf der linken Seite flimmern die weißen Spitzen der Walliser Alpen im Sonnenlicht. Ob es wohl noch eine andere Strecke in den Alpen gibt, die so verschwenderisch mit Panoramen umgeht?

Blick aufs Matterhorn

In Visp links ab. Dieser Abstecher führt zu zwei wunderschönen Tälern und zwei lohnenswerten Zielen. Entweder durchs Saastal ins schnuckelige Saas Fee oder entlang der Matter Vispa ins mondäne Zermatt. Obwohl das Matterhorn mit 4478 Metern nur der fünfthöchste Berg der Schweiz ist (der höchste ist die Dufourspitze mit 4634 Metern), so ist er doch der bekannteste. Majestätisch thront seine steile Pyramide über dem kleinen Ort Zermatt.

Zermatt zu erreichen, ist gar nicht einfach, da das gesamte Dorf autofrei ist. Man parkt im etwa fünf Kilometer entfernten Täsch und steigt in die Pendelbahn, die den Besucher ins Dorf bringt. Obwohl Zermatt mit Luxushotels und Edelboutiquen übersät ist, hat es sich seinen ursprünglichen Charme erhalten. Der Kirchenplatz und die urigen Holzhäuser im Kern des Ortes zeugen von Tradition.

Kaffeepause in Sion, der Hauptstadt des Wallis. 25 000 Einwohner leben in der von Rebhängen eingebetteten Stadt mit ihrem südländischen Klima und ihrer malerischen Altstadt. Eine gemütliche Fußgängerzone bietet alles, was zum zünftigen Bummel gebraucht wird: Geschäfte, Weinkeller,

Furkapass (oben), Großer Sankt Bernhard (rechts) und Zermatt unterhalb des Matterhorns (rechte Seite).

Cafés und nicht zu vergessen: den bunten Markt.

Irgendwann erreichen wir Martigny und den Abzweig zum Großen St. Bernhard. Das Städtchen Martigny ist das wirtschaftliche und kulturelle Zentrum im Südwesten des Wallis. Schon früher, zur Zeit der Römer, war der Ort ein wichtiger Verkehrsknotenpunkt.

Gott sei Dank ist der Große St. Bernhard rechtzeitig auf den Hund gekommen. Sonst wäre der Alpenpass nach dem Bau des Tunnels wohl schnell in Vergessenheit geraten. So aber sind es die berühmten Lawinenhunde, die nach wie vor Scharen von Reisenden auf den 2 469 Meter hohen Sattel locken.

Für Serpentinen-Sammler

Auch wer sich für die Lawinenhunde nicht so sehr interessiert, wird für die Überquerung des Passes reichlich belohnt. Und zwar in Form einer Vielzahl von leckeren Kurven und Kehren. Der Große St. Bernhard ist ein absolutes Muss für jeden Serpentinen-Sammler. Keine 100 Meter geradeaus. Das Motorrad kippt in eine Kehre nach der anderen. Wie eine schwarze Schnur kringelt sich die Trasse durch grüne Almen in Richtung Himmel.

Mitten auf der Passhöhe sitzt wie eine Festung das Hospiz. Es wurde im 11. Jahrhundert vom heiligen St. Bernhard von Menthon gegründet. Wie viele andere Schutzhäuser in den Alpen wurde es errichtet, um Wanderern, Reisenden und Pilgern eine Übernachtungsmöglichkeit sowie Zuflucht vor Unwettern zu geben. Wegen der Lawinenhunde ist dort oben immer ziemlich viel los. Die von den Mönchen gezüchteten Hunde sind im Museum des Hospizes untergebracht und können angeschaut werden.

Den Höhepunkt der St. Bernhard-Überquerung bildet die Südrampe hinab nach Aosta. Ein Festival der Kurven, das sich kaum beschreiben lässt. Man muss es einfach erfahren haben. Im wahren Sinne des Wortes. Der abschließende Stopp im Ortskern von Aosta ist Pflicht. Man sitzt romantisch draußen im Straßencafé und erhascht dabei mit etwas Glück sogar einen Blick auf den Mont Blanc. ◀

ÜBERNACHTEN IN DER REGION

HÔTEL LA PORTE D´OCTODURET

Das Hotel La Porte d'Octodure ist die ideale Etappe für eure Tagesausflüge sowie Aufenthalte in Frankreich, Italien, Wallis und im Genferseegebiet. Die 33 schallisolierten Zimmer verfügen alle über Badezimmer / WC, Haartrockner, Direktwahltelefon, Kabelfernseher und Radio.

Rte du Grand Saint Bernard 5 • CH-1921 Martigny-Croix
+41 (0) 27 / 722 71 21 • www.porte-octodure.ch

BADEHOTEL SALINA MARIS

Das kleine Hotel liegt am Tor zum UNESCO-Welterbe Aletsch-Jungfrau. Das Frühstücksbuffet erwartet euch im Frühstücksraum direkt im Haus. Das Abendessen könnt Ihr im Restaurant Taverne genießen (nur 50 m entfernt). Den Wellnessbereich könnt Ihr kostenlos benutzen.

Breiten 1 • CH-3983 Mörel
+41 (0) 27 / 928 42 42 • www.salina.maris.ch

HOTEL-RESTAURANT GRIMSEL

Das neu renovierte Hotel liegt inmitten der drei Alpenpässe Furka, Grimsel und Nufenen. Alle Zimmer verfügen über WC / Dusche, Föhn, Tresor und Satelliten-TV. Im Sommer werdet Ihr gerne auf unserer Sonnenterrasse mit den gemütlichen Gartenbänken bedient.

Furkastrasse • CH-3988 Obergesteln
+41 (0) 27 / 973 11 56 • www.hotelgrimsel.ch

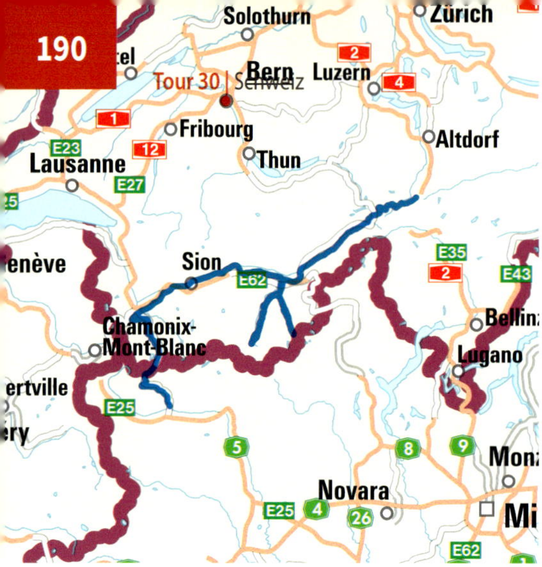

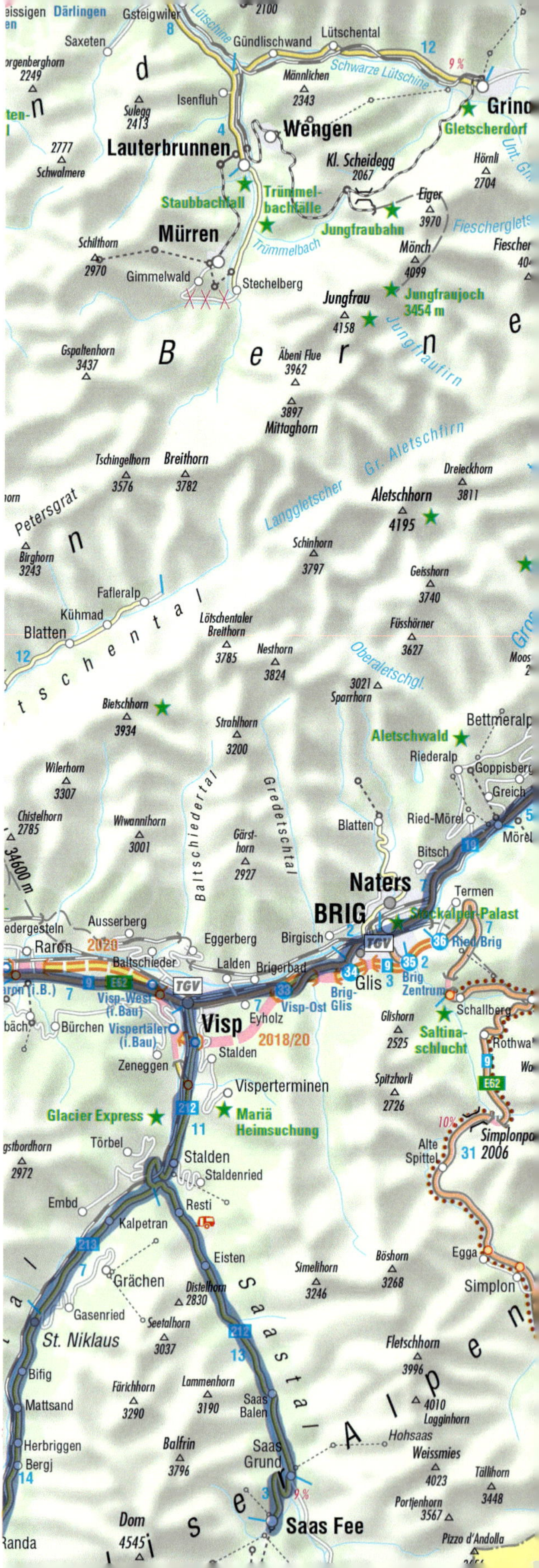

TOUR 30 | Schweiz

WALLIS

TOURLÄNGE | 220 km

PÄSSE DER TOUR

Furkapass
Scheitelhöhe: 2 436 m | Länge: 35 km
max. Steigung: 11 % | Wintersperre: 11-5

Großer St. Bernard
Scheitelhöhe: 2 469 m | Länge: 74 km
max. Steigung: 11 % | Wintersperre: 11-4

Der malerische Ortskern von Aosta.

Wallis
Alpe
Goms
Dammastock 3630
Galenstock 3583
Tieralplistock 3383
Winterstock 3203
Rhonegletscher
Belvédère
Dampfbahn Furka-Bergstrecke
Furkapass 2436
Tiefenbach
Realp
Hospental
Urseren
St.-Gotthard-Strassentunnel 16 321 m
St.-Gotthard-Bahntunnel 15 000 m
Gemsstock 2961
P. Centrale 2999
St.-Gotthard-Pass Passo del S. Gottardo 2109
Sasso S. Gottardo
Motto Bartola
Airolo
Fontana
Ossasco
Bedretto
Ronco
All'Ácqua
Val Bedretto
P. Lucendro 2963
Leckihorn 3065
P. Rotondo 3192
Furka-Basistunnel 15 400 m
Gletsch
Grimselpass 2165
Grimsel Hospiz
Grimselsee
Handegg
Oberwald
Obergesteln
Ulrichen
Geschinen
Münster
Reckingen
Gluringen
Biel
Selkingen
Blitzingen
Niederwald
Bellwald
Steinhaus
Mühlebach
Ernen
Ausserbinn
Binntal
Binn
Heiligkreuz
Rappetal
Glacier Express
Dossenhorn 3142
Wetterhorn 3701
Hangendgletscherh. 3292
Ritzlihorn 3282
Bärglistock 3656
Gauligletscher
Steinlauihorn 3162
Ewigschneehorn 3329
Lauteraarhorn 4042
Hienderstock 3307
Bächlistock 3247
Alplistock 2877
Unteraargletscher
Zinggenstock 2915
Scheuchzerhorn 3462
Oberaarsee
Oberaarhorn 3637
Finsteraarhorn 4274
Löffelhorn 3095
Wasenhorn 3447
Fieschergletscher
P. Gallina 3061
Nufenenpass 2478
Passo di S. Giácomo 2313
Corno Gries 2929
P. del Termine 2962
L. dei Cavagnöö
Riale
Cascata del Toce
Canza
Val Formazza
Ponte
Valdo
Formazza
Chiesa
M. Giove 3009
M. Basódino 3273
Pizzo Fiorera 2918
Pizzo Biela 2863
Blinnenhorn 3374
Hohsandhorn P.di Sabbione 3183
Ofenhorn P.d'Arbola 3235
Rappehorn 3158
SCHWEIZ
ITALIA
P. di Valdeserta 2938
P. Cervandone 3211
P. di Fanzónia 2684
Lago di Dévero
Lago di Agaro
Salècchio
S.Rocco di Premia
Fiume Toce
Valle Antigório
P. Mottiscia 3156
Helsenhorn 3272
P. Boccaréccia 3207
Parco Naturale Alpe Véglia e Alpe Dévero
Góglio
Costa
Cróveo
M. Forno 2593
Prémia
Baceno
P. Diei 2906
M. Cistella 2880
Nembro
S. Domenico
S. Bernardo
Cravegna
Crodo
Mózzio
Vegno
Trasquera
Varzo
Iselle
Gondo
Val Divedro
Punta Valgrande 2856
P. Giezza 2635
Pizzo d'Albiona 2431
Óira
Pontemáglio
V. dell'Isorno
Montecrestese
Crevoladóssola
DOMODÓSSOLA
Masera
Cima Lariè 2144
Cima Verosso 2444
Straciugo 2713
S.Lorenzo
S.Marco
Mocogna
Bognanco Fonti
Valle di Bognanco
Vagna
Croppo
Domodóssola
Sacro Monte Calvario
P. Montalto
Cima la Sella 1712
Cóimo
Val Vigezzo
Sta.Maria Maggiore
Malesco
Buttogno
Toceno
Cravéggia
Gagliago
Folsogno
Olgia
Finero
Cùrsolo-Orasso
M. Tógano
M. Torriggia 1703
Borgnone
Lionza
Verdásio
Centovalli Express
Pizzo di Ruscada 2004
Cma. del Sassone 2086
Pizzo la Schéggia 2466
M. Lóccia di Peve 2127
Pioda di Crana 2430
Pizzo del Forno 2696
P. Quadro 2793
Pizzo di Lago Gelato 2616
Pizzo di Madéi 2551
SVIZZERA
ITALIA
Pilone 2192
Spruga
Comologno
Crana
Russo
Mosogno
Valle Onsernone
Vergeletto
Gresso
V. di Vergeletto
Rosso di Ribia 2545
Pizzo Alzasco 2262
P. Cramalina 2322
Valle di Campo
Cimalmotto
Campo (Vallemaggia)
Niva
Cerentino
Linéscio
Bosco/Gurin
Valle di Bosco
Pizzo Orsaletto 2476
Cavergno
Bignasco
Cevio
Visletto
Boschetto
Riveo
Menzónio
Fontana
Foroglio
Roseto
Sonlèrto
Val Bavona
S.Carlo
Poncione di Braga 2864
L. di Robièi
P. Castello 2808
Piano di Peccia
S. Carlo
Peccia
Alpi Lepontine
Cristallina 2912
L. di Naret
Poncione dei Laghetti 2616
L. del Sambuco
Madone 2756
Poncione di Vèspero 2717

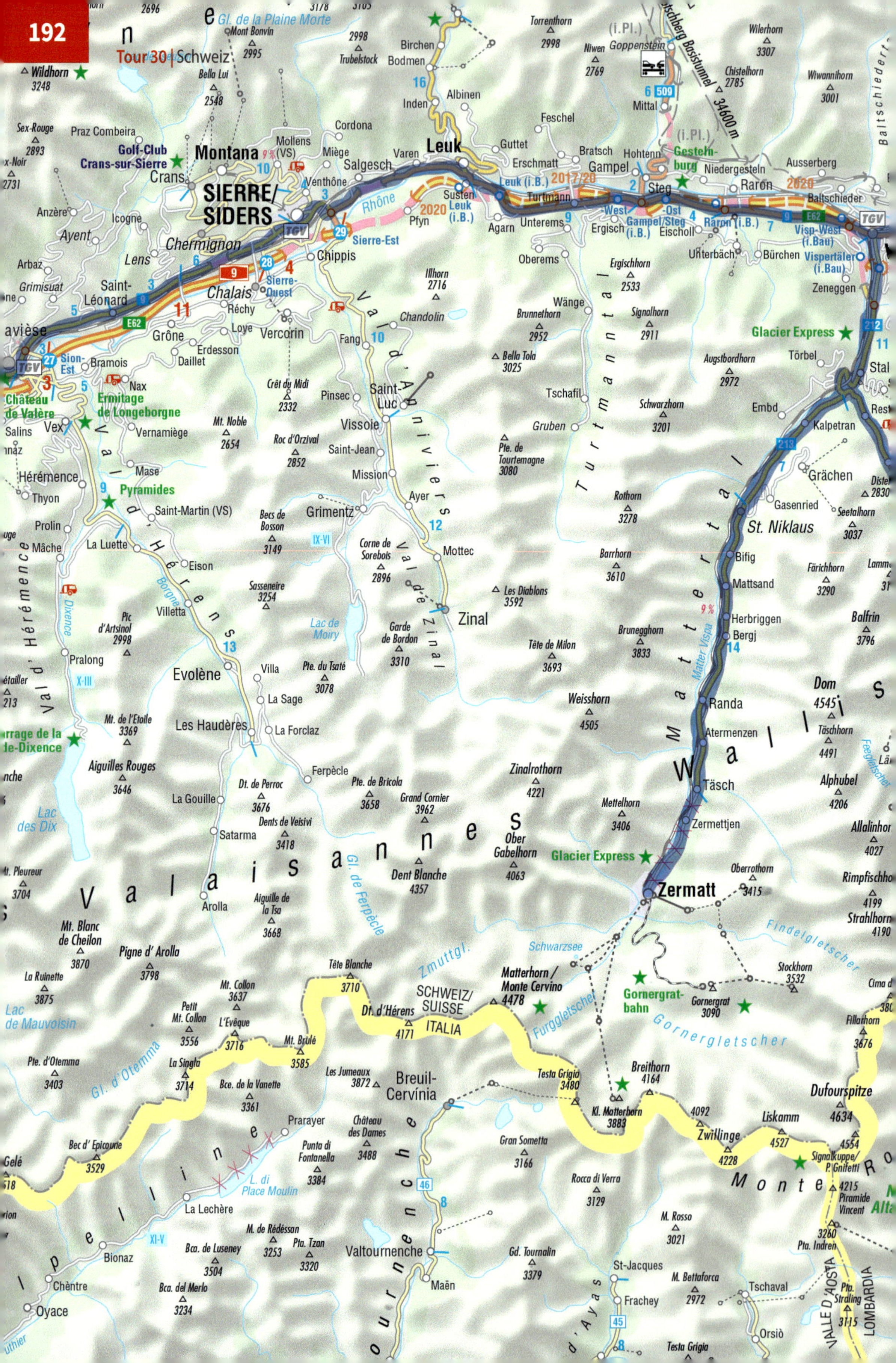
Gl. de la Plaine Morte
Mont Bonvin
2995
Wildhorn
3248
Bella Lui
2548
Sex-Rouge
2893
Praz Combeira
Golf-Club
Crans-sur-Sierre
Montana
Crans
Mollens
(VS)
Cordona
Miège
Salgesch
Venthône
Varen
Leuk
Birchen
Bodmen
Inden
Albinen
Torrenthorn
2998
Niwen
2769
Goppenstein
(i.Pl.)
Lötschberg Basistunnel
34600 m
Mittal
Feschel
Guttet
Erschmatt
Bratsch
Gampel
Hohtenn
Gesteln-
burg
Niedergesteln
Raron
Ausserberg
Wilerhorn
3307
Chistelhorn
2785
Wiwannihorn
3001
Baltschiedertal
Baltschieder
SIERRE/
SIDERS
Rhône
Susten
Leuk
(i.B.)
Pfyn
Turtmann
Agarn
Unterems
Ergisch
Gampel/Steg
(i.B.)
Steg
Eischoll
Raron (i.B.)
Visp-West
(i.Bau)
Visp
Vispertäler
(i.Bau)
Unterbäch
Bürchen
Zeneggen
Sierre-Est
Chippis
Chermignon
Icogne
Anzère
Ayent
Lens
Arbaz
Grimisuat
Saint-
Léonard
Chalais
Sierre-
Ouest
Réchy
Loye
Vercorin
Grône
Erdesson
Daillet
Bramois
Sion-
Est
Savièse
Nax
Ermitage
de Longeborgne
Château
de Valère
Salins
Vex
Vernamiège
Mase
Hérémence
Thyon
Pyramides
Saint-Martin (VS)
Prolin
Mâche
La Luette
Eison
Val d'Hérens
Borgne
Villetta
Pic
d'Artsinol
2998
Pralong
Dixence
Val d'Hérémence
Evolène
Villa
La Sage
La Forclaz
Les Haudères
Mt. de l'Etoile
3369
Barrage de la
Grande-Dixence
Aiguilles Rouges
3646
La Gouille
Ferpècle
Lac
des Dix
Satarma
Arolla
Mt. Pleureur
3704
Mt. Blanc
de Cheilon
3870
Pigne d'Arolla
3798
La Ruinette
3875
Lac
de Mauvoisin
Pte. d'Otemma
3403
Gl. d'Otemma
Valais
Alpes Valaisannes
Illhorn
2716
Chandolin
Fang
Val d'Anniviers
Saint-
Luc
Pinsec
Vissoie
Saint-Jean
Mission
Crêt du Midi
2332
Mt. Noble
2654
Roc d'Orzival
2852
Becs de
Bosson
3149
Grimentz
Ayer
Corne de
Sorebois
2896
Mottec
Sasseneire
3254
Zinal
Val de Zinal
Lac de
Moiry
Garde
de Bordon
3310
Pte. du Tsaté
3078
Dt. de Perroc
3676
Dents de Veisivi
3418
Pte. de Bricola
3658
Grand Cornier
3962
Aiguille de
la Tsa
3668
Gl. de Ferpècle
Dent Blanche
4357
Oberems
Wänge
Brunnethorn
2952
Bella Tola
3025
Ergischhorn
2533
Signalhorn
2911
Tschafil
Gruben
Turtmanntal
Pte. de
Tourtemagne
3080
Les Diablons
3592
Tête de Milon
3693
Weisshorn
4505
Barrhorn
3610
Rothorn
3278
Schwarzhorn
3201
Augstbordhorn
2972
Bruneggorn
3833
Zinalrothorn
4221
Ober
Gabelhorn
4063
Mettelhorn
3406
Glacier Express
Törbel
Stalden
Embd
Kalpetran
Grächen
Gasenried
St. Niklaus
Seetalhorn
3037
Bifig
Mattsand
Herbriggen
Bergj
Matter Vispa
Mattertal
Randa
Atermenzen
Täsch
Zermettjen
Zermatt
Färichhorn
3290
Balfrin
3796
Dom
4545
Täschhorn
4491
Alphubel
4206
Allalinhorn
4027
Rimpfischhorn
4199
Strahlhorn
4190
Oberrothorn
3415
Findelgletscher
Schwarzsee
Stockhorn
3532
Gornergrat-
bahn
Gornergrat
3090
Gornergletscher
Furggletscher
Zmuttgl.
Tête Blanche
3710
Mt. Collon
3637
Petit
Mt. Collon
3556
L'Evêque
3716
Mt. Brulé
3585
La Singla
3714
Dt. d'Hérens
4171
SCHWEIZ/
SUISSE
ITALIA
Matterhorn /
Monte Cervino
4478
Les Jumeaux
3872
Breuil-
Cervínia
Testa Grigia
3480
Kl. Matterhorn
3883
Breithorn
4164
Bce. de la Vanette
3361
Praryer
Château
des Dames
3488
Gran Sometta
3166
Zwillinge
4228
4092
Liskamm
4527
Dufourspitze
4634
4554
Signalkuppe/
P. Gnifetti
Monte Rosa
Piramide
Vincent
4215
Fillarhorn
3676
Bec d'Epicoune
3529
L. di
Place Moulin
Punta di
Fontanella
3384
Rocca di Verra
3129
Valpelline
La Lechère
M. de Rédéssan
3253
Pta. Tzan
3320
Bca. de Luseney
3504
Valtournenche
M. Rosso
3021
Gd. Tournalin
3379
Bionaz
Chèntre
Oyace
Bca. del Merlo
3234
Maën
St-Jacques
Frachey
Val d'Ayas
M. Bettaforca
2972
Tschaval
Orsiò
3260
Pta. Indren
Pta.
Straling
3115
VALLE D'AOSTA
LOMBARDIA
Glacier Express
E62
TGV

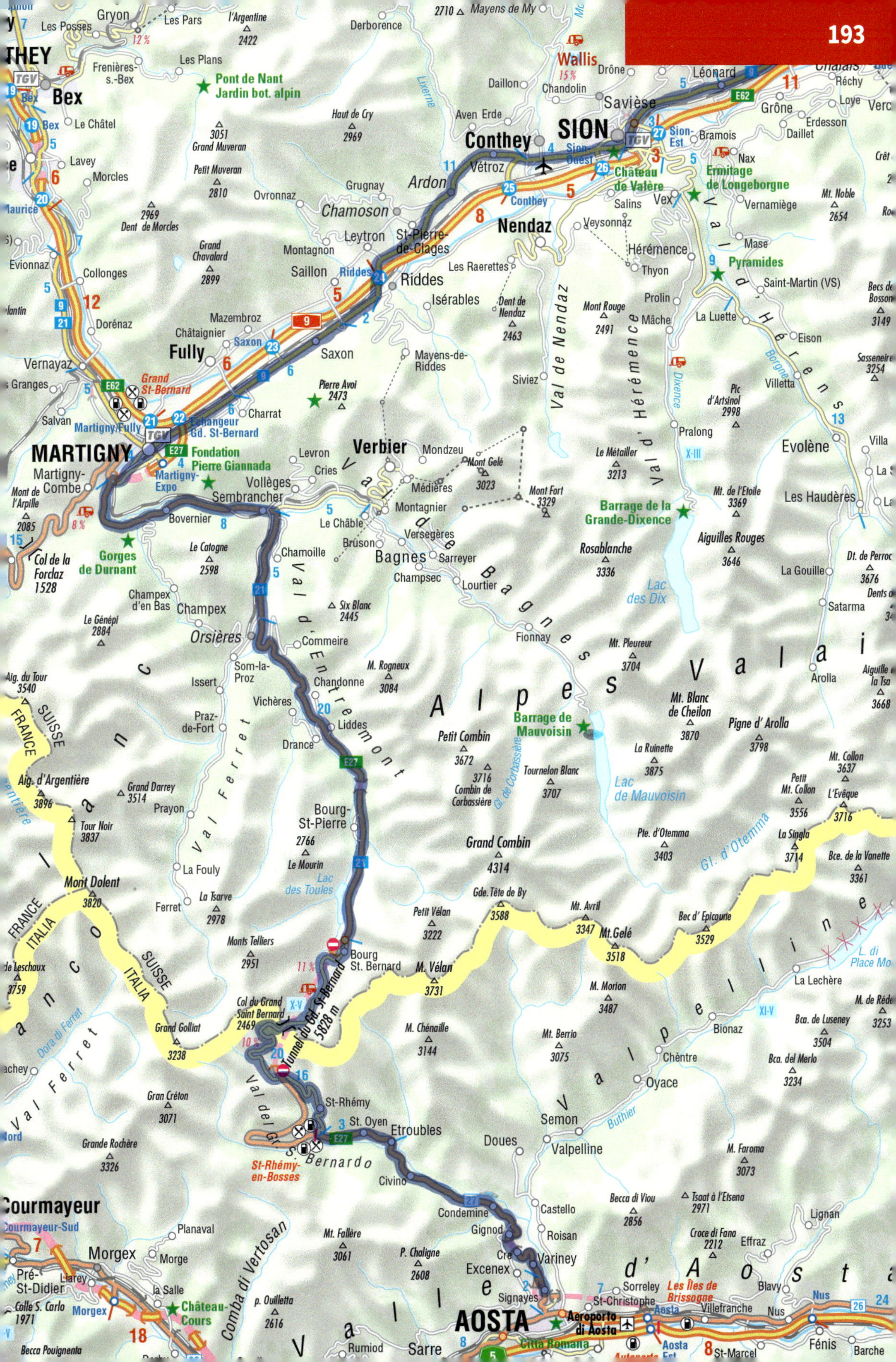

Gryon
Les Posses
Les Pars
l'Argentine
2422
Derborence
2710
Mayens de My
Wallis
Drône
Léonard
Chalais
Réchy
THEY
Bex
Frenières-s.-Bex
Les Plans
Pont de Nant
Jardin bot. alpin
Le Châtel
3051
Grand Muveran
Haut de Cry
2969
Dailllon
Chandolin
Savièse
Aven
Erde
Grône
Loye
Erdesson
Daillet
Lavey
Morcles
Petit Muveran
2810
Conthey
SION
Sion-Ouest
Sion-Est
Bramois
Nax
Vétroz
Ardon
Grugnay
Ovronnaz
Château de Valère
Ermitage de Longeborgne
Chamoson
Contheyy
Nendaz
Salins
Vex
Vernamiège
Mt. Noble
2654
2969
Dent de Morcles
Grand Chavalard
2899
Montagnon
Leytron
St-Pierre-de-Clages
Veysonnaz
Hérémence
Mase
Evionnaz
Collonges
Saillon
Riddes
Les Raerettes
Thyon
Pyramides
Saint-Martin (VS)
Isérables
Dent de Nendaz
2463
Mont Rouge
2491
Prolin
Mâche
La Luette
Becs de Bosson
3149
Dorénaz
Mazembroz
Châtaignier
Saxon
Fully
Mayens-de-Riddes
Eison
Vernayaz
Grand St-Bernard
Pierre Avoi
2473
Siviez
Val de Nendaz
Val d' Hérémence
Dixence
Villetta
Sasseneire
3254
Salvan
Martigny/Fully
Charrat
Lehangeur Gd. St-Bernard
Pic d'Artsinol
2998
MARTIGNY
Fondation Pierre Gianadda
Levron
Verbier
Mondzeu
Pralong
Evolène
Villa
Martigny-Combe
Martigny-Expo
Cries
Mont Gelé
3023
Le Métailler
3213
Mont de l'Arpille
2085
Vollèges
Sembrancher
Médières
Mont Fort
3329
Mt. de l'Etoile
3369
Les Haudères
Bovernier
Le Châble
Montagnier
Barrage de la Grande-Dixence
Gorges de Durnant
Le Catogne
2598
Chamoille
Bruson
Versegères
Bagnes
Sarreyer
Rosablanche
3336
Aiguilles Rouges
3646
Col de la Forclaz
1528
Champsec
Lourtier
La Gouille
Dt. de Perroc
3676
Champex d'en Bas
Champex
Six Blanc
2445
Lac des Dix
Satarma
Le Génépi
2884
Orsières
Commeire
Fionnay
Val de Bagnes
Mt. Pleureur
3704
Aig. du Tour
3540
Issert
Som-la-Proz
Chandonne
M. Rogneux
3084
Alpes Valaisannes
Arolla
Aiguille de la Tsa
3668
FRANCE
SUISSE
Praz-de-Fort
Vichères
Val d'Entremont
Barrage de Mauvoisin
Mt. Blanc de Cheilon
3870
Pigne d'Arolla
3798
Liddes
Drance
Petit Combin
3672
La Ruinette
3875
Aig. d'Argentière
3896
Grand Darrey
3514
3716
Combin de Corbassière
Tournelon Blanc
3707
Lac de Mauvoisin
Mt. Collon
3637
Petit Mt. Collon
3556
L'Evêque
3716
Prayon
Val Ferret
Bourg-St-Pierre
Tour Noir
3837
2766
Le Mourin
Lac des Toules
Grand Combin
4314
Pte. d'Otemma
3403
Gl. d'Otemma
La Singla
3714
Bce. de la Vanette
3361
La Fouly
Mont Dolent
3820
La Tsarve
2978
Gde. Tête de By
3588
Ferret
Petit Vélan
3222
Mt. Avril
3347
Mt. Gelé
3518
Bec d' Epicoune
3529
FRANCE
ITALIA
Monts Telliers
2951
Bourg St. Bernard
M. Vélan
3731
L. di Place Moulin
La Lechère
SUISSE
ITALIA
Col du Grand Saint Bernard
2469
Tunnel du Gd. St-Bernard
5828 m
M. Morion
3487
M. de Rèdes
3253
Grand Golliat
3238
M. Chénaille
3144
Mt. Berrio
3075
Bionaz
Bca. de Luseney
3504
Dora di Ferret
Valpelline
Chèntre
Bca. del Merlo
3234
Val Ferret
Gran Créton
3071
Val del Gran San Bernardo
St-Rhémy
St. Oyen
Etroubles
Oyace
Buthier
Semon
Grande Rochère
3326
St-Rhémy-en-Bosses
Doues
Valpelline
M. Faroma
3073
Civino
Courmayeur
Courmayeur-Sud
Planaval
Comba di Vertosan
Mt. Fallère
3061
Condemine
Castello
Becca di Viou
2856
Tsaat à l'Etsena
2971
Lignan
Morgex
Morge
P. Chaligne
2608
Gignod
Roisan
Croce di Fana
2212
Effraz
Pré-St-Didier
Liarey
Cre
Variney
Valle d'Aosta
la Salle
Excenex
Sorreley
Les Îles de Brissogne
Blavy
Colle S. Carlo
1971
Morgex
Château-Cours
p. Ouilletta
2616
Signayes
St-Christophe
Nus
Villefranche
AOSTA
Aeroporto di Aosta
Aosta
Aosta Est
Becca Pouignenta
Rumiod
Sarre
Città Romana
St-Marcel
Fénis
Barche

Tour 31 Urner Alm

Fünf Freunde in der Schweiz

BASISORT
Andermatt

TOURLÄNGE
ca. 225 km (1 Tag)

ROADBOOK
Andermatt, Realp, Tiefenbach, Furkapass, Gletsch, Grimselpass, Innertkirchen, Sustenpass, Wassen, Andermatt, Sankt-Gotthard-Pass, Airolo, Nufenenpass, Ulrichen, Gletsch, Furkapass, Andermatt

Fünf der knackigsten Alpenpässe auf einer Distanz von nur 225 Kilometern – das gibt es sonst nirgends außer in der Region um Andermatt. Verantwortlich dafür sind die Urner Alpen.

Vor dem Start zum Besuch unserer fünf Freunde ist ein Bummel durch Andermatt Pflicht. Wie eine hingemalte Idylle liegt der Ort mit seinen 1400 Einwohnern in einem flachen Talkessel, umgeben von den weißen Spitzen der Urner Alpen. Wer beim Spaziergang durch den Kern Andermatts den Kopf hebt, erkennt weiter oben den Bannwald. Geschützt, gehegt und gepflegt, bewahrt dieser seit Jahrhunderten den lawinengefährdeten Ort vor größeren Katastrophen.

Doch jetzt schärfen wir unsere fünf Sinne und geben Gas, der erste Freund erwartet uns. Die Ortschaften Realp und Tiefenbach fliegen vorüber, dann erklimmen wir den Furkapass zum Ersten. Zum Ersten, weil wir den Furka ganz zum Schluss auf der Rückfahrt noch einmal in entgegengesetzte Richtung besuchen werden.

Teils extreme Steigung

Wegen seiner Scheitelhöhe von 2436 Metern, seiner teils extremen Steigung und seinen 25 kühn angelegten Serpentinen ist die Überquerung des Furka die hohe Schule des Passfahrens. Seine Trasse ist ordentlich ausgebaut, gut in Schuss und auch für Anfänger mit Spaß zu befahren. Der über 100 Jahre alte Übergang wird von den Schweizern regelmäßig gepflegt und erneuert. Ein Selfie am fotogenen Hotel Belvedere, dann geht es weiter hinunter nach Gletsch, wo sofort der Aufstieg zu Freund Nummer zwei beginnt.

Dem Grimselpass verleihen die ihn umgebenden schmalen und tiefen Stauseen seinen speziellen Charakter. Auf dieser Strecke wird ganz klar der Sinn „Sehen" angesprochen. Und so wird die Fahrt über den 2 165 Meter hohen Alpenübergang fahrerisch

Vom Furkapass zum Grimselpass (linke Seite von oben nach unten).

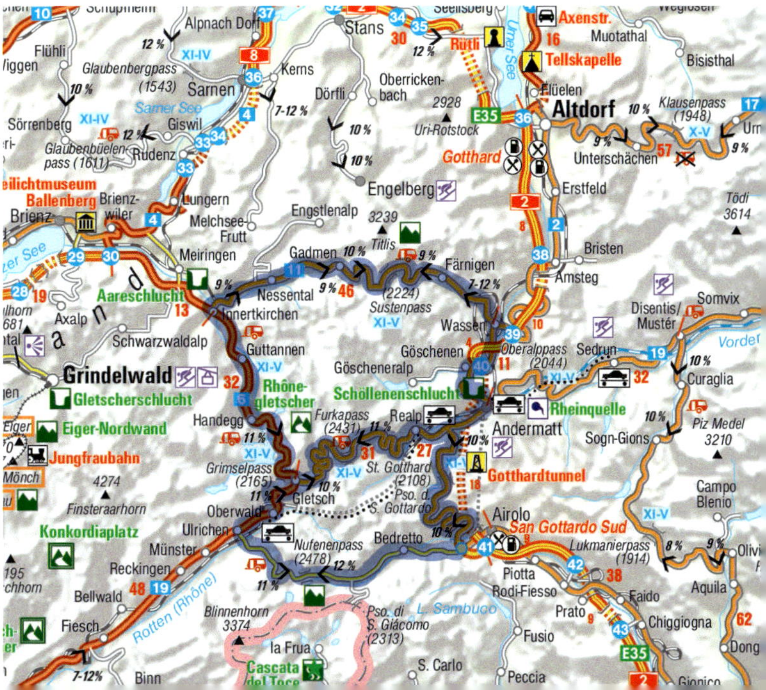

HIGHLIGHT

NUFENENPASS

Der Nufenenpass ist von den fünf Schweizer Freunden der höchste. Weshalb man dort selbst im Juni das Motorrad noch vor zwei Meter hohen Schneewänden parken kann. Nur ein paar Schritte sind es nach vorn zum Abgrund, wo sich ein unvergleichlicher Blick hinab ins Rhônetal und hinüber zu den majestätischen Dreitausendern auftut.

und landschaftlich zur faszinierenden Angelegenheit. Man passiert Tunnel, Galerien, hübsche Dörfer und vom Wind kahl gefegte Kuppen. Der Stopp oben am Berghotel Grimselblick ist Pflicht, die Aussicht großartig.

Harmonischer Pass

Entspannt kurven wir anschließend das Haslital entlang, biegen in Innertkirchen rechts ab und bereiten uns schon mal auf die Erklimmung des 2 224 Meter hohen Sustenpasses vor. Freund Nummer drei. Die Route verläuft äußerst harmonisch, gehört doch die zwischen 1938 und 1945 angelegte Sustenstraße damals zu den modernsten Passstraßen der Schweiz. Das Ergebnis kann sich sehen lassen: bequeme Breite, keine übermäßigen Steigungen, perfekt angelegte Kurven und Kehren, tolle Aussichten auf die Berner Alpengipfel. Einzig die unbeleuchteten Tunnel verlangen erhöhte Aufmerksamkeit.

Die Räder rollen nach dem Susten entspannt durch das Meiental. Dieses wildromantische Tal liegt im Mittel auf ca. 1300 Meter Höhe. Wer seinem

Sinn „Hören" etwas Gutes tun will, hält in einem der Weiler und genießt die Ruhe. Keine brüllenden Autos, keine lärmenden Menschen, keine wummernde Industrie. Nur zwitschernde Vögel, summende Hummeln, raschelnde Blätter, in der Ferne gurgelt ein Bach.

Am Ende des Meientals durchqueren wir Wassen, verlassen den Kreisverkehr nach Süden und visieren den vierten Freund an: den Sankt-Gotthard. Dazu quetscht sich die Route hinter Andermatt aber erst einmal durch die berühmt-berüchtigte Schöllenen-Schlucht. Kühne Galerien,

Sankt-Gotthard-Pass (oben) und Grimselpass (rechts).

senkrechte Felswände, schwindelnde Abgründe. Ganz oben auf 2106 Metern Höhe warten das Gotthard-Hospiz, ein verwunschener See und eine Mondlandschaft aus Felsbrocken. Wieso nicht den Motorradsattel für eine halbe Stunde verlassen und seine Stiefel durch feuchte, grüne Matten bewegen?

Auf der alten Trasse

Für den Abstieg bieten sich zwei Varianten an: Eine bleibt auf der neuen Trasse und wird durch ihre ausgewogene Streckenführung und ihre sauberen Kurven zu einer runden Sache. Die andere zweigt hinter dem See auf die alte Trasse ab. Mit ihrem groben Pflaster und ihren spitzen Kehren macht sie den Abschwung zur Herausforderung.

Sustenpass (oben) und Nufenenpass (links).

Das Val Bedretto bringt uns von Airolo aus dem Nufenen entgegen. Der „Geruchssinn“ meldet sich und erschnuppert den Duft des Südens. Die Fahrt durch diese raue, zerklüftete Felslandschaft ist eine Augenweide, die einzig von den regelmäßig auftauchenden Serpentinengruppen unterbrochen wird. Oben bietet sich auf unserem fünften Freund eine Pause an, denn die Aussicht vom 2478 Meter hohen Sattel ist traumhaft, die Röstis im Bergrestaurant sind sehr zu empfehlen und befriedigen den Sinn „Schmecken“. Ob mit Spiegelei, Speck oder als Beilage zu Zürcher Geschnetzeltem – der Schweizer Rösti ist ein Klassiker.

In Ulrichen Blinker rechts. Furka zum Zweiten, wie angesagt. Und auch von West nach Ost macht der Furka Laune. Überdies hat man ab Gletsch ständig das ewige Eis des über acht Kilometer langen Rhône-Gletschers vor Augen. Unser „Tastsinn“ beschert uns bei diesem Anblick eine Gänsehaut. Ein würdiger Abschluss dieses fahraktiven Tages zu unseren fünf Schweizer Freunden. ◀

ÜBERNACHTEN IN DER REGION

JUGENDHERBERGE HOSPENTAL

Die Jugendherberge Hospental liegt im Urserental zwischen Sankt Gotthard-, Furka- und Oberalppass. Ideal gelegen für euren Motorradurlaub in der Zentralschweiz. Morgens erwartet euch ein reichhaltiges Frühstück, was sogar im Übernachtungspreis enthalten ist.

Gotthardstr. 31 • CH-6493 Hospental
+41 (0) 41/8870401

TOUR 31 | Schweiz

URNEN ALM

TOURLÄNGE | 225 km

PÄSSE DER TOUR

Furkapass
Scheitelhöhe: 2 436 m | Länge: 35 km
max. Steigung: 11 % | Wintersperre: 11-5

Grimselpass
Scheitelhöhe: 2 165 m | Länge: 34 km
max. Steigung: 10 % | Wintersperre: 11-4

Sustenpass
Scheitelhöhe: 2 224 m | Länge: 26 km
max. Steigung: 9 % | Wintersperre: 11-5

Sankt-Gotthard-Pass
Scheitelhöhe: 2 106 m | Länge: 27 km
max. Steigung: 10 % | Wintersperre: 11-5

Nufenenpass
Scheitelhöhe: 2 478 m | Länge: 42 km
max. Steigung: 10 % | Wintersperre: 11-5

Idyllischer See am Sankt-GotthardPass.

Gr. Spannort
3198
Jakobiger
2505
Urner Alm
Krönten
3108
Titlis
3238
Grassengrat
2940
Hoch Sewen
2965
Amsteg
38
Amsteg
Intschi
Bristen
Mader
Chär
Gotthard Basistunnel
Fünffinger-
stöck
3023
U r n e r
46
XI-VI
9 %
Susten
Grossalp
Sustenpass
2224
Färnigen
11
Gornerental
Gurtnellen
Bristen
3072
Dörfli
Pfaffen-
sprung
2
10
E 35
Fellital
Stucklistock
3308
Meiental
Husen
Giglistock
2900
Kl. Sustenhorn
3318
Wassen
39
Wassen
Fleckistock
3416
Piz Giuv
3096
Piz Nair
3059
Sustenhorn
3503
A l p e n
P. Val Giuv
Salbitschijen
2981
Rienzenstock
2957
Hinter Tierberg
3444
Göschenen
40
Göschenen
IC/EC
Ruer
Tavetsch
Oberalppass
2044
XI-V
Oberalp
19
Gross-
boden
32
Selva
Tschamut
Eggstock
3556
Winterberg
Göschener-
alpsee
Gwiest
Göschener Tal
10 %
2
10
Teufels-
brücke
10 %
Dammastock
3630
Schöni
Rossbodenstock
2836
22
Andermatt
Mittagstock
2989
Hospen-
tal
3
Galenstock
3583
Winterstock
3203
9 %
Unteralp
P. Parad
2884
Val Maighels
Val Curnera
Realp
28
Tiefenbach
11 %
Urseren
10 %
St.-Gotthard-Strassentunnel
16 321 m
St.-Gotthard-Bahntunnel 15 000 m
Gemsstock
2961
Belvédère
19
X-V
Dampfbahn
Furka-Bergstrecke
2661
Winterh.
23
P. Centrale
2999
Piz Blas
3019
Furkapass
2436
Mutten
2
XI-V
St.-Gotthard-Pass
Passo del S. Gottardo
2109
Mus.
Sasso S.
Gottardo
Val Canaria
Pass
3099
Gross
Muttebhorn
Leckihorn
3065
P. Lucendro
2963
Val Pi
Furka-Basistunnel
15 400 m
Motto Bartola
Airolo
IC/EC
San Gottardo
Sud
10
P. Rotondo
3192
Fontana
10 %
41
Airolo
2
E 35
Quinto
Ossasco
Bedretto
Ronco
Poncione di Véspero
2717
Piotta
Ambrì
2
Quinto
42
3
Gallina
061
X-VI
All'Ácqua
11 %
Val Bedretto
Madone
2756
X-IV
Pizzo Massari
2760
Valle
Rodi
Nufenenpass
2478
Passo di S. Giácomo
2313
Cristallina
2912
L. di Naret
Poncione dei
Laghetti
2616
L. del
Sambuco
P. Campolungo
2714
21 %
2929
P. del Termine
2962
L. dei
Cavagnöö
L. di
Robièi
Fusio
X-V
Poncione di Braga
2864
Mogno
P. Campo Ténio
Riale

Tour 32 Berner Oberland

Schweizer Geheimtipps

Der Insider schwingt sich auf sein Töff und steuert das Berner Oberland an. Dort warten Bergstraßen, auf denen er selbst in der Hochsaison ungestört seinen Schräglagen frönen kann.

BASISORT
Interlaken

TOURLÄNGE
ca. 250 km (1 Tag)

ROADBOOK
Interlaken, Grindelwald, Brünigpass, Giswil, Glaubenbüelenpass, Chlusen, Bärau, Lüderenalp, Wasen, Sumiswald, Ramsei, Langnau, Schüpbach, Schallenberg, Schwarzenegg, Steffisburg, Thun – Interlaken

Diese Runde nimmt ihren Anfang in Interlaken. Die schmucke Stadt liegt, wie ihr Name schon ahnen lässt, zwischen zwei Seen: dem Thuner- und dem Brienzersee. Ihr Ursprung stammt aus den Jahren um 1130. Aus einer einfachen Übernachtungshütte wurde ein Kloster und daraus eine Stadt. Um 1800 entdeckte der Fremdenverkehr Interlaken, danach ging es wirtschaftlich steil bergauf. Sogar Goethe machte hier Urlaub und war begeistert.

Eiger, Mönch und Jungfrau

Begeistert sind auch wir, wenn wir zur ersten Etappe nach Grindelwald starten. Gleich hinter Interlaken kommt das berühmte Panorama mit Eiger, Mönch und Jungfrau in Sicht, und man kann bei diesem Anblick nicht anders, als staunend den Mund zu öffnen. Wir folgen dem Lauf des Flusses Lütschine, kurven lässig zwischen Wäldern und Almen hindurch und gelangen schließlich in den Ort, mit dessen Lage vielleicht noch Zermatt am Matterhorn konkurrieren kann. Aber dort hinein darf man ja mit Auto und Motorrad nicht fahren.

Also bleibt Grindelwald das schönste Schweizer Alpenpanorama, das man per Achse erreichen kann. Die berüchtigte Eiger-Nordwand erhebt sich fast senkrecht direkt über den Dächern Grindelwalds, umrahmt von den Gletschern von Mönch und Jungfrau. Und auch wer nicht per Bergbahn hinauf zum höchsten Aussichtspunkt Europas fahren will, sollte unbedingt in Grindelwald einen Kaffee trinken – auf einer Terrasse mit Blick auf die Eiger-Nordwand. Eine Aussicht, die man nie mehr vergisst.

Zurück in Interlaken fahren wir ostwärts am Brienzersee entlang. Der gepflegte Asphalt der Uferstraße passt perfekt zu den herrlichen Ausblicken nach rechts hinüber zu den schneebedeckten Gipfeln. Die Ortschaften

Die Berglandschaften genießt man auf dem Motorrad oder auch mit der Schlithornbahn (linke Seite von oben nach unten).

HIGHLIGHT

SCHILTHORNBAHN

Fahrt mit der Schilthornbahn auf den 2970 Meter hohen Gipfel – Filmschauplatz des James-Bond-Streifens „Im Geheimdienst Ihrer Majestät". Von der Aussichtsterrasse genießt man einen spektakulären 360-Grad-Blick auf über 200 Berggipfel. Die Luftseilbahn fährt alle 30 Minuten von der Talstation Stechelberg ab. Tipp: Geburtstagskinder fahren gratis. Gültiger Ausweis erforderlich.

sind allesamt sauber und adrett und geizen nicht mit optischen Reizen.

Bei Einheimischen beliebt

Hinter dem See nehmen wir Kurs auf den Brünigpass und dürfen uns auf die ersten Serpentinen des Tages freuen. Auf griffigem Belag zirkeln wir zum 1 008 Meter hohen Sattel hinauf, um uns danach in die Kehren hinab nach Giswil zu werfen. Dort weist ein Schild den Weg zum Glaubenbüelenpass. Und wir dürfen uns schon wieder freuen, denn der Aufstieg zum diesem 1611 Meter hohen Pass ist vom Allerfeinsten. Kehren und Serpentinen gepaart mit Ausblicken hinab zum Lungernsee. Diese Qualitäten kennen auch die Einheimischen, und so braucht man sich nicht zu wundern, wenn einen unterwegs zur Passhöhe ein flotter Sportler überholt.

Nach dem Sattel geht es gemächlich das Mariental hinab Richtung Entlebuch. Weite Bögen, schmale Straße, viel Natur. Der Entlebuch, diese Region zwischen Bern und Luzern, ist seit 2001 UNESCO-Biosphärenreservat. Hier befinden sich 20 Prozent aller Schweizer Hoch-

moore, was dem Entlebuch eine ungemein vielfältige Pflanzen- und Tierwelt beschert. Wir durchqueren diese Region auf der N 10 und gelangen dann ins Emmental, wo der löchrige Käse herkommt. Da es in der gesamten Schweiz praktisch keine Massentierhaltung gibt, kann man den Emmentaler guten Gewissens genießen.

Kurz vor Langnau zweigt in Bärau nach rechts die Bergstraße zur Lüderenalp ab. Jetzt heißt es wieder alle Antennen auf Empfang, denn dieses enge Sträßchen, das kurven- und kehrenreich zur 1 141 Meter hoch gelegenen Lüderenalp hinaufwieselt, verlangt eine gute Fahrzeugbeherrschung und hohe Konzentration. So macht Motorrad fahren Laune.

Kurze Orientierungspause (oben), Interlaken (unten) und Schallenberg (rechte Seite).

Oben angelangt, ist die Pause im Hotel-Restaurant Lüderenalp ein Muss. Nicht nur wegen des freundlichen Service und des guten Essens, sondern auch wegen der bei schönem Wetter atemberaubenden Aussicht von der Terrasse: Am Horizont baut sich die gesamte Berner Gipfelprominenz von Eiger über Jungfrau und Mönch auf.

Pulsierender Treff

Auch der Abstieg hinab nach Wasen fordert den ganzen Mann bzw. die ganze Frau, dann entspannen wir uns auf dem Weg über Sumiswald und Ramsei nach Langnau. Dort nehmen wir Kurs auf Schüpbach, wedeln erneut durchs Emmental und erklimmen schließlich den 1167 Meter hohen Schallenberg. Wegen seiner vielen Kurven ist dieser Pass unter Motorradfahrern eine Legende, am Wochenende verwandelt sich der Parkplatz des Berghauses Gabelspitz in einen pulsierenden Motorradtreff.

Über Schwarzenegg und Steffisburg fahren wir hinab nach Thun. Die größte Garnisonsstadt der Schweizer Armee liegt am Abfluss der Aare aus dem Thunersee. Ihren Namen hat sie nicht von den Thunfischen im See, sondern vom keltischen Wort „dunum", was so viel bedeutet wie „befestigter Ort". Hauptsehenswürdigkeit Thuns ist sein Schloss, das sich malerisch über dem Rathausplatz erhebt.

Die Schlussetappe folgt dem Nordufer des Thunersee und verwöhnt uns bis Interlaken noch einmal mit herrlichen Blicken übers Wasser hinüber zu den Berner Alpen. ◀

ÜBERNACHTEN IN DER REGION

HOTEL FREIENHOF THUN

Das Hotel mit Restaurant, Bar und Terrasse nennt sich „Stadtoase am Wasser", denn es liegt auf einer Insel, am Rande der malerischen Thuner Altstadt, nahe des Thunersees.Thun ist idealer Ausgangsort für zahlreiche Bike-Rundtouren ins Berner Oberland.

Freienhofgasse 3 • CH-3600 Thun
+41 (0) 33/2275050 • www.freienhof.ch

VALLEY HOSTEL

Von 72 Wasserfällen umgeben, liegt das Lauterbrunnental am Fuße des weltberühmten Dreigestirns Eiger, Mönch und Jungfrau. Inmitten dieser wunderbaren Landschaft findet Ihr das Valley Hostel – und viel Ruhe und Entspannung.

Bergener Straße 1 • CH-18573 Samtens
+41 (0) 33/8552008 • www.valleyhostel.ch

HOTEL ALTE POST

Ausspannen, zu Hause sein, nach einem Tag voller Erlebnisse in gemütlicher Umgebung, Ruhe und Geborgenheit genießen. In diesem Chalet-Hotel, einem Familienbetrieb mit Tradition, logiert Ihr in ruhiger Lage und doch sehr zentral, Nähe Firstbahn.

Dorfstr. 15 • CH-3818 Grindelwald
+41 (0) 33/8534242 • www.altepost-grindelwald.ch

TOUR 32 | Schweiz

BERNER OBERLAND

TOURLÄNGE | 250 km

PÄSSE DER TOUR

Brünigpass
Scheitelhöhe: 1008 m | Länge: 16 km
max. Steigung: 13 % | Wintersperre: keine

Glaubenbüelen
Scheitelhöhe: 1611 m | Länge: 46 km
max. Steigung: 12 % | Wintersperre: 11-4

Lüderenalp
Scheitelhöhe: 1141 m | Länge: 10 km
max. Steigung: 14 % | Wintersperre: 11-4

Schallenberg
Scheitelhöhe: 1167 m | Länge: 28 km
max. Steigung: 8 % | Wintersperre: keine

Blick auf die mächtige Eigernordwand.

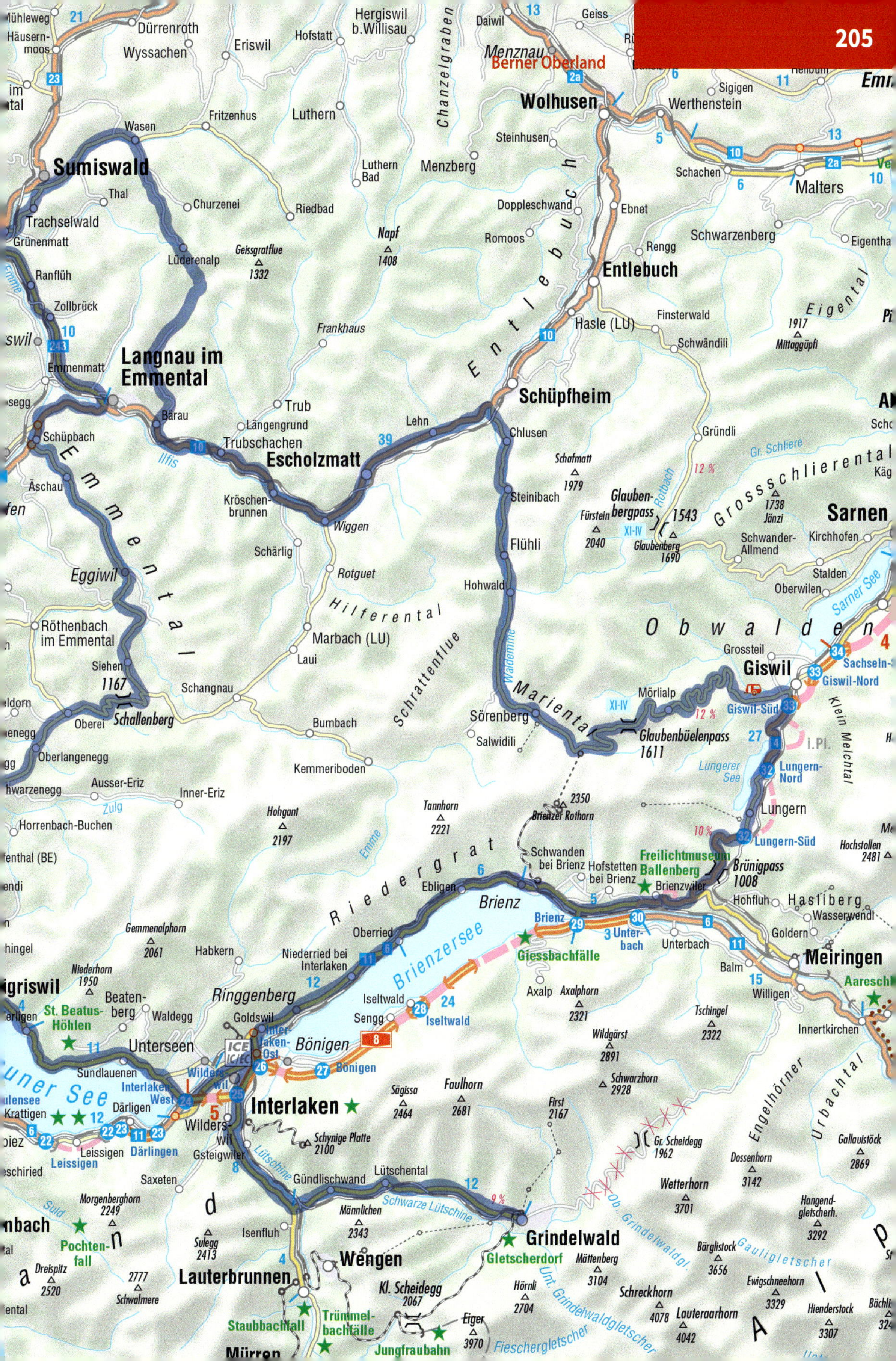

Hergiswil b.Willisau
Dürrenroth
Wyssachen
Eriswil
Hofstatt
Chanzelgraben
Daiwil
Geiss
Menznau
Berner Oberland
Wolhusen
Sigigen
Werthenstein
Häusern-moos
Fritzenhus
Luthern
Wasen
Steinhusen
Sumiswald
Thal
Churzenei
Luthern Bad
Menzberg
Schachen
Malters
Riedbad
Doppleschwand
Ebnet
Trachselwald
Grünenmatt
Napf
1408
Romoos
Rengg
Schwarzenberg
Eigenthal
Geissgratflue
1332
Lüderenalp
Entlebuch
Ranflüh
Zollbrück
Frankhaus
Hasle (LU)
Finsterwald
Eigental
Schwändili
1917
Mittaggüpfi
Emmenmatt
Langnau im Emmental
Schüpfheim
Trub
Bärau
Längengrund
Lehn
Chlusen
Gründli
Schüpbach
Trubschachen
Escholzmatt
Ilfis
Gr. Schliere
Grossschlierental
Schafmatt
1979
Äschau
Emmental
Kröschen-brunnen
Wiggen
Steinibach
Glauben-bergpass
1543
1738
Jänzi
Sarnen
Fürstein
2040
Glaubenberg
1690
Schwander-Allmend
Kirchhofen
Flühli
Schärlig
Rotguet
Eggiwil
Hohwald
Stalden
Oberwilen
Sarner See
Hilferental
Röthenbach im Emmental
Marbach (LU)
Obwalden
Schrattenflue
Siehen
1167
Laui
Grossteil
Giswil
Sachseln
Giswil-Nord
Schangnau
Mörlialp
Waldemme
Marienta
Giswil-Süd
Schallenberg
Oberei
Bumbach
Sörenberg
Salwidili
Glaubenbüelenpass
1611
Klein Melchtal
Oberlangenegg
Kemmeriboden
Lungerer See
Lungern-Nord
Ausser-Eriz
Inner-Eriz
Zulg
2350
Brienzer Rothorn
Lungern
Horrenbach-Buchen
Hohgant
2197
Tannhorn
2221
Emme
Lungern-Süd
Hochstollen
2481
Schwanden bei Brienz
Hofstetten bei Brienz
Freilichtmuseum Ballenberg
Brünigpass
1008
Riedergrat
Ebligen
Brienzwiler
Brienz
Hohfluh
Hasliberg
Wasserwendi
Gemmenalphorn
2061
Habkern
Oberried
Unterbach
Goldern
Niederried bei Interlaken
Brienzersee
Giessbachfälle
3 Unter-bach
Meiringen
Niederhorn
1950
Balm
Willigen
Aareschl
Sigriswil
Beaten-berg
Ringgenberg
Axalp
Axalphorn
2321
St. Beatus-Höhlen
Waldegg
Iseltwald
Sengg
Tschingel
2322
Innertkirchen
Goldswil
Unterseen
Interlaken-Ost
Bönigen
Wildgärst
2891
Urbachtal
Sundlauenen
Wilderswil
Schwarzhorn
2928
Thuner See
Interlaken West
Därligen
Interlaken
Sägissa
2464
Faulhorn
2681
First
2167
Engelhörner
Krattigen
Leissigen
Gsteigwiler
Schynige Platte
2100
Gr. Scheidegg
1962
Gallauistöck
2869
Dossenhorn
3142
Saxeten
Gündlischwand
Lütschental
Lütschine
Wetterhorn
3701
Hangend-gletscherh.
3292
Morgenberghorn
2249
Mämlichen
2343
Schwarze Lütschine
Ob. Grindelwaldgl.
Pochten-fall
Isenfluh
Sulegg
2413
Grindelwald
Gauligletscher
Bärglistock
3656
Dreispitz
2520
2777
Schwalmere
Lauterbrunnen
Wengen
Gletscherdorf
Mättenberg
3104
Unt. Grindelwaldgletscher
Schreckhorn
4078
Ewigschneehorn
3329
Kl. Scheidegg
2067
Hörnli
2704
Lauteraarhorn
4042
Hienderstock
3307
Staubbachfall
Trümmel-bachfälle
Eiger
3970
Jungfraubahn
Fiescherglets cher
Mürren

Tour 33 Westschweiz

Variantenreiche Fribourger Alpen

Eine Tour rund um Fribourg stellt sowohl den Kurvenräuber als auch den Genussfahrer mehr als zufrieden. Diese Region lässt sich am besten zwischen Mittelgebirge und Alpen einsortieren.

Der Tag der Variationen beginnt in Murten. Der Ort liegt romantisch am Murtensee und besitzt eine wunderschöne Altstadt, Schloss und Ringmauer, die man vor Tourstart unbedingt zu Fuß erkunden sollte. Oder wenigstens das Bike am Straßenrand abstellen und, umgeben von bezaubernden historischen Gebäuden, eine Tasse Kaffee trinken.

Ein Landsträßchen bringt uns über Muntelier nach Salvenach und weiter über Liebistorf nach Düdingen. Dahinter queren wir die N 12, rollen durch Tafers und sind schon mitten drin in dem Hügelland mit seinen ungezählten kleinen Verbindungssträßchen. Die Kurven sind nicht zu eng und lassen Raum für Tempo und Schräglagen. Und für die Optik, denn diese alpine Gegend mit ihren grünen Almen ist eine Augenweide.

Kleinod mit Bergsee

Alterswil, Plaffeien, dann ein Abstecher zum Schwarzsee, wo am Ende des Tales ein Kleinod in Form eines Bergsees mit Parkplatz und Restauration wartet. Der See liegt etwas über tausend Meter über dem Meeresspiegel und ist maximal zehn Meter tief. Das flache Ufer ist von Wiesen und Bäumen umrandet und mit Schilfrohr eingefasst. Ringsherum die Berge, die sich im Wasser spiegeln – hier würde man am liebsten eine Almhütte kaufen.

Weiter geht die Kurverei über Sangernboden nach Schwefelbergbad, danach folgt mit der Erstürmung des 1609 Meter hohen Gurnigel das erste fahrerische Highlight der Tour. Dass auf der Gurnigelstraße jedes Jahr ein Bergrennen stattfindet, kann für uns nur eines bedeuten: Spaß ohne Ende!

Wer Lust hat, darf am Bikertreff an der unteren Gantrischhütte anhalten

BASISORT
Murten

TOURLÄNGE
ca. 230 km (1 Tag)

ROADBOOK
Murten, Muntelier, Salvenach, Liebistorf, Düdingen, Tafers, Alterswil, Plaffeien, Schwarzsee, Sangernboden, Schwefelbergbad, Gurnigel, Riggisberg, Burgistein, Wimmis, Reidenbach, Jaunpass, Broc, Bulle, Fribourg, Belfaux, Misery-Courtion, Avenches, Salavaux, Murten

Nach dem Kurvenspaß folgt der Bummel durch Fribourg (l. Seite von oben nach unten).

HIGHLIGHT

EGLIFILET

In den Restaurants rund um den Murtensee muss man unbedingt fangfrischen Flussbarsch bestellen. Ob à la meunière, nach Müllerinnenart, im Bierteig, natur, mariniert oder mit Limetten-Kräuterschaum ist Geschmackssache – immer zergeht er auf der Zunge. Dazu Salzkartoffeln und einen kühlen Weißwein.

und einen Benzinplausch halten. Ansonsten kurven wir weiter nach Riggisberg, um ein paar Kilometer später rechts nach Burgistein abzubiegen. Etwas gemächlicher geht es dann das Stockental entlang.

Entlang der Simme

In Wimmis klinken wir uns in die N 11 ein, die in eleganten Bögen durch das Simmental dem Lauf der Simme folgt. Ab Reidenbach heißt es dann wieder: Kurvenräuber aufgepasst! Die Kehren hinauf zum 1509 Meter hohen Jaunpass verlangen nämlich die ganze Konzentration. Viel zu schnell sind wir über den Sattel drüber. Oben die typischen Alpenhäuser, herrliches Bergpanorama, es duftet nach Heu.

Wie viele Passstraßen haben wir auch diese dem Militär zu verdanken. Nach dem deutsch-französischen Krieg von 1871 bauten die Schweizer diese Trasse, um die wichtigen Militärstützpunkte in Bulle und Thun miteinander zu verbinden. 1941 wurde auf dem Pass das Artilleriewerk Jaunpass errichtet. Die Bunker der acht Kanonen sind als Almhütten getarnt, nur das herausragende Kanonenrohr verrät ihre wahre Bestimmung.

Gemächlich fahren wir das Vallée de la Jogne entlang, eine Etappe für die Genussfahrer, kurven nach Broc hinab und gelangen nach Bulle. Das Städtchen gefällt mit seinem hübschen Stadtbild. Seine Bürgerhäuser stammen fast alle aus dem frühen 19. Jahrhundert. Schloss Bulle wurde im Jahr 1291 von den Bischöfen von Lausanne gebaut. Der Grundriss des Schlosses ist quadratisch, mit vier Ecktürmen, einer davon ist ein Monsterturm von 33 Meter Höhe und 13,5 Meter Durchmesser. Der Innenhof ist frei zugänglich. Also nichts wie hin.

Vom Gurnigel (oben) geht es auf den Jaunpass, der auch bei Tieren beliebt ist (rechts).

Die Altstadt von Murten bietet eine historische Ringmauer.

Nördlich von Bulle überqueren wir den Lac de la Gruyère und fahren auf relativ gerader Strecke mit zügigem Tempo nach Fribourg. Die Hauptstadt des gleichnamigen Kantons sitzt spektakulär auf einem Felssporn über dem Tal der Saane und zeigt eine der am besten erhaltenen historischen Altstädte der Schweiz. Deshalb sollte man hier unbedingt eine Runde zu Fuß drehen oder zumindest einmal mit dem Bike durchrollen, um die alten Fassaden und schönen Brunnen zu bestaunen.

Sichtbare Sprachgrenze

Über einen Hügel geht es anschließend nach Belfaux, Misery-Courtion und Avenches. Dort findet gleich der nächste Halt statt, denn das Städtchen ist ein Juwel mit Altstadt, Marktplatz und Cafézeile. Die französisch-deutsche Sprachgrenze verläuft genau hier. So redet man in Murten noch Deutsch, während wir hier auf Französisch angesprochen werden. Die Sprachgrenze ist auch sichtbar, denn gerade Avenches ist ein typischer französischer Ort, der mit dem deutschen Stadtbild von Murten rein gar nichts zu tun hat. Interessanterweise hält sich diese Grenze schon seit Jahrhunderten. Vermischungstendenzen sind nicht in Sicht.

Wir fahren weiter nach Salavaux mit seinem hübschen Schloss am Ortsausgang, dann geht es am Murtensee entlang nach Murten zurück. Dort vertreten wir uns zum Abschluss der Tour auf der herrlichen Seepromenade noch die Beine und strecken sie später auf dem saftig grünen Rasen aus. ◀

TOUR 33 | Schweiz

WESTSCHWEIZ

TOURLÄNGE | 230 km

PÄSSE DER TOUR

Gurnigel
Scheitelhöhe: 1609 m | Länge: 14 km
max. Steigung: 14 % | Wintersperre: keine

Jaunpass
Scheitelhöhe: 1509 m | Länge: 16 km
max. Steigung: 13 % | Wintersperre: keine

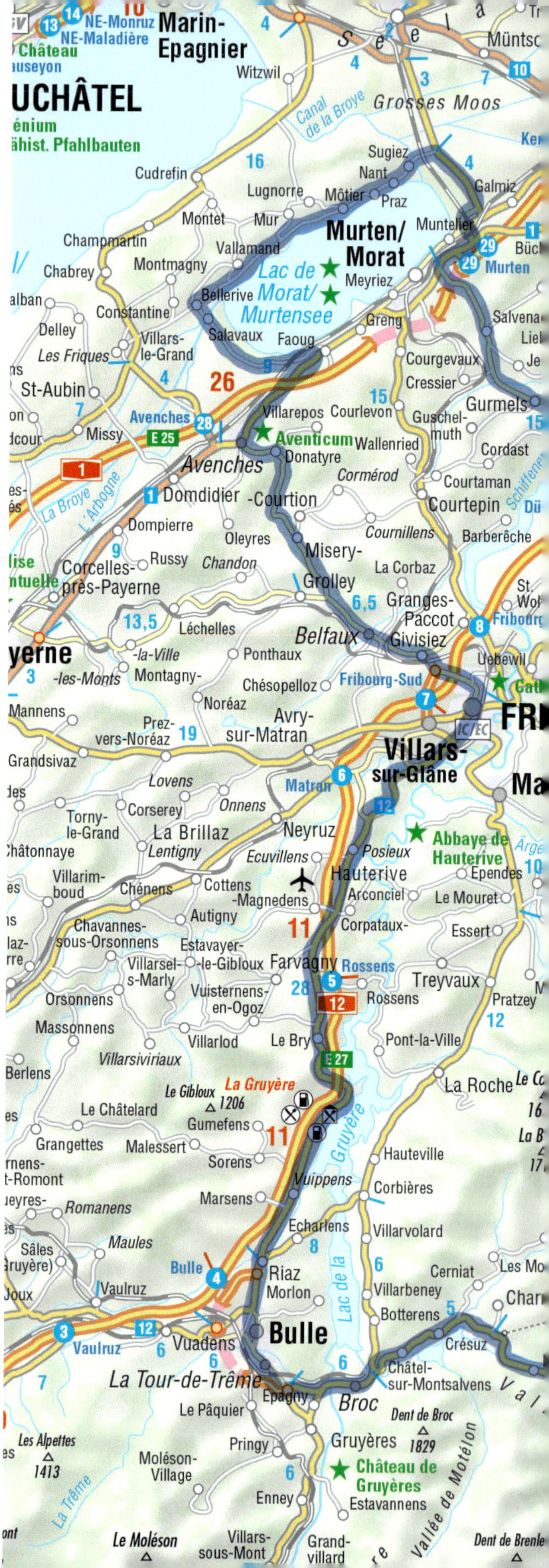

Der Blick auf die Alpen will in Ruhe genossen werden.

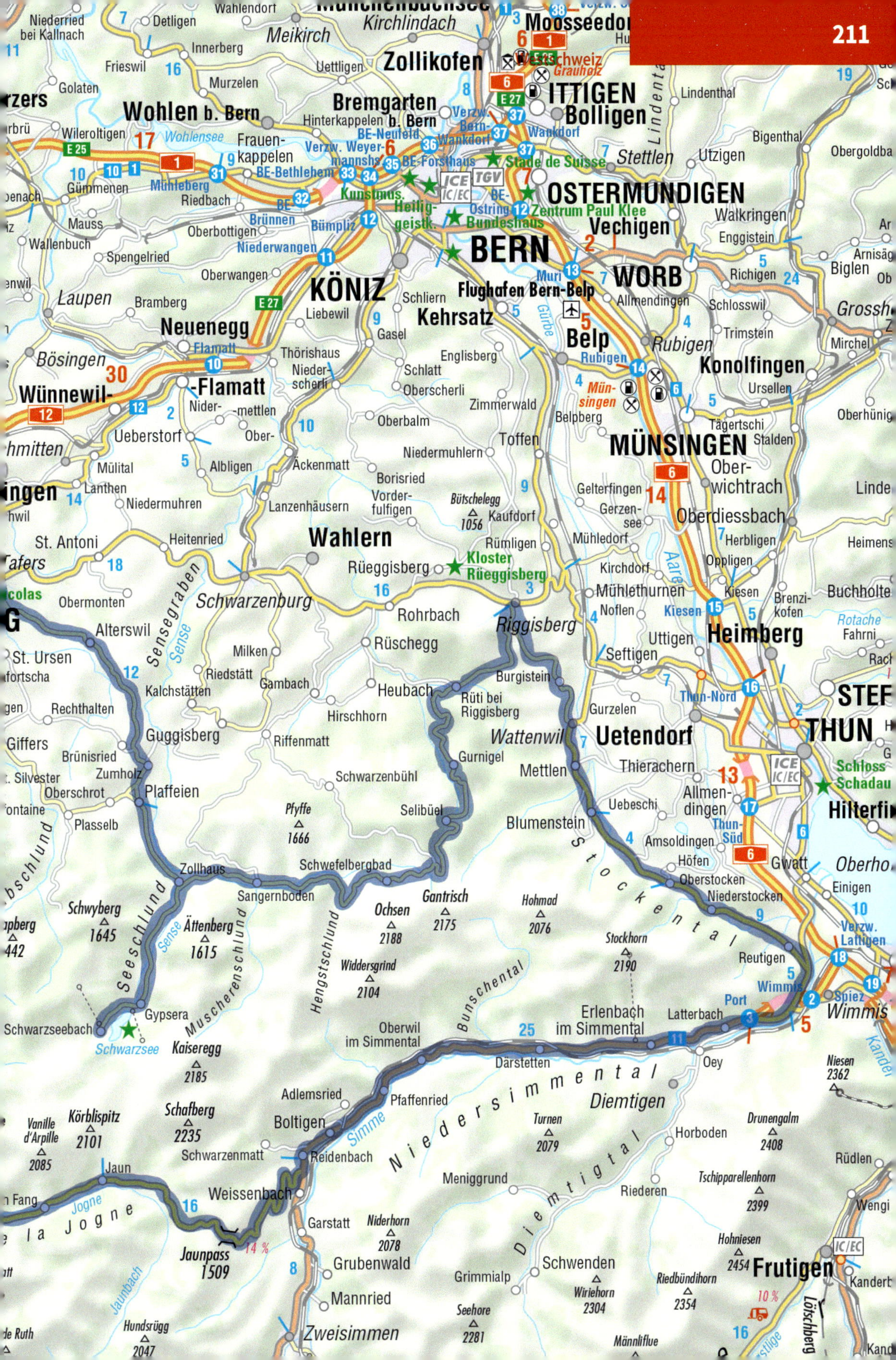

Zollikofen
Moosseedorf
Meikirch
Kirchlindach
ITTIGEN
Bolligen
Bremgarten b. Bern
Wohlen b. Bern
Wohlensee
Frauenkappelen
Hinterkappelen
Wileroltigen
Golaten
Frieswil
Innerberg
Murzelen
Uettligen
Detligen
Niederried bei Kallnach
Gümmenen
Mühleberg
Riedbach
Mauss
Oberbottigen
Wallenbuch
Spengelried
Brünnen
Bümpliz
Niederwangen
Oberwangen
Laupen
Bramberg
Neuenegg
Flamatt
Bösingen
Wünnewil-Flamatt
Nider-mettlen
Ober-
Ueberstorf
Albligen
Mülital
Lanthen
Niedermuhren
St. Antoni
Heitenried
Tafers
Obermonten
Alterswil
St. Ursen
Rechthalten
Giffers
Brünisried
Zumholz
St. Silvester
Oberschrot
Plaffeien
Plasselb
Guggisberg
Riffenmatt
Kalchstätten
Riedstätt
Milken
Gambach
Sensegraben
Sense
Schwarzenburg
Wahlern
Lanzenhäusern
Äckenmatt
KÖNIZ
Liebewil
Thörishaus
Niederscherli
Schliern
Gasel
Schlatt
Oberscherli
Englisberg
Kehrsatz
Zimmerwald
Oberbalm
Niedermuhlern
Borisried
Vorderfulfigen
Toffen
Bütschelegg 1056
Kaufdorf
Rümligen
Kloster Rüeggisberg
Rüeggisberg
Rohrbach
Riggisberg
Rüschegg
Heubach
Hirschhorn
Schwarzenbühl
Rüti bei Riggisberg
Burgistein
Wattenwil
Gurnigel
Selibüel
Pfyffe 1666
Schwefelbergbad
Zollhaus
Sangernboden
Schwyberg 1645
Ättenberg 1615
Seeschlund
Muscherenschlund
Hengstschlund
Gypsera
Schwarzseebach
Schwarzsee
Kaiseregg 2185
Schafberg 2235
Körblispitz 2101
Vanille d'Arpille 2085
Jaun
Jaunpass 1509
Jogne
la Jogne
Jaunbach
Hundsrügg 2047
Ochsen 2188
Gantrisch 2175
Widdersgrind 2104
Hohmad 2076
Stockhorn 2190
Bunschental
Oberwil im Simmental
Erlenbach im Simmental
Latterbach
Darstetten
Adlemsried
Pfaffenried
Boltigen
Schwarzenmatt
Reidenbach
Weissenbach
Simme
Niedersimmental
Diemtigen
Turnen 2079
Horboden
Menigrund
Diemtigtal
Riederen
Garstatt
Niderhorn 2078
Grubenwald
Mannried
Zweisimmen
Grimmialp
Schwenden
Seehore 2281
Wiriehorn 2304
Männlifluе
Drunengalm 2408
Tschipparellenhorn 2399
Hohniesen 2454
Riedbündihorn 2354
Niesen 2362
Rüdlen
Wengi
Frutigen
Kandergrund
Lötschberg
Oey
Wimmis
Spiez
Reutigen
Niederstocken
Oberstocken
Stockental
Höfen
Amsoldingen
Uebeschi
Blumenstein
Mettlen
Thierachern
Uetendorf
Gurzelen
Seftigen
Uttigen
Noflen
Mühlethurnen
Kirchdorf
Mühledorf
Gerzensee
Gelterfingen
Belpberg
Belp
Flughafen Bern-Belp
Gürbe
BERN
Muri
WORB
Rubigen
Allmendingen
MÜNSINGEN
Münsingen
Tägertschi
Konolfingen
Stalden
Oberwichtrach
Oberdiessbach
Herbligen
Oppligen
Kiesen
Heimberg
Brenzikofen
Aare
THUN
Thun-Nord
Thun-Süd
Allmendingen
Gwatt
Schloss Schadau
Hilterfingen
Einigen
Oberhofen
Steffisburg
Fahrni
Rotache
Buchholterberg
Heimenschwand
Lindenthal
Stettlen
Utzigen
Bigenthal
Obergoldbach
OSTERMUNDIGEN
Vechigen
Walkringen
Enggistein
Richigen
Schlosswil
Trimstein
Biglen
Arnisäge
Grosshöchstetten
Mirchel
Ursellen
Oberhünigen
Zentrum Paul Klee
Stade de Suisse
Bundeshaus
Kunstmus.
Heiliggeistk.
Wankdorf
Westschweiz
Grauholz
Verzw. Weyermannshaus
BE-Neufeld
BE-Forsthaus
BE-Bethlehem
BE-Ostring
Verzw. Lattigen
Verzw. Bern-Wankdorf
ICE IC/EC
TGV
E 25
E 27
14 %
10 %

Tour 34 Route des Crêtes

Über den Kamm geschert

Acht Pässe auf 77 Kilometern – das bedeutet nicht nur in der Theorie Fahrspaß pur. Auch in der Praxis erweist sich die Kammstraße Route des Crêtes als Traumstrecke.

BASISORT
Colmar

TOURLÄNGE
ca. 300 km (1 Tag)

ROADBOOK
Colmar, Riquewihr, Ribeauvillé, Ste-Marie-aux-Mines, Col des Bagenelles, Col du Bonhomme, Col du Louschbach, Col du Wettstein, Col de la Schlucht, Gérardmer, Col du Bussang, Ballon d'Alsace, Massevaux, Thann, Cernay, Grand Ballon, Munster, Collet du Linge, Colmar

Wie viele andere Bergstraßen, hat auch die Route des Crêtes eine militärische Vergangenheit: Im Laufe des Ersten Weltkrieges wurde der über die Kämme der Vogesen führende Weg von der französischen Armee ausgebaut, um die auf den Gipfeln stationierten Truppen mit Munition und Proviant versorgen zu können.

Heute ist die Nutzung natürlich weitaus friedlicher, wenngleich so mancher Motorradfahrer auf dieser äußerst kurvenreichen Strecke das Messer zwischen die Zähne nimmt und aufs Ganze geht.

Perfekte Infrastruktur

Nördlicher Einstieg ist der Col des Bagenelles, dann geht es weiter zum Col du Bonhomme und über den Col du Louschbach zum Col du Calvaire. Durch die krautigen Wiesen der Haut Chaumes wedelt die Straße zum Col de la Schlucht, zum Hohneck und schließlich zum Markstein, der mit perfekter Infrastruktur aufwartet. Dann ist der Grand Ballon an der Reihe. Anschließend schwingt die Route in gemütlichen Kurven ins Rheintal zurück.

Dort befindet sich auch der Einstieg in unsere Tour: Colmar. Fachwerkhäuser, Kanäle, blumengeschmückte Altstadt. Dass der Charme der Hauptstadt des Départements Haut-Rhin auf den Besucher so unwiderstehlich wirkt, hat seine offensichtlichen Gründe. Der Starter-Kaffee in einem der Colmarer Straßencafés ist also Pflicht. Dazu ein Stück Elsässer Gugelhupf?

Mit ausgeglichenem Blutzuckerspiegel bummeln wir durch die Weinhänge des Rheintales Richtung Norden. Mit Riquewihr und Ribeauvillé liegen gleich zwei Perlen der Elsässer Weinstädtchen auf der Strecke. Wem

Col de la Schlucht und Grand Ballon (linke Seite von oben nach unten).

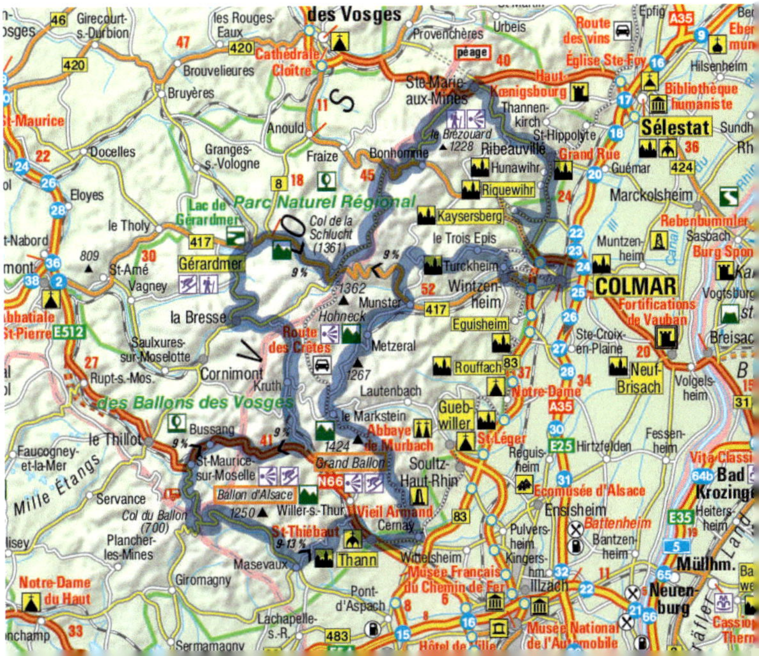

HIGHLIGHT

COLLET DU LINGE

Während des Ersten Weltkrieges lag der Berg genau auf der Linie, die die deutschen von den französischen Truppen trennte. Vom 20. Juli bis 15. Oktober 1915 war der Gipfel des Linge Schauplatz eines mörderischen Kampfes, bei dem die Franzosen die Deutschen aus deren Stellungen werfen konnten. Das 1981 eingeweihte Freilichtmuseum zeigt ungeschminkt, wozu der Mensch fähig ist und regt die Besucher zum Nachdenken an.

es für einen Spaziergang zu Fuß noch zu früh ist, der sollte zumindest eine Runde mit der Maschine durch diese Bilderbuchhorte drehen.

Trasse mit zig Kurven

In Ste-Marie-aux-Mines Blinker links und hinein in die Auffahrt zum 903 Meter hohen Col des Bagenelles. Breite Fahrbahn, griffiger Belag, sauber angelegte Kurven, der perfekte Auftakt. Nur ein paar Kilometer sind es von der prachtvollen Aussicht des Bagenelles hinüber zum Bonhomme. 949 Meter hoch, verfügt der zusammen mit dem 1135 Meter hohen Col de la Schlucht über eine der schönsten Passstraßen der Vogesen. Breite perfekte Trasse mit zig Kurven und Kehren. Das spricht sich herum: Die Bistros auf dem Sattel sind von Motorradfahrern umlagert.

In sauberen Wechselkurven folgen wir nun der Route des Crêtes hinüber zum 978 Meter hohen Col du Louschbach, wo wir sie zugunsten des Col du Wettstein für eine Weile verlassen. Ein Militärfriedhof in 882 Metern Höhe zeugt von den blutigen Kämpfen, die um den Wettstein im Ersten Weltkrieg stattfanden.

Einige Kilometer tiefer wartet ein weiteres fahrerisches Highlight des heutigen Tages: die Überquerung des Col de la Schlucht. Die Fahrt über den 1139 Meter hohen Pass ist ein Klassiker in den Vogesen und eine Etappe, die ungetrübte Fahrfreude garantiert. Breit und perfekt ausgebaut, schwänzelt die Fahrbahn durch tiefen Mischwald und fordert die Schräglagenfreiheit des Bikes heraus.

Nach so vielen Gangwechseln tut die ruhige Strecke hinab nach Gérardmer Mensch und Technik gut. Das Urlauberstädtchen Gérardmer liegt romantisch am gleichnamigen See und ist einen Stopp wert. Locker lässig kurvt die Strecke anschließend am Westhang der Vogesen entlang und greift den 731 Meter hohen Col de Bussang an. Das tut sie auf breiter, griffiger Fahrbahn mit Kurven aller Durch-

Col du Bonhomme (oben), Colmar (rechts) und die Südrampe vom Wettstein (rechte Seite).

messer. Zeit zum Luftholen bleibt kaum, denn mit dem Ballon d'Alsace lauert schon der nächste Höhepunkt. Die Überquerung des 1178 Meter hohen Passes erfordert wegen ihrer schmalen gewundenen Fahrbahn ständige Konzentration, macht aber höllisch Laune. Auf dem Sattel warten ein gemütliches Restaurant mit Café und jede Menge Motorräder.

Reizendes Städtchen

In lang gezogenen Bögen geht es nun nach Osten hinab Richtung Rheintal. Kupplung und Bremsen haben Pause, die oberen Gänge schalten sich hinzu. Die Räder rollen durch Massevaux, Thann und Cernay. Massevaux ist ein typischer Vogesenort mit viel rotem Backstein und einem gemütlichen Hauptplatz: dem Place des Alliées. In Thann ist es die Collégiale Saint-Thiébaut, die dem reizenden Städtchen seinen Charakter gibt. Diese reich verzierte Kirche gilt nach der Kathedrale von Straßburg als die zweitschönste im ganzen Elsass. Der Pausenstopp ist deshalb eine gute Idee.

In Cernay endet oder beginnt je nach Fahrtrichtung die Route des Crêtes. Das tut sie auf spannende Weise: Gut ausgebaut und übersichtlich erklimmt sie kurven- und kehrenreich den Osthang der Vogesen. Höhepunkt im wahren Wortsinn ist der 1343 Meter hohe Grand Ballon – der Große Belchen – mit seiner gigantischen Aussicht. Dahinter folgt ein letzter Abstecher hinab nach Munster, in die Stadt des würzigen Käses, bevor unsere Tagestour den 976 Meter hohen Collet du Linge überquert und in Colmar ihr Ende findet. ◀

ÜBERNACHTEN IN DER REGION

HOTEL RELAIS DU VIGNOBLE ***

Das Relais du Vignoble liegt in einem elsässischen Weingut außerhalb des Dorfes Gueberschwihr und bietet euch für euren Bikerurlaub einen idealen Startpunkt für Touren im gesamten Elsass. Nach der Tour verwöhnt euch die Küche mit einheimischen Spezialitäten. Tourentipps vorhanden.

33, rue des Forgerons • F-68420 Gueberschwihr
+33 (0) 389/492222 • www.relaisduvignoble.com

HOTEL DOMAINE LANGMATT

Das inmitten des Regionalparks Ballon des Vosges gelegene Hotel befindet sich in idealer Ausgangslage für eure Touren. Zur Entspannung nach der Tour lädt der Innenpool ein. Im rustikalen Ambiente des Restaurants werden euch hier traditionelle Speisen der französischen Küche serviert.

Logis 3 cheminées • F-68530 Murbach
+33 (0) 389/762112 • domainelangmatt.com

CHALET HÔTEL DU GRAND BALLON

Im schönen Elsass, am höchsten Berg der Vogesen (1424 m), liegt das historische, gemütliche und komfortable Berghotel. Ausgangspunkt für herrliche Motorradtouren mit vielen bekannten Sehenswürdigkeiten in der näheren Umgebung. Ruhige Lage. Elsässische bürgerliche Küche.

Le Grand Ballon • F-68760 Willer sur Thur
+33 (0) 389/627808 • www.chalethotel-grandballon.com

TOUR 34 | Frankreich

ROUTE DES CRÊTES

TOURLÄNGE | 300 km

PÄSSE DER TOUR

Col des Bagenelles
Scheitelhöhe: 903 m | Länge: 16 km
max. Steigung: 7 % | Wintersperre: keine

Col du Bonhomme
Scheitelhöhe: 949 m | Länge: 11 km
max. Steigung: 7 % | Wintersperre: keine

Col du Louschbach
Scheitelhöhe: 978 m | Länge: 6 km
max. Steigung: 5 % | Wintersperre: keine

Col du Wettstein
Scheitelhöhe: 882 m | Länge: 16 km
max. Steigung: 5 % | Wintersperre: keine

Col de la Schlucht
Scheitelhöhe: 1135 m | Länge: 37 km
max. Steigung: 7 % | Wintersperre: keine

Col du Bussang
Scheitelhöhe: 731 m | Länge: 9 km
max. Steigung: 7 % | Wintersperre: keine

Ballon d'Alsace
Scheitelhöhe: 1178 m | Länge: 25 km
max. Steigung: 9 % | Wintersperre: keine

Grand Ballon
Scheitelhöhe: 1343m | Länge: 29 km
max. Steigung: 10 % | Wintersperre: keine

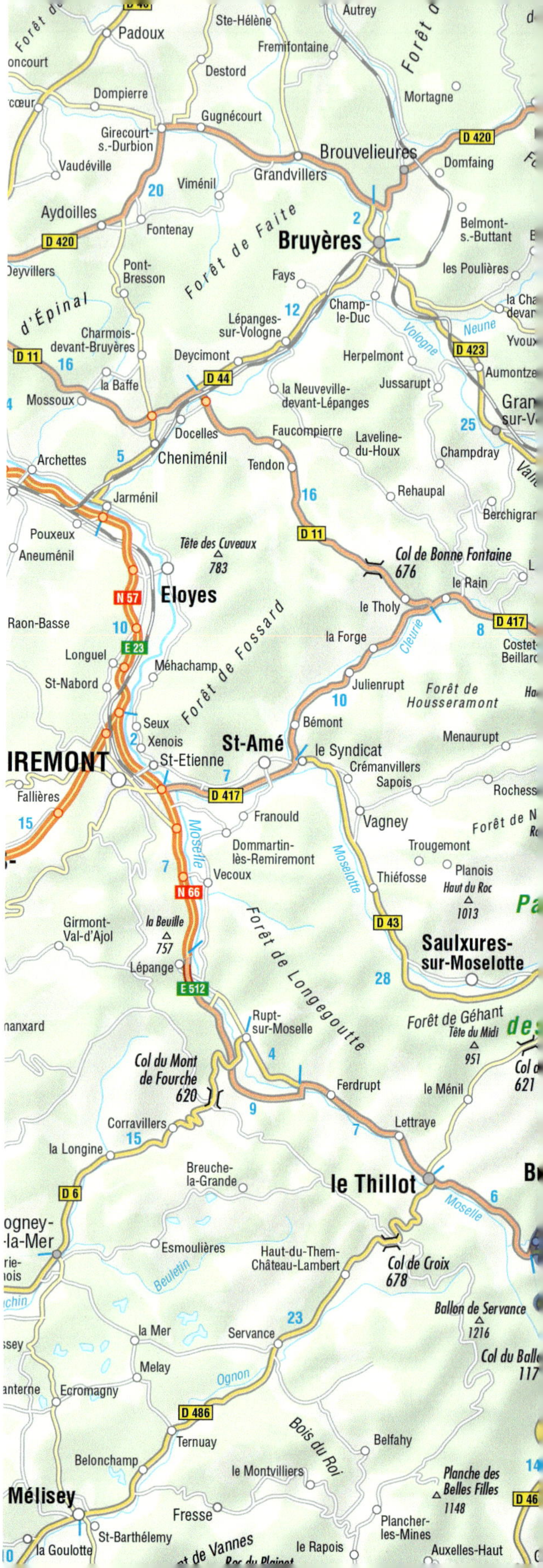

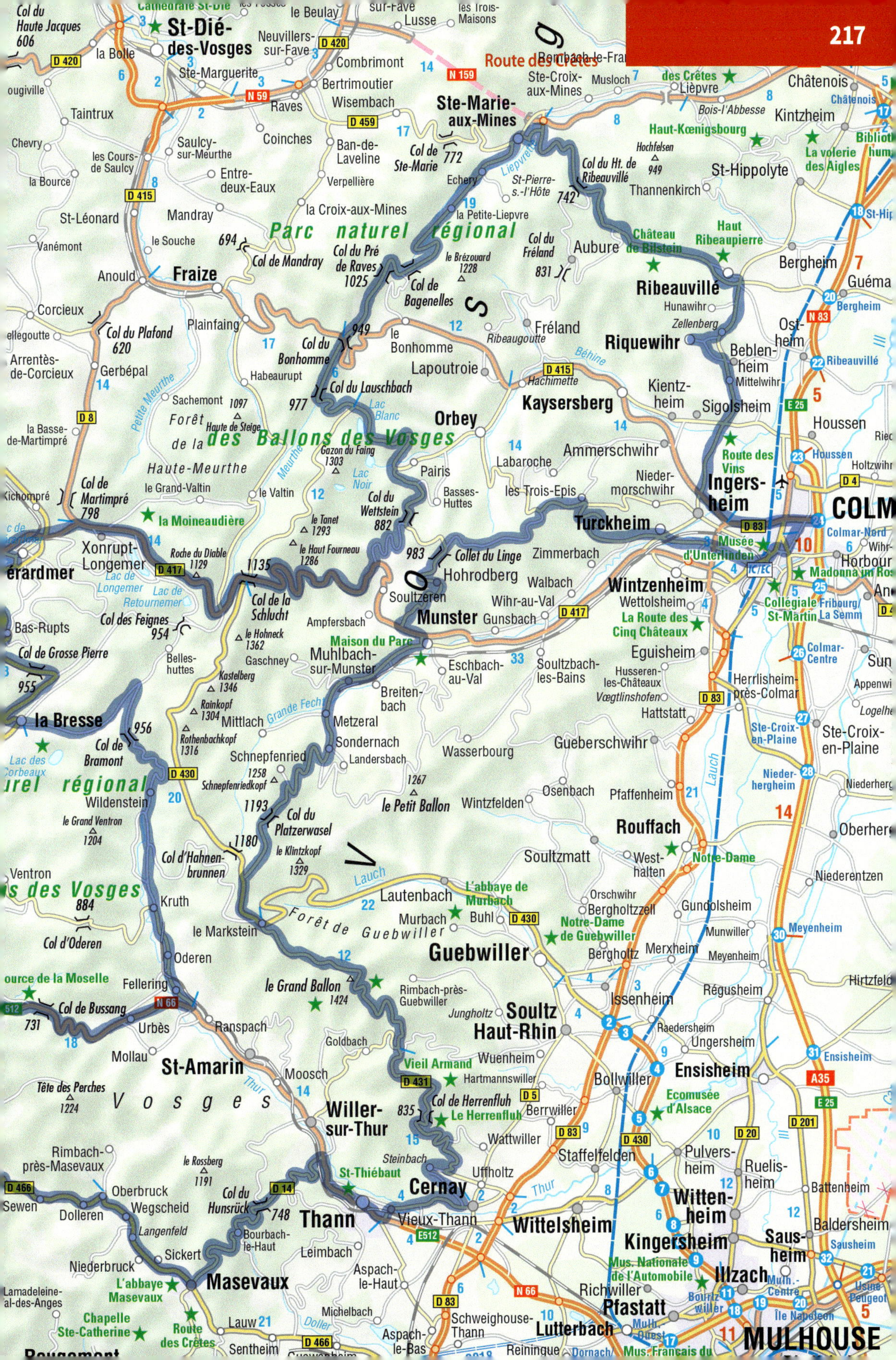
St-Dié-des-Vosges
Col du Haute Jacques 606
le Beulay
Neuvillers-sur-Fave
Lusse
Ste-Marguerite
Combrimont
Bertrimoutier
Route des Crêtes
Ste-Croix-aux-Mines
Lièpvre
Châtenois
Taintrux
Saulcy-sur-Meurthe
Raves
Wisembach
Ste-Marie-aux-Mines
Coinches
Ban-de-Laveline
Col de Ste-Marie 772
Echery
St-Pierre-s.-l'Hôte
Col du Ht. de Ribeauvillé 742
Hochfelsen 949
Haut-Kœnigsbourg
La volerie des Aigles
Kintzheim
St-Hippolyte
Thannenkirch
Entre-deux-Eaux
Verpellière
la Croix-aux-Mines
la Petite-Liepvre
St-Léonard
Mandray
Parc naturel régional des Ballons des Vosges
Col du Pré de Raves 1025
le Brézouard 1228
Col du Fréland 831
Auburé
Château de Bilstein
Haut Ribeaupierre
Bergheim
Guémar
Col de Mandray
Col de Bagenelles
Ribeauvillé
Hunawihr
Zellenberg
Anould
Fraize
Fréland
Ribeaugoutte
Riquewihr
Beblenheim
Ostheim
Corcieux
Col du Plafond 620
Plainfaing
Col du Bonhomme 949
le Bonhomme
Lapoutroie
Mittelwihr
Gerbépal
Habeaurupt
Hachimette
Kaysersberg
Kientzheim
Sigolsheim
Houssen
Col du Lauschbach 977
Lac Blanc
Orbey
Forêt de la Haute-Meurthe
Haute de Steige 1097
Gazon du Faing 1303
Pairis
Labaroche
Ammerschwihr
Route des Vins
Ingersheim
Col de Martimpré 798
le Grand-Valtin
le Valtin
Lac Noir
Col du Wettstein 882
Basses-Huttes
les Trois-Epis
Niedermorschwihr
Turckheim
COLMAR
la Moineaudière
le Tanet 1293
le Haut Fourneau 1286
Xonrupt-Longemer
Roche du Diable 1129
Lac de Longemer
Lac de Retournemer
Gérardmer
Col de la Schlucht 1135
Collet du Linge 983
Hohrodberg
Zimmerbach
Walbach
Musée d'Unterlinden
Wintzenheim
Wettolsheim
Soultzeren
Wihr-au-Val
Munster
Gunsbach
Ampfersbach
Col des Feignes 954
Bas-Rupts
Le Hohneck 1362
La Route des Cinq Châteaux
Maison du Parc
Collégiale Fribourg/St-Martin
Eguisheim
Col de Grosse Pierre 955
Gaschney
Muhlbach-sur-Munster
Eschbach-au-Val
Soultzbach-les-Bains
Husseren-les-Châteaux
Vœgtlinshofen
Herrlisheim-près-Colmar
Kastelberg 1346
Breitenbach
Hattstatt
Rainkopf 1304
la Bresse
Col de Bramont 956
Mittlach
Metzeral
Grande Fecht
Rothenbachkopf 1316
Sondernach
Landersbach
Wasserbourg
Gueberschwihr
Ste-Croix-en-Plaine
Schnepfenried 1258
Schnepfenriedkopf
Niederhergheim
Wildenstein
1267 le Petit Ballon
Wintzfelden
Osenbach
Pfaffenheim
Col du Platzerwasel 1193
Le Grand Ventron 1204
Rouffach
Col d'Hahnenbrunnen 1180
le Klintzkopf 1329
Soultzmatt
Westhalten
Notre-Dame
Ventron
Lauch
L'abbaye de Murbach
Orschwihr
Bergholtzzell
Niederentzen
Lautenbach
Gundolsheim
Kruth
Col d'Oderen 884
Forêt de Guebwiller
Murbach
Buhl
Notre-Dame de Guebwiller
Meyenheim
le Markstein
Guebwiller
Bergholtz
Merxheim
Oderen
Source de la Moselle
Fellering
le Grand Ballon 1424
Rimbach-près-Guebwiller
Réguisheim
Col de Bussang 731
Urbès
Ranspach
Jungholtz
Soultz Haut-Rhin
Issenheim
Raedersheim
Ungersheim
Mollau
St-Amarin
Goldbach
Wuenheim
Ensisheim
Tête des Perches 1224
Vosges
Moosch
Vieil Armand
Hartmannswiller
Bollwiller
Ecomusée d'Alsace
Willer-sur-Thur
Col de Herrenfluh 835
Le Herrenfluh
Berrwiller
Wattwiller
Staffelfelden
Pulversheim
Ruelisheim
Rimbach-près-Masevaux
le Rossberg 1191
Steinbach
Uffholtz
Battenheim
Oberbruck
Col du Hunsrück 748
St-Thiébaut
Cernay
Thur
Wittenheim
Sewen
Dolleren
Wegscheid
Thann
Vieux-Thann
Wittelsheim
Kingersheim
Sausheim
Baldersheim
Langenfeld
Bourbach-le-Haut
Leimbach
Sickert
Niederbruck
Masevaux
Aspach-le-Haut
Mus. Nationale de l'Automobile
Illzach
L'abbaye Masevaux
Lamadeleine-Val-des-Anges
Richwiller
Pfastatt
Chapelle Ste-Catherine
Route des Crêtes
Lauw
Michelbach
Schweighouse-Thann
Lutterbach
Île Napoléon
Sentheim
Aspach-le-Bas
Reiningue
MULHOUSE
Mus. Français du

Tour 35 Route des Grandes Alpes

Vom Genfer See bis ans Mittelmeer

Die 800 Kilometer lange Route hievt einen nicht nur auf die höchsten Gipfel der Alpen, sondern führt auch durch die landschaftlichen Höhepunkte der französischen Berge.

START- / ZIELORT
Thonon-les-Bains / Nizza

TOURLÄNGE
ca. 800 km (3 – 4 Tage)

ROADBOOK
Thonon-les-Bains, Morzine, Col de Gets, Cluses, St. Gervais, Flumet, Col des Saisies, Bourg-St. Maurice, Val d'Isère, Col de l'Iseran, Bonneval-sur-Arc, Col du Télégraphe, Col du Galibier, Col du Lautaret , Briançon, Col d'Izoard , Guillestre, Col de Vars, Barcelonnette, Col de la Cayolle, Guillaumes, Gorges de Daluis, Nizza

Die Route nimmt ihren Anfang in Thonon-les-Bains am Südufer des Genfer Sees. Der bestens gepflegte Asphalt der D 902 bringt uns zunächst hinauf zum Wintersport-Ort Morzine und weiter zum 1 172 Meter hohen Col des Gets. Dann geht es durch eine Reihe von Kurven und Serpentinen hinab nach Cluses ins Tal der Arve. St. Gervais heißt die nächste Station. Die quirlige Sommerfrische ist ein beliebter Treff für Bergwanderer. In Flumet zweigt man nach links zum 1650 Meter hohen Col des Saisies ab und erreicht über den Stausee von Roselend Bourg-St. Maurice.

Frankreichs zweithöchster

Auf dem Weg zum Col de l'Iseran liegt Val d'Isère. Dieser Wintersport-Ort ist auch im Sommer gut besucht, es wimmelt auf den Straßen nur so von Wanderern, Mountainbike-Fahrern, Raftern und Gleitschirmfliegern. Die Passstraße hoch zum Iseran, dem mit 2 770 Metern zweithöchsten Übergang der französischen Alpen, ist ein fahrerischer Leckerbissen. Das typische Erinnerungsfoto vor dem steinernen Wegweiser auf der Passhöhe darf nicht fehlen.

Vorbei an Bonneval-sur-Arc, dem schönsten Bergdorf Frankreichs, geht die Fahrt hinab ins Tal des Flusses Arc. Maurienne wird diese Region genannt. Mit dem Col du Télégraphe, dem Col du Galibier und dem Col du Lautaret stehen die nächsten

Col de Galibier und die malerische Festungsstadt Entrevaux (l. Seite von oben nach unten).

HIGHLIGHT

DAS TRIO

Das Trio Col du Télégraphe, Col du Galibier und Col du Lautaret. Bereits der Aufstieg zum Télégraphe ist genial: 17 Kurvenkilometer, die gar nicht mehr aufhören wollen. Steile Haarnadelkurven hoch zum Galibier folgen. Schließlich der Einkehrschwung ins Café de la Ferme auf dem Lautaret.

drei Pässe auf dem Plan der Route des Grandes Alpes. Dieses Trio liegt relativ nah beisammen und vereinigt einige der grandiosen Panoramen der französischen Alpen. Bereits der Blick vom 1566 Meter hohen Col du Télégraphe hinab ins Arc-Tal ist nicht schlecht.

Dann folgt das Hochtal von Valloire. Ziemlich geradlinig zieht es sich dahin, bis am Plan Lachat der Aufstieg zum 2642 Meter hohen Galibier erfolgt. Der Rundblick auf der Passhöhe ist gigantisch: Im Westen die Bergkette der Oisans, im Süden die Gletscher des Ecrin-Massivs, im Osten der Mont Thabor, und ganz im Norden erhebt sich die weiße Spitze des Mont Blanc aus einem Meer von Gipfeln.

Schönster Pausenstopp

Der Sattel des 2058 Meter hohen Lautaret ist schon von der Galibier-Höhe zu erkennen. Der Zwischenstopp dort unten ist Pflicht, gilt doch die Terrasse des Café de la Ferme als schönster Pausenplatz der französischen Alpen. Die sanften Bögen der N91 bringen uns nach Briançon. Diese Region ist die Heimat der hoch aufragenden Bergspitzen und der tief eingeschnittenen Täler. Hier beginnt der Süden. Der Einfluss des milden Mittelmeerklimas lässt mediterra-

ne Pflanzen blühen, die ihren Geruch und ihre Farben geradezu verschwenderisch versprühen. Der nächste Höhepunkt wartet ungefähr 20 Kilometer hinter Briancon: der Col d'Izoard. Dieser 2356 Meter hohe Übergang ist in seiner Schroffheit und Kargheit ein würdiger Vertreter der französischen Alpenpässe. Das Denkmal auf seinem Sattel hat die Form eines Obelisken und erinnert an die beim Bau der Straße beteiligten Gebirgsjäger.

Von Guillestre, dem Städtchen mit dem hübschen Place Albert, führt eine einsteigerfreundliche Straße hinauf zum 2109 Meter hohen Col de Vars. Oben angelangt, fährt man durch ein grünes Hochtal, in dem überall verstreut riesige Felsbrocken liegen. Ziemlich überraschend kommt das Passschild in Sicht, dann geht es auf erneut angenehm zu fahrendem Asphalt

Galibier-Nordrampe (oben), Gorges de Daluis (rechts) und das schmucke Bonneval-sur-Arc (rechte Seite).

hinab ins Tal der Ubaye. Das reizende Städtchen Barcelonnette mit seinen vielen Straßencafés und seiner gemütlichen Fußgängerzone ist eine Empfehlung für Pausen jeder Art. Man sitzt im Bistro-Stuhl und genießt den provenzalischen Charme des Ortes.

Als ob die Route des Grandes Alpes in Barcelonnette jeglichen Trubel abgestreift hätte, verschwindet sie nun in der Einsamkeit des Mercantour-Nationalparks. Zuerst führt die Straße durch die malerische Schlucht des Flüsschens Bachelard, dann schlängelt sie sich zwischen den Felsen der Auffahrt zum Col de la Cayolle hindurch. Dieser 2 327 Meter hohe Übergang entpuppt sich als Paradies für Ruhesuchende.

Optisches Glanzlicht

In Guillaumes biegt die Strecke nach rechts zur Gorges de Daluis ab. Diese Schlucht mit ihren knallroten Porphyr-Felsen ist eines der optischen Glanzlichter der Route. Hauteng zirkelt die Fahrbahn an der Felswand entlang und gibt großartige Blicke in den Abgrund frei. An den engsten Stellen wurden Tunnel ins Gestein gesprengt, die dieser Etappe ihre besondere Würze verleihen. Am Ausgang der Schlucht steht ein Fels in Form einer Frauenbüste. Er wird „Gardienne des Gorges", Wächterin der Schlucht, genannt.

Man merkt es an den Temperaturen – im Tal des Var erreicht die Strecke endgültig den Süden. Nun folgt sie als N 202 dem Lauf des Flusses, streift die malerische Festungsstadt Entrevaux und peilt die Küste des Mittelmeers an. Exakt am Flughafen von Nizza endet unsere Route des Grandes Alpes. ◀

ÜBERNACHTEN IN DER REGION

HOTEL LA CHRISTANIA

Das Christania-Team begrüßt euch im 3-Sterne Hotel in wunderschöner Alpenlandschaft. Das Hotel ist ein perfekter Ausgangspunkt für die „Route des Grandes Alpes" und geringer Entfernung nach Italien und die Schweiz. Das Haus hat 35 Zimmer mit TV, W-LAN und Balkon.

Hirmentaz • F-74470 Bellevaux
+33 (0) 4 / 50 73 70 77 • www.hotel-christania.com

GÎTE DE MONTVILLIERS

In einem idyllisch gelegenen Alpendorf mit wundervoller Aussicht, liegt der Gîte de Montvilliers und begrüßt seit elf Jahren Biker aus aller Welt. Der deutschspechende Hausherr kocht persönlich regionale Gerichte und gegessen wird in entspannter Atmosphäre.

Hameau de Montvilliers • F-73210 Aime
+33 (0) 4 / 79 09 75 43 • motorradhotel.gite-de-montvilliers.com

HOTEL L'AUTANTIC | WOHNEN IM CHALET

Am Fuße des kleinen St. Bernhard und des Col de l'Iseran gelegen, bietet das Hotel einen zentralen Ausgangspunkt für traumhafte Motorradtouren in der ganzen Region. Abends nach der Tour stehen unseren Gästen eine Sauna, ein kleiner Pool und ein Solarium zur Verfügung.

Route d´Hautevile • F-73700 Bourg - St. Maurice
+33 (0) 4 / 79 07 01 70 • www.hotel-autantic.fr

TOUR 35 | Frankreich

ROUTE DES GRANDES ALPES

TOURLÄNGE | 800 km
DAUER | 3 – 4 Tage

PÄSSE DER TOUR

Col de Gets
Scheitelhöhe: 1172 m | Länge: 12 km
max. Steigung: 5 % | Wintersperre: ?

Col des Saisies
Scheitelhöhe: 1650 m | Länge: 33 km
max. Steigung: 12 % | Wintersperre: keine

Col de l'Iseran
Scheitelhöhe: 2770 m | Länge: 50 km
max. Steigung: 12 % | Wintersperre: 10-6

Col du Télégraphe
Scheitelhöhe: 1570 m | Länge: 19 km
max. Steigung: 7 % | Wintersperre: 10-6

Col du Galibier
Scheitelhöhe: 2646 m | Länge: 29 km
max. Steigung: 14 % | Wintersperre: 10-6

Col du Lautaret
Scheitelhöhe: 2058 m | Länge: 24 km
max. Steigung: 6 % | Wintersperre: keine

Col d'Izoard
Scheitelhöhe: 2356 m | Länge: 26 km
max. Steigung: 12 % | Wintersperre: 10-6

Col de Vars
Scheitelhöhe: 2109m | Länge: 29 km
max. Steigung: 12 % | Wintersperre: keine

Col de la Cayolle
Scheitelhöhe: 2327m | Länge: 69 km
max. Steigung: 11 % | Wintersperre: 11-6

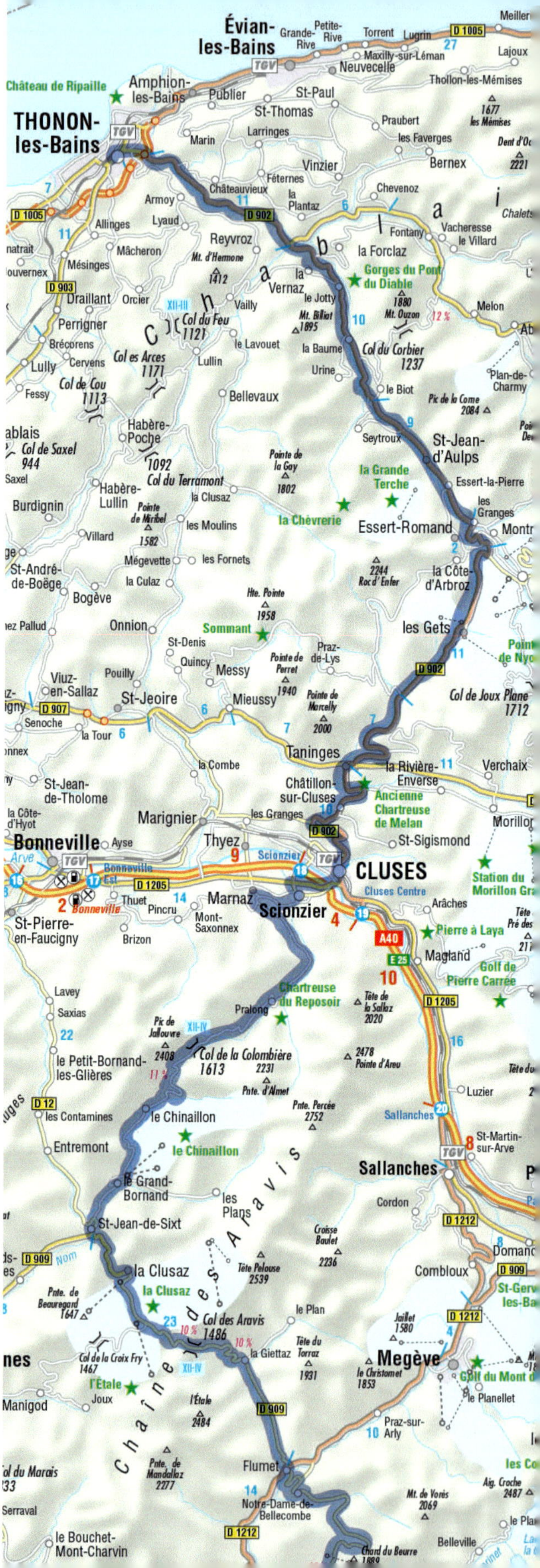

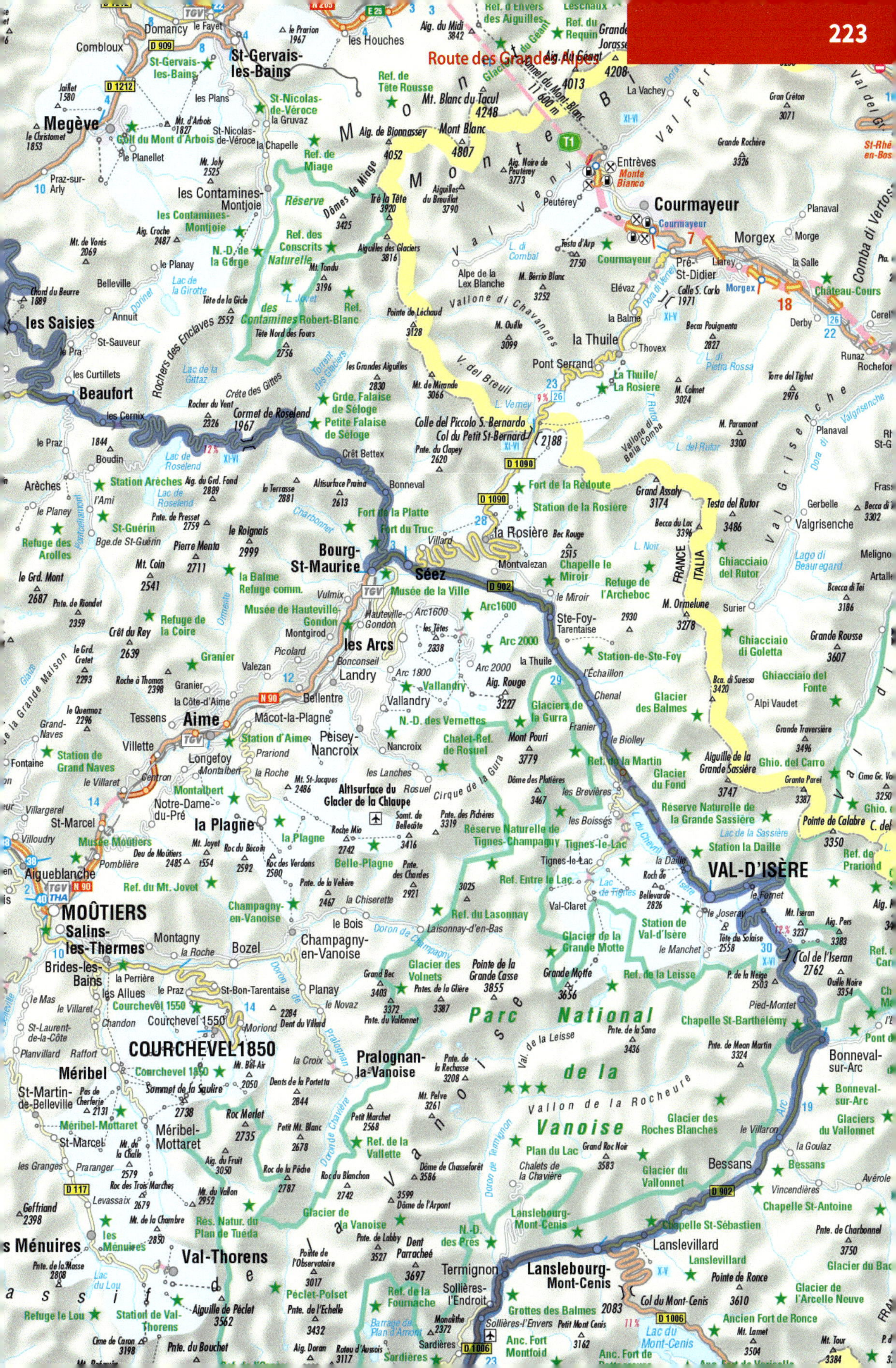

Route des Grandes Alpes
Megève
Combloux
Domancy
St-Gervais-les-Bains
les Houches
Mont Blanc
4807
Mt. Blanc du Tacul
Aig. du Midi
Entrèves
Monte Bianco
Courmayeur
Morgex
Pré-St-Didier
La Thuile
Pont Serrand
Colle del Piccolo S. Bernardo
Col du Petit St-Bernard
2188
les Contamines-Montjoie
Réserve des Contamines
Les Saisies
Beaufort
Cormet de Roselend
1967
Bourg-St-Maurice
Séez
la Rosière
Ste-Foy-Tarentaise
les Arcs
Landry
Aime
Mâcot-la-Plagne
Peisey-Nancroix
la Plagne
Moûtiers
Salins-les-Thermes
Brides-les-Bains
Bozel
Champagny-en-Vanoise
Pralognan-la-Vanoise
Courchevel 1850
Méribel
Val-Thorens
les Ménuires
Val-d'Isère
Tignes-le-Lac
Col de l'Iseran
2762
Bonneval-sur-Arc
Bessans
Lanslevillard
Lanslebourg-Mont-Cenis
Col du Mont-Cenis
2083
Termignon
Parc National de la Vanoise
Grande Motte
3656
Grande Casse
3855
Mont Pourri
3779
FRANCE
ITALIA
Val Veny
Val Ferret
Val Grisenche
Valgrisenche
Vallone di Chavannes
Testa del Rutor
3486
Aiguille de la Grande Sassière
3747
Pointe de Calabre
3350
Lac du Mont-Cenis

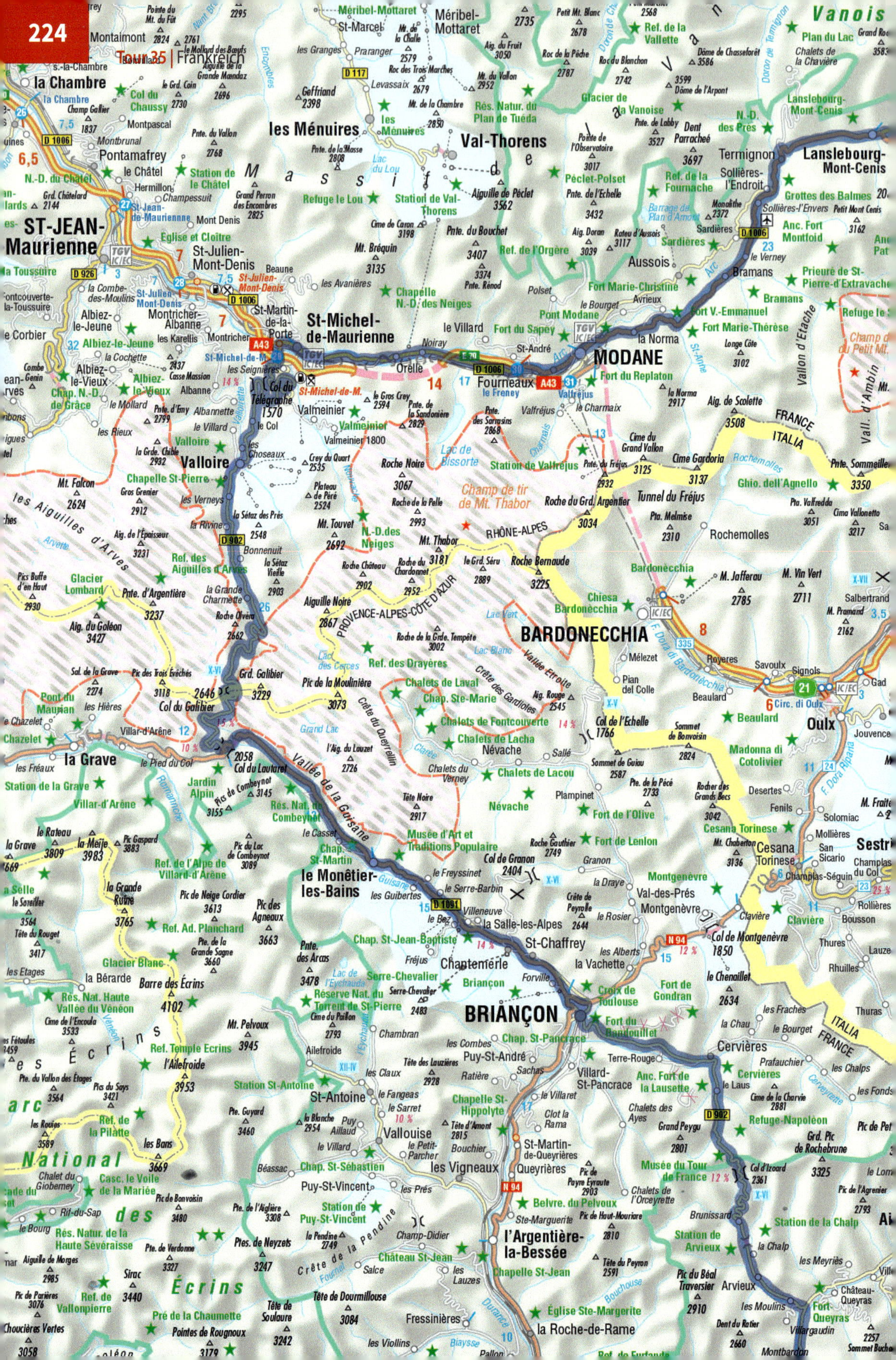

St-Jean-Maurienne
la Chambre
Pontamafrey
St-Julien-Mont-Denis
St-Michel-de-Maurienne
les Ménuires
Val-Thorens
Massif de la Vanoise
Modane
Fourneaux
Aussois
Termignon
Lanslebourg-Mont-Cenis
Bramans
Valloire
Col du Télégraphe 1570
Valmeinier
Col du Galibier
Grd. Galibier 3229
Col du Lautaret 2058
la Grave
Villar-d'Arêne
le Monêtier-les-Bains
Vallée de la Guisane
Névache
Bardonecchia
Tunnel du Fréjus
Oulx
Cesana Torinese
Montgenèvre
Col de Montgenèvre 1850
Briançon
St-Chaffrey
Villard-St-Pancrace
Puy-St-André
Vallouise
l'Argentière-la-Bessée
la Roche-de-Rame
Barre des Écrins 4102
Mt. Pelvoux 3945
Parc National des Écrins
Cervières
Col d'Izoard 2361
Arvieux
Château-Queyras
Pic de Rochebrune 3325
PROVENCE-ALPES-CÔTE D'AZUR
RHÔNE-ALPES
FRANCE
ITALIA
les Aiguilles d'Arves
Champ de tir de Mt. Thabor
Mt. Thabor 3181
Aig. de Péclet 3562

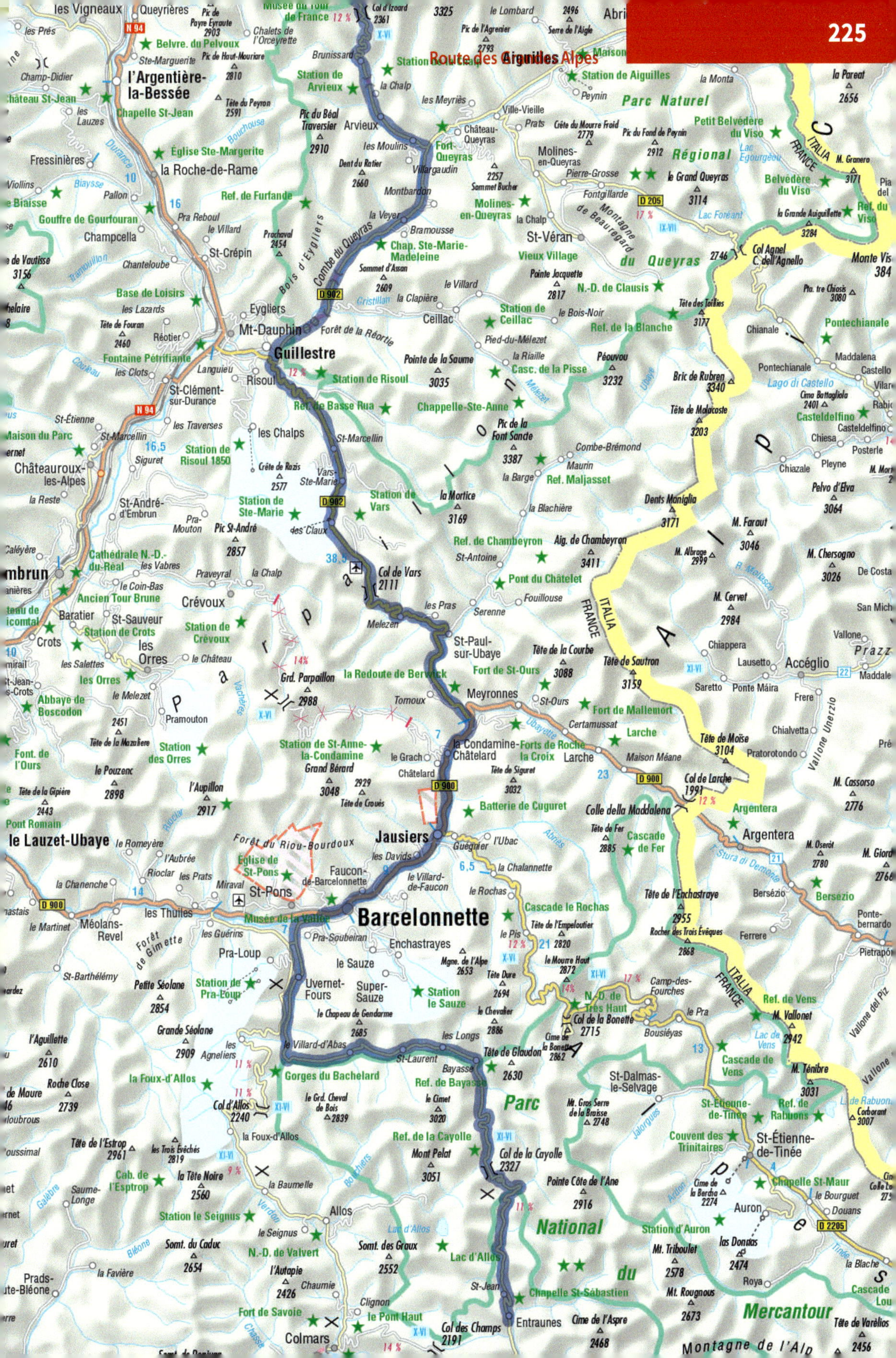
Route des Grandes Alpes
Les Vigneaux
Queyrières
Col d'Izoard 2361
l'Argentière-la-Bessée
Belvre. du Pelvoux
Chapelle St-Jean
Église Ste-Margerite
La Roche-de-Rame
Fressinières
Gouffre de Gourfouran
Champcella
Ref. de Furfande
St-Crépin
Station de Arvieux
Arvieux
Pic du Béal Traversier 2910
Brunissard
Château-Queyras
Fort Queyras
Ville-Vieille
Molines-en-Queyras
St-Véran
Vieux Village
Parc Naturel Régional du Queyras
Station de Aiguilles
Peynin
Combe du Queyras
Chap. Ste-Marie-Madeleine
Eygliers
Mt-Dauphin
Guillestre
Forêt de la Réortie
Ceillac
Station de Ceillac
Station de Risoul
Risoul
Ref. de Basse Rua
St-Clément-sur-Durance
St-Marcellin
Châteauroux-les-Alpes
Station de Risoul 1850
Vars
Station de Vars
Station de Ste-Marie
Pic St-André 2857
Col de Vars 2111
Embrun
Cathédrale N.-D.-du-Réal
Crévoux
Station de Crévoux
Station de Crots
Crots
les Orres
Grd. Parpaillon 2988
la Redoute de Berwick
St-Paul-sur-Ubaye
Meyronnes
Fort de St-Ours
Fort de Mallemort
Larche
la Condamine-Châtelard
Forts de Roche la Croix
Station de St-Anne-la-Condamine
Batterie de Cuguret
Jausiers
Col de Larche 1991
Colle della Maddalena
Argentera
Forêt du Riou-Bourdoux
Église de St-Pons
St-Pons
le Lauzet-Ubaye
Musée de la Vallée
Barcelonnette
Enchastrayes
le Sauze
Super-Sauze
Station le Sauze
Uvernet-Fours
Station de Pra-Loup
Pra-Loup
Méolans-Revel
Cascade le Rochas
Col de la Bonette 2715
Cime de la Bonette 2862
Camp-des-Fourches
Bousiéyas
Gorges du Bachelard
Col d'Allos 2240
la Foux-d'Allos
Station le Seignus
Allos
N.-D. de Valvert
Lac d'Allos
Col de la Cayolle 2327
Ref. de la Cayolle
Parc National du Mercantour
St-Dalmas-le-Selvage
St-Étienne-de-Tinée
Auron
Station d'Auron
Chapelle St-Sébastien
Entraunes
Col des Champs 2191
Colmars
Fort de Savoie
Lac de Vens
Cascade de Vens
Pontechianale
Casteldelfino
Col Agnel C. dell'Agnello
Acceglio
Bersézio
ITALIA
FRANCE
Alpi
Parpaillon

Tour 36 Grand Canyon du Verdon

Der Graben Europas

Westlich von Castellane kann man hautnah erleben, wie der Fluss Verdon in Millionen von Jahren eine 21 Kilometer lange und bis zu 700 Meter tiefe Schlucht gegraben hat.

BASISORT
Les Salles-sur-Verdon

TOURLÄNGE
ca. 220 km (1 Tag)

ROADBOOK
Les Salles-sur-Verdon, Col d'Ayen, La Palud-sur, Verdon, Point Sublime, Castellane, Col de Luens, La Bastide, Col du Bel Homme,Bargemon, Draguignan, Châteaudouble, Montferrat, Comps-sur-Artuby, Col d'Illoire, Aiguines, Les Salles-sur-Verdon

Start in Les Salles-sur-Verdon. Die D 952 macht den Auftakt und hievt uns mittels einiger Kehren zur Nordrampe des Canyons. Fünf Kilometer auf astreinem Asphalt. Duftender Kiefernwald sorgt für Südfrankreich-Feeling. Dann gleich der erste Höhepunkt: der Belvédère du Galetas. Tief unter uns der blaugrüne Lac de Sainte-Croix wie ein Diamant im grauen Gestein. Die Strecke an der Nordrampe hält die steilsten Tiefblicke bereit und ist entsprechend viel befahren.

Deshalb eine ruhige Gangart einlegen und die Verdon-Umrundung gelassen angehen, denn die nächsten Kilometer sind eine einzige Augenweide. Knapp am Rand der Schlucht fädelt sich die 1973 fertiggestellte Straße in Richtung Osten und gibt auf ihrer gesamten Länge den Blick auf den tief unten fließenden Fluss frei.

Route des Crêtes

Mit einer Handvoll Serpentinen entfernt sich die Fahrbahn nun vom Canyon, steigt zum 1032 Meter hohen Col d'Ayen auf und wendet sich der Ortschaft la Palud-sur-Verdon zu. Kurz hinter la Palud fängt die Route des Crêtes an. Das ist ein knapp 25 Kilometer langer Rundkurs, vorbei an den spektakulärsten Abgründen des gesamten Canyon du Verdon. Einige holperige Kehren bergauf, dann wartet schon der erste von insgesamt sieben Aussichtspunkten. Die Panoramen der Route des Crêtes steigern sich permanent, bis sie an ihrem Südzipfel den absoluten Höhepunkt erreichen.

Haarscharf am Abgrund vorbei zirkelt die nun im Einbahnverkehr ausgelegte Fahrbahn in Spitzkehren nach unten. Wer nicht schwindelfrei ist, wird an dieser Stelle erhöhten Puls haben. Wenigstens sind die Kehren so angelegt, dass man weit ausholen kann. Wie auf einer Spielzeugeisenbahn taucht am gegenüberliegenden

Blick auf die gewaltige Verdon-Schlucht und das schmucke Draguignan (linke Seite von oben nach unten).

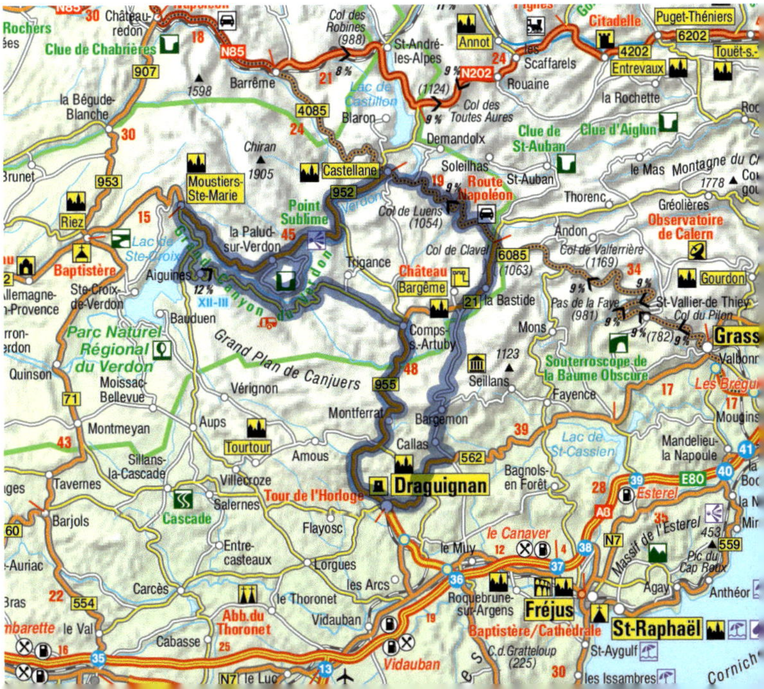

HIGHLIGHT

CASTELLANE

Als Ausgangspunkt für die Fahrt an den Grand Canyon du Verdon ist der 1500-Einwohner-Ort Castellane immer gut besucht. Die meisten über die Route Napoléon eintreffenden Motorradfahrer machen hier Pause, und so ist man stets in guter Gesellschaft. Von der zugestaubten Enduro bis zur blankpolierten Harley ist hier alles vertreten. Ursprünglich siedelten in Castellane die Kelten. Danach gründeten die Römer einen Ort, den sie Petra Castellana nannten. Im 14. Jahrhundert entstand die Festungsmauer, von der heute noch der fünfeckige Turm, der „Tour pentagonal“, zu sehen ist.

Rand die südliche Panoramastraße auf. Vor la Palud geht es noch ein Stück bergauf, dann ist die Runde zu Ende.

Wir passieren den Point Sublime, einen gut besuchten Aussichtspunkt. Im weiteren Verlauf senkt sich die D 952 zum Fluss hinab, bis sie den Ausgang des Canyons erreicht. Jetzt bleibt sie bis Castellane mit dem Verdon auf Tuchfühlung. Zum Teil wurde sie riskant in die Wand gesprengt, sodass wir immer wieder unter überhängenden Felsen hindurchfahren.

Satte Schräglagen

Vorbei an den Stationen der Kanuverleiher nähern wir uns Castellane. Gleich nach der Verdonbrücke liegt links der Hauptplatz des Städtchens, der Place Marcel-Sauvaire, mit seinen hübschen Hotels, Cafés und Bars. Ein perfekter Ort für ein leckeres Eis oder einen vitaminhaltigen „Salade nicoise“. Auf die N 85 Richtung Cannes lassen sich satte Schräglagen zaubern.

Nach der Abfahrt vom 1054 Meter hohen Col de Luens zweigt die D 21 rechts ab. Auf rauem und einsamem Asphalt nähern wir uns dem Grand Plan de Canjuers, einem Gebirgszug, den sich das Militär unter den Nagel gerissen hat. 40 Kilometer lang und 12 Kilometer breit ist der größte Truppenübungsplatz Frankreichs. Die Fläche wird benötigt, da in Canjuers die Artillerie übt.

Hinter la Bastide biegen wir auf die D 25 Richtung Bargemon ab. Sie ist eine von zwei Straßen, die durch das Militärgelände führen. Mutterseelenallein rollen wir auf dem grobkörnigen Belag Richtung Süden. Leichtes Kurvenschwingen durch eine karge Landschaft, die vom Tourismus zwangsläufig verschont blieb.

Nach dem 915 Meter hohen Col du Bel Homme stürzt sich die Straße in tollen Kurven in die Ebene hinab.

Gewässer, Kurven und Felslandschaften prägen das Bild in diesem Teil Frankreichs (oben und unten).

Der blaugrüne Lac de Sainte-Croix wirkt wie ein Diamant im grauen Gestein.

Unten folgen wir der Ausschilderung Draguignan und erleben, wie die Hitze des Midi langsam unter die Kombi kriecht. Wir durchqueren Draguignan, passieren seinen Stadtbrunnen und nehmen Kurs auf die Ortschaften Châteaudouble und Montferrat. Flüssig kurven wir nach Norden. Zuerst durch eine Schlucht, dann quer über den Truppenübungsplatz. Eine fahraktive Passage. Wenig Verkehr, griffiger Belag, schöne Ausblicke auf die herbe Landschaft der Hochprovence.

Blick auf den Verdon

In Comps-sur-Artuby, einem früheren Besitz des Templerordens, biegen wir links zum Canyon du Verdon ab. Hinter der nächsten Kurve wartet der Aussichtspunkt Balcons de la Mescla. Von dieser Felsterrasse fällt der Blick 250 Meter tief hinab auf den Verdon. Wer das Panorama bei einem Getränk seiner Wahl genießen möchte – auf der anderen Straßenseite steht das Relais des Balcons.

Als „Corniche Sublime" wurde die südliche Kammstraße 1947 in den Fels gehauen, um die Faszination des Canyons dem Verkehr zugänglich zu machen. Drei Kilometer lang geht es von einem Panorama zum anderen. Der Abgrund ist zwischen 250 und 400 Meter tief. Seitensicherung? Vorhanden, aber ziemlich niedrig. Am 967 Meter hohen Col d'Illoire rafft sich die Route zu einem grandiosen Schlussspurt auf. Ein feines Serpentinensträßchen kurvt den steilen Hang nach Aiguines hinab und spendiert einen Doppelblick auf den Canyon du Verdon und den Lac de Sainte-Croix. ◄

ÜBERNACHTEN IN DER REGION

FERME DE SEJOUR REBUFFEL

Genießt im Hinterland von Var, La Roque Esclapon bei den Gastgebern Isabelle und Jean Guy die herzliche Atmosphäre in einem kleinen, gemütlichen Gasthaus auf 1000 m Höhe. Von hier aus habt Ihr einen atemberaubenden Ausblick auf den 1700 m hohen Mont Lachen.

200 Chemin de Riphle • F-83840 La Roque-Esclapon
+33 (0) 4/94768075 • www.rebuffel.com

HOTEL LE PROVENCE

Die Gastgeber leben ihren Beruf in 3. Generation im Verdon. Fühlt euch wie zu Hause in einem kleinen urigen Hotel in La Palud-sur-Verdon. Von hier aus habt Ihr den idealen Ausgangspunkt für Touren im Verdon. Das hauseigene Restaurant verfügt über eine große Sonnenterrasse.

D23 • F-04120 La Palud-sur-Verdon
+33 (0) 4/92773888 • www.hotel-provence-verdon.com

TOUR 36 | Frankreich

GRAND CANYON DU VERDON

TOURLÄNGE | 220 km

PÄSSE DER TOUR

Col d'Ayen
Scheitelhöhe: 1032 m | Länge: 35 km
max. Steigung: 10 % | Wintersperre: keine

Pointe Sublime
Scheitelhöhe: 930 m | Länge: 10 km
max. Steigung: k.A. | Wintersperre: keine

Col de Luens
Scheitelhöhe: 1054 m | Länge: 11 km
max. Steigung: 9 % | Wintersperre: keine

Col du Bel Homme
Scheitelhöhe: 915 m | Länge: 8 km
max. Steigung: 6 % | Wintersperre: keine

Col d'Illoire
Scheitelhöhe: 964 m | Länge: 19 km
max. Steigung: 14 % | Wintersperre: keine

Verdon-Panorama.

Chabrières
N 85
Château de Frouchier
Chaudon-Norante
Asse
St-Lions
Somt. de Mouchon 1593
les Chaillans
Hyèges
la Mure
Col des Robines 988
Grand Canyon du Verdon
Plus Haut Château
la Fontaine Salée
St-Jacques
Moriez
Gévaudan
N 202
St-André-les-Alpes
d'Annot
les Gres d'Annot
Angles
Rouaine
N 202
Mgne. de Beynes 1598
Palus
Barrême
Chapelle Notre-Dame
Vergons
Col de Toutes Aures 1120
Trevans
Courchons
St-Julien-du-Verdon
le Touyet
Gorges de Trévans
le Riou d'Ourgeas
D 4085
de l'Horloge
Senéz
Ancienne Cathédrale
Blaron
Clue de Vergons
Somt. de la Bernarde 1941
Majestres
la Baume
Somt. de Crémon 1760
la Sagne
la Tuilière
Lac de Castillon
Station de Neige de Vaupiane
Parc Naturel
St-Jurs
Clue de Taulanne
Col de Leque 1148
Demandolx
Blieux
Taulanne
N.-D. du Roc
Lac de Chaudanne
Soleilhas
Chiran 1905
Pré Chauvin 1741
D 4085
Mgne. de Teillon 1893
Castellane
Bge. de Chaudanne
Chap. N.-D. de Beauvoir
le Pavillon 1624
Mourre de Chanier 1930
Porte de St-Jean
la Lagne
la Garde
Col de Luens
Peyroules
Moustiers-Ste-Marie
les Brochiers
Destourbes 1543
1054
Jabron
Verdon
la Bâtie
Malamaire
Musée de la Fayence
Chapelle St-Pierre
Châteauneuf-les-Moustiers
Chapelle St-Thyrs
Eoulx
Chapelle St-Pons
Pont du Galetas
Rougon
Chapelle Ste-Anne
Châteauvieux
la Martre
la Doire
Régional
le Bourguet
Belvédère de Mayreste
la Palud-sur-Verdon
Artuby
Vilaute
D 952
Brenon
le Plan-d'Anelle
Mgne. de Lachens 1715
Chanteraine
Trigance
Collet Barris 1459
D 21
les Salles-sur-Verdon
Aguines
Cirque de Vaumale
Balcons de la Mescla
Jabron
N.-D.-des-Sept-Douleurs
Bargème
la Bastide
Lac de Ste-Croix
Falaise des Cavaliers
St-Nicholas
le Moutet
la Roque-Esclapon
Bauduen
Grand Canyon du Verdon
Pont d'Artuby
Comps-sur-Artuby
Bois du Malay
Col de la Croix 1070
Chapelle St-Didier
Chap. St-Jean
Colline d'Estelle
Aven du Clos de Fayoun
Grand Plan de Canjuers
la Barre
Mieraure 1195
Champ Militaire de Canjuers
Moissac-Bellevue
Col du Bel-Homme 1032
Mgne. de Barjaude 1173
Chapelle N.-D. de Liesse
Vérignon
Mgne. de Beau-Soleil 1025
Bois du Défens
1086 Pierrion
Seillans
Mtgne. des Espiguières
Bois des Blaques
D 955
Bargemon
N.-D. des Cyprès
Aups
Chapelle N.-D. de Spéluque
Bois des Prannes
Ste-Anne de Claviers
Montferrat
Claviers
Ampus
Châteaudouble
Callas
Chap. de la Trinité
Château de Taurenne
D 557
Nartuby d'Ampus
Gorges de Châteaudouble
Tourtour
D 54
les Quatre Chemins
Villecroze
Rebouillon
Figanières
Sillans-la-Cascade
D 955
N.-D. de l'Olivier
D 562
Lentier
Salernes
DRAGUIGNAN
Cascade de Pennafort
Bois du R
Bresque
D 560
Babadié
Pierre de la Fée
le Flayosquet
D 557
Mgne. du Serre 294
471
Flayosc
Route des Vins
Chât. de Riforand
N.-D. des Selves
D 555
D 54
Cotignac
Trans-en-Provence
Endre
Entrecasteaux
Ste-Anne
St-Antonin-du-Var
la Motte
Bois de P
D 562
Notre-Dame
Chap. Notre-Dame de Benva
D 1555
les Nouradons
le Muy
Lorgues
D 555
D N7
Florieye
Anc. Abb. de la Celle Roubaud
A8
D 562
Carcès
D 10
Ancien Abbaye du Thoronet
Argens
les Arcs
TGV
le Muy
Rocher de Roquebrune 373
Taradeau
Chap. Notre-Dame

Tour 37 Route Napoléon

Auf der Route des Kaisers

Nach seiner Flucht von Elba marschierte Napoléon von der Côte d'Azur durch die Seealpen nach Grenoble. Auf der 350 Kilometer langen Route Napoléon folgt man der historischen Strecke.

START- / ZIELORT
Golfe-Juan / Grenoble

TOURLÄNGE
ca. 350 km (2 Tage)

ROADBOOK
Golfe-Juan, Mougins, Grasse, Escragnolles, Séranon, Castellane, Digne, Malijai, Sisteron, Le Poet, La Saulce, Gap, Corps, La Mure, Laffrey, Vizille, Grenoble

Der Startort Golfe-Juan liegt zwischen Cannes und Antibes. Er steht im Zeichen des Badebetriebs der Côte d'Azur, erinnert aber immerhin durch ein Mosaik an der neuen Uferpromenade an Napoléons Landung. Von Golfe-Juan geht es weiter nach Mougins und Grasse. Fahrerisch gesehen ist die Etappe von Grasse nach Castellane sicher das schönste Stück der gesamten Route Napoléon.

Die N 85 gebärdet sich wie ein kleines Bergsträßchen und schaufelt eine Kurve nach der anderen unters Vorderrad. Der Belag ist gut in Schuss und schön griffig, der Verkehr hält sich unter der Woche in Grenzen. Die Fahrbahn taucht ständig in Täler hinab, um dann gleich wieder den nächsten Pass zu erklimmen. Die Streckenführung fällt nicht zu eng aus, sodass wir in den oberen Gängen zügig vorankommen.

Napoléons Nachtlager

Nachdem die Truppe des Kaisers noch einmal in Cannes biwakiert hatte, marschierte sie am 2. März über Grasse und Escragnolles nach Séranon, wo das Nachtlager aufgeschlagen wurde. Bonaparte schlief im Château de Brondet. Um sieben Uhr ging es am nächsten Morgen weiter. Dankbar nahm der fröstelnde Kaiser kurz darauf beim Logis du Pin eine heiße Brühe entgegen. An diesem Ort steht heute ein kleines Info-Zentrum, wo der Hergang in allen Einzelheiten beschrieben wird.

Mittags erreichte man Castellane. Die Stadt mit ihrer mächtigen Zitadelle stellte den ersten ernst zu nehmenden

Kurz vor Laffrey thront die Reiterstatue Napoléons in den Himmel. Diese und tolle Ausblicke gilt es unterwegs zu bewundern (linke Seite von oben nach unten).

HIGHLIGHT

NAPOLÉON AM ZIEL

Grenoble gilt als das wirtschaftliche und kulturelle Zentrum der französischen Alpen. Seine Lage ist einzigartig: Auf drei Seiten wird Grenoble von hohen Bergwänden umgeben. Die sympathische Stadt verfügt außerdem über ein sehr schönes Zentrum. Ein ausgezeichneter Platz, um die Eindrücke der Route Napoléon Revue passieren zu lassen, und sich in Gedanken zu Bonaparte und dessen Weitermarsch nach Paris zu begeben.

Sperr-Riegel dar. Würde die Besatzung zu Napoléon überlaufen? Sie tat es. Der Kaiser wurde zum Essen in die Unterpräfektur eingeladen. Das Gebäude kann besichtigt werden und steht in der Rue nationale 34.

Erholung in Digne

Auch die folgende Etappe bis Digne bietet Fahrvergnügen pur. Die N 85 schlängelt sich zunächst an dem Fluss Asse entlang, schraubt sich dann eine Anhöhe empor und stürzt sich in eleganten Kurven hinab nach Digne. Der Kurort war Raststation von Napoléon. Mit seinen Straßencafés ist er aber auch für den heutigen Motorradreisenden ein angenehmer Pausen-Ort.

Mittags am 4. März traf der Kaiser in Digne ein, wo er im Hotel Du Petit Paris freundlich empfangen wurde. Gegen 15 Uhr machte er sich auf den Weg ins 20 Kilometer westlich gelegene Malijai. Auch dort begrüßte man Napoléon und seine Männer sehr herzlich und lud sie zur Übernachtung im Schloss ein.

Ganz früh am Morgen des 5. März ging es weiter nach Sisteron. Der Kaiser hatte großes Glück: Die meisten Soldaten waren am Vortag verlegt worden, und die verbliebenen rührten keinen Finger. So konnte Napoléon im Hôtel du Bras d'Or speisen und dann Richtung Gap weitermarschieren. Dort dasselbe Bild: untätige Soldaten, jubelnde Massen.

Hinter Sisteron heißt es, vom breiten Asphalt der N 85 für eine Weile Abschied zu nehmen. Per Landstraße geht es nun nach Gap. Napoléon und seine Kolonne streiften die Dörfer Le Poet, Upaix, Ventavon, Monetier-Allemont und la Saulce. Uns belohnt diese Etappe mit kleinen, feinen Nebensträßchen und pittoresken hochprovenzalischen Bergnestern.

Gap ist einen Besuch wert, seine Altstadt gut erhalten, und ein Bummel mit anschließendem Café-Besuch kann nie schaden. Auch Bonaparte und seiner Truppe, die sich täglich durch übergelaufene Soldaten des Königs vergrößerte, gefiel es hier. Der Kaiser nächtigte im Hotel Marchand und zog am nächsten Morgen nach Corps weiter. Das hübsche Bauerndorf mitten im Grünen zeigte sich von

Ein vergoldeter Adler kennzeichnet die Route Napoléon (rechts), die an der Côte d'Azur endet (rechte Seite).

seiner besten Seite und empfing die Kolonne mit offenen Armen.

Triumphale Begrüßung

Nach einer weiteren triumphalen Begrüßung in La Mure erreichte man den Ort Laffrey. Wie aus dem Nichts standen plötzlich die Soldaten aus Grenoble vor der kleinen Truppe. Es sah schlecht für Bonaparte aus. Der Gegner war in der Überzahl und hatte den Befehl, dem Spuk ein Ende zu setzen. Was wohl auch gelungen wäre, wenn nicht Napoléon wieder einmal seine Größe gezeigt hätte. Mutig trat er vor die Gewehre der Königstreuen, entblößte seine Brust und rief die berühmten Worte: „Wenn einer unter euch ist, der seinen Kaiser töten will, hier bin ich!" Doch kein einziger Schuss fiel. Geschlossen lief die königliche Armee über.

Der Weitermarsch nach Grenoble war ein einziger Triumphzug. An der Brücke von Vizille stand die Menge auf beiden Seiten. In der Herberge der Mère Vigier in Tavernolles stärkte sich Napoléon noch einmal, bevor er kurz vor Mitternacht schließlich in Grenoble einmarschierte.

Für uns erweist sich die Etappe von Gap nach Grenoble als zügig zu fahrende Kurvenstrecke. Die Reifen surren wieder auf dem gut gepflegten Belag der N 85. Die tut mit ihren übersichtlichen und runden Kurven eine Menge für die Zufriedenheit der Motorradfahrer. Steile Anstiege und Gefällstrecken sorgen dafür, dass es so gut wie nie langweilig wird. Dann kommt mit Grenoble der Endpunkt der Route Napoléon in Sicht. ◀

ÜBERNACHTEN IN DER REGION

LE GRAND PARIS

Das Grand Paris Hotel bietet Zimmer und Apartments. Eine Terrasse im Schatten jahrhundertealter Platanen, eine Sauna, ein Fitnessraum und eine geschlossene Garage für das Motorrad sind ebenfalls vorhanden.

19, boulevard Thiers • F-04000 Dinge-Les-Bains
+33 (0) 4 / 92 31 11 15 • www.hotel-grand-paris.com

BOUSTIGUE HÔTEL-RESTAURANT

Zwischen Grenoble und Gap werdet Ihr herzlich willkommen geheißen. Entdeckt die traumhafte Landschaft der Route de Napoléon auf zwei Rädern. Abends im Restaurant wird euch dann typisch französische Küche serviert.

Route de la Salette • F-38970 Corps
+33 (0) 4 / 76 30 07 07 • www.hotelboustigue.com

HÔTEL RESTAURANT LES ALPINS

Hier in Saint-Julien-en-Beauchêne erwarten euch geräumige, komfortabel ausgestattete Zimmer und gemütliche Räume in herzlicher Atmosphäre. Morgens vor der Tour stärkt Ihr euch mit einem reichhaltigen Frühstück und abends wird leckere einheimische Küche serviert.

Le Village • 05140 Saint-Julien-en-Beauchêne
+33 (0) 4 / 92 58 03 53 • www.hotel-les-alpins.fr

TOUR 37 | Frankreich

ROUTE NAPOLÉON

TOURLÄNGE | ca. 350 km
DAUER | 2 Tage

PÄSSE DER TOUR

Col du Ferrier
Scheitelhöhe: 1041 m | Länge: 10 km
max. Steigung: 14 % | Wintersperre: keine

Col de Valferrière
Scheitelhöhe: 1069 m | Länge: 28 km
max. Steigung: 7 % | Wintersperre: keine

Col de Luens
Scheitelhöhe: 1054 m | Länge: 10 km
max. Steigung: 9 % | Wintersperre: keine

Col des Leques
Scheitelhöhe: 1148 m | Länge: 15 km
max. Steigung: 18 % | Wintersperre: keine

Col Bayard
Scheitelhöhe: 1246 m | Länge: 14 km
max. Steigung: 12 % | Wintersperre: keine

Col Bayard mit Gipfeln.

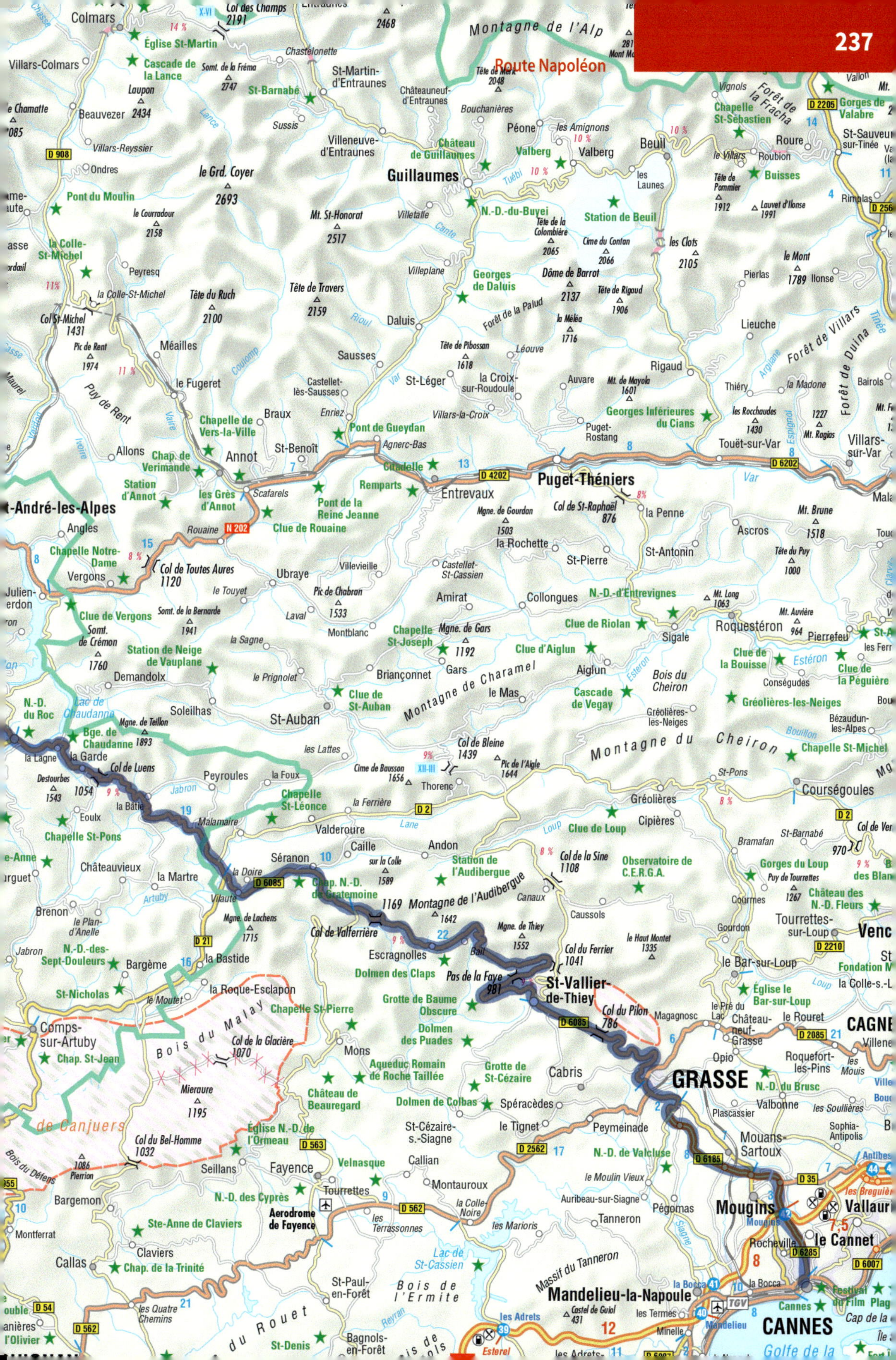
Route Napoléon
Colmars
Col des Champs 2191
Église St-Martin
Cascade de la Lance
Villars-Colmars
Chastelonette
St-Martin-d'Entraunes
Montagne de l'Alp
Tête de Mirik 2048
St-Barnabé
Somt. de la Fréma 2747
Laupon 2434
Beauvezer
Châteauneuf-d'Entraunes
Bouchanières
Sussis
Villeneuve-d'Entraunes
Château de Guillaumes
Péone
les Amignons
Valberg
Beuil
Villars-Reyssier
Ondres
le Grd. Coyer 2693
Guillaumes
les Launes
Pont du Moulin
le Courradour 2158
Mt. St-Honorat 2517
Villetalle
N.-D.-du-Buyei
Station de Beuil
Tête de la Colombière 2065
Cime du Contan 2066
les Clots 2105
la Colle-St-Michel
Peyresq
Villeplane
Georges de Daluis
Dôme de Barrot 2137
Tête de Rigaud 1906
Tête du Ruch 2100
Tête de Travers 2159
Daluis
Forêt de la Palud
la Méléa 1716
Col St-Michel 1431
Pic de Rent 1974
Méailles
Tête de Pibossan 1618
Léouve
Sausses
le Fugeret
Castellet-lès-Sausses
St-Léger
la Croix-sur-Roudoule
Auvare
Mt. de Mayola 1601
Rigaud
Puy de Rent
Braux
Enriez
Villars-la-Croix
Georges Inférieures du Cians
Chapelle de Vers-la-Ville
Pont de Gueydan
Puget-Rostang
Touët-sur-Var
Villars-sur-Var
Allons
Chap. de Verimande
Annot
St-Benoît
Agnerc-Bas
Citadelle
Station d'Annot
les Grès d'Annot
Scafarels
Remparts
Entrevaux
D 4202
Puget-Théniers
St-André-les-Alpes
Pont de la Reine Jeanne
Mgne. de Gourdan 1503
Col de St-Raphaël 876
la Penne
Mt. Brune 1518
Angles
Rouaine
N 202
Clue de Rouaine
la Rochette
Ascros
Chapelle Notre-Dame
Col de Toutes Aures 1120
Ubraye
Villevieille
Castellet-St-Cassien
St-Pierre
St-Antonin
Tête du Puy 1000
Vergons
le Touyet
Pic de Chabran 1533
Amirat
Collongues
N.-D.-d'Entrevignes
Mt. Long 1063
Clue de Vergons
Somt. de la Bernarde 1941
Laval
Montblanc
Chapelle St-Joseph
Mgne. de Gars 1192
Clue de Riolan
Sigale
Roquestéron
Pierrefeu
Somt. de Crémon 1760
Station de Neige de Vauplane
la Sagne
Clue d'Aiglun
Clue de la Bouisse
Clue de la Péguière
Demandolx
le Prignolet
Briançonnet
Gars
Aiglun
Bois du Cheiron
Conségudes
Montagne de Charamel
le Mas
Cascade de Vegay
Gréolières-les-Neiges
N.-D. du Roc
Lac de Chaudanne
Soleilhas
Clue de St-Auban
St-Auban
Bge. de Chaudanne
Mgne. de Teillon 1893
Montagne du Cheiron
Chapelle St-Michel
la Lagne
la Garde
les Lattes
Col de Bleine 1439
Pic de l'Aigle 1644
Cime de Bausson 1656
Thorenc
Col de Luens
Destourbes 1543
1054
la Bâtie
Peyroules
la Foux
Chapelle St-Léonce
la Ferrière
St-Pons
Courségoules
Gréolières
Eoulx
Malamaire
Valderoure
D 2
Cipières
Clue de Loup
Bramafan
St-Barnabé
Chapelle St-Pons
Caille
Andon
Séranon
sur la Colle 1589
Station de l'Audibergue
Col de la Sine 1108
Observatoire de C.E.R.G.A.
Gorges du Loup
Puy de Tourrettes 1267
Château des N.-D. Fleurs
Châteauvieux
la Martre
la Doire
D 6085
Chap. N.-D. de Gratemoine
Montagne de l'Audibergue 1642
Canaux
Caussols
Courmes
Tourrettes-sur-Loup
Brenon
le Plan-d'Anelle
Vilaute
Mgne. de Lachens 1715
Col de Valferrière
Mgne. de Thiey 1552
le Haut Montet 1335
Gourdon
Jabron
N.-D.-des-Sept-Douleurs
Bargème
D 21
la Bastide
Escragnolles
Col du Ferrier 1041
le Bar-sur-Loup
Dolmen des Claps
Pas de la Faye 981
St-Vallier-de-Thiey
Église le Bar-sur-Loup
St-Nicholas
le Moutet
la Roque-Esclapon
Grotte de Baume Obscure
Col du Pilon 786
Magagnosc
Châteauneuf-Grasse
le Rouret
Comps-sur-Artuby
Chap. St-Jean
Bois du Malay
Chapelle St-Pierre
Col de la Glacière 1070
Dolmen des Puades
Opio
Roquefort-les-Pins
Mons
Aqueduc Romain de Roche Taillée
Grotte de St-Cézaire
Cabris
GRASSE
N.-D. du Brusc
Mieraure 1195
Château de Beauregard
Dolmen de Colbas
Spéracèdes
Plascassier
Valbonne
de Canjuers
Église N.-D. de l'Ormeau
St-Cézaire-s.-Siagne
le Tignet
Peymeinade
Mouans-Sartoux
Col du Bel-Homme 1032
D 563
D 2562
N.-D. de Valcluse
Bois du Défens
Pierrion 1086
Seillans
Fayence
Velnasque
Callian
le Moulin Vieux
Tourrettes
Montauroux
D 6185
Bargemon
N.-D. des Cyprès
Aerodrome de Fayence
D 562
la Colle-Noire
Auribeau-sur-Siagne
Pégomas
Mougins
Vallauris
Ste-Anne de Claviers
les Terrassonnes
les Marioris
Tanneron
Montferrat
Claviers
Lac de St-Cassien
Massif du Tanneron
Rocheville
Le Cannet
Callas
Chap. de la Trinité
St-Paul-en-Forêt
Bois de l'Ermite
Mandelieu-la-Napoule
la Bocca
Festival du Film
D 54
les Quatre Chemins
du Rouet
Reyran
Castel de Guiol 431
les Termes
Cannes
CANNES
D 562
St-Denis
Bagnols-en-Forêt
les Adrets
Esterel
Minelle
Mandelieu
Golfe de la
Vence
Cagnes
Antibes
Station de Beuil
Roubion
Roure
Gorges de Valabre
St-Sauveur-sur-Tinée
Rimplas
Chapelle St-Sébastien
Forêt de la Fracha
Buisses
Tête de Pommier 1912
Lauvet d'Ilonse 1991
le Mont 1789
Ilonse
Pierlas
Lieuche
Forêt de Villars
Forêt de Duina
Thiéry
la Madone
Bairols
les Rocchaudes 1430
1227
Mt. Ragias
Mt. Auvière 964
Gréolières-les-Neiges
Bézaudun-les-Alpes
Col de Vence
des Blancs
Fondation M
la Colle-s.-L
Villeneuve
Sophia-Antipolis
les Soullières
Biot
D 2085
D 2210
D 6007
D 6285
D 6202
D 2205

GAP
Tallard
Sisteron
DIGNE-les-Bains
Veynes
Chorges
Laragne-Montéglin
Serres
Seyne
Volonne
Château-Arnoux St-Auban
Malijai
Peyruis
Barcillonnette
la Motte-du-Caire
Turriers
Champsaur
Lac de Serre-Ponçon
Montagne de Céüse
Crête des Selles
Crête de Géruen
Crête de Blayeul
Montagne de Gache
Montagne de l'Ubac
Forêt de Montmaur
Forêt du Sapet
Lure
Durance
Col Bayard 1248
Col de Manse
Col des Sagnes 1182
Col du Fanget 1459
Col de Garcinets 1185
Col St-Jean 1333
Pas de la Graille 1597
Aérodrome de Gap-Tallard
Aérodrome de Sisteron-Thèze
Aérodr. de Château-Arnoux-St-Auban
Station de Laye
Station d'Ancelle
Station de Réallon
Station de Chorges
Station de Céüse 2000
Station de Chabanon-Selonnet
Station St-Jean-Montclar
Château de Charance
Château de Crespon
Manoir de Kapados
Château du Terrail
Chapelle N.-D. du Laus
Église St-Grégoire
Chât. de Tallard
Église St-Pierre
Église N.-D. de Bethléem
Barrage de Serre-Ponçon
Fort Joubert ou St-Vincent
Musée de la Vallée
Rochers de Hongrie
Défilé de Pierre Écrite
la Pierre Écrite
Rocher de Dromont
Grotte St-Vincent
la Vallée Sauvage
Pont de la Reine Jeanne
Chathédrale N.-D.-des-Pommiers
Citadelle
le Vieux Noyers
Pécoule
Base de Loisirs de Champbeau
Église St-Martin
Château-Arnoux St-Auban
Chapelle St-Donat
Abbaye N.-D. de Lure
Château de Fontenelle
Musée Départmental de Digne
Cathédrale N.-D.-du-Bourg
Centre Géologique
Lac des Ferrands
Clues de Barles
Clues de Vardaches
Chap. N.-D. de Lausière
Ferne Béridon
Col du Fanget
Clausonne
A51
N 85
N 94
D 994
D 942
D 900
D 900b
D 1085
D 4085
D 4075
D 1075
D 944
D 937
D 3
E 712

GRENOBLE
Route Napoléon
CHAMROUSSE
VIZILLE
le Bourg-d'Oisans
Alpe-d'Huez
les Deux Alpes
LA MURE
Monestier-de-Clermont
Valbonnais
Corps
St-Firmin
Mens
St-Étienne-en-Dévoluy
St-Bonnet-en-Champsaur
Lus-la-Croix-Haute
St-Ismier
Domène
Eybens
Échirolles
le Pont-de-Claix
Varces
Vif
Laffrey
Uriage-les-Bains
Allemond
Séchilienne
Livet
Venosc
Chantelouve
Entraigues
Sousville
Ponsonnas
Massif des Grandes Rousses
Chaîne de Belledonne
Massif de Pelvoux
Valjouffrey
Valgaudemar
Dévoluy
Champ de tir Galibier

Tour 38 Französische Westalpen

Immer mit der Ruhe

Die Region um die Olympiastadt Grenoble winkt mit einen Alpencocktail der ganz besonderen Art: In den französischen Westalpen wimmelt es geradezu von unbekannten Pässen, malerischen Schluchten und Bergsträßchen.

Zum Einstieg wählen wir Saint-Jean-de-Maurienne. Der Ort liegt am Zusammenfluss von Arc – dem Fluss, der das Maurienne-Tal gebildet hat – und seinem Nebenfluss Arvan. Ob vor oder nach der Tour, ein Besuch im Opinel-Museum ist ein Muss, ebenso wie der Kauf eines dieser legendären Klappmesser mit Holzgriff.

In unzähligen Kurven erklimmt die D 926 von hier aus die Flanke der Cime des Torches und hat dabei den Col de la Croix de Fer im Visier. Extrem schmale Fahrbahn, holperiger Asphalt, sechs stockdunkle Tunnel, keine Seitensicherung. Immer entlegener wird die Gegend, kaum ein Auto kommt einem entgegen. Und wenn man glaubt, das Ende der Welt könnte nicht mehr weit sein, tauchen plötzlich die Skistationen St. Jean und St. Sorlin d'Arves auf.

Hoch zum eisernen Kreuz

Der Sattel des einsamen Col de la Croix de Fer mit seinen 2 067 Metern ist nach knapp 30 Kilometern erreicht. Auf der Passhöhe erwarten uns das eiserne Kreuz, das diesem Pass seinen Namen gibt, unberührte Natur und Ruhe. Unmittelbar dahinter, nur 2,5 Kilometer entfernt, folgt der 1924 hohe Col du Glandon. Baumlos, karg, ein braunes Passschild. Foto machen und zurück zur Hauptroute.

Die Abfahrt nach Allemont ist gut ausgebaut und übersichtlich. Ein kurzes Stück nach links auf der von Grenoble kommenden N 1091, dann kommt der Abzweig zum 1367 Meter hohen Col d'Ornon. Die Etappe führt weiter in Richtung La Mure und von dort aus über den 892 Meter hohen Col Accarias hinab nach Clelles. Prädikat: Besonders entspannt, zwar wenig Kurven, dafür viel Bergpanorama vor dem Lenker.

START- / ZIELORT
Saint-Jean-de-Maurienne / Le Bourg d'Oisans

TOURLÄNGE
ca. 340 km (1 – 2 Tage)

ROADBOOK
Saint-Jean-de-Maurienne, Col de la Croix de Fer, Col du Glandon, Le Bourg d'Oisans, Col d'Ornon, Valbonnais, La Mure, Mens, Clelles, Col de Menée, Die, Col de Rousset, Col de St.-Alexis, Col de la Chau, Col de la Machine, Col Gaudissart, Pont-en-Royans, Grenoble, St. Martin d'Uriage, Chamrousse, Vizillie, Le Bourg d'Oisans

Passschilder am Col de la Crois de Fer und das bezaubernde Pont en Royans (linke Seite oben und unten).

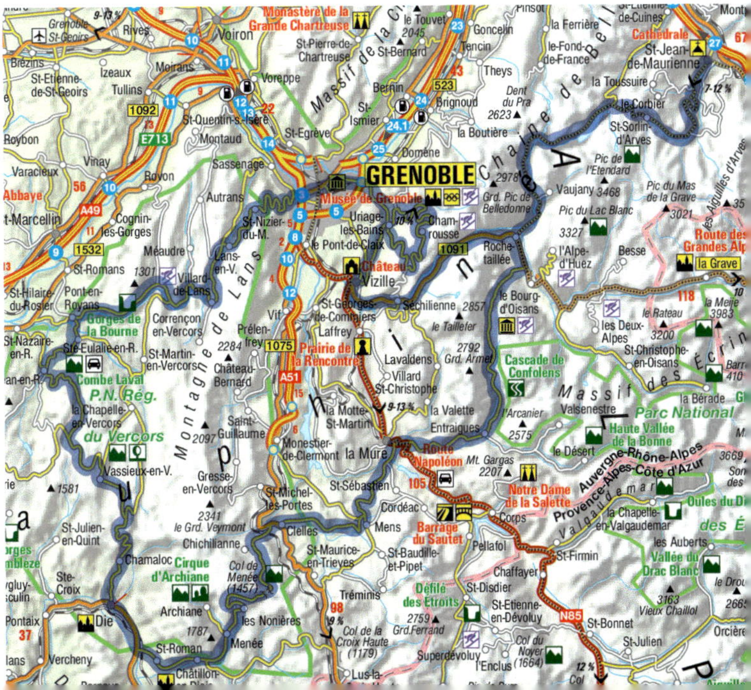

HIGHLIGHT

SEILBAHN ZUR BASTILLE

In Grenoble geht direkt am Ufer der Isère die Seilbahn „Le Téléphérique“ hinauf zur Festungsanlage Fort de la Bastille. Die runden Gondeln aus Aluminium und Plexiglas, im Volksmund als „Les Bulles“ (Seifenblasen) bezeichnet, fahren zur Bergstation auf 472 Meter Höhe. Von hier oben bietet sich ein toller Blick auf die Stadt und die umliegenden Berge.

Mit der Auffahrt zum 1402 Meter hohen Col de Menée folgt jedoch schon bald wieder ein Radien-Leckerbissen. „Cirque d'Archiane“ nennt sich dieses Geschlängel auf schmalem Asphalt. Der Blick von der Passhöhe auf den Mont Aiguille ist atemberaubend und gibt schon einmal einen optischen Vorgeschmack auf die Hochprovence. Nicht zufällig nennt man das folgende Städtchen Die gerne den Vorposten der Provence.

Wahre Knüller-Strecke

Für das nächste Teilstück gilt die Devise: Augen auf, Kamera bereit! Die Strecke auf der D 518 über Col de Rousset (1254 Meter), Col de St.-Alexis (1222 Meter), Col de la Chau (1337 Meter), Col de la Machine (1011 Meter) und Col Gaudissart (840 Meter) in Richtung Grenoble ist ein echter Knüller. Das beginnt schon mit der Aussicht am Beginn des Tunnels durch den Col de Rousset.

Das gesamte Diois, diese raue und wilde Naturlandschaft um Die, liegt vor uns. Gleich hinter dem Sattel, der übrigens die Klimascheide zwischen den Nord- und den Südalpen darstellt, biegen wir nach links auf die D 76 ab. Die durchquert zunächst den Wald von Lente mit seinen imposanten Tannen und Buchen. Dann geht sie in ein Passsträßchen über, das sich auf abenteuerliche Weise an einem bis zu 600 Metern tiefen Abgrund entlang quetscht. „Combe Laval“ heißt dieses Ereignis. Ab und zu tauchen Haltebuchten auf. Unbedingt anhalten und den Blick in die Tiefe genießen.

In Saint-Jean-en-Royans hat der Nervenkitzel ein Ende und es geht weiter nach Pont-en-Royans. Hier am Beginn einer grandiosen Schucht, der Gorges de la Bourne, stehen die Häuser des wohl malerischsten Ortes im ganzen Vervors. Doch was heißt schon stehen – die Häuser hängen förmlich an einem Felsvorsprung über dem

Combe Laval (oben), Südportal des Col de Rousset (rechrts) und Col de Menée (rechte Seite).

Fluss. Einen Bummel zu Fuß durch die Altstadt und über die Brücke sollte man in Pont-en-Royans auf einen Fall verpassen.

25 Kilometer lang zieht sich anschließend die Straße durch die Gorges de la Bourne. Ständig wechselt sie ihr Gesicht. Enge Schluchten, weite Hochtäler. Sogar die Farben der Felswände variieren je nach Sonnenstand.

Größte Stadt der Alpen

Vorbei am bizarren Moucherotte, dem Hausberg Grenobles, erreichen wir die größte Stadt der Alpen: Grenoble. Man kann sie sehr schön per Bike erkunden. An der Isère entlang, durch die Alleen mit ihren Bürgerhäusern, vorbei am Palais de Justice.

Nach einem ausdehnten Stadtbummel und einer Fahrt mit der Seilbahn machen wir uns anschließend wieder auf den Weg hinein in die Welt der Gipfel, der Pässe und der Ruhe. Auf der D 524 passieren wir den hübschen Kurort Uriage-les-Bains und das Panoramadorf Chamrousse. Auf kurvigen und verkehrsarmen Bergsträßchen wedeln wir hinab nach Vizillie, wo wir auf das Tal der Romanche und die N 1091 treffen. Jetzt Blinker links und der Nationalstraße Richtung Osten folgen.

Mit prachtvollen Ausblicken auf die Bergspitzen der Belledonne linker Hand folgen wir in aller Ruhe der Romanche. Die fließt unter uns und hat sich im Lauf der Jahrmillionen einen tiefen und grünen Canyon in den nackten Fels gegraben. Kurz darauf erreichen wir mit Bourg d'Oisans den Schlusspunkt dieser Tagestour. ◀

ÜBERNACHTEN IN DER REGION

SPLENDID HÔTEL

Seit 1935 empfängt euch das familiengeführte Hotel mit Leidenschaft für hochwertigen Service und Aufmerksamkeit. Die urige Terrasse im Innenhof dient zur Entspannung nach der Tour. Hier könnt Ihr Kaffee mit Kuchen, aber auch das Stiefelbier zu euch nehmen …

22, rue Thiers • F-38000 Grenoble
+33 (0) 4 / 76 46 33 12 • www.splendid-hotel.com

HÔTEL RESTAURANT LE JORJANE

Euer Hotelrestaurant mit Terrassenbar in Choranche, in der Gorges de la Bourne, der Heimat des Vercors-Parks. Wir befinden uns direkt in der Nähe von Pont-en-Royans und den Höhlen von Choranche.

Le Village • F-38680 Choranche
+33 (0) 4 / 76 36 09 50 • www.lejorjane.com

HÔTEL RESTAURANT LANCHETON

Gelegen im Herzen des Maurienne-Tals, am Fuße des Cross Heads (höchster Kalksteinfelsen Europas), liegt das Hotel Lancheton. Es erwartet euch eine sehr herzliche Atmosphäre. Das Besondere an diesem Haus ist, dass es überwiegend aus erneuerbaren Energien betrieben wird.

3, rue du Pré de Pâques • F-73870 Saint-Julien-Montdenis
+33 (0) 4 / 79 59 68 91 • www.lancheton.com

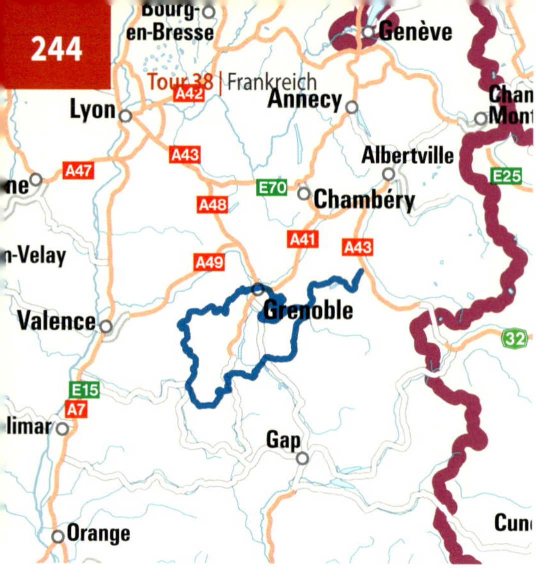

TOUR 38 | Frankreich

FRANZÖSISCHE WESTALPEN

TOURLÄNGE | 340 km

PÄSSE DER TOUR

Col de la Croix de Fer
Scheitelhöhe: 2067 m | Länge: 62 km
max. Steigung: 12 % | Wintersperre: 11-5

Col du Glandon
Scheitelhöhe: 1924 m | Länge: 45 km
max. Steigung: 15 % | Wintersperre: 10-5

Col d’Ornon
Scheitelhöhe: 1367 m | Länge: 72 km
max. Steigung: 6 % | Wintersperre: keine

Col de Menée
Scheitelhöhe: 1402 m | Länge: 38 km
max. Steigung: 6 % | Wintersperre: keine

Col de Rousset
Scheitelhöhe: 1254 m | Länge: 40 km
max. Steigung: 5 % | Wintersperre: keine

Col de St.-Alexis
Scheitelhöhe: 1222 m | Länge: 5 km
max. Steigung: 5 % | Wintersperre: keine

Col de la Chau
Scheitelhöhe: 1337 m | Länge: 29 km
max. Steigung: 9 % | Wintersperre: bei Bedarf

Col de la Machine
Scheitelhöhe: 1011 m | Länge: 20 km
max. Steigung: 8 % | Wintersperre: keine

Col Gaudissart
Scheitelhöhe: 840 m | Länge: 8 km
max. Steigung: 4 % | Wintersperre: keine

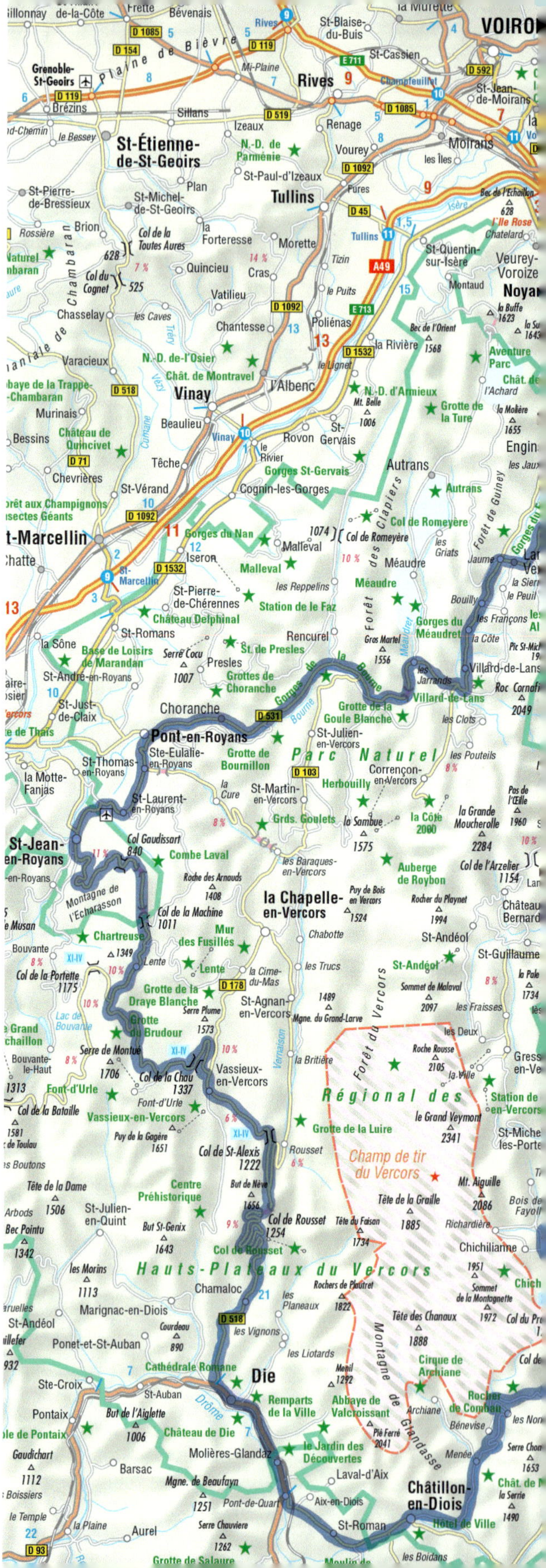

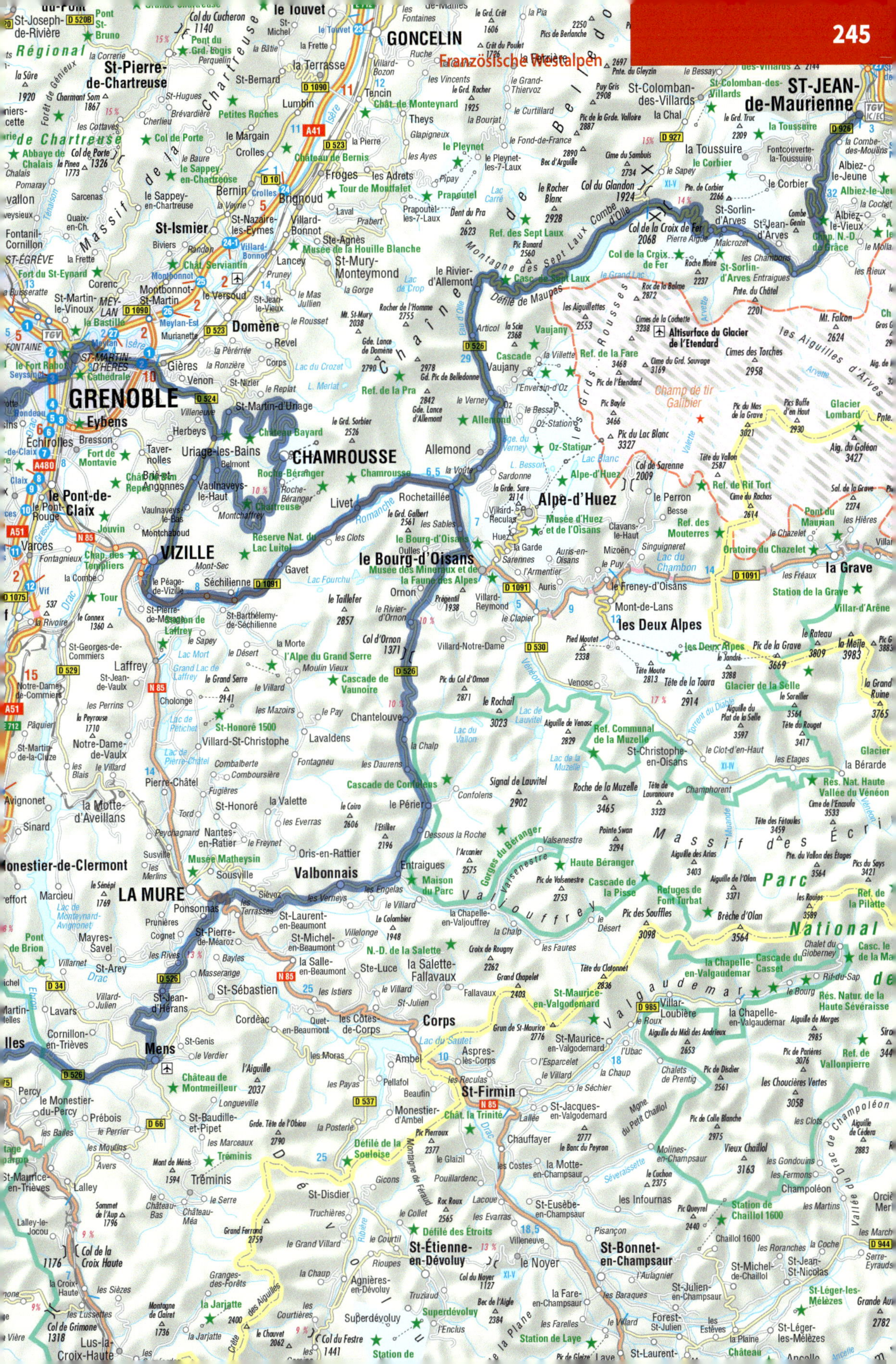
Französische Westalpen
GONCELIN
ST-JEAN-de-Maurienne
St-Pierre-de-Chartreuse
GRENOBLE
CHAMROUSSE
VIZILLE
le Bourg-d'Oisans
Alpe-d'Huez
La Grave
les Deux Alpes
LA MURE
Valbonnais
Mens
Corps
St-Firmin
St-Étienne-en-Dévoluy
St-Bonnet-en-Champsaur
Domène
Eybens
Échirolles
le Pont-de-Claix
St-Ismier
Crolles
Brignoud
Froges
Uriage-les-Bains
Vaulnaveys-le-Haut
Laffrey
Pierre-Châtel
Massif de la Chartreuse
Massif des Écrins
Parc National des Écrins
Chaîne de Belledonne
Col du Glandon 1924
Col de la Croix de Fer 2068
Col d'Ornon 1371
Col de Sarenne 2009
Valjouffrey
Valgaudemar
Dévoluy
Champsaur
Trièves
Montagne de Féraud
Défilé de la Souloise
Glacier de la Sélle
Glacier Lombard
Les Aiguilles d'Arves
Vaujany
Allemond
Oz
Auris
Mont-de-Lans
Venosc
St-Christophe-en-Oisans
La Bérarde
Entraigues
Séchilienne
Livet
Rochetaillée
Villard-Reymond
Villard-Notre-Dame
Chantelouve
Le Périer
Oris-en-Rattier
Susville
Sousville
St-Laurent-en-Beaumont
Ste-Luce
La Salette-Fallavaux
Chauffayer
Le Noyer
Superdévoluy
Tréminis
St-Sébastien
Cordéac
Monestier-de-Clermont
Chichilianne

Tour 39 Cevennen

Schluchtenflitzer

Enge und steile Schluchten, dazwischen karge, menschenleere Hochebenen – das bedeutet motorradgerechte Bergsträßchen mit maximaler Kurven- und minimaler Verkehrsdichte.

BASISORT
Mende

TOURLÄNGE
ca. 350 km (1 Tag)

ROADBOOK
Mende, Col de Montmirat, Florac, Corniche des Cévennes, Saint-Jean-du-Gard, Col de l'Asclier, Le Vigan, Mont Aigoual, Meyrueis, Hures-la-Parade, Col de Coperlac, Sainte-Enimie, Col de Rieisse, La Malène, Les Vignes, Pointe Sublime, Chanac, Mende

Mende, unser Ausgangspunkt zu dieser kurvenlastigen Runde, ist das nördliche Tor zu den Cevennen und liegt romantisch am linken Ufer des Lot. Einmal im Jahr brennt in Mende enduromäßig die Luft, wenn hunderte Fahrer aus ganz Europa zur dreitägigen Geländesportveranstaltung „Trèfle Lozèrien" starten. Auf steilen Wanderpfaden geht es dabei heftig zur Sache, und nur erfahrene Enduristen erreichen in Sollzeit das Ziel.

Gemächlich zieht unsere Maschine durch die Bögen der N 106 Richtung Florac. Zeit für Mensch und Technik zum Warmwerden. Rechts oben ist das Plateau der Causse de Sauveterre zu erkennen. Causse nennen die Franzosen die charakteristischen Hochebenen der Cevennen.

Ins Tal des Tarn

Schnell passieren wir das Schild des 1046 Meter hohen Col de Montmirat, und nach einem schnellen Kaffee in der Auberge du Col nehmen uns die Kurven hinab ins Tal des Tarn auf. Geschmeidige Kurven, prachtvolle Blicke. Von oben fallen wir nach Florac ein. Blickfang der ehemaligen Gründung der Benediktiner ist das mittelalterliche Schloss mit seinen spitzen grauen Türmen. Es stammt aus dem 17. Jahrhundert, sein Vorgänger wurde in den Hugenottenkriegen des 16. Jahrhunderts zerstört.

„Corniche des Cévennes" nennt sich die nun folgende knapp 60 Kilometer lange Etappe. Ein bescheidener Name, hinter dem sich eine attraktive Motorradstrecke verbirgt, die sportlich flott über vier Pässe wedelt. Dass hier oben in dieser rauen, felsenübersäten Heidelandschaft nur wenig Menschen wohnen, überrascht nicht. Gut für uns Motorradfahrer, denn so gehört uns die Fahrbahn fast immer ganz alleine. Verantwortlich für unsere gute Laune ist der Sonnenkönig Ludwig XIV. Der ließ die Corniche nämlich als Militärstraße für seine Truppen anlegen.

Col de Rieisse und Blick auf auf die Tarnschlucht vom Col de Coperlac (linke Seite oben und unten).

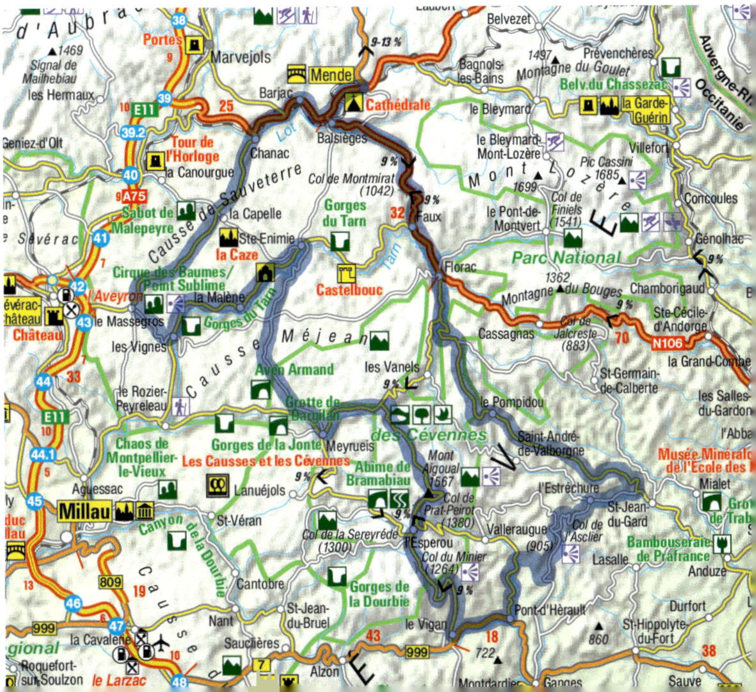

HIGHLIGHT

POINTE SUBLIME

Ein Highlight im wahren Wortsinn ist der Aussichtspunkt am Rande der Hochebene Causse de Sauveterre. Besonders abends ist der Blick hinab in die Tarnschlucht ein Traum. Unten vollführt der Fluss eine seiner berühmten 90-Grad-Schleifen, sodass man das Panorama in zwei Richtungen genießen kann.

Im Tal des Gardon liegt die sympathische Gemeinde Saint-Jean-du-Gard. Ausgestattet mit Schloss, Kirche und Marktplatz drängt sie sich für die erste große Pause geradezu auf. Vielleicht mit einem Café crème und einem Eclair? Die mit Vanille-, Schokolade- oder Kaffeecreme gefüllte Süßigkeit kommt zur rechten Zeit.

Die zügig zu fahrenden Kurven hinauf zum 905 Meter hohen Col de l'Asclier fordern Kraft und Konzentration. Bergauf zeigt sich das Sträßchen noch einigermaßen breit, während es nach dem Sattel, der sich unter einem alten gemauerten Brückenbogen befindet, höllisch schmal wird. Also aufgepasst, wenn die Augen mal wieder zu lange von der Fahrbahn zu den herrlichen Aussichten über die Berge der Cevennen schweifen.

Zweithöchster Berg

Le Vigan gefällt mit seinem historischen Zentrum, seiner Einkaufsstraße und seiner bereits im 14. Jahrhundert erbauten Brücke über die Arre. Der Ort ist Ausgangspunkt der

Bergstraße, die zum 1576 Meter hohen Mont Aigoual hinaufführt, dem nach dem Mont Lozère zweithöchsten Berg der Cevennen.

Kehren und enge Kurven bietet die Strecke zwar nicht, dafür lässt sie ein sportliches Tempo zu. Schnell ist der Gipfel des Mont Aigoual erreicht, ein kahles Plateau mit weitem Rundblick. Hier oben harren tapfer die Mitarbeiter der letzten bewohnten Wetterstation Frankreichs aus. Und das bei miesem Wetter: Der Mont Aigoual ist der Ort mit der höchsten Niederschlagsmenge in Frankreich.

Von oben an seinen grauen Schieferdächern zu erkennen, liegt Meyrueis im Tal der Jonte. Von dort aus zielt die Route nach Hures-la-Parade, wo der Aufstieg zum Col de Coperlac

Mont Aigoual (oben) und das mittelalterliche Schloss von Florac (rechts).

Blick auf La Malène vom Col de Rieisse.

beginnt. Der macht mit seinen Tiefblicken in die enge Gorge de la Jonte mächtig Laune. Danach zirkelt die Route über die einsame Causse Méjan, streift in 907 Metern Höhe die Passhöhe des Coperlac und stoppt kurz danach an einem Aussichtspunk.

Idylle pur

Eine Handvoll Serpentinen folgen, danach kurvt die griffige Fahrbahn am Hang entlang hinab nach Sainte-Enimie. Auch hier ist ein Halt nicht die schlechteste Idee, gehört der Ort doch zu den schönsten Dörfern Frankreichs, den „Plus beaux villages de France". Malerisch in der Schlucht des Tarn gelegen, macht Sainte-Enimie seiner Auszeichnung alle Ehre und präsentiert dem Besucher Idylle pur mit viel alter Bausubstanz.

Der nun folgende Col de Rieisse liegt mit seinen 946 Metern unscheinbar in einem Kiefernwald. Lohnt er sich trotzdem? Und wie. Denn Auf- und Abfahrt stellen eine echte Herausforderung dar. Gleich hinter La Malène kraxelt die Fahrbahn in verdammt engen Kehren steil bergauf. Teils sind sie überhängend und damit nichts für schwache Nerven. Dafür ist die Aussicht phänomenal. Etwas ruhiger geht es die Abfahrt nach Vignes an, bevor die nächsten Serpentinen hinauf zur Pointe Sublime lauern. Wie gut, dass die Rückfahrt nach Mende über die Causse de Sauveterre und Chanac entspannt und gelassen erfolgt. ◄

ÜBERNACHTEN IN DER REGION

CHALETS LES PÉPITES

Traumhaft im Wald gelegene Chalets laden zum Verweilen ein. Nach der Tour bietet die Poolanlage die nötige Entspannung. Morgens erwartet euch ein Frühstück mit herrlichem Blick auf die umliegende Bergwelt.

5, la planchette, Route de Cénaret • F-48000 Barjac Lozère
+33 (0) 4/66 32 55 31 • www.chaletslespepites.fr

HÔTEL LES BELLUGUES

Im Herzen von Saint-Jean-du-Gard heißt euch das Les Bellugues Hotel ** in einem ehemaligen Spinnhotel willkommen. In der Nähe von Anduze und am Fuße der Cevennen findet Ihr einen idealen Ort für eure Touren.

13 rue Pelet de la Lozère • F-30270 Saint Jean du Gard
+33 (0) 4/66 85 15 33 • www.hotel-bellugues.com

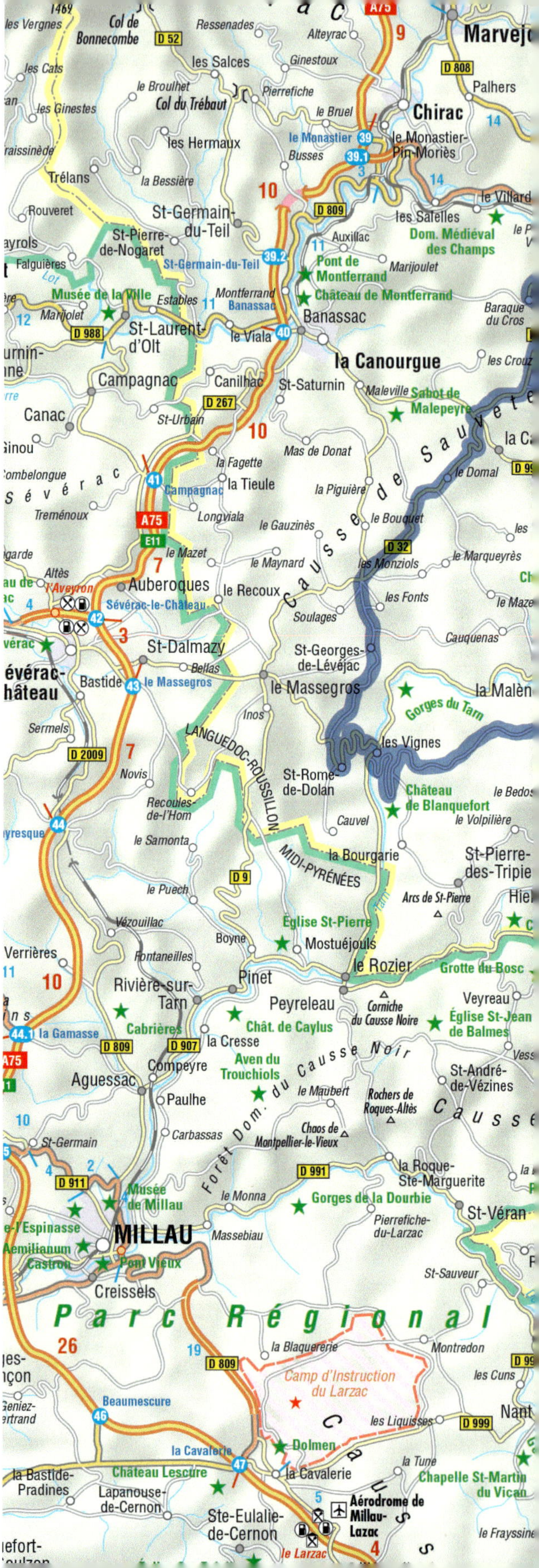

TOUR 39 | Frankreich

CEVENNEN

TOURLÄNGE | 350 km

PÄSSE DER TOUR

Col de Montmirat
Scheitelhöhe: 1046 m | Länge: 33 km
max. Steigung: 6 % | Wintersperre: keine

Corniche des Cévennes
Scheitelhöhe: 1016 m | Länge: 58 km
max. Steigung: 12 % | Wintersperre: keine

Col de l'Asclier
Scheitelhöhe: 905 m | Länge: 36 km
max. Steigung: 8 % | Wintersperre: keine

Mont Aigoual
Scheitelhöhe: 1576 m | Länge: 22 km
max. Steigung: 9 % | Wintersperre: keine

Col de Coperlac
Scheitelhöhe: 907 m | Länge: 30 km
max. Steigung: 8 % | Wintersperre: keine

Col de Rieisse
Scheitelhöhe: 946 m | Länge: 24 km
max. Steigung: 12 % | Wintersperre: keine

Pointe Sublime
Scheitelhöhe: 930 m | Länge: 10 km
max. Steigung: k.A. | Wintersperre: keine

MENDE
Cathédrale Notre-Dame
Badaroux
Chadenet
Bagnols-les-Bains
Cevennen
Montagne du
Signal de Flagit 1093
Pont N.-D.
le Rocher de Moise
Dolmen
Barjac
Balsièges
Forêt Dom. de Mende
Lanuéjols
Mausolée Gallo-Romain
Château le Boy
Brenoux
St-Bauzile
St-Julien-du-Tournel
St-Jean-du-Bleymard
le Bleymard
Cubières
Cubiérettes
Altier
Pourcharesses
Chât. du Champ
Castanet
Tour de Choizal
Chanac
Serre des Countrasts
St-Étienne-du-Valdonnez
Clocher de Tourmente
Mont Lozère
Forêt Dom. du Mont Lozère
le Bleymard-Mont-Lozère
Station le Bleymard Mont-Lozère
Parc
Col de Montmirat 1042
Montmirat
Bounzac 1411
Finiels
Champlong de Lozère
le Mas de la Barque
Station le Mas de la Barque
Mont Chabrio 1106
Pont Vieux
Manoir d'Issenges
Ispagnac
Cascade de Runes
les Bondons
Fraissinet-de-Lozère
Maison des Monts de Lozère
le Pont-de-Montvert
Belvédère des Bouzèdes
Ste-Enimie
Prades
Château de Prades
Château Rocheblave
Quézac
Cascade de Lozérette
Bédouès
Cocurès
Couvent de la Présentation
Florac
Château de Florac
Castelbouc
Château de Castelbouc
Château Charbonnières
Montbrun
St-Chély-du-Tarn
National
St-Maurice-de-Ventalon
Vialas
Mas-St-Chély
Cros-Garnon
Aérodrome de Florac-Ste-Enimie
St-Julien-d'Arpaon
Col de Jalcreste 833
St-Privat-de-Vallongue
St-Frézal-de-Ventalon
N.-D. de la Salette
la Fajole
Gargo 1247
St-Laurent-de-Trèves
Empreintes de Pas de dinosaures
Cassagnas
St-André-de-Lancize
St-Hilaire-de-Lavit
des Cévennes
le Buffre
Causse Méjan
Parc
Barre-des-Cévennes
Mon. Romain
Château Calbertette
St-Germain-de-Calberte
Hures
Drigas
Vebron
National
Aven Armand
Fraissinet-de-Fourques
Rousses
St-Flour-du-Pompidou
Molezon
le Pompidou
St-Martin-de-Lansuscle
Ste-Croix-Vallée-Française
Gatuzières
Perjuret
Grotte de Dargilan
Pont des Six Liards
Château d'Ayres
Meyrueis
Bassurels
Gabriac
Notre-Dame de Valfrancesque
Moissac-Vallée-Française
St-Étienne-Vallée-Française
Château Roquedols
Cabrillac
F. Dom. de Monquaires
St-André-de-Valborgne
Col de l'Exit 705
St-Jean-du-Gard
Forêt Dom. de l'Aigoual
Arboretum de la Foux
Abîme de Bramabiau
Prat Peyrot
Mt. Aigoual 1565
Peyroles
Pont St-Jean
St-Sauveur-Camprieu
Arboretum de l'Hort de Dieu
les Plantiers
l'Estréchure
Forêt Dom. de la Vallée Borgne
Col du Mercou 570
Gorges du Trévezel
Cévennes
Valleraugue
Corbière
Lasalle
Trèves
Dourbies
Notre-Dame-de-la-Rouvière
Cascades d'Orgon
St-Martial
LANGUEDOC-ROUSSILLON
MIDI-PYRÉNÉES
Pic de St-Guiral 1366
St-André-de-Majencoules
Arphy
Colognac
Col de Rédarès 381
Ref. de Puéchagut
Mandagout
Forêt Dom. de la Fage
St-Jean-du-Bruel
Aulas
Pont d'Hérault
le Bousquet
St-Roman-de-Codières
Église de Cros
Mars
Le Vigan
Vieux Pont
Arrigas
Aumessas
Molières-Cavaillac
Sumène
Ranc des Banes 713
la Cadière-et-Cambo
St-Hippolyte-du-Fort
Château la Valette
Avèze
Roquedur
Bez-et-Esparon
Aiguefolle Cascade
St-Julien-de-la-Nef
Conqueyrac

Tour 40 Pyrenäen

Auf den Spuren von Eddy Merckx & Co.

Die höchsten Pyrenäengipfel stehen jedes Jahr auf dem Programm der Tour de France. Und was den Radrennfahrern recht ist, ist uns Motorradfahrern billig.

Startort Biescas. Das gemütliche spanische Städtchen liegt malerisch am Ufer des Gállego, im Hintergrund steigen die Berge der Sierra de Limes in die Höhe. Lässig führt die Route zunächst am See Embalse de Búbal entlang, bevor mit dem Aufstieg zum Col du Pourtalet gleich eines der Highlights dieser Tour lockt. Mit 1795 Metern ist er zwar nicht der höchste der Pyrenäenpässe, dafür aber der wohl abwechslungsreichste.

Zunächst kommt eine kurze Etappe mit engen Serpentinen, danach folgen zügig zu fahrenden Kurven, und schließlich erklingt der Schlussakkord in Form von verwinkelten Passagen durch eine raue Felslandschaft. Oben angelangt, sollte man auf jeden Fall eine Pause einlegen und die prachtvolle Aussicht genießen. Zum Greifen nah sind die Dents du Midi, eine bizarre Bergkette nördlich des Pourtalet.

Spektakuläre Straße

Auf französischer Seite legen wir das Bike in die entspannten Kurven der Strecke über Gabas nach Laruns. Kurz vor dem Ort Blinker rechts und hinein in die Westrampe des Col d'Aubisque. Der schnuckelige Kurort Eaux-Bonnes, die „guten Wasser", fliegt vorbei, dann wird es ernst: Die rund 25 Kilometer hinüber nach Arrens-Marsous gehören zu den attraktivsten Motorradstrecken in den gesamten Pyrenäen. „Corniche" nennt sich die Straße und wurde um 1860 spektakulär in die steilen Felsen gesprengt.

Unzählbar sind ihre Kurven und Kehren, unbeschreiblich der Fahrspaß. Die Aussichten sind grandios, die Seitensicherungen oft nur marginal vorhanden. Deshalb volle Konzentration auf die Streckenführung. Der Stopp auf dem 1709 Meter hohen

BASISORT
Biescas

TOURLÄNGE
ca. 320 km (1 Tag)

ROADBOOK
Biescas, Búbal, Col du Pourtalet, Gabas, Laruns, Eaux-Bonnes, Col d'Aubisque, Arrens-Marsous, Argelès-Gazost, Luz-Saint-Sauveur, Col du Tourmalet, La Mongie, Sainte-Marie-de-Campan, Col d'Aspin, Arreau, Bielsa, Salinas de Sin, Ainsa, Broto, Torla, Biescas

Col du Pourtalet und Col du Tourmalet (linke Seite von oben nach unten).

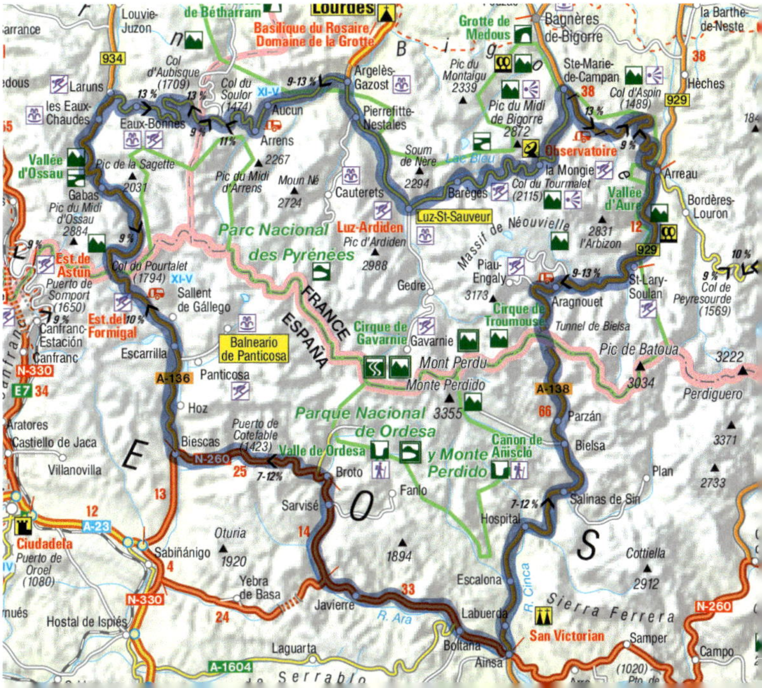

HIGHLIGHT

MOUNAQUES DE CAMPAN

Wenn früher ein Ehepaar etwas außer der Norm heiratete, zum Beispiel ein alter Witwer eine junge Frau, waren beide herben Späßen ausgesetzt. Unter anderem mittels dicker, ausgestopfter Puppen. Diese Mounaques sieht man heute wieder überall im ganzen Ort, seit sie ab 1999 von kleinen Manufakturen hergestellt werden.

Pass ist Pflicht. Wegen des Rundblicks und wegen der überdimensionalen Rennräder. Diese extravagante Skulptur steht dort zu Ehren der Radrennfahrer, die während der Tour de France regelmäßig den Col d'Aubisque überqueren.

Mondänes Städtchen

Hinter Arrens-Marsous folgt eine Handvoll weiterer Kurven, dann rollen wir nach Argelès-Gazost hinein. Schon Mitte des 19. Jahrhunderts zogen sein mildes Mikroklima und seine Heilquellen gesundheitsbewusste Feriengäste an. Man baute ein Casino, einen englischen Park und zahlreiche luxuriöse Villen. Nachdem der Erste Weltkrieg dem Treiben der Reichen und Schönen ein abruptes Ende gesetzt hatte, brauchte Argelès-Gazost Jahrzehnte, bis es seinen alten Glanz erreichte. Egal – heute gehört das Städtchen wieder zu den beliebtesten Ferienorten der französischen Pyrenäen.

Entspannt geht es auf der D 921 Richtung Süden. Luz-Saint-Sauveur taucht auf. Seine Sehenswürdigkeiten sind schnell aufgezählt: das Château Sainte-Marie, die Kapelle Solférino und die Brücke Pont Napoléon. Auch hier macht die Tour de France regelmäßig Station. Berüchtigt ist der steile und lange Aufstieg hinauf zur Skistation Luz-Ardiden.

Eine der härtesten Strecken für die Radfahrer ist jedoch die folgende Etappe hoch zum Col du Tourmalet. Hier trennt sich die Spreu vom Weizen. Ähnlich verhält es sich bei den Motorradfahrern: Kurven und Kehren wie am Fließband, holperiger Belag, steile Abhänge. Wer hier schnell sein will, braucht viel Hochgebirgserfahrung. Auf dem Pass in 2115 Meter Höhe ist ein Denkmal Jacques Goddet, dem ehemaligen Direktor der Tour de France, gewidmet. Seit ein gewisser Octave Lapize 1910 als Erster den Col du Tourmalet passierte, hat die Tour de France bisher rund 80 Mal

Skulptur Géant du Tourmalet am gleichnamigen Pass (oben) und der Col d'Aubisque (rechts).

Die Kapelle Solférino in Luz-Saint-Sauveur.

dessen Gipfel gestürmt. Meist waren es die Stars, die sich den Gewinn dieser prestigeträchtigen Bergwertung nicht entgehen ließen: Fausto Coppi, Eddy Merckx, Richard Virenque, Thomas Voeckler oder auch Thibaut Pinot.

Positiver Wahnsinn

Vorbei an der Skistation La Mongie zirkelt die Route hinab ins Vallée de Campan. In Sainte-Marie-de-Campan rechts ab, und schon wartet die nächste Herausforderung: die Überquerung des Col d'Aspin. Dessen Auffahrt ist durchgehend um die neun Prozent steil und dürfte die Radfahrer an den Rand des Wahnsinns treiben. Das tut uns Motorradfahrer diese Etappe ebenfalls, aber im positiven Sinn: Kurven im Überfluss, griffige Fahrbahn, viel Wald, wenig Verkehr. Was will man mehr?

Auch die Fuhrleute im Jahr 1868 werden glücklich gewesen sein, als die erste Schotterstraße über den 1490 Meter hohen Aspin eröffnet wurde. Bis dahin war dessen Überquerung nur im Pferdesattel möglich. Ebenfalls eine Berühmtheit ist der Col d'Aspin unter den Kollegen im Fahrradsattel. Diese wichtige Bergprüfung entschied sogar einmal ein Deutscher für sich: Fabian Wegmann – und zwar im Jahr 2006.

Drunten im Tal in Arreau angekommen, ist die Luft zwar nicht raus, aber die Rückfahrt via Spanien verläuft sehr viel ruhiger und entspannter. Bielsa, Salinas de Sin, Ainsa, Broto und Torla heißen die letzten Etappenziele dieser Tour. ◄

TOUR 40 | Spanien

PYRENÄEN

TOURLÄNGE | 320 km

PÄSSE DER TOUR

Col du Pourtalet
Scheitelhöhe: 1795 m | Länge: 61 km
max. Steigung: 7 % | Wintersperre: 11-4

Col d'Aubisque
Scheitelhöhe: 1709 m | Länge: 50 km
max. Steigung: 10 % | Wintersperre: 11-5

Col du Tourmalet
Scheitelhöhe: 2 115 m | Länge: 38 km
max. Steigung: 10 % | Wintersperre: 12-5

Col d'Aspin
Scheitelhöhe: 1489 m | Länge: 27 km
max. Steigung: 9 % | Wintersperre: bei Bedarf

Pferdeherde am Col d'Aubisque.

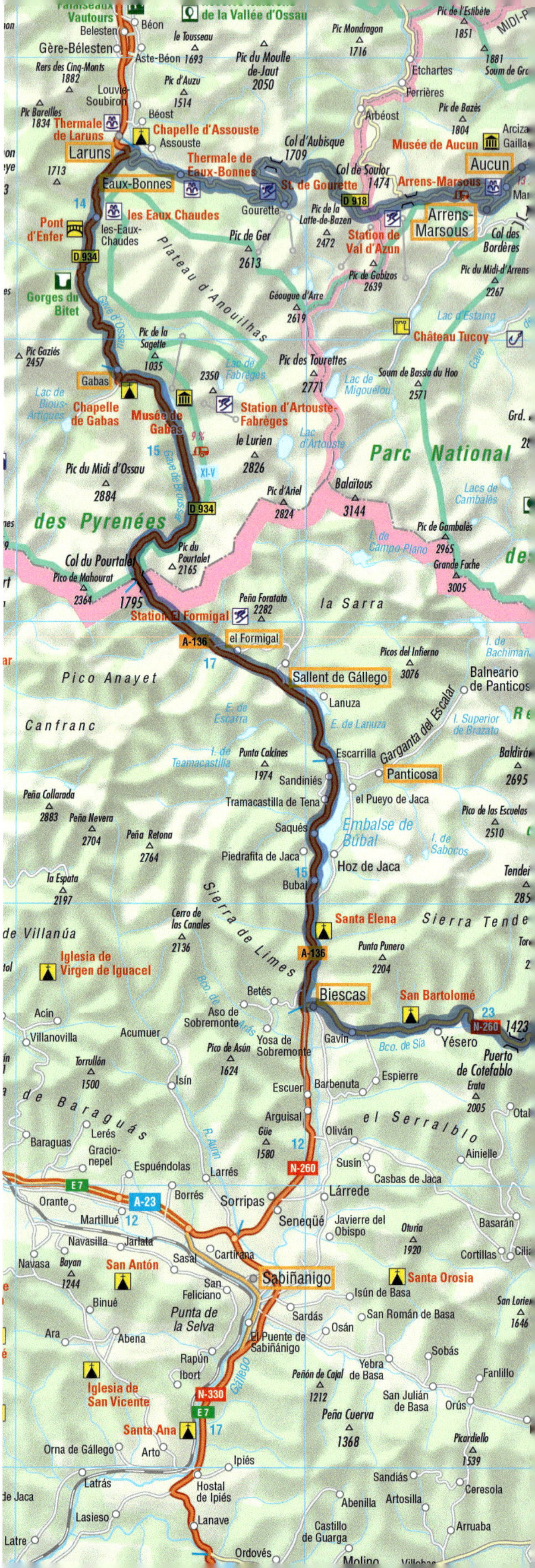

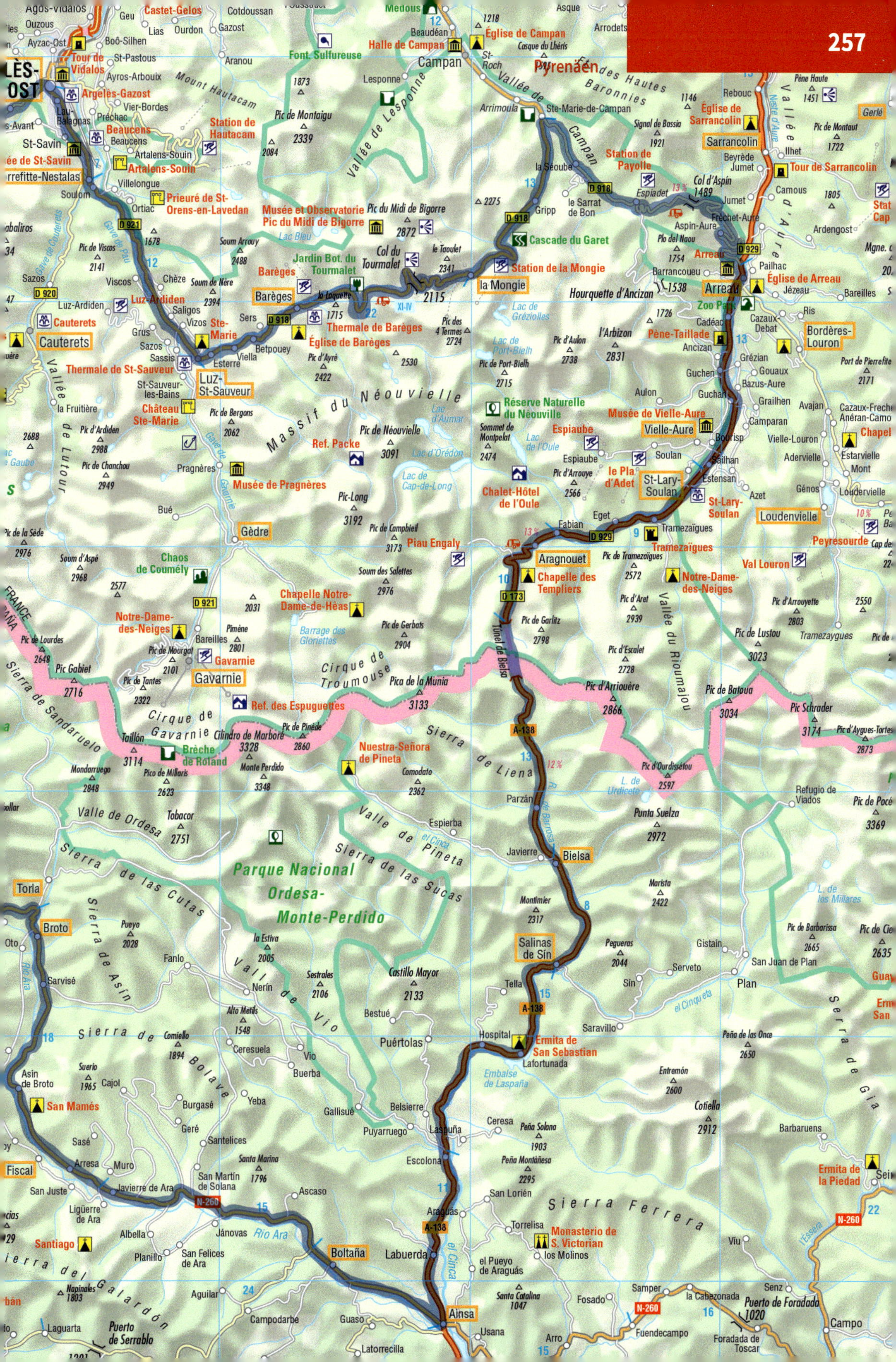
Pyrénées
Massif du Néouvielle
Parque Nacional Ordesa-Monte-Perdido
Cirque de Gavarnie
Sierra Ferrera
Argelès-Gazost
Cauterets
Luz-St-Sauveur
Barèges
Gavarnie
Campan
la Mongie
Sarrancolin
Arreau
Vielle-Aure
St-Lary-Soulan
Bordères-Louron
Loudenvielle
Aragnouet
Bielsa
Salinas de Sín
Torla
Broto
Fiscal
Boltaña
Aínsa
Col du Tourmalet
Pic du Midi de Bigorre
Túnel de Bielsa

Traumjob Motorradfahren

Sylva Harasim hat ihr Hobby zum Beruf gemacht. Zuerst bei den Zeitschriften Tourenfahrer, Motorradfahrer und Enduro als Fotografin und Grafikerin, dann als selbstständige Verlegerin im Highlights-Verlag. Nicht alles lief auf diesem Weg glatt und oft wurde aus dem Motorrad-Himmel die Motorrad-Hölle. In diesem Buch gibt die Autorin Einblicke in die Welt des Journalismus und des Redaktionsalltags, erzählt Geschichten aus einem ungewöhnlichen Leben rund ums Motorrad. Mal witzig, mal spektakulär, teilweise unglaublich – aber immer wahr.

Print-ISBN: 978-3-933385-69-7
eBook-ISBN: 978-3-945784-05-1

www.highlights-verlag.de

SCHWARZWALD

Der Schwarzwald ist Deutschlands höchstes und größtes zusammenhängendes Mittelgebirge. Es steht weltweit als Sinnbild für einen entspannenden Urlaub.
Wie kontrastreich sich die Landschaften tatsächlich darstellen, erfahren diejenigen, die sie auf dem Motorrad erkunden. Insbesondere der stetige Wechsel von Berg und Tal entlang der mehr als 70 Gipfel über 1000 Meter lässt das Bikerherz höher schlagen. Ein paar Klischees wie Kuckucksuhr und Kirschtorte sollte man sich unterwegs aber natürlich auch noch gönnen.

Zehn ausführlich beschriebene Motorradtouren zum Nachfahren für einen Kurztrip oder die längere Reise mit:

- vielen Insidertipps des Autoren
- ausführlichem Kartenmaterial mit eingezeichneter Route
- aktischen Hinweisen zu Streckenlänge, Etappen, Charakteristik und den beliebtesten Attraktionen – nicht nur für Motorradfans
- Hotels, die sich auf Motorradfahrende Gäste freuen
- GPS-Daten zum Download.

ISBN 978-3-937063-54-6 EUR 22,95

DOLOMITEN TRENTINO GARDASEE

Die meisten Motorradfahrer bekommen sofort das gewisse Leuchten in den Augen, sobald sie von diesen Begriffen hören – schließlich verbindet man mit ihnen Spaß mit dem Motorrad auf traumhaften Bergstrecken, herausfordernden Serpentinen, beeindruckenden Gebirgspässen und in großartigen Landschaften. Nur wenige Ecken Europas präsentieren so viele Highlights derart geballt wie diese ganz im Norden des italienischen Stiefels. Aber es sind nicht nur die fantastischen Motorradstrecken, die einen locken: Auch das kulturelle Angebot ist beinahe unvergleichlich.

Zehn ausführlich beschriebene Motorradtouren zum Nachfahren für einen Kurztrip oder die längere Reise mit:

- vielen Insidertipps des Autoren
- ausführlichem Kartenmaterial mit eingezeichneter Route
- aktischen Hinweisen zu Streckenlänge, Etappen, Charakteristik und den beliebtesten Attraktionen – nicht nur für Motorradfans
- Hotels, die sich auf Motorradfahrende Gäste freuen
- GPS-Daten zum Download.

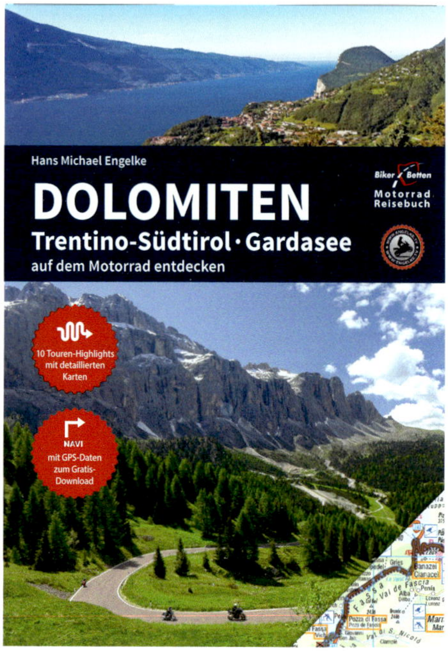

ISBN 978-3-937063-41-6 EUR 22,95

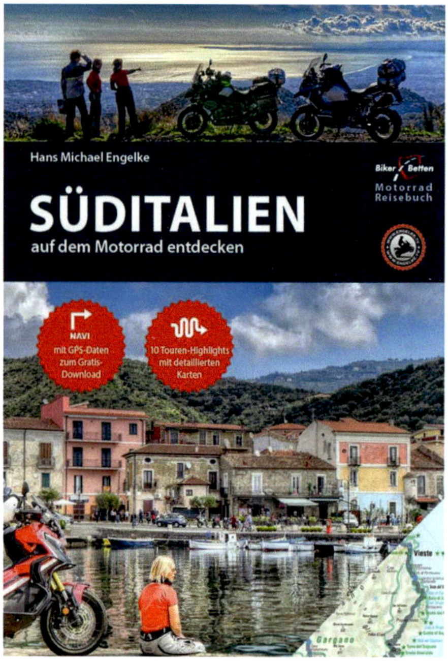

ISBN 978-3-937063-88-1 EUR 22,95

SÜDITALIEN

Bella Italia, die sympathische Republik im Süden Europas, gehört seit Jahrzehnten zu den Lieblingszielen reisender Motorradfahrer. Gelockt werden sie von sonnigem Wetter, traumhaften Landschaften, abwechslungsreichen Strecken und nicht zuletzt der unbeschwerten italienischen Lebensart. Allerdings touren die meisten im Norden des Landes. Offenbar wissen nur wenige Zweiradfahrer, dass auch ganz im Süden fantastische Regionen auf entdeckungsfreudige Motorradtouristen warten.

Molise, Apulien, Kampanien, Basilikata, Kalabrien, Sizilien – diese sechs Regionen sind es, die in diesem Reiseführer vorgestellt werden. Sie alle eint, dass sie südlich der Landeshauptstadt Rom liegen, über mehr oder weniger Küstenkilometer verfügen und mit spannenden und facettenreichen Reisewegen aufwarten, die zu einem oft großen Teil durch gebirgige und nicht selten unberührte Natur führen.

Zehn ausführlich beschriebene Motorradtouren zum Nachfahren für einen Kurztrip oder die längere Reise mit:

- vielen Insidertipps des Autoren
- ausführlichem Kartenmaterial mit eingezeichneter Route
- aktischen Hinweisen zu Streckenlänge, Etappen, Charakteristik und den beliebtesten Attraktionen – nicht nur für Motorradfans
- Hotels, die sich auf Motorradfahrende Gäste freuen
- GPS-Daten zum Download.

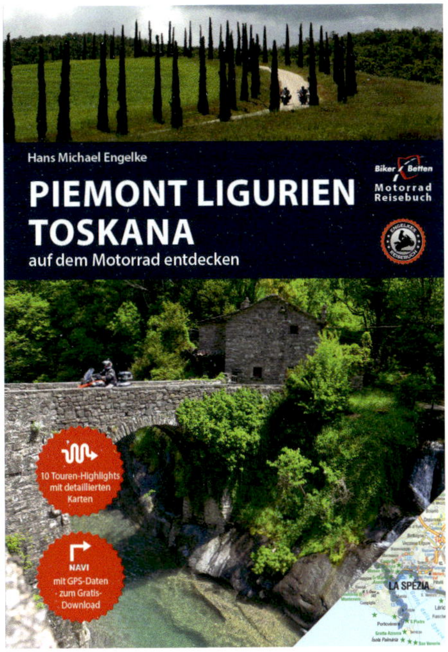

ISBN 978-3-937063-48-5 EUR 22,95

TOSKANA MIT PIEMONT & LIGURIEN

Die drei wahrscheinlich abwechslungsreichsten Regionen Norditaliens – zwischen den Alpen, der Po-Region und dem Mittelmeer gelegen – begeistern mit viel Kultur, regionalen Köstlichkeiten, mondänen Städten sowie bezaubernden kleinen Dörfern.

Meist bestens ausgebaute Straßen schrauben sich hier über die Berge, schlängeln sich durch die Täler und winden sich entlang der Küsten. Dazu genießt man ganz viel Dolce Vita. Was will man als Motorradfahrer mehr?

Zehn ausführlich beschriebene Motorradtouren zum Nachfahren für einen Kurztrip oder die längere Reise mit:

- vielen Insidertipps des Autoren
- ausführlichem Kartenmaterial mit eingezeichneter Route
- aktischen Hinweisen zu Streckenlänge, Etappen, Charakteristik und den beliebtesten Attraktionen – nicht nur für Motorradfans
- Hotels, die sich auf Motorradfahrende Gäste freuen
- GPS-Daten zum Download.

PYRENÄEN

Wie eine gewaltige Mauer trennen die Pyrenäen die iberische Halbinsel vom restlichen Europa ab. Wer vom Mittelmeer aus in das Gebirge fährt, kann sich ganz allmählich in eine Landschaft vortasten, die noch viel mehr zu bieten hat als Gipfel und Grate. Dieses Hochgebirge zwischen Frankreich und Spanien bietet eine Vielzahl von unberührten Strecken auf unterschiedlichsten Höhenmetern. Eine Landschaft, die das Motorradfahrerherz jubilieren lässt!

Zehn ausführlich beschriebene Motorradtouren zum Nachfahren für den Wochenendausflug oder die längere Reise mit:

- vielen Insidertipps des Autoren
- ausführlichem Kartenmaterial mit eingezeichneter Route
- praktischen Hinweisen zu Streckenlänge, Etappen, Charakteristik und den beliebtesten Attraktionen – nicht nur für Motorradfans
- Hotels, die sich auf Motorradfahrende Gäste freuen
- GPS-Daten zum Download.

ISBN 978-3-937063-39-3 EUR 22,95

FRANZÖSISCHE ALPEN

In eurem Motorradurlaub möchtet Ihr euch so richtig schwindelig fahren? Dann seid Ihr in dieser Region mehr als perfekt aufgehoben. Ganz egal, wohin man von einer schmalen Départementstraße in die nächste abbiegt:

Hinter jeder Ecke warten berauschende Kurven, griffiger Asphalt und einzigartige Naturspektakel.

Hinzu kommen einige der höchsten befahrbaren Straßenpässe Europas sowie die legendäre Alpenstraße Route des Grandes Alpes.

Zehn ausführlich beschriebene Motorradtouren zum Nachfahren für einen Kurztrip oder die längere Reise mit:
- vielen Insidertipps des Autoren
- ausführlichem Kartenmaterial mit eingezeichneter Route
- praktischen Hinweisen zu Streckenlänge, Etappen, Charakteristik und den beliebtesten Attraktionen – nicht nur für Motorradfans
- Hotels, die sich auf Motorradfahrende Gäste freuen
- GPS-Daten zum Download.

ISBN 978-3-937063-40-9 EUR 22,95

ISBN 978-3-937063-37-9 EUR 22,95

KROATIEN

Die blau-schimmernde Adria ist schon seit Jahrzehnten einer der Sehnsuchtsorte deutscher Urlauber. Mittlerweile hat sich herumgesprochen, dass Kroatien auch ein mehr als perfektes Bike-Revier bietet.

So kann man von der Jadranska Magistrale, der noch zu Titos Zeiten angelegten Küstenstraße, auf fast 1.000 Kilometern von Norden nach Süden cruisen – gerne mit Inselhopping auf die eine oder andere der angeblich mehr als 1.000 Eilande des Landes. Dazu kommt das spannende Hinterland mit grandiosen Serpentinenstraßen und spektakulären Nationalparks.

Zehn ausführlich beschriebene Motorradtouren zum Nachfahren für einen Kurztrip oder die längere Reise mit:
- vielen Insidertipps des Autoren
- ausführlichem Kartenmaterial mit eingezeichneter Route
- aktischen Hinweisen zu Streckenlänge, Etappen, Charakteristik und den beliebtesten Attraktionen – nicht nur für Motorradfans
- Hotels, die sich auf Motorradfahrende Gäste freuen
- GPS-Daten zum Download.

ISBN 978-3-937063-36-2 EUR 22,95

SLOWENIEN

Das kleine Land an der Schnittstelle von Alpen und Adria wird von Motorradreisenden meist schmählich ignoriert. Wenn überhaupt nutzt man es als Transitstrecke auf den weiteren Weg gen Süden. Dies ist ein großer Fehler!

Mit seiner landschaftlichen Vielfalt muss sich Slowenien vor seinen größeren Nachbarn keinesfalls verstecken. Zu entdecken sind nicht nur wilde Flusslandschaften, sondern auch tolle Passstraßen: Achterbahnfahren ist im Vergleich dazu ein Kinderspiel.

Zehn ausführlich beschriebene Motorradtouren zum Nachfahren für den Wochenendausflug oder die längere Reise mit:

- vielen Insidertipps des Autoren
- ausführlichem Kartenmaterial mit eingezeichneter Route
- praktischen Hinweisen zu Streckenlänge, Etappen, Charakteristik und den beliebtesten Attraktionen – nicht nur für Motorradfans
- Hotels, die sich auf Motorradfahrende Gäste freuen
- GPS-Daten zum Download

BIKER WEEKENDS DEUTSCHLAND

Getreu Goethes Motto „Warum in die Ferne schweifen, wo doch das Gute liegt so nah …“, erreicht Deutschland schon seit Jahren Spitzenwerte als (Motorrad-) Reiseziel. Das eigene Land ist und bleibt das mit Abstand beliebteste Urlaubsziel.

In 12 der spannendsten heimischen Regionen sind jeweils drei Touren, die sich perfekt als lohnenswerte Motorradwochenenden aneinanderfügen lassen, zusammengestellt. Es sind nicht irgendwelche Strecken, sondern die Insidertipps ausgewählter BikerBetten-Partner. Deren Häuser sind nicht nur jeweils Start- und Zielpunkt für die beschriebenen Routen, sondern auch perfekt auf die Ansprüche Motorradfahrender Gäste ausgerichtet.

Jeweils 3 ausführliche beschriebene Motorradtouren zum Nachfahren in 12 der spannendsten Regionen Deutschlands. Individuell zusammenstellbar für das Motorradwochenende – oder auch die Tour unter der Woche – mit:

Vielen Insidertipps des Autors ausführlichem Kartenmaterial mit eingezeichneter Route praktischen Hinweisen zu Streckenlänge, Etappen, Charakteristik und den beliebtesten Attraktionen – nicht nur für Motorradfans Hotels, die sich auf Motorradfahrende Gäste freuen GPS-Daten zum Download

ISBN 978-3-937063-50-8 EUR 22,95

ISBN 978-3-937063-86-7 EUR 22,95

BIKER-WEEKENDS NACHBARLÄNDER

Spannende Touren erwarten uns gleich jenseits deutscher Grenzen in unseren Nachbarländern. Im Norden beginnend lauten sie im Uhrzeigersinn wie folgt: Dänemark, Polen, Tschechien, Österreich, Schweiz, Frankreich, Luxemburg, Belgien und die Niederlande. Nicht wenige Motorradreisende dürften schon einmal Gefilde im Süden und Westen getestet und für gut befunden haben. Doch eignen sich auch die Ziele im Norden und Osten? Und ob!

So begeistern manche Regionen mit spektakulären Pässen und Bergstraßen, andere mit einer Streckenführung durch geschichtsträchtige Landschaften und weitere aufgrund der kulturellen Vielfalt entlang der Routen. In diesem Reiseführer sind in zwölf Regionen empfehlenswerte Tourenvorschläge zusammengestellt, jeweils mit Insidertipps ausgewählter BikerBetten-Partner. Deren Häuser sind nicht nur jeweils Start- und Zielpunkt für die beschriebenen Routen, sondern auch perfekt auf die Ansprüche Motorradfahrender Gäste ausgerichtet.

Jeweils 3 ausführliche beschriebene Motorradtouren zum Nachfahren in 12 der spannendsten Regionen bei unseren Nachbarn. Individuell zusammenstellbar für das Motorradwochenende – oder auch die Tour unter der Woche – mit:

- vielen Insidertipps des Autors
- ausführlichem Kartenmaterial mit eingezeichneter Route
- praktischen Hinweisen zu Streckenlänge, Etappen, Charakteristik und den beliebtesten Attraktionen – nicht nur für Motorradfans
- Hotels, die sich auf Motorradfahrende Gäste freuen
- GPS-Daten zum Download

PÄSSE ATLAS

Motorrad-Reisende wissen es: Die Pässe in den Alpen gehören zu den fahrerischen Highlights einer motorisierten Tour auf zwei Rädern. Besonders jene Legenden wie der Großglockner in Österreich, das Timmelsjoch auf dem Weg nach Italien oder der San Bernardino in der Schweiz gehören auf die To-do-Liste eines jeden Enthusiasten. Diese und weitere Ziele sind hier für euch zusammengestellt.

Doch nicht nur die Alpen bieten grandiose Passstraßen: So ist ein wahres Eldorado mit unzähligen Wahlmöglichkeiten im Süden Frankreichs versteckt. Ebenso erweist sich das kleine, aber feine Slowenien als Paradies für Kurvenfans – und auch Deutschland hat einige Schmankerl zu bieten.

Der PässeAtlas vereint 240 Pässe in 6 Ländern und bietet euch:

- ausführliches Kartenmaterial mit eingezeichneter Route
- praktische Hinweisen zur Streckenlänge, Charakteristik, Länge, Scheitelhöhe, Steigung und Wintersperren
- beliebte Attraktionen am Wegesrand – nicht nur für Motorradfans
- Hotels, die sich auf Motorradfahrende Gäste freuen
- GPS-Daten zum Download

ISBN 978-3-96599-001-2 EUR 15,95

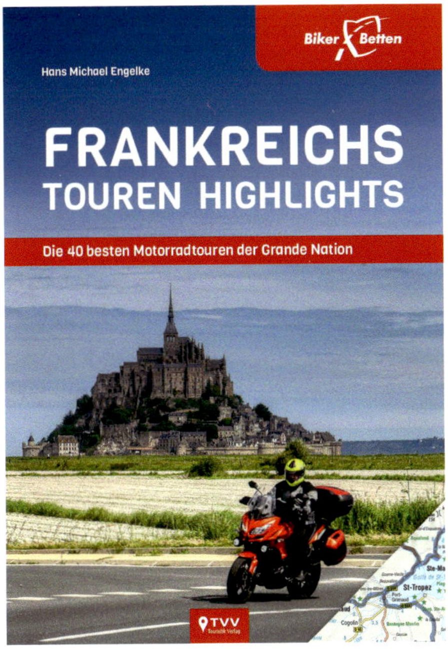

ISBN 978-3-937063-85-0 EUR 27,95

40 FRANKREICH-TOUREN

Frankreich mit all seiner landschaftlichen und kulturellen Vielfalt ist für Motorradfahrer der Traum schlechthin. Ob auf den weit über 2000 Meter hohen Pyrenäen-Pässen oder den Pendants in den Seealpen, ob auf den aussichtsreichen Küstenstraßen der Côte d'Azur oder den unzähligen Passstraßen des Jura – vor allem in Frankreichs Süden finden sich grandiose Motorradstrecken, die zu kurzweiligen Touren mit jeder Menge Fahrspaß laden. Reizvoll ist aber auch die nördliche Hälfte unseres Nachbarlandes. Normandie und Bretagne sind interessante Ziele, die es zu entdecken gilt, Elsass und Vogesen gelten ebenfalls schon lange nicht mehr als Geheimtipps für Genusstourer. Und selbst die Metropole Paris kann – und sollte – auf dem Motorrad erkundet werden.

Die in diesem Buch beschriebenen Touren sind ein bunter und abwechslungsreicher Mix aus vielem, was Frankreich zu bieten hat. Einige von ihnen sind äußerst persönlich und detailliert beschrieben, bei anderen werden die wesentlichen Attraktionen und Tourentipps im anschaulichen Überblick dargestellt.

40 ausgearbeitete Motorradtouren zum Nachfahren für den Kurztrip oder die längere Reise mit:

- vielen Insidertipps des Autors
- ausführlichem Kartenmaterial mit eingezeichneter Route
- praktischen Hinweisen zu Streckenlänge, Etappen, Charakteristik und den beliebtesten Attraktionen – nicht nur für Motorradfans
- Hotels, die sich auf Motorradfahrende Gäste freuen
- GPS-Daten zum Download

PÄSSE ATLAS FRANKREICH

Das Herz zahlreicher Motorrad-Reisenden schlägt für Frankreich. Vor allem sein Alpenanteil hat viele Fans. Kein Wunder, schließlich liegen nicht nur die höchsten Gipfel, sondern auch viele der höchsten Alpenpässe in dieser Region. Aber auch die anderen Gebirgsketten in diesem Teil Europas wissen zu begeistern: vom Zentralmassiv über die Pyrenäen bis hin zu den Vogesen. Zudem verfügt die französische Mittelmeerinsel Korsika nicht nur über einen politischen Sonderstatus, sondern auch über eine landschaftliche Vielfalt, die ihresgleichen sucht.

Der neue Pässe Atlas Frankreich vereint 183 der spannendsten Pässe und Panoramastraßen der Grand Nation und bietet euch:

- ausführliches Kartenmaterial mit eingezeichneter Route
- praktische Hinweise zur Streckenlänge, Charakteristik, Länge, Scheitelhöhe, Steigung und Wintersperren
- beliebte Attraktionen am Wegesrand – nicht nur für Motorradfans
- GPS-Daten zum Download

ISBN 978-3-937063-83-6 EUR 17,95

ISBN 978-3-96599-000-5 EUR 17,95

PÄSSE ATLAS ITALIEN

La Bella Italia! Unzählige Motorradfahrer finden Gefallen an Touren auf diesem Stiefel. Und das hat gute Gründe! Es ist nicht nur das legendäre „la dolce vita". Es sind auch das Essen, die Sprache, die Lebensart. Natürlich auch die grandiosen Landschaften und Straßen, über die wir oft genug schimpfen, sie aber dennoch wann immer es geht aufsuchen. Highlights sind selbstverständlich die Pässe und Höhenstraßen, die vor allem im Norden des Landes zuhauf locken.

Der neue Pässe Atlas Italien vereint 204 der spannendsten Pässe und Panoramastraßen im nördlichen Teil des Stiefels und bietet euch:

- ausführliches Kartenmaterial mit eingezeichneter Route
- praktische Hinweise zur Streckenlänge, Charakteristik, Länge, Scheitelhöhe, Steigung und Wintersperren
- beliebte Attraktionen am Wegesrand – nicht nur für Motorradfans
- GPS-Daten zum Download

40 DEUTSCHLAND-TOUREN

Martin Schempp hat in den vergangenen 30 Jahren schon die halbe Welt auf dem Motorrad bereist. Trotzdem beeindruckte ihn der Facettenreichtum Deutschlands am meisten. Nirgendwo anders erlebte er eine solche landschaftliche und kulturelle Vielfalt wie in unserem Land, die er in ungezählten Reisereportagen zu Zielen quer durch die Republik festhielt.

Dieses Schatzkästlein öffnet er nun und stellt in diesem Motorradreiseführer eine Auswahl der schönsten Touren zwischen Meer und Alpen vor. Im Norden Deutschlands gefällt neben Ostfriesland auch die Lübecker Bucht sowie die Ostsee. Der Osten kann sich unter anderem mit der Mecklenburger Seenplatte, der Lausitz und dem Thüringer Wald sehen lassen. Im Westen der Republik begeistern Regionen wie das Weserbergland, der Westerwald, die Eifel aber auch das Ruhrgebiet motorisierte Zweiradfans. Und der Süden hat nicht nur Alpenanteile, sondern auch das Umland rund um den Bodensee, Franken sowie die Schwäbische Alb und manch weiteren Geheimtipp zu bieten.

40 der besten Motorradtouren in ganz Deutschland sind in diesem Buch insgesamt beschrieben und zum Nachfahren aufbereitet.

ISBN 978-3-965990-05-0 EUR 27,95

FOLYMAPS MOTORRADKARTEN SET ALPEN ÖSTERREICH SCHWEIZ

Das FOLYMAPS Motorradkarten-Set Alpen Österreich Schweiz, bestehend aus 8 laminierten Karten, die im übersichtlichen Tourenmaßstab 1:250.000 die Region abdecken. In einer praktischen Umtasche mit Reißverschluß.

Die Alpen bieten wunderschöne Strecken für Motorradfahrer. Dieses Kartenset mit 8 gut lesbaren und vor allem beidseitig bedruckten sowie laminierten Einzelkarten passt perfekt in jeden Tankrucksack und lässt sich flexibel falten. Wetterfest und wieder beschreibbar behält man auch bei rauem Wetter den Durchblick und kann Lieblingstouren individuell auf den Karten markieren.

Die Karten enthalten keine Tourentipps oder Hotelempfehlungen.

ISBN 978-3-937063-60-7 EUR 19,95

FOLYMAPS MOTORRADKARTEN SET ITALIEN NORD

Das FOLYMAPS Motorradkarten-Set Italien Nord besteht aus insgesamt acht laminierten Tourenkarten, die im perfekten Tourenmaßstab 1:250.000 die Regionen Südtirol, Trentino, Gardasee, Piemont, Ligurien, Toskana, Venetien und Friaul abdecken.

Die beidseitig laminierten und bedruckten Einzelblätter geben auf Vorder- und Rückseite jeweils perfekten Überblick über die Strecken der abgebildeten Regionen. Dabei wurde bewusst auf die eingedruckten Routenvorschläge verzichtet. Die Kartenbox Italien Nord soll vielmehr als Grundlage fürs eigene Navigieren dienen. Durch das Laminat sind die Karten wetterfest, reißfest sowie mir einem wasserlöslichen Stift beschreibbar. So lassen sich eigene Routen und Anmerkungen eintragen und später wieder entfernen. Kurzum: perfekt für unterwegs!

FOLYMAPS Motorradkarten werden Ihnen auf jedem Schritt ein treuer und starker Begleiter sein.

Die Karten enthalten keine Tourentipps oder Hotelempfehlungen.

ISBN 978-3-937063-47-8 EUR 19,95

HERAUSGEBER
TVV Touristik-Verlag GmbH | Werner Henschel Str. 2 | D-34233 Fuldatal-Ihringshausen
Tel.: +49 - (0) 561/400 85 - 0 | Fax: +49 - (0) 561/400 85 - 21
info@bikerbetten.de | www.bikerbetten.de

Vertretungsberechtigter Geschäftsführer: Peter Schmitz, Jan-Uwe Schmitz
Registergericht: Kassel | Registernummer: 13254
Umsatzsteuer-Identifikationsnummer gemäß § 27 a Umsatzsteuergesetz: DE813611060

REDAKTION Sylva Harasim

FOTOS Alpentourer (34, 36, 37, 40, 42, 58, 64, 72, 182, 226, 2 x 228) - Alpentourer Ralf Goldack (90) – Thomas Krämer (242), APC alpenpass.com – Eberhard Nowatzki (54, 48, 55, 56, 60, 62, 67, 70, 2 x 72, 76, 78, 92, 108, 2 x 164, 165, 166, 168, 174, 2 x 176, 177, 183, 194, 2 x 196, 198, 203, 230, 242), Archivio Apt Alpe Cimbra (108), Hans Michael Engelke (Umschlag, 2 x 46, 50, 76, 79, 88, 97, 100, 102, 106, 108, 109, 2 x 112, 114, 126, 127, 130, 2 x 132, 133, 134, 168, 2 x 170, 206, 210, 218, 220, 2 x 232, 234, 235, 236, 240, 252, 254, 256), Highlights Verlag (102, 204), Fotolia: mexx (17) – Fotolyse (38) – benicoma (48) – Kitty (60) – Riccardo Meloni (94), Kärnten Werbung GmbH Böhringer (70), Frank Sachau (172), Peter Schmitz (Umschlag, 28, 2 x 30, 32, 43, 60, 82, 116, 2 x 120, 121, 122, 2 x 124, 126, 130, 138, 2 x 140, 2 x 141, 144, 146, 150, 153, 156, 158, 160, 186, 2 x 188, 194, 200, 2 x 212, 3 x 214, 215, 242, 246, 248, 249, 252), Tanja Schmitz (118, 138, 144, 146, 147, 148, 150, 152, 154, 156, 158, 159, 246, 2 x 248), Shutterstock: Raymond Voskamp (10) – katatonia82 (10) – Manninx (16) – Bavaria Pictures (16, 22) – CA Irene Lorenz (18) – travelism (20) –VitalyPeklich (28) – AS Food studio (30) – Karl Allen Lugmayer (36, 218) – lightsandsquares (40) – ELEPHOTOS (42, 221) – auphoto (42) – anitasstudio (44) – Volker Rauch (48, 49) – Agatha Kadar (52) – auphoto (52) – FooTToo (54) – el_mair94 (54, 55) – Karl Allen Lugmayer (58) – gorillaimages (64) – DeepGreen (66) – Balakate (66) – Jag_cz (68) – Peter Gudella (78) – Mike Mareen (78) – canadastock (82, 102) –guentermanaus (84) – photoflorenzo (84) – Littleaom (85) – Cito4ekk (88) – Buffy1982 (2 x 90) – pisaphotography (91) – Rcav (96) – Ihor Serdyukov (96) – marcociannarel (100) – lorenza62 (104) – Boris Stroujko (106, 209) – Swen Stroop (114) – Zdravko Ciric (114) – Ekaterina Polischuk (115) – xbrchx (118, 121) – Andrea Berg (120) – ChiccoDodiFC (140) - silvia.cozzi (146) – Dmytro Seleznov (146) – Iris van den Broek (152) – Ion Sebastian (152) – Luca Rei (153) – Luca Lorenzelli (159) – RukiMedia (164) – oreundici (170) – Stockr (171) – Malira (176) – freedom_wanted (180) – Mor65_Mauro Piccardi (180) – milosk50 (182, 229) – KH-Pictures (184) – Chris Rinckes (186) – Rudy Balasko (189, 234) – Michele Vacchiano (190) – TUX85 (196) – Watsamon Thongsri (200) – Ipsimus (202) – Olena Z (202) – Kiattisak Anoochitarom (206) – WhiteYura (208) – Michael Schroeder (208) – AsiaTravel (208) – Jack Jelly (220) – Celli07 (226) – Marina VN (228) – Delpixel (240) – Hidalgo Gael (242) – Ander Dylan (254) – yvon52 (255), Wikimedia Commons: Sönke Kraft CC BY-SA 3.0 (60) - Josef Moser CC BY-SA 3.0 (84) – joopwiki CC BY-SA 4.0 (218) – Charluber CC BY-SA 3.0 (254), Peter Wahl (2 x 8, 10, 11, 12, 2 x 14, 16, 20, 2 x 22, 24, 34, 36, 66, 72, 74, 96, 102, 2 x 162, 174), Sepp Windisch (23, 202)

UMSCHLAGGESTALTUNG TVV Touristik-Verlag GmbH
KARTENBASIS © Kunth verlag GmbH & Co. KG
ROUTEN Highlights Verlag
PRODUKTION MoTourMedia, Wuppertal
LEKTORAT Text-o-Pix, Wuppertal
DRUCK UND WEITERVERARBEITUNG Silber Druck oHG, 34266 Niestetal

Die GPS-Daten gibt es zum kostenlosen Download auf **bikerbetten.de**

ISBN 978-3-965990-06-7